Spaß mit Statistik

Aufgaben, Lösungen und Formeln zur Statistik

Von

Dr. Roland Jeske

unter Mitarbeit von Dipl.-Vw. Stefan Zink
Universität Konstanz
Fakultät für Wirtschaftswissenschaften und Statistik

4., überarbeitete und ergänzte Auflage

R. Oldenbourg Verlag München Wien

J. Roesler gewidmet

Zeichnungen: Robert Marianski (nach Ideen von R. Jeske)

Bibliografische Information Der Deutschen Bibliothek

Die Deutsche Bibliothek verzeichnet diese Publikation in der Deutschen
Nationalbibliografie; detaillierte bibliografische Daten sind im Internet
über <http://dnb.ddb.de> abrufbar.

© 2003 Oldenbourg Wissenschaftsverlag GmbH
Rosenheimer Straße 145, D-81671 München
Telefon: (089) 45051-0
www.oldenbourg-verlag.de

Gedruckt auf säure- und chlorfreiem Papier
Druck: Grafik + Druck, München
Bindung: R. Oldenbourg Graphische Betriebe Binderei GmbH

ISBN 3-486-27324-8

Vorwort zur ersten Auflage

Dieses Buch umfasst eine Reihe von Aufgaben, die in den vergangenen Semestern als Unterstützung der einführenden Statistikveranstaltungen für Studenten der Wirtschafts- und der Verwaltungswissenschaften in den zugehörigen Übungen und abschließenden Klausuren an der Universität Konstanz bearbeitet wurden. Dennoch sollten sich auch Studenten anderer Studiengänge durch diese Aufgabensammlung angesprochen fühlen.

Die Übungsaufgaben sind durchweg in einen humorvollen, mitunter gar satirischen Zusammenhang eingebettet und unterscheiden sich diesbezüglich von vielen anderen Aufgabensammlungen. Die Gründe für eine solche Umsetzung der Aufgaben sind vielfältig. Zum einen sei hiermit der These vieler Studenten, dass Statistik trocken, langweilig und humorlos sei, widersprochen. Zum anderen sehe ich in einer Abstrahierung der Aufgabenstellung von den jeweiligen Fachdisziplinen durchaus einen Vorteil. Die Erfahrung, dass Studenten eine Aufgabe häufig ohne Hinterfragen eines möglicherweise vollkommen verschiedenen statistischen Hintergrunds in gleicher Weise lösen wie eine inhaltlich bekannte, lässt in einer Abstrahierung der Aufgabenstellung durchaus einen Sinn erkennen.

Im ersten Kapitel werden neben klassischen Verfahren der Deskriptiven Statistik auch Elemente der Explorativen Datenanalyse, wie sie im angloamerikanischen Sprachraum zum statistischen Standardwerkzeug gehören, besprochen. Die Einbettung der Regressions- und Zeitreihenanalyse im Rahmen der Beschreibenden Statistik folgt der in Konstanz üblichen Lehrform.

Kapitel 2 enthält Themen der Wahrscheinlichkeitsrechnung. Um weitere Aspekte, die üblicherweise nicht in Aufgaben behandelt werden, wurde die entsprechende Formelsammlung erweitert. Kapitel 3 schließlich befasst sich mit der Schätz- und Testtheorie. Neben herkömmlichen Tests wurde dabei ein besonderer Wert auf einige gebräuchliche nichtparametrische Tests gelegt.

Aufgaben, die mathematisch anspruchsvoll sind oder über den im Grundstudium vermittelten Stoff hinausgehen, sind kursiv gedruckt.

Mein Dank für die Mitarbeit an diesem Buch richtet sich an Stefan Zink, der wesentlichen Anteil an der Gestaltung der Aufgaben hat, sowie Robert Marianski für die hervorragende Umsetzung der Karikaturen. Für aufmerksames Korrekturlesen danke ich neben anderen Stefan Klotz und Torsten Westermeier. Cristina Fernandez de Geiselhart, vor allem aber Sonja Schneider und Jeanette Blings gilt mein ganz besonderer Dank für die vielen Mühen bei der Umsetzung des Manuskriptes in ein LaTeX-fähiges File. Auch allen anderen hier nicht genannten Personen, die in der einen oder anderen Weise zum Gelingen des Buches beigetragen haben, sei an dieser Stelle herzlich gedankt.

Schließlich möchte ich dem Oldenbourg Verlag, vor allem Herrn Weigert für die gute Zusammenarbeit und weitestgehende persönliche Freiheit bei der Gestaltung dieses Buches danken.

Roland Jeske

Vorwort zur vierten Auflage

Gegenüber der dritten Auflage hat die vorliegende Fassung meines Buches eine kritische Durchsicht mit einigen Korrekturen erfahren. Einige neue Aufgaben und statistische Witze wurden ergänzt. Außerdem wurde das Manuskript der neuen Rechtschreibung angepasst. Für ihr Engagement bei der Erstellung des neuen Manuskriptes danke ich Frau Sabine Moll.

Roland Jeske

Inhaltsverzeichnis

Kapitel 1

Deskriptive Statistik

Aufgabe 1.1

Walter Fair, ein bereits betagter Student der Verwaltungswissenschaften (ohne Statistik–Schein), verwaltet sorgfältig die ihm zur Verfügung stehenden Informationen über seinen weiblichen Freundeskreis:

> Augenfarbe, Haarfarbe,
> Familienstand, Kontostand,
> Studienfach, Alter,
> Telefonnummer,
> Zensur in Statistik. [1]

a) Bestimmen Sie die Grundgesamtheit und die Untersuchungseinheiten.

b) Welche Merkmale erhebt Fair? Geben Sie mögliche Merkmalsausprägungen an.

c) Charakterisieren Sie die Merkmale durch folgende Eigenschaften:
   nominal, ordinal, kardinal, quantitativ, qualitativ, stetig, diskret.

---

[1] Walter schätzt Frauen mit guten Statistik–Kenntnissen, deren Wissen er für seinen noch ausstehenden Statistik–Schein nutzen kann.

Aufgabe 1.2

Kunstprofessor Ulf Norbert Sinn beschließt, die Kreativität seiner Assistenten Anton Leider, Stefan Nur, Susanne Wenig, Inge Erfolg und Sven Reich zu beurteilen. Als Kriterium
dafür will U.N. Sinn den Papierverbrauch seiner Mitarbeiter heranziehen. Er weist daher
seine Sekretärin Trude Treuherz an, einen Monat lang vor dem Leeren der Papierkörbe
herumzuschnüffeln und die Anzahl der Seiten mit verworfenen Ideen zu zählen. Die folgenden Zahlenpaare geben den Anfangsbuchstaben des Nachnamens des Mitarbeiters sowie
dessen Papierverbrauch an:

(L,1)	(E,16)	(L,3)	(W,15)	(E,28)	(L,4)	(N,3)	(N,2)	(L,7)
(E,33)	(W,21)	(N,5)	(L,2)	(L,6)	(W,7)	(N,9)	(L,1)	(W,28)
(L,3)	(N,8)	(W,4)	(R,29)	(N,6)	(L,7)	(E,8)	(W,5)	(L,2)
(N,8)	(L,1)	(N,3)	(L,2)	(W,23)	(N,3)	(R,37)	(N,10)	(E,13)
(L,8)	(N,1)	(W,27)	(N,2)	(E,22)	(W,8)	(L,2)	(W,12)	(L,5)

a) Stellen Sie den Papierverbrauch der einzelnen Mitarbeiter dar, indem Sie die geordneten Stichproben der Mitarbeiter, ein Kreisdiagramm, ein Blockdiagramm, ein
   Stabdiagramm sowie einen Polygonzug erstellen.

b) Stellen Sie die Ordungsliebe der Mitarbeiter gemessen an der Anzahl der Papierkorbleerungen in einem Blockdiagramm graphisch dar.

Aufgabe 1.3

Winfried Winzerglück vertreibt Rotwein in Form des edlen württembergischen Trollingers „Chateau Migraine". Die nachfolgende Tabelle gibt die Verkaufszahlen in den überwiegend württembergischen Verkaufsbezirken 1-4 sowie in den badischen Verkaufsbezirken 5-7 an:

Verkaufsbezirk	verkaufte Menge an Wein (in Flaschen)
1	900
2	700
3	500
4	300
5	160
6	120
7	20

a) Berechnen Sie den durchschnittlichen Absatz in Württemberg bzw. in Baden.

b) Um die schlechte Verkaufslage seines Weines im badischen Verkaufsbezirk zu verbergen, entschliesst sich Winzerglück, den schlechtesten württembergischen Verkaufsbezirk (Nr. 4) den badischen Konsumenten zuzuschlagen, da dort ohnehin ein außerordentlicher badischer Einfluss zu verzeichnen ist. Berechnen Sie den durschnittlichen Absatz für die beiden Landesteile erneut und interpretieren Sie das Ergebnis.

***

Statistik-Witz Nr. 1

Einer Forschergruppe ist es gelungen, Wissen in Tablettenform zu pressen. Ein Student, der an einer Quizshow teilnehmen möchte, geht in die nächste Apotheke und fragt den Apotheker, welche Medikamente denn vorrätig seien. Der Apotheker antwortet ihm, dass momentan eine Tablette für sozialwissenschaftliches Fachwissen im Sonderangebot sei. Der Student schluckt die Pille und hat fortan ein grandioses soziologisches Fachwissen. Der Student kauft dem Apotheker gleich noch Tabletten für Literatur, Geographie und Geschichte ab. Der Student will schon gehen, als er eingedenk seiner Klausur am nächsten Tag noch nach einem Mittel für Statistik fragt. Der Apotheker geht ins Hinterzimmer und legt dem Studenten wenig später ein Zäpfchen auf den Verkaufstisch. Auf die Frage, ob es dieses Medikament nicht auch in Tablettenform gäbe, antwortet ihm der Apotheker: „Statistikwissen war schon immer schwer zu schlucken!"

Aufgabe 1.4

Im österreichischen Zillertal wurde der mumifizierte Leichnam einer frühgeschichtlichen Frau gefunden. Schnell wurde diesem Fund der Name „Zilli, die Gletscherleiche aus dem Zillertal" [2] beigemessen.

Sieben Archäologen machten sich nun ans Werk, das Alter von Zilli zu bestimmen. Sie kamen zu folgenden Ergebnissen (Alter in Jahren):

$$2750, 3300, 4300, 2750, 3250, 2850, 3200.$$

a) Berechnen Sie aufgrund dieser Angaben folgende Lagemaße für Zillis Alter:

i) das arithmetische Mittel,

ii) den Modus,

iii) den Median,

iv) das 0.2–getrimmte Mittel,

v) das 0.2–winsorisierte Mittel,

vi) den Trimean.

---

[2] Ähnlichkeiten mit lebenden oder toten Personen anderer Hochgebirgstäler wären rein zufälliger Art.

b) Berechnen Sie weiterhin folgende Streuungsmaße für das Alter der Gletscherleiche:

   i) die Varianz,

   ii) die Standardabweichung,

   iii) die Spannweite,

   iv) den MAD (Median der absoluten Abweichungen vom Median),

   v) die mittlere absolute Abweichung vom Median,

   vi) den H–Spread,

   vii) den Quartilsabstand.

Aufgabe 1.5

Das Spiegel–Bild, die größte Zeitung des Landes Opulentia – sie sympathisiert offen mit der Regierungspartei CSO (Conservative Socialists of Opulentia), hatte in seiner letzten Auflage die folgende Schlagzeile:

„Keine Armut mehr in Opulentia! Häufigstes Einkommen 70 000 Taler"

ⒶNⒶRCHIⒶ, eine als eher systemkritisch bekannte Wochenzeitung, veröffentlichte zur selben Zeit einen nicht weniger spektakulären Leitartikel mit dem Titel:

„SKANDAL! 50 % der Bevölkerung verdienen weniger als 50 000 Taler!"

Die als politisch neutral geltende Tageszeitung OPULENTIA TIMES titelte dagegen:

„DURCHSCHNITTSEINKOMMEN IN OPULENTIA BETRÄGT 60 000 TALER"

Der politisch ahnungslose Detlef Durchschnitt ist sich nicht mehr sicher, ob es ihm nun wirtschaftlich gut oder schlecht geht. Er hat den Verdacht, dass wenigstens eine der Zeitungen falsche Daten publiziert.

a) Überprüfen Sie die Veröffentlichungen mit Hilfe der unten abgedruckten Tabelle:

Einkommensklasse (in Opulentia-Taler)	Anzahl der Einkommensbezieher
[0; 15 000)	36 000
[15 000; 30 000)	60 000
[30 000; 40 000)	37 000
[40 000; 60 000)	34 000
[60 000; 80 000)	82 000
[80 000; 100 000)	13 000
[100 000; 150 000)	15 000
[150 000; 250 000)	23 000

b) Zeichnen Sie ein Histogramm und diskutieren Sie, ob hier die Verwendung von Lagemaßen überhaupt sinnvoll ist.

***

Statistik-Witz Nr. 2

Und da war noch der Politiker, der versprach, dass im Falle seiner Wahl jeder Bundesbürger ein überdurchschnittliches Einkommen bekäme.

***

Statistik-Witz Nr. 3

Ein Mathematiker und ein Statistiker stehen vor einem leeren Hörsaal. Nach einiger Zeit verlässt ein Student den Hörsaal. Da meint der Mathematiker: „Mathematisch gesehen sind noch −1 drin!" Daraufhin antwortet der Statistiker: „Wenn jetzt noch einer 'reingeht, waren im statistischen Mittel Null drin."

Aufgabe 1.6

Der Fernsehsender CONTRA 6 hat es sich zum Ziel gesetzt, seine Zuschauer durch atemberaubende Reality–Shows zu fesseln. Die Sendung „Die Alptraumscheidung" sahen zu den letzten sechs Sendeterminen

$$2\,000\,000\,,\,4\,000\,000\,,\,6\,000\,000\,,\,7\,500\,000\,,\,7\,200\,000\,,\,7\,500\,000$$

Zuschauer. Die thematisch ähnlich geartete Sendung „Meins bleibt meins" des Konkurrenzsenders STATT 2 hatte nach anfänglichen 5 000 000 Zuschauern Zuwachsraten (gegenüber der jeweiligen Vorsendung) von

$$10\%\,,\,5\%\,,\,-5\%\,,\,20\%\,,\,5\%\,.$$

a) Welche Sendung hat die höhere durchschnittliche Zuschauerzahl?

b) Welche Sendung hat die höhere durchschnittliche Zuwachsrate an Zuschauern?

Aufgabe 1.7

In der französischen Bourgogne findet alljährlich das mit großer Aufmerksamkeit verfolg-te Weinbergschneckenrennen statt. Das in mehreren Tagesetappen ausgetragene Rennen, welches aufgrund der eingesetzten Dopingmittel (in Form von Salat) auch „Tour de Tran-ce" genannt wird, führt vor der letzten Etappe von Marinade nach Casserole die Schnecke Ricki Raserati an, die aus diesem Grund auch das sogenannte „gelbe Haus" tragen darf. Die Etappenlängen und die Durchschnittsgeschwindigkeiten von R. Raserati sowie dem aussichtsreichsten Verfolger Emilio Escargot in den vergangenen Etappen gibt die folgen-de Tabelle an:

Etappe	1	2	3	4
Etappenlänge (m)	3.2	1.9	3.5	3.4
Geschwindigkeit Raserati $\left(\frac{m}{Std.}\right)$	0.8	0.6	0.95	0.9
Geschwindigkeit Escargot $\left(\frac{m}{Std.}\right)$	0.75	0.65	0.9	0.95

a) Berechnen Sie die Durchschnittsgeschwindigkeit der beiden Schnecken im bisherigen Wettkampf.

b) Für die letzte, 3.0 m lange Etappe erwartet man einen harten Entscheidungskampf zwischen den beiden führenden Schnecken. Wie schnell muss Escargot sein, um das Rennen noch zu gewinnen, wenn Raserati an seiner bisherigen Durchschnittsge-schwindigkeit festhält?

Aufgabe 1.8

Wir versetzen uns zurück ins 13. Jahrhundert irgendwo im rauhen Norden ....

Ritter Fiskus von Flensburg ist bekannt für seinen überschwenglichen Lebenswandel. Um sich bei der Finanzierung desselben nicht durch anstrengende Raubzüge belasten zu müssen, hat er als Einnahmequelle einen Bußgeldkatalog für Verkehrsvergehen seiner Untergebenen entwickelt. Untertanen, die die ritterlich vorgeschriebene Reithöchstgeschwindigkeit nicht einhalten oder gar in verkehrsberuhigten Trabzonen galoppieren, müssen damit rechnen, empfindlich zur Kasse gebeten zu werden. Auch das Anleinen von Pferden in nicht eigens dafür vorgesehenen Bereichen wird gebührenpflichtig verwarnt.

Für statistische Zwecke werden die Verkehrsvergehen zudem nach einem speziellen Punkteschlüssel bei Hof registriert. Die folgenden Werte geben die sog. „Flensburger Punkte" der 16 Untertanen an:

$$0 \quad 2 \quad 5 \quad 6 \quad 1 \quad 0 \quad 1 \quad 7 \quad 15 \quad 0 \quad 1 \quad 5 \quad 6 \quad 11 \quad 4 \quad 1$$

a) Zeichnen Sie die empirische Verteilungsfunktion für die Flensburger Punkte.

b) Zeichnen Sie ein Histogramm für die Flensburger Punkte.

c) Bei der letzten Radarkontrolle wurden folgende Geschwindigkeitsübertretungen gemessen (in km/h):

0.10	0.14	0.21	0.36	0.41	0.48	0.55	0.56	0.65	0.66	0.67	0.71	0.76
0.79	0.83	0.86	0.93	0.98	1.02	1.03	1.15	1.27	1.28	1.33	1.38	1.39
1.46	1.47	1.62	1.73	1.78	1.79	1.84	1.88	1.91	2.05	2.13	2.36	2.37
2.45	2.59	2.76	2.83	3.09	3.35	3.58	3.66	3.87	3.90	4.00	4.21	4.32
4.47	4.78	4.93	5.03	5.30	5.59	6.37	6.68	6.86	7.23	7.87	8.90	

Klassieren Sie die Daten und zeichnen Sie das Summenpolygon für die klassierten
Daten.

Aufgabe 1.9

Biologe Albert Einbein sieht seine Lebensaufgabe darin, das Dasein der Tausendfüßer zu
erforschen und dem Menschen näher zu bringen. Für sein neues Buch „Haben Tausendfüßer tausend Füße?" hat er mit der Lupe an 25 Versuchstieren folgende Werte ermittelt:

98	100	112	108	104
100	102	100	98	102
124	100	100	112	116
104	102	72	100	96
102	100	106	92	84

a) Berechnen Sie für diese Werte arithmetisches Mittel, Median und Modus.

b) Einbein beschließt, die Daten in Form eines Histogramms in seinem nächsten For-
schungspapier zu veröffentlichen. Er wählt die Klassenbreite 4, so dass er zu folgender
Klasseneinteilung gelangt:

$$[71, 75), \quad [75, 79), \quad [79, 83), \quad \ldots, \quad [123, 127).$$

Einbeins nicht ganz so erfolgreicher, aber ebenso ehrgeiziger Mitarbeiter Zweifuß gelangt zufällig in den Besitz der Daten und beschließt, diese als sein eigenes Forschungsergebnis auszugeben. Er wählt die Klasseneinteilung

$$[69,73), \quad [73,77), \quad [77,81), \quad \ldots, \quad [121,125) \,.$$

Vergleichen Sie die beiden Histogramme und erklären Sie die Unterschiede. Hat einer der beiden eine falsche Klasseneinteilung getroffen?

c) Verdeutlichen Sie die Unterschiede, indem Sie den Schiefekoeffizienten von Pearson für die Originaldaten und für die beiden Klassierungen berechnen.

Aufgabe 1.10

Die „As Cold as Ice AG" zieht in Erwägung, ihren weltweiten Verkaufsschlager, den Kühlschrank des Typs „Eisblock", nun auch nach Grönland zu exportieren. Um zu klären, ob in Grönland überhaupt Bedarf an Kühlartikeln besteht, wird bei der Firma „Grönland in Zahlen GmbH" eine Studie über die Durchschnittstemperatur in 100 Städten und Dörfern der Insel in Auftrag gegeben. Einen Monat später bekommt die Kühlmittelfirma die folgenden Werte in Grad Fahrenheit (F) geliefert (zudem wurden die daraus resultierenden Lage- und Streuungsmaße berechnet):

−19.6	−18.4	−15.1	−15.1	−13.6	−13.5	−13.0	−13.0	−12.5	−12.0
−11.1	−10.7	−10.1	−10.0	−9.8	−8.1	−8.0	−7.9	−7.8	−7.6
−7.5	−7.2	−6.3	−6.0	−5.9	−5.9	−5.0	−4.4	−4.4	−3.8
−3.7	−2.8	−2.7	−2.3	−1.9	−1.8	−1.5	−0.9	−0.7	−0.5
−0.2	−0.1	0.0	0.0	0.0	0.2	0.4	0.7	0.7	0.8
0.8	1.2	1.3	2.0	2.1	2.4	2.6	2.6	2.6	2.6
2.6	3.0	3.3	3.3	3.3	3.3	3.3	3.3	3.5	3.6
3.7	3.8	4.4	4.5	4.5	4.6	4.9	5.0	5.3	5.3
5.4	5.7	6.0	6.1	6.1	6.2	6.2	6.5	6.5	6.6
7.1	7.1	7.2	7.3	7.9	8.5	9.0	9.2	9.9	11.2

$$\bar{x} = -0.65 \quad \bar{x}_M = 3.30 \quad \tilde{x} = 0.80$$
$$\sigma_x = 6.99 \quad \mathrm{MAD}_x = 4.55 \quad R_x = 30.80$$

Da sich die Führungsetage nicht schlüssig ist über den Aussagegehalt der Werte in Grad Fahrenheit $\{x_1, \ldots, x_{100}\}$, wird beschlossen, die Lagemaße für den in Grad Celsius (C) transformierten Datensatz $\{y_1, \ldots, y_{100}\}$ zu ermitteln (Hinweis: $C = \frac{5}{9}(F - 32)$). Der sehr auf sein berufliches Fortkommen bedachte Jungmanager Carl Career erklärt sich sofort bereit, diese Aufgabe zu übernehmen. Am nächsten Tag (Carl Career saß bis in die frühen Morgenstunden mit seinem Taschenrechner im Büro) liegen endlich die neuen Werte für Lage- und Streungsmaße vor:

$$\bar{y} = -18.14 \quad \bar{y}_M = -15.94 \quad \tilde{y} = -17.33$$
$$\sigma_y = 3.88 \quad \mathrm{MAD}_y = 2.53 \quad R_y = 17.11$$

a) Gibt es eine Möglichkeit, die oben bestimmten Lageparameter auch ohne die Transformation des gesamten Datensatzes zu ermitteln? (Falls Sie keine Idee haben, sind Sie heute Abend mit Ihrem Taschenrechner verabredet!) Welche allgemein für univariate Lagemaße wünschenswerte Eigenschaft ist dafür verantwortlich?

b) *Gegeben sei nun ein beliebiger Datensatz X $(x_1, \ldots x_n)$. Die Werte Y $(y_1, \ldots y_n)$ ergeben sich daraus durch eine affine Transformation zu $y_i = ax_i + b$ $(i = 1, \ldots, n)$. Zeigen Sie nun auch allgemein folgende Eigenschaften für die Streuungsmaße von Y:*

    i)   Spannweite $R_y = |a| R_x$

    ii) MAD $\mathrm{MAD}_y = |a| \cdot \mathrm{MAD}_x$

    iii) Varianz $\sigma_y^2 = a^2 \sigma_x^2$

    iv) Standardabweichung $\sigma_y = |a| \sigma_x$

Verwenden Sie diese Formeln, um die genannten Streuungsmaße für die transformierten Daten zu berechnen.

c) *Geben Sie Streuungsmaße an, die unter Transformationen der Art $y_i = ax_i$ (wobei $a > 0$) unverändert bleiben.*

Aufgabe 1.11

Der Radio- und Fernsehhändler Hubert Anton Ignaz Vieh vertreibt Lautsprecherboxen zu unterschiedlichen Preisen. Angefangen bei einfachen Lautsprechern für ein Autoradio bis hin zur hochwertigen Box für die Diskothekenausstattung hat H.A.I. Vieh Boxen auf Lager, die er zu den folgenden Einkaufspreisen (in EUR) bezieht:

| 1014.6 | 863.2 | 1189.0 | 1332.6 | 1097.6 | 6201.2 | 3480.8 | 627.2 | 1044.9 | 1072.6 |
| 10242.9 | 741.2 | 1210.1 | 2328.1 | 262.0 | 954.6 | 4164.1 | 8047.6 | 707.3 | 2838.4 |

a) Zeichnen Sie einen Boxplot für die Einkaufspreise der Boxen.

b) Beurteilen Sie die Schiefe des Datensatzes anhand des Boxplots und des Quartilskoeffizienten der Schiefe sowie mit Hilfe der Schiefekoeffizienten nach Fisher und Pearson. Welche Schlüsse können Sie aus den Ergebnissen ziehen?

Aufgabe 1.12

Autoverwerter Kurt Lagerplatz hat eine Marktlücke entdeckt: Ausgediente, zunächst wertlos erscheinende Fahrzeuge aller Art baut er zu kunstvollen Designerfahrzeugen um. Seine Modelle – jedes für sich ein Unikat – erzielen unter Sammlern mittlerweile Höchstpreise.

Derzeit hat Kurt Lagerplatz Kunstobjekte zu folgenden Preisen (in EUR) in seiner Galerie zu verkaufen:

$$70\,000\, ,\quad 40\,000\, ,\quad 100\,000\, ,\quad 50\,000\, ,\quad 60\,000\, ,$$
$$80\,000\, ,\quad 80\,000\, ,\quad 90\,000\, ,\quad 70\,000\, ,\quad 80\,000\, ,$$
$$180\,000\, ,\quad 80\,000\, ,\quad 70\,000\, ,\quad 90\,000\, ,\quad 60\,000\, .$$

Entscheiden Sie, ob die Verteilung der Preise symmetrisch, links- oder rechtsschief ist, indem Sie den Quartilskoeffizienten der Schiefe sowie die Schiefekoeffizienten nach Fisher und Pearson berechnen. Interpretieren Sie die Ergebnisse.

Aufgabe 1.13

„Die Verteilung der Länge
meiner Zähne ist rechtsschief.“

Dr. A. Cula

Seine (sichtbare) Zahnlänge in mm gibt Dentist Dr. A. Cula wie folgt an:

7.6	7.7	7.8	7.8	7.9	34.6	10.1	10.2	10.2	10.0	35.5	7.9	7.8	7.7	7.6	7.6
7.8	7.8	7.9	8.1	8.2	31.7	10.0	10.0	10.0	10.1	32.1	8.1	8.1	7.8	7.8	7.7

a) Zeichnen Sie einen Boxplot sowie ein Stem–and–Leaf–Diagramm für die Zahnlänge.

b) Überprüfen Sie die Behauptung Dr. A. Culas, indem Sie die Fechnersche Lageregel sowie die Lage der Midsummaries betrachten.

c) Berechnen Sie den Fisherschen Momentenkoeffizienten der Schiefe und den 1. Schiefekoeffizienten nach Pearson.

Aufgabe 1.14

Gerd Glatzel, der ein existentielles Problem mit seinem Haarwuchs hat (den üppigsten Teil seiner Kopfbedeckung stellen die Augenbrauen dar), stößt bei der Lektüre seiner Lieblingszeitschrift „Mann vorm Spiegel" auf das folgende Inserat der Rapunzel AG:

> „Doppel–Haar, das erfolgreichste Haarwuchsmittel, das es je gab! 50% der Anwender hatten einen monatlichen Haarwuchs von 0.8 cm oder mehr – innerhalb eines Monats durchschnittlich 1.4 cm längeres Haar."

Die Lösung seines Problems erhoffend, greift Glatzel sofort zu. Einen Monat später hat er auch noch die spärlichen Reste seiner „Kopfbedeckung" verloren. Erbost sucht er die Rapunzel AG auf (die Blöße mit einem Hut bedeckend), um seinem Ärger Luft zu machen. Dort erhält er die folgenden Haarwuchsergebnisse von Testpersonen des Mittels Doppel–Haar (Haarwuchs innerhalb eines Monats in cm; negative Werte stehen für Haarausfall):

0.8	−0.8	0.4	0.7	−2.0	−0.7	1.0	2.2	−1.0	4.2
0.9	2.6	−0.2	0.8	−0.8	−3.2	0.6	−4.2	3.8	5.3
1.8	−3.2	4.7	−2.0	2.5	−1.3	3.5	10.8	6.2	−0.8
4.6	7.3	−1.4	6.6	0.6	−2.0	3.3	−0.8	3.0	2.2

a) Überprüfen Sie die Herstellerangaben, indem Sie den durchschnittlichen Haarwuchs sowie den Median des Haarwuchses berechnen. Betrachten Sie zusätzlich den Modus.

b) Ermitteln Sie auch Varianz und Standardabweichung.

c) Hätte man als statistisch gebildeter Mensch unmittelbar aus der Werbeanzeige Zweifel an der Wirksamkeit des Mittels äußern können?

d) Zeichnen Sie einen Boxplot sowie ein Stem–and–Leaf–Diagramm.

Aufgabe 1.15

Der allgemeine Ökotrend hat auch vor der Schwäbischen Alb nicht Halt gemacht:
Reitstallbesitzer Calvin Groß setzt mit großem Erfolg sein Eau de Toilette „ROSS" um,
das er als direktes Abfallprodukt seiner Haustiere gewinnt.
Getreu dem Motto „Auf diese Schweine können Sie schauen - Schwäbisch' Stall" führt
Landwirtin Claire Grube mit steigendem Erfolg Stadtbewohner durch ihren heimischen
Zoo.
Die zusätzlichen Einnahmen (in 1000 EUR) der beiden innovativen Unternehmer betrugen
in den letzten 12 Monaten

      bei Calvin Groß: 1.1, 1.3, 1.7, 1.8, 1.8, 1.8, 2.0, 2.0, 2.0, 2.1, 2.1, 3.8,

      bei Claire Grube: 1.3, 1.3, 1.4, 1.5, 1.6, 1.6, 1.6, 1.7, 1.7, 1.8, 1.9, 2.0.

Verdeutlichen Sie die Unterschiede der beiden Verteilungen, indem Sie zwei Boxplots zeichnen.

***

Statistik-Witz Nr. 4

Zwei Statistiker sitzen in einer Wirtschaft und beklagen den Verfall des statistischen Allgemeinwissens in der Bevölkerung. Als einer der beiden die Toilette aufsucht, schiebt der zweite der Bedienung 10 EUR zu und bittet sie, auf seine Frage, die er in Kürze stellen wird, exakt folgendes zu antworten: „Die Integration der Funktion über die reellen Zahlen muss 1 ergeben und ihre Funktionswerte müssen größer oder gleich 0 sein."
Die Bedienung murmelt nun fortwährend vor sich hin: „Die Integration ...." Als der erste Statistiker von der Toilette zurückkehrt, ruft der zweite Statistiker die Bedienung an den Tisch und fragt sie: „Welche Bedingungen muss eine Funktion erfüllen, um eine Dichte darzustellen?" Die Bedienung antwortet prompt und exakt so, wie ihr aufgetragen wurde. Als die Statistiker daraufhin – einer verblüfft, der andere innerlich triumphierend – das Lokal verlassen, ruft ihnen die Bedienung noch hinterher: „... bis auf abzählbar viele Stellen."

Aufgabe 1.16

Der durch das Ende des Sozialismus' in seinem Heimatland verbitterte (aber keineswegs bekehrte) Altkommunist Erik Anecker macht sich auf die Suche nach einer neuen Heimat. Er beschließt, als Auswahlkriterium das Pro–Kopf–Einkommen einzelner Länder heranzuziehen. Beim Durchblättern statistischer Jahrbücher stößt er auf den Inselstaat Republica de las Bananas mit einem durchschnittlichen Einkommen von 60 000 Bananendollar (B$) – genau das Richtige für einen durch seine sozialistische Vergangenheit nicht gerade spartanisch lebenden, ehemaligen Parteifunktionär. Mit Sack und Pack dort angekommen, muss er jedoch feststellen, dass die Verhältnisse zwar durch Reichtum an Bananen, sonst aber eher von allgemeiner Armut geprägt sind. Aus einer staatlichen Veröffentlichung über die Einkommensverteilung wird folgendes ersichtlich:

Einkommen (B$) von ... – bis unter ...			Absolute Häufigkeit der Einkommensbezieher
0	–	10 000	26
10 000	–	20 000	20
20 000	–	30 000	15
30 000	–	50 000	3
50 000	–	75 000	3
75 000	–	100 000	1
100 000	–	200 000	3
200 000	–	500 000	9
			80

a) Berechnen Sie das arithmetische Mittel und die Standardabweichung der Einkommen.

b) Wenn E. Anecker auch noch zusätzlich den Gini–Koeffizienten herangezogen hätte, hätte er sich die Flugkosten sparen können. Ermitteln Sie also auch diesen und zeichnen Sie die Lorenz–Kurve!

c) Berechnen Sie den Herfindahlindex.

Aufgabe 1.17

Studentin Omega, nebenberuflich Servicekraft im Schnellimbiss–Restaurant „Murder Inn",
möchte das Trinkgeldverhalten ihrer Kunden analysieren.

Mangels Zeit kann sie sich nicht die exakten Beträge notieren, sondern steckt das Trinkgeld
je nach Höhe in eine von fünf Spardosen K_1, K_2, K_3, K_4, K_5 und führt für jede Spardose
eine Strichliste. Am Feierabend wertet sie die Strichliste aus und zählt das Trinkgeld in
den Spardosen zusammen. Das Ergebnis eines Tages gibt die folgende Tabelle wieder:

Spar-dose	Trinkgeld [EUR] von ... bis unter ...	Anzahl der Trinkgelder	Summe der Trinkgelder [EUR]
K_1	0.00 – 0.50	102	10.50
K_2	0.50 – 1.00	45	28.80
K_3	1.00 – 2.00	27	35.90
K_4	2.00 – 5.00	3	7.90
K_5	5.00 – 10.00	3	16.90

a) Berechnen Sie arithmetisches Mittel und geben Sie eine untere Schranke für die
   Varianz des Trinkgeldes an.

b) Zeichnen Sie die Lorenzkurve für das Trinkgeld.

c) Berechnen Sie das Gini–Maß.

d) Auf welchen Anteil der Geber konzentrieren sich die 50% niedrigsten Trinkgelder?

***

Statistik-Witz Nr. 5

Ein Statistiker schießt auf einen Hasen, welcher einen Haken schlägt, so dass die Kugel
einen Meter links am Hasen vorbei schlägt. Der Statistiker legt noch einmal an und schießt
bewusst einen Meter rechts am Hasen vorbei. Statistisch gesehen ist der Hase tot.

Aufgabe 1.18

Berta Feministi, Reporterin des von Frauen für Frauen gemachten Magazins „Tante Emma", stellt Recherchen für ihren geplanten Artikel „Dann heirate doch Dein Auto" an. Der Beitrag soll als Thema das (aus der Sicht von Berta Feministi) krankhafte Verhältnis von Männern zu ihren Autos haben. Zu diesem Zweck befragt die leidenschaftliche Anhängerin der weiblichen Gleichberechtigung die 10 verheirateten Männer eines Mehrfamilienhauses nach der Zeit, die sie wöchentlich der Pflege und Reinigung ihres Gefährts sowie (nun weniger der Pflege und Reinigung) ihrer Gattin widmen. Die Studie hat das folgende Ergebnis (in Stunden):

Befragung	1	2	3	4	5	6	7	8	9	10
Zeitaufwand für das Auto:	2	2	2	3	5	5	6	10	26	39
Zeitaufwand für die Ehefrau:	7	10	6	7	5	11	8	3	1	2

a) Zeichnen Sie die Lorenzkurve für die Konzentration der Zeit, die die Männer in ihre Autos investieren.

b) Welcher Wert ergibt sich für das Gini-Maß? Interpretieren Sie den ermittelten Wert!

c) Zwei der befragten Männer (Nr. 2 und 4), deren Frauen Leserinnen von „Tante Emma" sind, 'müssen' (aus welchen Gründen auch immer) nach Erscheinen des Artikels ihre Autos verkaufen. Zeichnen Sie die Lorenzkurve und berechnen Sie den Gini-Koeffizienten auch für diese geänderte Situation.

d) Berechnen Sie den Herfindahlindex für die beiden Situation in a) und c).

e) Berechnen Sie die Korrelation zwischen der Zeit, die die 10 Herren ihren Autos und Gattinnen widmen. Verwenden Sie den Korrelationskoeffizienten von Bravais–Pearson.

Aufgabe 1.19

Erik Anecker (vgl. Aufgabe 1.16) ist es inzwischen gelungen, die Republica de las Bananas durch eine Mauer in die Federala Republica de las Bananas und die Socialistica Republica de las Bananas zu spalten. In letzterer ist Anecker mittlerweile Vorsitzender der SEB (Sozialistische Einheitspartei der Bananenrepublik).

Für das SEB–Jahrbuch stellt Anecker das Einkommen (in 10.000 B\$) der „Helden der Arbeit" des Vorjahres zusammen[3]:

$$x_1 = 6.05 \quad x_2 = 0.83 \quad x_3 = 0.49$$
$$x_4 = 5.64 \quad x_5 = 5.79 \quad x_3 = 2.41$$
$$x_7 = 2.43 \quad x_8 = 0.73 \quad x_3 = 0.45$$
$$x_{10} = 3.74 \quad x_{11} = 0.84 \quad x_{12} = 2.19$$

a) Bestimmen Sie die Schiefe des Datensatzes mit Hilfe der Letter–Values und der Midsummaries (bis zu den Sixteenths).

b) Der über diese realsozialistische Einkommensverteilung eher unglückliche Parteivorsitzende will vor der Veröffentlichung noch „kleinere Korrekturen" vornehmen, um auffällige Einkommensunterschiede zu kaschieren. Führen Sie deshalb eine Transformation zur Erhöhung der Symmetrie durch und überprüfen Sie, ob die Transformation tatsächlich zu einer Erhöhung der Symmetrie geführt hat.

Aufgabe 1.20

Emil Erbschleicher, begeisterter Leser des Wochenmagazins Locus, entdeckte in einer der letzten Ausgaben die folgende Tabelle, in der die Ergebnisse einer Befragung von 100 Frauen zusammengestellt sind. Im Rahmen dieser Untersuchung machten die befragten Frauen Angaben zu ihrem Alter und ihrem Vermögen:

Vermögen	\[20;40)	\[40;60)	\[60;80)	\[80;100)
	Alter			
\[0;20 000)	16	16	5	4
\[20 000;40 000)	4	13	5	3
\[40 000;60 000)	1	1	9	6
\[60 000;80 000)	2	1	0	14

a) Aus nahe liegenden Gründen interessiert sich Emil Erbschleicher lediglich für Frauen der Vermögensklasse 60 000 – 80 000 EUR. Berechnen Sie also die (bedingte) Altershäufigkeit für die Frauen mit 60 000 – 80 000 EUR Vermögen.

[3]Man beachte, dass im Januar, April und Mai (siehe Einkommen x_1, x_4 und x_5) mit Erik Anecker und nahen Verwandten auch hohe Funktionäre der SEB den begehrten Titel erwarben.

b) Lothar Lebemann hat kein besonderes Interesse an einer regelmäßigen Arbeit, sondern lässt sich lieber von seiner jeweiligen Lebenspartnerin finanzieren (wobei ihm das Alter seiner „Brötchengeberin" egal ist). Untersuchen Sie seine Chancen für einen gesicherten Lebensabend mittels der Randhäufigkeit des Merkmals Vermögen.

c) L. Lebemann fragt sich nun, ob er seine Werbemaßnahmen eher auf Diskotheken oder Altersheime konzentrieren sollte. Berechnen Sie den Korrelationskoeffizienten nach Bravais–Pearson als Maß für den Zusammenhang zwischen Alter und Vermögen.

Aufgabe 1.21

In Walzerstadt finden alljährlich die mit großer Spannung verfolgten Tanzmeisterschaften statt. Die sechs am Finale teilnehmenden Paare sind in diesem Jahr Heidi und Herbert Hübscher (H), Ida und Ingo Intrigo (I), Jutta und Jupp Jovial (J), Käthe und Karl Korrupti (K), Lotte und Lothar Loser (L) sowie Mia und Markus Mooslos (M). In der Endrunde müssen die Wertungsrichter Norbert Neutral (N), Otto Ordentlich (O), Peter Pingelich (P), Quentin Querulant (Q), Rudi Redlich (R), Siggi Schmiergut (S) und Trude Treuhand (T) in offener Wertung die Punkte 1 bis 6 an die Paare vergeben, wobei die „1" dem besten Paar und die „6" dem schlechtesten Paar zukommen soll. Anschließend wird pro Paar das Punktemittel gebildet. Gewinner des Turniers ist das Paar mit der geringsten Durchschnittspunktzahl.

a) Berechnen Sie die Durchschnittspunktzahlen der Paare sowie die Platzierungen, wenn folgende Wertung vorgenommen wurde:

		Punktrichter						
		N	O	P	Q	R	S	T
	H	4	3	3	5	3	6	3
	I	3	4	5	4	4	1	4
Tanz–	J	5	5	4	3	5	4	5
paar	K	1	2	2	2	2	2	1
	L	6	6	6	6	6	3	6
	M	2	1	1	1	1	5	2

b) Bestechungsversuche des Wertungsrichters Siggi Schmiergut seitens der Paare L. und L. Loser bzw. I. und I. Intrigo zwecks Erringung eines besseren Platzes sind nicht von der Hand zu weisen. Wie lautet die Platzierung, wenn man statt des arithmetischen Mittels das 0.2–getrimmte Mittel als Entscheidungsgrundlage verwendet?

c) Suchen Sie auffällige Punktrichter, indem Sie die Korrelationen der Punktrichter untereinander vergleichen. Berechnen Sie zunächst die Korrelation nach Bravais–Pearson. Wie sieht die Korrelation nach Spearman aus?

Aufgabe 1.22

Rom, im Jahr 154 nach Christus.

Um die Sicherheit auf den Straßen in und nach Rom zu gewährleisten (dorthin führen ja bekanntlich alle Wege), wird auf kaiserliches Dekret hin der Verkehrssicherheit–Untersuchungsverein (kurz: VESUV) gegründet. Seine Aufgabe besteht darin, die römischen Wagen regelmäßig auf ihre Verkehrstüchtigkeit hin zu überprüfen und gegebenenfalls den goldenen Lorbeerkranz zu verleihen, der für weitere zwei Jahre das Fahren auf Roms Straßen ermöglicht.

Claudius Controllator, einem integren Beamten der Gewerbeaufsicht, kommt der Verdacht
zu Ohren, dass Antonius Amor als Leiter von VESUV bei der Vergabe der Lorbeerkränze
nicht ganz objektiv zu Werke geht. So soll das charmante Lächeln einer Halterin schon
einmal zur Verleihung des Lorbeerkranzes sogar an technisch nicht ganz so einwandfreie
Wagen geführt haben. Controllator postiert sich daraufhin eine Woche in einem Gebüsch
vor dem VESUV–Gebäude und registriert bei den ankommenden Fahrzeugen das Geschlecht des Halters und ob der Lorbeerkranz vergeben wurde oder nicht. Das Ergebnis
zeigt die folgende Tabelle:

n_{ij}		Lorbeerkranz	
		vergeben	nicht vergeben
Halter	weiblich	7	8
	männlich	5	40

a) Wie müsste die Tabelle bei Unabhängigkeit unter Beibehaltung der Randverteilungen aussehen?

b) Berechnen Sie den Assoziationskoeffizienten nach Yule.

c) Ermitteln Sie auch den Phi–Koeffizienten sowie die Kontingenzkoeffizienten nach
   Pearson und Cramer.

Aufgabe 1.23

Der Startenor Carl Ouzo (weltbekannt durch gemeinsame Auftritte mit Luciano Sarotti und Placido Flamingo) singt in dieser Saison die Rolle des Alfredo in „La Rabiata". Um seine Stimmbänder nicht zuletzt für die berühmte Trinkszene geschmeidig zu halten, trinkt Ouzo für gewöhnlich vor dem Auftritt noch ein paar Gläschen vom gleichnamigen Getränk. Wenn Ouzo anschließend auf der Bühne steht, muss der Intendant leider feststellen, dass hin und wieder gewisse Wanderungsbewegungen im Publikum auftreten. Um einen möglichen Zusammenhang zwischen der konsumierten Ouzo–Menge und den beschriebenen Fluchttendenzen des Publikums zu untersuchen, erhebt er an zufällig ausgewählten Vorstellungen den Ouzo–Konsum des Startenors sowie die Abwanderungsbewegungen der Zuschauer:

Abwanderungsbewegung	Ouzo–Konsum (in Gläsern)			
	0–2	3–5	6–8	≥ 9
gering	$n_{11} = 1$	$n_{12} = 1$	$n_{13} = 0$	$n_{14} = 0$
mittel	$n_{21} = 2$	$n_{22} = 3$	$n_{23} = 1$	$n_{24} = 3$
hoch	$n_{31} = 0$	$n_{32} = 1$	$n_{33} = 2$	$n_{34} = 2$

Berechnen Sie mit einem geeigneten Korrelationsmaß einen Zusammenhang zwischen der Anzahl getrunkener Gläser Ouzo und der Abwanderungsbewegung der Zuschauer.

Aufgabe 1.24

Arno Warzenschocker, weltweit bekannt durch seine Hauptrolle als bayerischer Bierbrauer im Film „Der Salvator", besitzt einen durch jahrelanges Training gestählten Körper, der einer griechischen Statue zur Ehre gereichen würde. Die aus seiner Sicht ungerechtfertigten Vorwürfe vieler Frauen, dass Männer mit starken Muskeln „intellektuelle Defizite" aufweisen, möchte er entkräften. Zu diesem Zweck erhebt er an 10 zufällig ausgewählten Männern die Muskelstärke in Form des Oberarmumfangs sowie deren letzte Schulnote im Fach Mathematik. Das Ergebnis gibt folgende Tabelle wieder (eine „1" steht für die Note „sehr gut", eine „2" für „gut", usw.):

Oberarmumfang (cm)	17	18	21	25	26	32	34	35	37	42
Schulnote in Mathematik	3	1	2	3	2	3	4	4	3	5

Untersuchen Sie mit einem geeigneten Korrelationsmaß, ob ein Zusammenhang zwischen Intellekt und Körperbau besteht.

Aufgabe 1.25

Ein Filmverleih möchte feststellen, ob die Filmsparten Heimat-, Action- und Erotikfilm gleichermaßen anziehend auf Männer wie Frauen wirken. Zu diesem Zweck werden in K. die weiblichen und männlichen Besucher der drei Filme „Der Förster von Filderstadt" (Heimat), „Mambo IV" mit Action–Star Silvester Mallone sowie „Die nackte Matrone $444\frac{1}{4}$" (Erotik) gezählt. Die Erhebung brachte folgende Ergebnisse:

Geschlecht	Filmgattung		
	Heimat	Action	Erotik
Frauen	53	27	6
Männer	9	96	69

a) Wie sind die Merkmale Geschlecht und Filmgattung skaliert?

b) Berechnen Sie ein geeignetes Zusammenhangsmaß.

Aufgabe 1.26

Die Zwillingsschwestern Anna und Berta Spannagel sind seit ihrer frühesten Kindheit ein unzertrennliches Paar und teilen in vielen Lebensbereichen „ähnliche" Ansichten.
Durch Zufall kommen beide in die Jury zur Wahl des „Mr. Bodensee". Sie vergeben deshalb getrennt voneinander acht Jünglingen Punkte auf einer Skala von 5.1 bis 6.0, die anschließend mit den Punkten der übrigen Wertungsrichter aggregiert werden. Die von A. und B. Spannagel vergebenen Haltungsnoten sind der nachfolgenden Tabelle zu entnehmen:

Model	1	2	3	4	5	6	7	8
Bewertung A.	5.2	5.2	5.4	5.5	5.6	5.7	5.9	5.9
Bewertung B.	5.4	5.5	5.4	5.5	5.9	5.8	5.6	5.7

Beurteilen Sie, ob sich der gemeinsame Lebensweg der Spannagels in einer Korrelation hinsichtlich der Punktevergabe niederschlägt, indem Sie folgende Zusammenhangsmaße berechnen:

a) den Korrelationskoeffizienten nach Bravais–Pearson,

b) den Korrelationskoeffizienten nach Fechner,

und

c) die unterschiedlichen Ergebnisse interpretieren.

Aufgabe 1.27

Statistiker Carl Ampari vermutet einen sachlichen Zusammenhang zwischen der Anzahl am Sonntagmorgen konsumierter Heringe (y_i) und der Anzahl der tags zuvor zu sich genommenen Drinks (x_i). Um diesen Sachverhalt genauer zu untersuchen, hat C. Ampari an zufällig ausgewählten Wochenenden folgende Werte erhoben:

x_i	2	3	4	4	6	7	8	10	11	16	17
y_i	1	2	2	11	3	3	6	7	7	11	2

a) Berechnen Sie die Regressionsgerade nach der Methode der kleinsten Quadrate. Beurteilen Sie die Anpassung mit Hilfe des Bestimmtheitsmaßes.

b) Bestimmen Sie die 3–Schnitt–Median–Gerade (resistant line) nach Tukey (ohne Iteration).

c) Zeichnen Sie die beiden Geraden in den Scatterplot (die Punktewolke) ein.

d) Beurteilen Sie die Anpassungen, indem Sie die Trash–Kurven vergleichen.

e) Ermitteln Sie die Regressionskoeffizienten nach Wald.

f) Bestimmen Sie die Regressionsgerade nach Theil.

Aufgabe 1.28

Der in K. am B. wohnhaf-
te Posaunist T. Rompete verdient sein tägliches Brot damit, in der Innenstadt von K.
seine Virtuosität am Blasin-
strument zu Gehör zu bringen und auf die Freigiebigkeit
seiner Mitmenschen zu hof-
fen. Obwohl er bereits mehrere Ein- und Mehrfamilienhäu-
ser sein Eigen nennt, erwägt
er den Kauf eines Anwesens
im Süden Italiens, da ihm die
triste Winterstimmung in K.
auf die Laune und den Atem
schlägt (wobei sich Letzte-
res auch noch geschäftsschä-
digend auswirkt). Zur Finanzierung seines Winterdomizils
will er deswegen die Tageseinnahmen der letzten Wochen
analysieren:

t	1	2	3	4	5	6	7	8	9
y_t	158.99	165.55	182.34	165.90	194.49	186.57	204.10	199.77	196.10
t	10	11	12	13	14	15	16	17	18
y_t	197.97	199.93	216.31	212.37	217.49	220.12	212.91	210.18	227.08
t	19	20	21	22	23	24	25	26	27
y_t	220.11	208.62	210.87	217.42	217.56	197.04	199.30	190.76	192.67

Ein befreundeter Statistiker, den es trotz oder gerade wegen seiner Ausbildung ebenfalls
an den Bettelstab getrieben hat, kann keine auffälligen Saisonmuster entdecken und rät
ihm daher, durch verschiedene einfache gleitende Mittel die Zeitreihe zu glätten.
Helfen Sie T. Rompete, indem Sie einfache gleitende Dreier-, Fünfer- und Siebenerdurch-
schnitte bilden.

Aufgabe 1.29

Automarder Klaus Doch verdient seinen Lebensunterhalt, indem er sich der noch brauchbaren Teile (z.B. Autoradios) von herrenlos abgestellten Kraftfahrzeugen bedient. Während der letzten 5 Wochen hat er folgende Stückzahlen an Autos (y_t) entsorgt:

t	y_t	Wochentag		t	y_t	Wochentag
1	3	Do		11	13	Sa
2	6	Fr		12	10	So
3	8	Sa		13	6	Do
4	7	So		14	12	Fr
5	3	Do		15	12	Sa
6	7	Fr		16	8	So
7	9	Sa		17	10	Do
8	7	So		18	15	Fr
9	5	Do		19	16	Sa
10	10	Fr		20	14	So

a) Ermitteln Sie einen Trend unter Verwendung eines geeigneten Durchschnittes.

b) Verwenden Sie die trendbereinigte Zeitreihe, um den saisonalen Einfluss zu bestimmen.

Aufgabe 1.30

„Nicht immer,
aber immer häufiger... "

Claus Thaler hat seine Vorliebe für alkoholfreies Bier entdeckt. Während der letzten 29 Monate hat Thaler folgende Anzahlen an alkoholfreiem Bier (in Flaschen) konsumiert:

Monat	04/92	05/92	06/92	07/92	08/92	09/92	10/92	11/92	12/92
Konsum	2	5	6	7	9	6	5	2	1
Monat	01/93	02/93	03/93	04/93	05/93	06/93	07/93	08/93	09/93
Konsum	0	1	3	5	7	8	9	10	9
Monat	10/93	11/93	12/93	01/94	02/94	03/94	04/94	05/94	06/94
Konsum	8	4	3	1	3	5	7	9	11
Monat	07/94	08/94							
Konsum	13	15							

Führen Sie eine Saisonbereinigung durch, indem Sie

a) eine lineare Trendgerade nach der Methode der kleinsten Quadrate anpassen,

b) einen geeigneten gleitenden Durchschnitt berechnen.

Aufgabe 1.31

Alljährlich erfreut Knecht Ruprecht die Kinderschar mit Äpfel, Nuss und Mandelkern. So begibt er sich auch in diesem Jahr wegen der gebotenen Eile zu der Supermarktkette WALDI, um die benötigten Schleckereien zu erstehen. Alle Jahre wieder jedoch ärgert sich Knecht Ruprecht dabei über die Preisentwicklung, nicht zuletzt bei den Äpfeln. Von ihm wurden die folgenden Preise für die Jahre 1988 – 1994 ermittelt:

„Von drinnen, vom WALDI komm ich her ..."

Jahr	1988	1989	1990	1991	1992	1993	1994
$\frac{EUR}{kg}$	4.00	4.25	4.80	3.75	4.50	4.60	4.20

a) Ermitteln Sie die Preismessziffern zur Basis 1988.

b) Nehmen Sie eine Umbasierung der Preismessziffern von 1988 auf 1990 vor.

c) Gegeben seien die folgenden Preismessziffern für Mandelkerne (für die Basisjahre 1990 bzw. 1992). Ergänzen Sie die fehlenden Werte:

Basis 1990

Jahr	1990	1991	1992	1993	1994
PMZ		1.20		0.90	

Basis 1992

Jahr	1990	1991	1992	1993	1994
PMZ				0.6	1.20

Aufgabe 1.32

OPA, eine vergreiste, nichtsdestoweniger reaktionäre Hochschulgruppe von „Spät – 68ern", erregt die öffentliche Aufmerksamkeit durch Stinkbombenanschläge.

Techniker Horst Hippie hat festgestellt, dass die von OPA attackierte Gesellschaft in den letzten Jahren drastische Preiserhöhungen für den notwendigen Bestandteil Schwefelsulfid (S) sowie für das Porto der Bekennerschreiben (B) durchgesetzt hat. Hingegen hat sich der Preis für die Reagenzgläser (R), in die das brisante Material abgefüllt wird, nur geringfügig reduziert. Die folgende Tabelle gibt die Preise in EUR (p_{ij}) und benötigten Mengen (q_{ij}) der Produkte $j = S, R, B$ zur Basisperiode $i = 0$ und zu den Berichtszeiträumen $i = 1, 2$ an:

i	p_{iS}	q_{iS}	p_{iR}	q_{iR}	p_{iB}	q_{iB}
0	2.00	8	1.20	10	0.50	24
1	4.50	4	1.00	10	1.00	20
2	6.00	5	1.00	20	3.00	20

a) Berechnen Sie die Preisindizes nach Laspeyres und Paasche.

b) Der ebenfalls in der Öffentlichkeitsarbeit von OPA tätige Karl Kommune – er über-
bringt Politikern des anderen Lagers bei deren Auftritten in der Öffentlichkeit Eier
und Tomaten, deren Haltbarkeitsdaten allerdings geringfügig überschritten sind –
beklagt sich ebenfalls über Preissteigerungen in seinem Bereich. Er gibt für Eier (E)
und Tomaten (T) die folgenden Umsatzanteile (in der Basisperiode 0) und Preismessziffern (zum Basisjahr 0 für die Berichtsjahre $t = 1, 2$) an:

<table>
<tr><td colspan="2">Umsatzanteile:</td><td colspan="3">Preismessziffern:</td></tr>
</table>

		t	$M_{0,t}^E$	$M_{0,t}^T$
Eier:	0.25	0	1.0	1.0
Tomaten:	0.75	1	2.0	1.2
		2	2.4	1.5

Bestimmen Sie den Preisindex nach Laspeyres für K. Kommunes Artikel.

c) Berechnen Sie nun aus den unter a) und b) ermittelten Werten den Gesamtindex
nach Laspeyres für B, R, S, E und T (fassen Sie die Ergebnisse von a) und b) als
Subindizes auf). Der Umsatzanteil der Warengruppe für die Stinkbomben beträgt in
der Basisperiode 0.6, der der Warengruppe für die in Aufgabenteil b) geschilderten
Wurfgeschosse 0.4.

***

Statistik-Witz Nr. 6

Zwei mathematisch nicht ganz ungebildete Statistiker befinden sich trotz – vielleicht auch
gerade wegen – ihres Berufes in einer Irrenanstalt. Natürlich rauben sie sich gegenseitig
nahezu den letzten Verstand. Schließlich droht einer der beiden dem anderen: „Wenn Du
nicht sofort still bist, dann differenziere ich Dich!" Darauf antwortet der andere: „Macht
nichts, ich bin ja e^x."

Aufgabe 1.33

PATRONAE BAVARIAE

Das aus Geizing in Oberbayern stammende Ehepaar Xaver und Zensi Wildmoser verlässt zum ersten Mal im Rahmen eines Urlaubs die heimatlichen bayerischen Gefilde gen Süden (Italien). Erfreut stellen sie fest, dass sie auch in Pasta Risotto mit den wichtigsten bayerischen Grundnahrungsmitteln versorgt sind (Schweinshaxen, Sauerkraut, Weißbier, Radi, Brezeln). Allerdings erscheinen ihnen die Preise dort deutlich von denen in der Heimat zu differieren. Deshalb stellt sich für sie die Frage, ob es nicht vielleicht finanziell günstiger wäre, die oben erwähnten Genussmittel beim nächsten Urlaub nach Italien einzuführen, statt sie dort zu kaufen.

a) Berechnen Sie aus der nachfolgenden Tabelle die Kaufkraftparität Italien–Bayern auf Basis der Verbrauchsgewohnheiten der Wildmosers.

	p_{iI}[in BM] [4]	Menge q_i	p_{iA}[in LIT]
Schweinshaxe	12.00	5	24 000
Sauerkraut	4.00	6	10 500
Weißbier	3.50	26	3 750
Radi	2.00	3	7 500
Brezeln	1.00	19	3 000

b) Entsteht ein Kaufkraftgewinn für die heimische Bayernmark, wenn der Wechselkurs 1 500 LIT/BM beträgt?

---

[4] 1 BM = 1 Bayernmark

Kapitel 2

Wahrscheinlichkeitsrechnung

Aufgabe 2.1

Im fernen Land Emanzia, wo es einer Frau gestattet ist, ja – geradezu ihren Wohlstand widerspiegelt, mehrere Männer zu besitzen, residierte einst Fürstin Ruth die Große mit ihrem 13 Männer umfassenden Harem. Eine weitere Leidenschaft Ruths bestand in ihrer umfangreichen Briefmarkensammlung, die sie vorzugsweise mit einem oder auch mehreren ihrer Haremsmitglieder betrachtete.

a) Betrachten Sie die Auswahl eines Haremsherren als Zufallsexperiment und erläutern Sie daran die Begriffe Ereignisraum und Potenzmenge und bestimmen Sie deren Mächtigkeit.

b) Die folgenden Situationen geben einen typischen Wochenablauf am Hofe Ruths wieder. Helfen Sie der für die Hofstatistik zuständigen Eunuchin Statistica bei der Berechnung der Anzahl an Möglichkeiten, mit denen sich folgende Ereignisse zugetragen haben können:

   i) Am ersten Tage führte Ruth nacheinander einem jeden ihrer Haremsherren das Album mit ihren Lieblingsmarken vor.

   ii) Am zweiten Tage begnügte sich Ruth damit, drei Haremsmitgliedern nacheinander ihre Lieblingsmarken zu zeigen, um die Herren anschließend in den Rosengarten zu entlassen.

   iii) Am dritten Tage kam lediglich der Lieblingsherr in den Genuss der Briefmarkensammlung, dafür aber umso intensiver. Von den zehn nacheinander vorgeführten Alben vermochte der Arme lediglich zwischen zwei mit englischen

Marken, fünf mit französischen und drei mit deutschen Marken gefüllten Alben zu unterscheiden.

iv) Am vierten Tage bat Ruth nacheinander sieben Herren in ihr Gemach (zwecks Briefmarkenbetrachtung), doch mussten sie anschließend in den Harem zurück, um ggf. für eine weitere Runde zur Verfügung zu stehen.

v) Am fünften Tage wiederholte sich die Prozedur vom Vortag, jedoch wollte Statistica fortan die Reihenfolge nicht mehr berücksichtigen, so dass sie sich von den Herren nur noch die Namen und die Anzahl ihrer Audienzen notierte.

vi) Am sechsten Tage erlebt das bislang monotone Hofzeremoniell eine Abwechslung, denn Ruth empfängt vier Haremsherren gleichzeitig, die ihr einen Bauchtanz vorführen.

vii) Am siebten Tage ruhte Ruth (allein).

Aufgabe 2.2

Verona Waldbusch, bekannte Fernsehmoderatorin und begnadete Köchin, möchte wieder einmal ihr Lieblingsgericht, das „Hähnchen à la Dieter", zubereiten. Zu diesem Zweck muss sie die Reihenfolge des nachfolgenden Rezepts genau einhalten:

Schritt A: Man entferne die Plastikfolie.

Schritt B: Man würze das Hähnchen mit Salz und Pfeffer.

Schritt C: Man schalte den Backofen auf 200 Grad.

Schritt D: Man schiebe das Hähnchen 60 Minuten in die Röhre.
(Dazu verwendet sie gerne ihren Holz-Bohlen-Grill.)

„Komm, mach noch einmal 'Piep'!"

Verona hat sich jeden einzelnen Schritt ihres Lieblingsrezepts sorgfältig auf je einem Karteikärtchen notiert. Leider sind diese Kochhilfen durcheinandergeraten, so dass Verona nun zufällig einen Schritt nach dem anderen ausführen muss.

a) Wie groß ist die Wahrscheinlichkeit, dass Verona zufällig die richtige Reihenfolge wählt?

b) Wie groß ist die Wahrscheinlichkeit, dass Verona die richtige Reihenfolge einhält, wenn sie weiß, dass Schritt C direkt auf Schritt B folgt?

Aufgabe 2.3

Der Stadtrat von Macho–Picho beschließt, vor dem Rathaus Frauenparkplätze (FP's) ein-
zurichten. Nach harter Diskussion einigt man sich schließlich dahingehend, dass von den
16 zusammenhängenden Parkplätzen 6 in FP's umgewandelt werden sollen.

a) Wie viele Möglichkeiten gibt es für dieses Vorhaben?

b) Britta Bitburg von der Frauenfraktion möchte aus Sicherheitsgründen die FP's zusammenhängend bereitstellen. Wie viele Möglichkeiten stehen zur Auswahl?

c) Die Macho–Partei sieht in der Einrichtung von speziell von Frauen genutzten Parkplätzen andere Sicherheitsrisiken verborgen. Damit die hochwertigen Limousinen
der Stadträte auch weiterhin unbeschadet vor dem Rathaus stehen können, schlägt
man(n) deshalb vor, aus jeweils drei zusammenhängenden Parkplätzen zwei Frauenparkplätze zu installieren. Wie viele Möglichkeiten gibt es nun zur Bereitstellung
der insgesamt 6 FP's?

Aufgabe 2.4

Der Schotte MacGeiz hat eine Wette gegen seinen Nachbarn MacNepp verloren und muss
daraufhin im kommenden Jahr eine Geburtstagsparty ausrichten, wann immer ein Geburtstag im 30–köpfigen Clan der MacNepps anliegt. MacGeiz befürchtet nun, dass er für
die MacNepps 30 Feiern ausrichten muss.

a) Ist es wahrscheinlicher, dass alle MacNepps an verschiedenen Tagen Geburtstag haben, oder ist es wahrscheinlicher, dass mindestens zwei Personen am gleichen Tag
Geburstag haben? (Gehen Sie davon aus, dass es keine Zwillinge, Drillinge, etc. gibt,
und dass die Geburten gleichmäßig über das Jahr verteilt sind. Vernachlässigen Sie
Schaltjahre und rechnen Sie mit 365 Tagen pro Jahr.)

b) Ab welcher Größe einer Gruppe von zufällig ausgewählten Personen ist es wahrscheinlicher, dass mindestens zwei Personen am gleichen Tag Geburstag haben?

Aufgabe 2.5

Giovanni unterhält vier Beziehungen zu Freundinnen, mit denen er mehr oder weniger intensiv verkehrt. Seinem großen Vorbild und Namensgeber Don Giovanni folgend unterstreicht er seinen Charme, indem er hin und wieder feurige Liebesbriefe an seine Verehrerinnen schreibt.

Um dieses Verfahren zum anstehenden Weihnachtsfest abzukürzen, beauftragt er seinen kleinen Bruder Piccolo, den einmal formulierten, mit mühevoll erdachten Liebesschwüren versehenen Brief viermal abzuschreiben, jeweils mit persönlicher Anrede zu versehen und in bereits beschriftete Kuverts zu stecken. Abgelenkt durch die Suche nach versteckten Weihnachtsgeschenken ist Piccolo dabei jedoch so unkonzentriert, dass die Zuordnung der Briefe zu den Kuverts rein zufällig erfolgt. Dieses Missgeschick gesteht er Giovanni am nächsten Tag, als die Briefe natürlich bereits unterwegs sind, und das Unheil seinen Lauf nimmt.

a) Giovanni möchte auf der Neujahrsparty seines Freundes Charles Chauvi natürlich nicht ohne weibliche Begleitung erscheinen. Ihm ist allerdings klar, dass ein falsch zugeordneter Brief einen solch starken Vertrauensverlust bedeuten würde, dass die entsprechende Adressatin wohl kaum an der Aufrechterhaltung einer Beziehung zu ihm interessiert sein wird.

Wie groß ist die Wahrscheinlichkeit, dass Giovanni nicht allein an Charles' Party teilnehmen muss?

b) Mit welcher Wahrscheinlichkeit ändert sich die Größe von Giovannis „Harem" trotz dieses weihnachtlichen Intermezzos überhaupt nicht?

c) *Gehen Sie nun allgemein von n Briefen und n Kuverts aus (n ≥ 2). Wie wahrscheinlich ist es, dass genau k Briefe im richtigen Umschlag landen (k = 0, ..., n)?*

***

Statistik-Witz Nr. 7

Und da war noch der Empiriker, der seinen Kopf in den Ofen steckte und die Füße in den Kühlschrank legte - im Mittel fühlte er sich wohl.

Aufgabe 2.6

Prof. Schönberg besitzt insgesamt 10 sorgfältig aufeinander abgestimmte Garderoben, jeweils bestehend aus Hemd, Hose, Krawatte, Sakko, Hut, Schuhen und Socken. Diese $10 \cdot 7$ Kleidungsstücke sind so konzipiert, dass sie untereinander ausgetauscht nicht harmonieren (d.h., die Krawatte aus Garnitur 1 passt zwar zum Hemd und den anderen Kleidungsstücken aus Garnitur 1, nicht jedoch zu den Kleidungsstücken der übrigen Garnituren, usw.).

Mit wachsender Zuneigung zur 12–Ton–Musik möchte Prof. Schönberg auch durch sein Äußeres die schrillen, dissonanten Töne unterstreichen. Einem Vorschlag der Zeitschrift Absurda–Moden folgend will er sich fortan so kleiden, dass von den 7 getragenen Kleidungsstücken maximal 2 aus der gleichen Garnitur stammen.

Wie groß ist die Wahrscheinlichkeit, dass er dieses Vorhaben verwirklicht, wenn er all seine Kleidungsstücke in eine große Truhe wirft und zufällig je eines der erforderlichen Kleidungsstücke zieht?

Aufgabe 2.7

Für den Tennisfanatiker Curt Center hat sich ein Lebenstraum erfüllt. Im Zuge einer Game–Show darf er gegen seine Tennislieblinge Moritz Mecker und Elfi Brav spielen. Die Wahrscheinlichkeit, ein Spiel gegen Mecker zu gewinnen, schätzt er auf 0.4, während er ein Spiel gegen Brav mit Wahrscheinlichkeit 0.7 zu gewinnen glaubt.

a) Centers Aufgabe in der Game–Show besteht nun darin, bei wechselnden Spielpartnern zwei von drei Spielen hintereinander zu gewinnen.

Soll er im Turnier die Paarung Mecker/Brav/Mecker wählen, d.h., zweimal gegen den stärkeren Partner spielen, oder soll er sich für die Reihenfolge Brav/Mecker/Brav entscheiden?

b) Untersuchen Sie nun allgemein, wie die Entscheidung aussehen wird, wenn die Wahrscheinlichkeit, gegen Mecker zu gewinnen, p beträgt und die Wahrscheinlichkeit, gegen Brav zu gewinnen, q ist, wobei $0 \leq p < q \leq 1$ vorauszusetzen ist. D.h., Mecker ist der bessere Spielpartner.

Wie erklären Sie jemandem das Ergebnis, der behauptet, er würde im vorliegenden Fall zweimal den leichteren Spielpartner auswählen?

Aufgabe 2.8

Ein phantasievoller, aber unglücklich verliebter Statistiker beabsichtigt, ein zweistufiges
Zufallsexperiment darüber entscheiden zu lassen, ob er seinem Leben ein Ende setzen soll.
Zunächst will er mit einem fairen Würfel einmal würfeln. Entsprechend der Augenzahl
wird eine gleiche Anzahl Patronen in die Kammern eines sechsschüssigen Trommelrevolvers
geladen. Anschließend will er sich nach zufälliger Rotation der Trommel den Revolver an
die Stirn setzen und abdrücken.

a) Wie groß ist die Wahrscheinlichkeit, dass der Statistiker überlebt, falls seine Ange-
   betete Omega nicht noch rechtzeitig erscheint und ihn von seiner Spielleidenschaft
   abhält?

b) Omega hat sich überlegt, zu ihrem Verehrer zurückzukehren. Statt Omega jedoch
   verliebt um den Hals zu fallen, liegt der unglückliche Statistiker regungslos, in der
   einen Hand einen Würfel, in der anderen einen rauchenden Colt, auf dem Boden.
   Ein Schreck durchfährt Omega, denn sie denkt sofort: „Hoffentlich hat er keine 5
   geworfen". (Denn diese ist, darf sie den Sternen trauen, eine magische Unglückszahl
   für Omega.)
   Wie groß ist die Wahrscheinlichkeit, dass Omega Glück im Unglück hat, und dass
   der dahingeschiedene Statistiker keine 5 geworfen hat?

Aufgabe 2.9

Studentin Jealousy misstraut den samstagabendlichen Aktivitäten ihres Freundes Mike Macho. Aus Erfahrung weiß sie, dass er mit Wahrscheinlichkeit 0.4 in die Diskothek „Adonis", mit Wahrscheinlichkeit 0.2 in den Biergarten, mit Wahrscheinlichkeit 0.25 den „Charming Club" aufsucht und mit Wahrscheinlichkeit 0.1 daheim bleibt, sowie mit Wahrscheinlichkeit 0.05 zum „Einsame–Herzen–Treffen" geht. Die Wahrscheinlichkeit, dass M. Macho zum Flirten verleitet wird, schätzt sie auf 0.3 im „Adonis", 0.15 im Biergarten, 0.4 im „Charming–Club", 0.0 daheim und 1.0 beim „Einsame–Herzen–Treffen".

a) Wie groß ist die Wahrscheinlichkeit, dass Macho am nächsten Samstag Abend flirtet?

b) Jealousy erfährt von ihrer Freundin Susi Spitzel, dass diese Mike am vergangenen Samstag mit einer anderen Frau gesehen hat. Wie groß ist die Wahrscheinlichkeit, dass Mike diesen Flirt im „Adonis" kennengelernt hat?

Nehmen Sie nun an, dass die Entscheidungen für die jeweiligen Freizeitaktivitäten an den unterschiedlichen Samstagen unabhängig voneinander erfolgen.

c) Wie groß ist die Wahrscheinlichkeit, dass Macho an drei der nächsten vier Samstagen Flirts hat?

d) Wie groß ist die Wahrscheinlichkeit, dass Macho innerhalb des nächsten Jahres (unterstellen Sie $n = 50$ Samstage) mindestens 20 Mal flirtet, wenn Sie diese Wahrscheinlichkeit

   i) exakt

   ii) durch Anwendung des zentralen Grenzwertsatzes

   berechnen?

Aufgabe 2.10

Das Büro des Assistenten R.J. aus K. zeichnet sich durch eine für Außenstehende scheinbar wahllose Unordnung aus. Türmen sich 40 % seiner Unterlagen auf dem Schreibtisch, 30 % im Regal und 20 % auf dem Boden, so ist der Wandschrank mit 10 % relativ leer. In diesem heillosen Chaos vermag allein R.J. mit Wahrscheinlichkeit 0.95 ein auf dem Schreibtisch verborgenes Dokument wiederzufinden. Für das Regal beträgt die Wahrscheinlichkeit des Wiederauffindens 0.8, für den Boden 0.9 und für den Wandschrank 0.3 .

a) Wie groß ist die Wahrscheinlichkeit, dass R.J. ein in seinem Büro untergegangenes Dokument wiederfindet?

b) R.J. sucht vergeblich nach einem speziellen Dokument. Wie groß ist die Wahrscheinlichkeit, dass es sich im Wandschrank befindet?

Aufgabe 2.11

„Und hier ist Ihr Herzblatt"

Kandidatin Hella Wahnsinn nimmt an der Fernsehshow „Nur die Liebe quält" teil, bei der sie eines von drei verschlossenen Toren auswählen darf. Hinter jedem der Tore befindet sich ein Mann, mit dem Hella einen kostenlosen Wochenendurlaub verbringen darf. Einer von ihnen, Buddy Builder, frisch gekürter Mister „Universum", ist charmant und von athletischer Natur. Die anderen beiden dürfen getrost als Trostpreise angesehen werden.
Hella wählt ein Tor, sagen wir Tor 1. Das Tor bleibt jedoch vorerst verschlossen. Stattdessen erhöht der eingeweihte Moderator Kai Pfirsich die Spannung und öffnet eines der anderen Tore, sagen wir Tor 3. Dort lacht Hella einer der Trostpreise an.
Kai Pfirsich stellt die Kandidatin nun vor die Wahl, bei Tor 1 zu bleiben oder auf Tor 2 zu wechseln.

Welchen Ratschlag geben Sie der Kandidatin? Ist es wahrscheinlicher, dass Buddy hinter Tor 1 oder hinter Tor 2 steht? Oder ist die Wahrscheinlichkeit, den Hauptpreis hinter einem der verbleibenden Tore zu finden, jeweils 0.5, also gleich wahrscheinlich?

Aufgabe 2.12

Ihre Kommilitonin Frieda Vielfraß nutzt gern die Mensa zur Einnahme eines Mittagsmahles in Form des Stammgerichtes. (Gehen Sie davon aus, dass es keine anderen Gerichte gibt.) Frieda isst stets das Stammgericht, falls es sich um Maultaschen handelt, und nie, falls es sich um die Reichenauer Fischvesper handelt. Darüber hinaus entscheidet sie sich für das Stammgericht mit Wahrscheinlichkeit 0.8, falls es sich um ein Schweinerückensteak handelt bzw. mit Wahrscheinlichkeit 0.5, falls ein sonstiges Essen angeboten wird. Aus langjähriger Erfahrung wissen Sie, dass die Wahrscheinlichkeit für ein Schweinerückensteak als Stammgericht 0.4, für Maultaschen 0.2 und für die Reichenauer Fischvesper 0.1 beträgt.

a) Wie groß ist die Wahrscheinlichkeit, dass Frieda an einem zufällig ausgewählten Tag in der Mensa (ein Stammgericht) isst?

b) Frieda Vielfraß hat bereits frühzeitig eine langweilige Statistikvorlesung verlassen, um den Mensastau zu umgehen. So kommt es, dass sie Ihnen auf dem Weg zur Mensa bereits entgegenkommt. Frische Beilagenreste am Revers lassen eindeutig darauf schließen, dass Frieda gerade in der Mensa gegessen hat. Wie groß ist die Wahrscheinlichkeit, dass die Mensa Schweinerückensteak anbietet?

Aufgabe 2.13

Rudi Reiselustig besucht regelmäßig seine Freundin Susi Sehnsucht. Dazu pflegt er zufällig zum Bahnhof zu gehen und den nächsten Zug zu Susi zu nehmen. In 60% der Fälle
ist dies der „Schneckenexpress (SE)", andernfalls der „Regionalbummler (RB)". Aufgrund
langjähriger Erfahrung, weiß Rudi, dass der Schneckenexpress mit Wahrscheinlichkeit 0.5
Verspätung hat, die er auf der Fahrt zu Susi nicht mehr aufholen kann, der Regionalbummler ist mit Wahrscheinlichkeit 0.3 pünktlich.

a) Wie groß ist die Wahrscheinlichkeit, dass Rudi pünktlich bei Susi erscheint?

b) Verspätet erreicht Rudi endlich sein Ziel. Wie groß ist die Wahrscheinlichkeit, dass
   er im Schneckenexpress saß?

***

Statistik-Witz Nr. 8

Ein Mathematiker und ein Empiriker fliegen von Berlin nach Paris. Kurz nach dem Start
teilt der Pilot mit, dass eines der Triebwerke ausgefallen sei und der Flug deshalb statt
zwei nunmehr vier Stunden dauern würde. Wenige Zeit später muss sich der Pilot aufgrund eines zweiten Triebwerkschadens dahingehend verbessern, dass der Flug 6 Stunden
benötige. Unmittelbar darauf wird nach Ausfall des dritten Triebwerks eine Flugzeit von
acht Stunden durch den Piloten prognostiziert. Als das Cockpit den Ausfall des 4. Triebwerks meldet, meint der Mathematiker: „Nur gut, dass ich Lektüre für zehn Stunden im
Handgepäck habe". Darauf erwidert ihm der Empiriker: „Lieber Kollege, ich glaube, nun
bleiben wir für immer hier oben."

***

Statistik-Witz Nr. 9

Was sagt ein arbeitsloser Statistiker zu einem Statistiker, der gerade einen Job gefunden
hat? „Einmal Pommes rot-weiß, bitte!"

Aufgabe 2.14

„Der Anteil der Männer muss auf ungefähr 10% der menschlichen Rasse redu-
ziert und festgeschrieben werden.“

Sally Miller Gaerhart[1]

Kitty Killmann, eine aufmerksame Leserin der Autorin obiger Zeilen, wechselt Männer wie
andere Frauen Handtücher. Jeweils in der Hochzeitsnacht ereilt den gerade Auserwählten
(„bis dass der Tod sie scheidet“) eines von zwei möglichen Schicksalen:

- Kitty füttert den frisch Vermählten mit Schokolade der Sorte „Zart–Bittermandel“
  von Flitter–Mord.

- Der frisch Vermählte hat großes Glück und verlässt aufrecht und mit eigener Kraft
  das Hotel, um zum nächsten Scheidungsanwalt zu eilen.

Dem Liftboy sind wegen diverser Hochzeitsnächte, die Kitty Killmann bereits im Hotel
verbracht hat, einige ihrer Gewohnheiten bekannt. Kitty trägt schwarze Kleidung mit einer
Wahrscheinlichkeit von 0.9 beim morgendlichen Verlassen des Hotelzimmers. Falls ihr „Ex-
Gatte“ ein Betthupferl in Form der oben erwähnten Spezialschokolade zu sich genommen
hat, trägt sie schwarz mit Wahrscheinlichkeit 0.99. Außerdem weiß der Boy, dass Kitty
mit einer Wahrscheinlichkeit von 0.05 schwarz trägt, wenn ihr nächtlicher Zimmergenosse
(zumindest hinsichtlich der Süßigkeiten) abstinent gelebt hat.

---

[1]Sally Miller Gaerhart (1982): „The Future – if there is one – is female“ in McAllister, Pam (Hrsg.)
„Reweaving the Web of Life“, Philadelphia (1982)

a) Wie groß ist die Wahrscheinlichkeit dafür, dass ihr Mann noch lebt, falls Kitty in schwarzer Kleidung das Hotel verlässt?

b) Der Liftboy sieht Kitty mit einem bunten Frühlingskleid aus dem Zimmer kommen. Wie wahrscheinlich ist es, dass ihr Gatte noch am Leben ist?

Aufgabe 2.15

Der frisch diplomierte Otto Grafie nimmt im Zuge von Bewerbungsgesprächen an einem Assessment Center teil. Dort wird ihm folgender Satz diktiert:

> „**Dass** man **das** 'das', **das** man mit 's' schreibt, anders schreibt als **das** 'dass', **das** man mit 'ss' schreibt, **das** ist doch klar!"

Wie unschwer zu erkennen ist, besteht die Schwierigkeit u. a. darin, acht Mal zwischen 'das' und 'dass' zu unterscheiden.

a) Wie viele Möglichkeiten besitzt Otto Grafie, wenn er sich bei jedem 'das' bzw. 'dass' rein zufällig, also etwa durch Werfen einer Laplace–Münze, für die eine oder andere Schreibweise entscheidet?

Wie groß ist die Wahrscheinlichkeit, dass er sich dabei stets richtig entscheidet?

Wie groß ist die Wahrscheinlichkeit, dass er mindestens drei Fehler begeht?

b) Als ausgeglichener Mensch beschließt Otto mangels tieferer Kenntnisse der deutschen Rechtschreibung, je vier Mal 'das' bzw. 'dass' zu verwenden. Dazu beschriftet er je vier Zettel mit 'das' und 'dass' und zieht ohne Zurücklegen einen Zettel aus seinem Hut, wenn eine Entscheidung ansteht.

Wie wahrscheinlich ist es, dass Otto dabei genau k–mal ($k = 0, 1, \ldots, 8$) die richtige Entscheidung trifft?

Aufgabe 2.16

Der Großhändler Rudi Reibach kauft 50 Markenjeans der Firma WIESEL und gleichzeitig 10 Billigkopien, die er unter die Original WIESEL–Jeans mischt. Rosi Redlich, die eine kleine Boutique betreibt, erwirbt von Reibach 8 Jeans, die dieser zufällig aus seinem Bestand zieht. Wie groß ist die Wahrscheinlichkeit, dass Redlich höchstens 5 Originaljeans erwirbt?

***

Statistik-Witz Nr. 10

Und da waren noch die beiden binomialverteilten Zufallsvariablen, die sich ganz leise unterhielten – sie waren halt diskret!

Aufgabe 2.17

„Laß Dich überraschen!"

Pater Gaudino, ein begeisterter Anhänger der Statistik, hat sich für seine Beichtstunde einen besonderen Clou einfallen lassen. Statt willkürlich Absolution zu erteilen, steckt er seine Bußanregungen in schokoladenumhüllte Plastikkugeln, um seinen Schäflein die Buße zu versüßen. Nach abgelegter Beichte dürfen die Bußwilligen nun zufällig eine sogenannte „Sünderüberraschung" aus einer großen Urne ziehen.

Pater Gaudino füllt seine Urne mit 25 Kugeln, die eine Bußanweisung beinhalten, und 5 „Jokern", d.h. Kugeln, die die Buße erlassen.

a) Wie groß ist die Wahrscheinlichkeit, dass nach 7 abgelegten Beichten noch genau 2 Joker enthalten sind?

b) Wie groß ist die Wahrscheinlichkeit, dass nach 5 abgelegten Beichten mindestens noch 2 Joker in der Urne liegen?

Aufgabe 2.18

Automobilhersteller MORD hat bei seinem Modell „Wolf" etwas zuviel Biss festgestellt: bei einem Anteil $p \in (0,1)$ der Wagen öffnet sich ab einer gewissen Fahrtgeschwindigkeit selbsttätig die Beifahrertür.

Volkswirt Erbgut aus K. hat von dieser technischen Raffinesse gehört und beschließt, an den kommenden Wochenenden mit seiner Gattin Spritztouren in einem Leihwagen zu unternehmen. Hertzlos wie er nun einmal ist, mietet er sich fortan Samstag für Samstag einen Wolf bei Treulos Car.

a) Wie oft muss Erbgut einen Wagen mieten, damit er mit einer Wahrscheinlichkeit von mindestens 99% wenigstens einen Wolf mit der oben genannten Zusatzausrüstung erhält?

b) Die Treulos Car GmbH bietet Erbgut ein besonders günstiges Wolf–Abonnement für 12 Wochenenden an. Wie groß ist die Wahrscheinlichkeit, dass er sich auf diese Weise nicht nur von seiner Gattin, sondern auch noch von Erbtante Golda trennt, falls $p = 0.05$ ($p = 0.1$)?

c) Die aufgeschreckte Konkurrenz von MORD schleust die Detektive Hercule Peugeot und Miss Opel ins Unternehmen ein, um den Anteil der o.g. „Sonderklasse" zu schätzen. Wie groß ist die Wahrscheinlichkeit, dass bei einer Stichprobe vom Umfang $n = 100$ der Anteil der Sonderklasse zwischen 5% und 15% liegt, falls $p = 0.1$ ist?

Aufgabe 2.19

Die eingefleischte Vegetarierin Witta Mine muss zu ihrer Verärgerung feststellen, dass der als vegetarisches Essen deklarierte Salat der Werkskantine immer wieder tierische Bestandteile enthält (s.o.). Die Kantinenleitung teilt Witta mit, dass die Wahrscheinlichkeit, dass ein Salatblatt vor dem Servieren nicht von Schnecken, Raupen und sonstigem Getier befreit wurde, $p = 0.01$ betrage.

a) Witta bestellt sich einen Salat, der aus 15 Salatblättern besteht. Wie groß ist die Wahrscheinlichkeit, dass es sich um ein rein vegetarisches Gericht handelt?

b) Im Laufe eines Monats hat Witta Mine insgesamt 300 Salatblätter zu sich genommen. Wie groß ist die Wahrscheinlichkeit, dass höchstens 5 schädlingsbefallen waren? Ermitteln Sie die Wahrscheinlickeit

   i) exakt,

   ii) durch Approximation der Binomialverteilung durch die Poissonverteilung.

Wäre eine Approximation durch die Normalverteilung zulässig?

Aufgabe 2.20

Rudi Reiselustig fliegt mit der Lusthansa nach Thailand. Die Maschine besitzt pro Trag-fläche zwei Motoren, also insgesamt vier Motoren, die unabhängig voneinander mit einer Wahrscheinlichkeit von 0.001 ausfallen mögen.

Wie groß ist die Wahrscheinlichkeit eines Absturzes, wenn das Flugzeug navigationsfähig bleibt, solange

a) mindestens zwei Motoren laufen?

b) mindestens je ein Motor pro Tragfläche funktionsfähig bleibt?

Aufgabe 2.21

Dieter Drücker, Verkaufsrepräsentant der Staubsaugerfirma „Dreck Weg", weiß aufgrund langjähriger Erfahrungen, dass 5 % seiner Verkaufsgespräche im Abschluss eines Kaufvertrages resultieren.

a) Wie groß ist die Wahrscheinlichkeit, dass Drücker bei 100 geführten Gesprächen mindestens 4 Verträge abschließt?

b) i) Drücker hat am 31.09. allein 6 Verträge abgeschlossen, der Rest der Drücker–Kolonne weitere 24. Von den insgesamt 30 Verträgen der Kolonne werden 5 zurückgezogen. Wie groß ist die Wahrscheinlichkeit, dass Drücker an diesem Tag k Verträge abgeschlossen hat ($k = 0, 1, \ldots, 6$), die nicht zurückgezogen wurden?

  ii) Für den Abschluss eingehaltener Verträge erhält Drücker folgende Prämienzahlungen:

   – Für keinen Vertragsabschluss: –50 EUR (d.h. Strafe!)

   – Für einen Vertragsabschluss: 0 EUR

   – Für zwei Vertragsabschlüsse: je 30 EUR

   – Für drei Vertragsabschlüsse: je 40 EUR

   – Für vier Vertragsabschlüsse: je 45 EUR

   – Für fünf oder mehr Vertragsabschlüsse: je 50 EUR zuzüglich einer einfachen Gratifikation in Höhe von 100 EUR.

  Berechnen Sie den erwarteten Gewinn von Drücker für den 31.09.

***

Statistik-Witz Nr. 11

Kommen zwei Zufallsvariablen zur Drogenberatung: „Bitte helfen Sie uns, wir sind abhängig!"

Aufgabe 2.22

Jimmy Walker trinkt oft und gern in seiner Stammkneipe „Northern Comfort" einen (oder auch mehrere) über den Durst. Genau genommen plündert er mit diversen Gesinnungsgenossen meist bis in die frühen Morgenstunden die gesamten Getränkevorräte des „Northern Comfort"

„Der Tag kommt, Jimmy Walker geht"

Da Jimmy ab einem gewissen Alkoholpegel sehr lustig und temperamentvoll wird, enden die durchzechten Nächte regelmäßig in einer kleinen bis mittleren Verwüstung der Umgebung. Ted Daniels, der Wirt, gibt an, dass das Ausmaß des Schadens (durch Jimmys Gefühlsausbrüche) in EUR verteilt ist gemäß einer Dichtefunktion

$$f(x) = \frac{c}{x^3}\mathbf{1}_{(3,\infty)}(x) = \begin{cases} 0 & x \leq 3 \\ \frac{c}{x^3} & x > 3 \end{cases}.$$

a) Bestimmen Sie c derart, dass $f(x)$ eine Dichte darstellt.

b) Beurteilen Sie, ob Erwartungswert und Varianz des Schadens existieren, und ermitteln Sie ggf. diese.

c) Wie groß ist die Wahrscheinlichkeit, dass der Schaden höchstens 10 EUR beträgt? Geben Sie auch allgemein die Verteilungsfunktion an.

d) Johnny Beam, ein Jugendfreund, bestätigt, dass es bereits in frühester Kindheit Temperamentsausbrüche bei Jimmy gab, wann immer diesem (nach hartem Kampf) die Milchflasche entrissen wurde. Der bei der Verwüstung der Wohnung entstandene Sachschaden (in EUR) war verteilt gemäß der Verteilungsfunktion

$$F(x) = \begin{cases} 0 & x < 0 \\ \frac{3}{16}x^5 - \frac{15}{16}x^4 + \frac{5}{4}x^3 & 0 \leq x \leq 2 \\ 1 & x > 2 \end{cases} \quad .$$

Berechnen Sie die zugehörige Dichtefunktion.

Aufgabe 2.23

Roman Ticker seit gemeinsamen Kindergartenzeiten glühender Verehrer der Lisa Mona. Seine Annäherungsversuche beschränken sich jedoch wegen angeborener Schüchternheit auf ein gelegentliches „Hallo" auf der Straße und verstohlene Blicke, wenn Roman sich unbeobachtet glaubt. Als er schließlich in den Besitz eines neuen Autos kommt, wagt er es, sich mit ihr für eine Spritztour zu verabreden. Zuvor muss jedoch noch die Zulassung des Wagens erledigt werden. Von Wanda Warteschlange, einer Angestellten der Zulassungsstelle, erfährt er, dass die Wartezeit X (in Minuten) verteilt ist gemäß einer Exponentialverteilung mit Dichte

$$f(x) = \lambda e^{-\lambda x}\mathbf{1}_{(0,\infty)}(x) \ = \ \begin{cases} \lambda e^{-\lambda x} & x > 0 \\ 0 & \text{sonst} \end{cases} \ , \quad \lambda > 0 \ .$$

a) Ermitteln Sie zunächst für allgemeines λ (anschließend für $\lambda = 0.1$) Erwartungswert und Varianz der Wartezeit.

b) Roman kalkuliert „großzügig" und nimmt sich $2 \cdot E(X)$ (also 20 Minuten, falls $\lambda = 0.1$ gilt) Zeit für die Zulassungsstelle. Als er jedoch nach $3 \cdot E(X)$ Wartezeit seine Geschäfte noch immer nicht erledigt hat, rennt er erbost nach Hause und verbrennt alle Statistikbücher. Geben Sie ihm den Glauben an die Statistik zurück, indem Sie folgende Wahrscheinlichkeit berechnen:

$$P(X > k \cdot E(X)) \quad \text{mit} \quad k > 0 \ .$$

c) Berechnen Sie den Median einer Exponentialverteilung. Wie lautet der Median, falls $\lambda = 0.1$ gilt?

Aufgabe 2.24

Stellen Sie sich vor, auf dem Jahrmarkt bietet Ihnen jemand folgendes Spiel an:
Sie werfen eine Münze. Zeigt sie Zahl, so erhalten sie zwei Geldeinheiten (z.B. 2 EUR) und das Spiel ist beendet. Zeigt die Münze Kopf, so dürfen Sie weiterwerfen bis zum ersten Mal Zahl erscheint, dabei verdoppelt sich Ihr Auszahlungsbetrag mit jedem Werfen. D.h., werfen Sie erst Kopf, dann Zahl, so erhalten Sie 4 Geldeinheiten, werfen Sie zweimal Kopf und anschließend Zahl, so erhalten Sie 8 Geldeinheiten, usw.

a) Wie viele Würfe können Sie erwarten, wenn Sie mit einer Münze werfen, die mit Wahrscheinlichkeit p Zahl zeigt? Wie viele Würfe können Sie erwarten, falls Sie mit einer fairen Münze („Laplace–Münze", d.h. $p = 0.5$) werfen?

b) Für welchen Maximaleinsatz pro Spiel würden Sie dieses Spiel mit einer fairen Münze spielen, oder anders ausgedrückt, welchen Auszahlungsbetrag können Sie erwarten? (Sie verblüffen sich umso mehr, wenn Sie vorher einen Tip abgeben: 2 EUR, 4 EUR, 1000 EUR ?)

Aufgabe 2.25

Anton Ängstlich, Siggi Sorglos und Curt Clever wollen sich ein Aktienportfolio aus Pharmawerten zusammenstellen. Ihnen werden Aktien angeboten

- des Chemiegiganten Flitzer, der durch die Wunderpille „Niagara" weltweites Aufsehen erregte,

- des Ökokonzerns Fun-Direct, der mit seinem „XXX-Pflaster" ein Konkurrenzprodukt zu Niagara herstellt.

Über die Rendite X von Flitzer und Y von Fun-Direct sei bekannt, dass

$$E(X) = 0.09 , \quad \text{Var}(X) = 0.08 ,$$
$$E(Y) = 0.07 , \quad \text{Var}(Y) = 0.12 , \quad \text{Corr}(X,Y) = 0.5 .$$

a) Anton Ängstlich möchte das Risiko seiner Geldanlage minimieren und entscheidet sich dafür, sein gesamtes Kapital in Flitzer-Aktien zu investieren, da sie eine höhere erwartete Rendite und gleichzeitig noch ein geringeres Risiko (gemessen an der Varianz) haben.
Siggi Sorglos, eine Spielernatur, investiert 90% seines Kapitals in Flitzer und 10% in Fun-Direct.
Welcher der beiden hat die Anlageform mit geringerem Risiko gewählt?

b) Curt Clever behauptet, eine optimale Strategie (im Sinne eines minimalen Risikos) zu kennen. Wie wird er sich entscheiden?

***

Statistik-Witz Nr. 12

Die Schätzer

$$T_1 = \sum_{i=1}^{n}(X_i - \mu)^2 \quad \text{und} \quad T_2 = \bar{X}$$

sitzen in einer Wirtschaft. Nach einigen Gläsern Bier macht T_2 T_1 einen Heiratsantrag. Darauf erwidert T_1: „Vielen Dank für das Angebot, aber ich befürchte einen Freiheitsgrad zu verlieren."

Aufgabe 2.26

Gastronom Rudi Reibach erfreut die Gäste seines Gourmettempels mit der norddeutschen Spezialität des Labskaus, von der er täglich n Einheiten Ě 100g herstellt. Diese – aus hochwertigen Resten hergestellte – Mahlzeit erzielt einen Gewinn in Höhe von g EUR pro 100g, für die Entsorgung nicht verkaufter Ware entstehen Kosten in Höhe von k EUR pro 100g ($g, k > 0$).
Bestimmen Sie die Menge n_0 (in 100g), die den erwarteten Tagesgewinn G maximiert, falls die Zufallsvariable X, die die nachgefragte Menge (in 100g) an Labskaus zähle,

a) auf dem Intervall $[0, b]$ gleichverteilt (rechteckverteilt) ist ($b \geq n$),

b) gemäß $f_X(x) = -\dfrac{2}{b^2}(x - b)\mathbf{1}_{[0,b]}(x)$ ($b \geq n$) verteilt ist.

Aufgabe 2.27

Die Dienstleistungsgesellschaft Cabanossi, die sich gegen ein geringfügiges Entgelt bereit erklärt, die Ladenlokale gut betuchter Gastronomiebesitzer zu beschützen, möchte im Zuge weltweiter Expansion ihre Geschäfte auch an den Bodensee ausdehnen. Vor der Eröffnung einer neuen Filiale müssen jedoch noch wichtige Standortfaktoren überprüft werden, hängt eine Niederlassung doch entscheidend vom Beharrungsvermögen untergetauchter Geschäftskonkurrenten ab (siehe rechts). Ein eigens zu diesem Zweck beauftragter Sachverständiger ermittelt für die Dichte der gemeinsamen Verteilung von Wassertiefe X (in 100m) und Strömungsgeschwindigkeit Y (in $\frac{m}{s}$):

$$f_{X,Y}(x,y) = \left[\frac{3}{16}x^2 + \frac{1}{4}xy + \frac{1}{16}\right]\mathbf{1}_{[0,1]}(x)\mathbf{1}_{[2,4]}(y)$$

$$= \begin{cases} \frac{3}{16}x^2 + \frac{1}{4}xy + \frac{1}{16} & 0 \le x \le 1, \ 2 \le y \le 4 \\ 0 & \text{sonst} \end{cases}$$

a) Geben Sie die Randdichten von X und Y an.

b) Ermitteln Sie die Erwartungswerte von X und Y.

c) Berechnen Sie die Varianzen von X und Y.

d) Wie groß ist die Kovarianz von X und Y, ermitteln Sie auch die Korrelation zwischen X und Y.

Aufgabe 2.28

Herr König ist Sachbeauftragter bei der Homburg–Stammheimer Versicherung. Die Tatsache, dass Versicherte den entstandenen Schaden eher zu hoch als zu niedrig taxieren, ist Herrn König nur allzu gut bekannt. Langjährige Erhebungen des Mannes von der Homburg–Stammheimer ergaben eine gemeinsame Dichte von Y, der von den Versicherten angegebenen Schadenshöhe in Mio. EUR, und X, der tatsächlichen Schadenshöhe in Mio. EUR, von

$$
\begin{aligned}
f_{X,Y}(x,y) &= \frac{1}{2}\mathbf{1}_{[0,y]}(x)\mathbf{1}_{[0,2]}(y) \\
&= \begin{cases} \frac{1}{2} & 0 \leq x \leq y \leq 2 \\ 0 & \text{sonst} \end{cases}
\end{aligned}
$$

a) *Berechnen Sie die Korrelation zwischen X und Y.*

„Das Haus verbrannt, der Nachbar kichert, hoffentlich HS–versichert"

b) Berechnen Sie die bedingte Dichte von $X|Y = 1$.

Aufgabe 2.29

Bruno und Berta Beule sind Autofahrer aus Leidenschaft. Leider schaffen sie es jedoch nicht, ein Jahr unfallfrei zu überstehen.

Sei X, die Anzahl der jährlichen Unfälle von Bruno Beule, poissonverteilt mit Parameter λ_1 . Davon unabhängig sei Y , die Anzahl der Unfälle innerhalb eines Jahres von Berta Beule, poissonverteilt mit Parameter λ_2 .

a) Wie ist die Anzahl der jährlichen Unfälle von Bruno Beule verteilt, falls Bruno und Berta zusammen n Unfälle haben?

b) Nehmen Sie an, dass $\lambda_1 = 0.3$ und $\lambda_2 = 0.2$.
Wie groß ist die Wahrscheinlichkeit, dass Berta Beule in einem zufällig ausgewählten Jahr mindestens 3 Unfälle hat?
Wie groß ist die Wahrscheinlichkeit, dass Bruno Beule höchstens 4 Unfälle verursacht, falls Ehepaar Beule zusammen 10 Unfälle hat?

Aufgabe 2.30

Brokerin Victoria Erfolg bringt als erfolgreiche, emanzipierte Karrierefrau „die Kohlen nach Hause". Ihr Einkommen X [in 10 000 EUR] ist verteilt gemäß der Dichte

$$f_X(x) = (1 - |1 - x|)\,\mathbf{1}_{[0,2]}(x) = \begin{cases} x & 0 \le x \le 1 \\ 2 - x & 1 \le x \le 2 \\ 0 & \text{sonst} \end{cases}.$$

Hausmann und Gatte Kain pflegt unabhängig von Victorias Einkommen monatlich Ausgaben Y [in 10 000 EUR] zu tätigen, die gemäß der Dichte

$$f_Y(y) = \frac{1}{2}\mathbf{1}_{[0,2]}(y) = \begin{cases} \frac{1}{2} & 0 \le y \le 2 \\ 0 & \text{sonst} \end{cases}$$

verteilt sind.

a) *Wie ist der Saldo des Ehepaares Victoria und Kain Erfolg verteilt?*

b) Wieviel Geld wird Ehepaar Erfolg auf lange Sicht monatlich sparen?

c) Aufgrund des ruinösen Verhaltens seitens des Gatten Kain hat sich Ehepaar Erfolg beruflich verändert. Beide Partner verdienen nun (siehe unten) unabhängig voneinander Einkommen, die identisch verteilt sind gemäß einer $\text{Exp}(\lambda)$–Verteilung. Wie ist das gemeinsame Einkommen verteilt?

Statistik-Witz Nr. 13

Ein Verwaltungswissenschaftler, ein Statistiker und ein Mathematiker fahren zu einer interdisziplinären Tagung von Konstanz nach Zürich. Den Aufenthalt am Gottlieber Zoll nutzen sie, um eine einzelne lila Kuh auf schweizerischer Seite zu betrachten. Der Verwaltungswissenschaftler zeigt sich begeistert und sagt: „Alle Kühe in der Schweiz sind lila." Worauf der Statistiker ihn wie folgt korrigiert: „Eine Zufallsstichprobe vom Umfang 1 der schweizerischen Kühe ergab einen Anteil von 100% lila Kühen." Der Mathematiker sieht sich genötigt, auch diese Aussage dahingehend zu präzisieren, dass mindestens eine schweizerische Kuh halbseitig lila sei.

Kapitel 3

Mathematische Statistik

Aufgabe 3.1

Peter Pott, ein im Dienst des österreichischen Bundesheeres stehender Friseur, geizt nicht mit seinen Fähigkeiten. Die Fachzeitschrift „Le Figaro" (die Pott zwar abonniert, aber nicht liest) gibt Auskunft, dass die Haarlängen Y eingezogener Soldaten näherungsweise χ_3^2-verteilt sind. Unabhängig von etwaigen Wünschen erzeugt Pott dann nach einem von ihm patentierten Schnittmuster den sogenannten Pott-Schnitt (siehe oben). Die Länge der resultierenden Haarschnitte X ist nach Eingriff Potts annähernd normalverteilt (mit $\mu = 1.2$ und $\sigma^2 = 0.3^2$).

a) Mit welcher Wahrscheinlichkeit hat ein nichts ahnender Kunde Glück und nach seinem Besuch bei Pott eine Haarlänge von mehr als 1.5 cm auf dem Kopf?

b) Betrachten Sie jetzt 10 Kunden! Wie wahrscheinlich ist eine durchschnittliche Haarlänge von mehr als 1.5 cm nach Verlassen des Friseursalons?

c) Erklären Sie die unterschiedlichen Ergebnisse von a) und b).

d) Welchen Wert überschreitet bei Ankunft im Salon bzw. beim Verlassen des Salons die Haarlänge eines zufällig ausgewählten Kunden mit 90%iger Wahrscheinlichkeit nicht?

e) Berechnen Sie

$$P(|X - \mu| < k\sigma) \qquad\qquad k = 1, 2, 3$$

   (i) unter der Annahme, dass X normalverteilt ist,

   (ii) ohne Verteilungsannahme.

Aufgabe 3.2

Um das Geschenkverhalten seiner Verwandten zu Ostern besser beurteilen zu können, beabsichtigt Gerhard Geizig, die Geschenkfreudigkeit seiner Mitmenschen zu Weihnachten zu schätzen. Erfahrungen der letzten Jahre ergaben, dass die in Betracht kommenden n Geber entweder ein oder kein Geschenk überbracht haben. Die Wahrscheinlichkeit, dass er im Einzelfall ein Präsent erhalte, sei p. Darüber hinaus unterstellt er seinen Verwandten und Freunden eine unabhängige Gabebereitschaft. D. h., die Zufallsvariable X_i , die die Anzahl der Geschenke von Überbringer i zähle, ist Bernoulli–verteilt ($X_i \sim \text{Bin}(1, p)$, $i = 1, \ldots, n$).

a) Berechnen Sie den ML–Schätzer für p.

b) Berechnen Sie den Momenten–Schätzer für p.

c) Sind diese Schätzer erwartungstreu?

d) *Zeigen Sie, dass gilt: Die Wahrscheinlichkeit*

$$P\left(X_1 = x_1, X_2 = x_2, \ldots, X_n = x_n \left| \sum_{i=1}^{n} X_i = t \right.\right)$$

hängt nicht von p ab.

Aufgabe 3.3

Gastronom Toni Trinkfest hat bei seinen alltäglichen Beobachtungen am Glühweinstand des Weihnachtsmarktes eine einfache Zufallsstichprobe $X_1 \ldots, X_n$ gezogen, um die Anzahl der Getränke zu ermitteln, bis seine Gäste unter dem Tresen liegen.
Nehmen Sie an, dass die Anzahl der Getränke, die Tonis Gäste bis zum Niedergang trinken, geometrisch verteilt sei mit Parameter p. Ermitteln Sie einen Maximum-Likelihood-Schätzer für p.

$***$

Statistik-Witz Nr. 14

Ein Empiriker liest in der Bibel, dass Gott mit den Dummen sei und beschließt, diese Aussage empirisch zu testen: Er springt vom Balkon des zweiten Stockes und bricht sich beim Aufprall ein Bein. Schmerzverzerrt aber selig kommt er im Krankenbett zu folgender Erkenntnis: „Ich hab ja schon immer gewusst, dass ich nicht dumm bin, aber ich hätte nicht gedacht, dass ich so schlau bin!"

$***$

Statistik-Witz Nr. 15

Ein Mathematiker und ein Empiriker nehmen an einem psychologischen Experiment teil. Der Psychologe erklärt den beiden Probanden, dass in einem Raum eine wunderschöne nackte Frau auf einem Bett liege und der Proband auf einen Stuhl gesetzt werde, den er aber nicht verlassen dürfe. Der Abstand des Stuhles zum Bett werde alle zwei Minuten halbiert.
Der Mathematiker erklärt daraufhin, dass er das Experiment beende, da er das Bett nie erreichen werde, der Empiriker setzt sich hingegen freudestrahlend auf den Stuhl. Der Mathematiker fragt den Empiriker, ob er die zugrunde liegende Mathematik nicht verstanden habe, worauf ihm der Empiriker antwortet: „Sicher, aber ich komme nahe genug für alle praktischen Anwendungen!"

Aufgabe 3.4

Um neue Leser für das Magazin „Der Igel" zu gewinnen, will sich Chefredakteur Heinz Prielmann in Zukunft auch mit „hohen Tieren" (lat. bonzi parteii) beschäftigen. Für den ersten Beitrag „Sterben Amigos aus?" beschäftigt er sich mit Politikern, die die täglichen Geschäfte aus der Tristesse ihrer Büros auf die Yachten befreundeter Industrieller verlegen. Um die Gesamtzahl der vom Aussterben bedrohten Spezies schätzen zu können, wurde die bayerische Adria an einem zufällig ausgewählten Tag abgesucht. Zur besseren Wiedererkennung wurden die T ermittelten Amigos beringt (s. o.).

Nach einigen Wochen hielt Prielmann erneut Ausschau nach Politikern, die die Staatsgeschicke von Bord eines Luxuskreuzers aus lenken. Von den n beim zweiten Mal ermittelten Amigos, waren bereits x in der ersten Stichprobe vertreten.

Berechnen Sie unter der Annahme, dass sich die Gesamtanzahl der Amigos (N) während beider Stichproben nicht verändert hat,

  a) den Maximum–Likelihood–Schätzer,

  b) einen Momentenschätzer

für N.

Aufgabe 3.5

Archimedes arbeitet fieberhaft an der Quadratur des Kreises. Bei seinen Versuchen, ein einem Kreis flächengleiches Quadrat zu erzeugen[1], zerstört er – sehr zum Missfallen seiner Gattin Heureka – Stück für Stück des Gartens.

Um den Flächeninhalt eines Quadrates zu berechnen, muss er die Seitenlänge des Quadrates erheben. Nun hat Archimedes bei n Versuchen, die Seitenlänge zu ermitteln, die Realisationen $x_1, \ldots, x_n$ unabhängig identisch verteilter Zufallsvariablen $X_1, \ldots, X_n$ (mit $E(X_i) = \mu$ und $Var(X_i) = \sigma^2$ für $i = 1, \ldots, n$) erhoben. Für Archimedes stellt sich nun die Frage, ob er als Schätzung für den Flächeninhalt $F = \mu^2$ besser das Stichprobenmittel quadrieren soll oder das arithmetische Mittel der aus den jeweiligen Beobachtungen ermittelten Flächeninhalte verwenden sollte.

Helfen Sie Archimedes, indem Sie diese Schätzer auf Erwartungstreue bzw. asymptotische Erwartungstreue untersuchen.

Aufgabe 3.6

Die mehrheitsbildende Partei der Dieberalen fürchtet, bei den anstehenden Parlamentswahlen in der Republica de las Bananas den Einzug in den Bananenrat durch die bestehende 10%–Hürde zu verfehlen. Zu diesem Zweck ließ man in einer Vorstichprobe 200 Personen befragen, von denen 21 angaben, die Dieberalen wählen zu wollen.

a) Berechnen Sie ein 95%–Konfidenzintervall für den Stimmenanteil der Dieberalen.

b) Wie viele Personen müssen in einer weiteren Stichprobe befragt werden, damit mit einem Sicherheitsgrad von 99% der geschätzte Anteil der Wählerstimmen vom wahren Anteil um nicht mehr als ±1 Prozentpunkte abweichen soll?

---

[1]Der mathematisch aufmerksame Leser weiß von den vergeblichen Mühen Archimedes'

Aufgabe 3.7

Gastwirt Pit Burger schätzt sich glücklich, fünf elternlose, aber konsumfreudige Biertrin-
ker, die sogenannten „Fünf Wirtschafts–Waisen", zu seinen Stammgästen zu zählen.

„Bitte ein Bier, Pit"

a) Pit unterstellt den Trägern seiner Wirtschaft eine unabhängig identisch, approximativ $N(\mu, \sigma^2)$–verteilte Trinkbereitschaft in Gläsern der Größe 200 ml.
   Berechnen Sie ein 95%–Konfidenzintervall für μ, falls Pit Burger folgende Stichprobe
   von seinen Gästen erhoben hat:

$$31, 27, 5, 19, 23$$

b) Wie lautet das Konfidenzintervall zum gleichen Niveau für μ, falls Pit Burger weiß,
   dass $\sigma^2 = 100$?

c) Vergleichen Sie die Länge der beiden Konfidenzintervalle aus den Aufgabenteilen
   a) und b). Wodurch wird sich allgemein die Länge der beiden Konfidenzintervalle
   unterscheiden? Kann man sagen, dass stets eines der beiden länger als das andere
   sein wird?

d) Zur Fasnacht ermittelt Burger einen Gesamtkonsum der fünf in Höhe von 132 Gläsern. Seien μ_1 der mittlere Konsum in der ersten Stichprobe und μ_2 der mittlere
   Konsum zur Fasnacht. Untersuchen Sie, ob der Konsum zur Fasnacht zugenommen
   hat, indem Sie $H_0 : \mu_1 \geq \mu_2$ gegen $H_1 : \mu_1 < \mu_2$ zum Niveau $\alpha = 0.05$ testen,
   wenn Sie unterstellen, dass die Varianz beider Stichproben $\sigma^2 = 100$ beträgt.
   Testen Sie auch $H_0 : \mu_1 \leq \mu_2$ gegen $H_1 : \mu_1 > \mu_2$ zum Niveau $\alpha = 0.05$.

Aufgabe 3.8

Alljährlich wird in der Villa Frieda und in der Villa Macho ein großes Fest gefeiert, das durch einen Wettbewerb im Haarewaschen beendet wird. Die Schweiß-Girls in der Villa Frieda verwenden dazu ein herkömmliches Haarshampoo, während die Mega-Kerls in der Villa Macho mit Hairy-Ultra spülen.

Während man in der Villa Frieda noch spült, bereitet man in der Villa Macho bereits das nächste Fest vor.

Für die Spüldauer der Schweiß-Girls wurden folgende Zeiten gemessen:

66, 178, 259, 75, 119, 301, 38 .

Die Mega-Kerls benötigten folgende Zeiten:

18, 231, 120, 116, 12, 35, 104, 376 .

Man nehme an, dass die Spüldauern (in Sekunden) jeweils (approximativ) normalverteilt seien mit Erwartungswert μ_1 (für die Schweiß-Girls) und μ_2 (für die Mega-Kerls) und gleicher Varianz σ^2.

Testen Sie zum Niveau $\alpha = 0.05$

$$H_0 : \mu_1 \leq \mu_2 \quad \text{vs.} \quad H_1 : \mu_1 > \mu_2 \,,$$

wenn Sie

a) $\sigma^2 = 120^2$ als bekannt annehmen,

b) σ^2 nicht kennen.

***

Statistik-Witz Nr. 16

Es begab sich, dass ein Professor für Statistik mit seinem gesamten Lehrstuhl im Zug zu einer interdisziplinären Tagung fuhr. Mit gleichem Fahrtziel saß ein Ordinarius für Soziologie – ebenfalls mit komplettem wissenschaftlichen Anhang – im Zug. Alle Soziologen waren im Besitz einer gültigen Fahrkarte, während sich die Statistiker lediglich ein Ticket teilten.

Neugierig, wie Soziologen nun einmal sind, wollten sie natürlich von den Statistikern erfahren, wie diese es denn nun handhaben würden, unbeschadet die Kontrolle des Schaffners zu überstehen. „Das ist ganz einfach", antwortet der oberste Statistiker, „wir Statistiker haben diesbezüglich ein spezielles Verfahren entwickelt: Sobald der Schaffner naht, drängen wir uns alle in die Toilette und schieben ihm auf sein Klopfen die Fahrkarte unter der Tür hindurch." Gesagt, getan – die Kontrolle verläuft reibungslos.

Auch auf der Heimreise teilen sich Soziologen und Statistiker wieder den gleichen Zug. Stolz berichtet der Soziologie-Ordinarius seinem Amtskollegen, dass sie das statistische Verfahren adaptiert hätten und nun ebenfalls mit nur einem Fahrschein reisen würden. Sein Statistik-Kollege antwortet, dass er seinerseits das Verfahren verbessert habe und die Statistiker nunmehr vollkommen ohne Ticket fahren würden.

Als der Schaffner naht, drängen sich die Soziologen in eine Toilette. Der Statistiker klopft einmal energisch an die Toilettentür, hebt die Fahrkarte auf und verschwindet mit seinen Leuten in der gegenüberliegenden Toilette.

Und die Moral von der Geschichte:
Verwende keine statistischen Methoden, von denen Du die zugrunde liegende Theorie nicht beherrschst!

Aufgabe 3.9

James Blond ist nun schon seit 20 Jahren königlicher Kammerjäger im Dienste Ihrer Majestät. Wann immer Blond (der Mann mit der Lizenz zu töten) einen Auftrag von Honeypussy, der Sekretärin, zugeteilt bekommt, macht er sich sofort (ausgestattet mit entsprechendem Spezialwerkzeug von Q., dem Gerätewart) auf den Weg.

„Ich bin Blond, James Blond, Sozialversicherungsnummer 008".

Nachdem er dann selbst die hartnäckigsten Plagen im Angesicht des Todes beseitigt hat (Flöhe, Kakerlaken, Octopussies usw.), hofft Blond natürlich auf ein stattliches Trinkgeld („Sag niemals nein."). Blond vermutet, dass ein Zusammenhang zwischen der Arbeitszeit X und der Höhe des Trinkgeldes Y besteht.
Berechnen Sie auf Basis der unten angegebenen Werte ein Konfidenzintervall zum Niveau 95% für die Korrelation zwischen Arbeitszeit und Trinkgeld, wenn Sie unterstellen, dass beide normalverteilt sind.

Arbeitszeit X_i (in min)	20	25	18	31	10	12	45	23	10	6	20	20
Trinkgeld Y_i (in EUR)	16	40	14	42	5	5	25	34	0	4	20	15

Aufgabe 3.10

Martin I., Bewohner und ehrenamtlicher Feten–Manager des Wohnheims „Trink Dich fit",
zeichnet sich verantwortlich für die ordnungsgemäße Organisation der samstäglichen Par-
ties im Wohnheim. Für ihn können zwei gleichermaßen unerfreuliche Zustände eintreten:

1) Der Getränkevorrat geht zur Neige, bevor das Fest beendet ist, was arge Enttäuschung
   aller Anwesenden hervorrufen würde.

2) Am Ende des Festes bleiben volle Flaschen übrig, die das Betreten des Wohnheimes
   für die folgende Woche zu einem Slalomlauf entarten lassen.

a) Um diesen Widrigkeiten des Studentenlebens zu begegnen, hat Martin I. die Verbrauchsgewohnheiten seiner Gäste an zufällig ausgewählten Samstagen erhoben und
   dabei folgende Stückzahlen an Flaschen seines Spezialgetränkes ermittelt:

   $$94, \quad 83, \quad 99, \quad 88, \quad 92, \quad 81, \quad 89, \quad 90.$$

   Geben Sie ein 90 %–iges Prognoseintervall für die Anzahl der benötigten Flaschen
   für den nächsten Samstag an, wenn Sie unterstellen, dass die Zahlen der konsumierten Flaschen der unterschiedlichen Konsumenten unabhängig und approximativ
   normalverteilt sind.

b) Nach einigen Wochen stellt Martin I. fest, dass der Konsum den in a) prognosti-
   zierten Vertrauensbereich nicht mehr einhält. Er erhebt deshalb erneut eine einfache
   Zufallsstichprobe:

   $$95, \quad 97, \quad 103, \quad 89, \quad 108, \quad 102.$$

   Hat sich der Konsum gegenüber der ersten Stichprobe erhöht? Testen Sie zum Niveau
   $\alpha = 0.01$.

Aufgabe 3.11

Von einem Wunderheiler wird behauptet, dass ihn übersinnliche Kräfte dazu befähigen, Studenten mit 80%-iger Wahrscheinlichkeit erfolgreich durch eine Statistik–Klausur zu bringen, falls sie zuvor an seiner Vorlesung teilgenommen haben. Hingegen ergaben langjährige Betrachtungen, dass in den Jahren vor Einwirken des Wunderheilers nur 50% (bzw. 70%) der Teilnehmer die Klausur erfolgreich absolvierten.

a) An der Universität in K. erklären sich sofort 100 Studenten bereit, an diesem Experiment teilzunehmen.
   Wie lautet die Entscheidungsregel, wenn zum Niveau $\alpha = 0.01$ getestet werden soll, ob der Mann fälschlicherweise als Wunderheiler bezeichnet wird?

b) Wie groß ist die Wahrscheinlichkeit, bei Zugrundelegung der Entscheidungsregel aus Aufgabenteil a) den Mann nicht zu entlarven, obwohl er die versprochenen übersinnlichen Kräfte nicht besitzt?

Aufgabe 3.12

Die Firma T-fix verpackt Tee zu 100g–Packungen. Da Tee die unangenehme Eigenschaft besitzt, je nach Luftfeuchtigkeit mehr oder weniger in seinem Gewicht zu schwanken, ergab eine Stichprobe folgende Packungsgewichte (in g):

$$100.3\,,\quad 99.9\,,\quad 102.0\,,\quad 98.7\,,\quad 103.2\,,\quad 101.1\,,\quad 100.8\,,\quad 99.2\,,$$
$$98.7\,,\quad 100.5\,,\quad 100.1\,,\quad 97.9\,,\quad 101.3\,,\quad 100.1\,,\quad 98.2\,,\quad 101.2\,.$$

a) Wenn man die Grundgesamtheit als normalverteilt ansieht, kann man dann die Null-hypothese, dass das mittlere Packungsgewicht 100g beträgt, zum Niveau $\alpha = 0.05$ verwerfen?

b) Nach der Beschaffung einer neuen Abfüllanlage ermittelt man in einer einfachen Zu-fallsstichprobe folgende Packungsgewichte (in g):

$$99.9\,,\quad 100.3\,,\quad 100.2\,,\quad 100.0\,,\quad 100.5\,,\quad 100.0\,,$$
$$100.1\,,\quad 99.5\,,\quad 100.2\,,\quad 100.4\,,\quad 99.6\,,\quad 101.1\,,$$

Testen Sie $H_0 : \sigma_1^2 \leq \sigma_2^2$ vs. $H_1 : \sigma_1^2 > \sigma_2^2$ zum Niveau $\alpha = 0.05$.

$$***$$

Statistik-Witz Nr. 17

Ein englischer, ein amerikanischer und ein deutscher Statistiker sitzen zusammen im Flug-zeug, um an einer Tagung teilzunehmen.

Als das Flugzeug abzustürzen droht, richtet der Engländer ein Stoßgebet gen Himmel: „Herr, laß mich zuvor noch einmal einen englischen Tee trinken." Der Deutsche entnimmt seinem Koffer das Manuskript und beginnt seinen statistischen Vortrag mit den Worten „Der Herr gebe es, dass ich meinen Vortrag noch beenden kann." Der Amerikaner be-tet:„Lieber Gott, laß das Flugzeug abstürzen, bevor der Deutsche seinen Vortrag beendet hat."

Aufgabe 3.13

Sportlerin Anna Bolika möchte untersuchen, ob zwischen der Zeit X (in Sekunden), in der sie einen 100m–Lauf absolviert, und der Menge Y (in ml) eines zuvor konsumierten Spezialgetränkes eine Abhängigkeit besteht. Eine Zufallsstichprobe vom Umfang 10 ergab folgendes Ergebnis:

Laufzeit	x_i	11.27	11.15	10.98	11.02	10.94
Konsumierte Menge	y_i	50	100	150	200	250

Laufzeit	x_i	10.93	10.97	10.89	10.92	10.92
Konsumierte Menge	y_i	300	350	400	450	500

a) Testen Sie zum Niveau $\alpha = 0.05$, ob ein Zusammenhang zwischen Laufzeit und konsumierter Menge des Getränkes besteht.

b) Testen Sie für die Korrelation ϱ der beiden Merkmale X und Y:

$$H_0: \quad \varrho \geq -0.6 \qquad \text{vs.} \qquad H_1: \quad \varrho < -0.6$$

zum Niveau $\alpha = 0.05$.

Aufgabe 3.14

Der passionierte Skifahrer Paulchen Pistenschreck möchte testen, ob der Genuss des Getränkes „Jagatee" einen Einfluss auf die Zahl seiner Stürze beim Skifahren hat.
Zu diesem Zweck erhebt er an zufällig ausgewählten Tagen folgende Sturzzahlen:

> ohne Jagatee: 16, 10, 7, 11, 14
> mit Jagatee: 14, 9, 18, 9, 8, 13, 15, 14

a) Testen Sie, ob sich die erwartete Anzahl seiner Stürze zum Niveau 5% signifikant verändert hat, wenn Sie die Anzahl seiner Stürze in beiden Stichproben als normalverteilt mit konstanter Varianz ansehen.

b) Verwenden Sie auch einen nichtparametrischen Test, um zum Niveau 5% zu testen, ob sich die Verteilung seiner Stürze verändert hat.

***

Statistik-Witz Nr. 18

Zum Nutzen von Beziehungszahlen:

Die Papstdichte im Vatikan beträgt etwa 2 Päpste pro Quadratkilometer.

Aufgabe 3.15

„Don't marry – be happy!"

Emil Erbschleicher, dessen Überlegungen zur Sicherung seines Lebensunterhaltes bereits in Aufgabe (1.20) dargestellt wurden, hat sich inzwischen auf das Altersheim „Ruhe sanft, aber gediegen" spezialisiert. Er geht davon aus, dass die Zufallsvariable X, die das Einkommen (in EUR) der potentiellen Gönnerinnen angibt, eine um den Wert 100 000 symmetrische Verteilung besitzt (über die tatsächliche Gestalt ist er jedoch unschlüssig). Eine Zufallsstichprobe vom Umfang $n = 16$ ergab folgende Ergebnisse:

89 500	94 120	112 000	130 900	78 530	99 880	103 270	99 350
91 300	81 880	86 360	108 350	85 430	114 710	105 340	101 100

Testen Sie nichtparametrisch auf Basis der angegebenen Werte zum Niveau $\alpha = 0.05$, ob die symmetrische Verteilung tatsächlich den Wert 100 000 als Symmetriezentrum besitzt.

Aufgabe 3.16

Harri Bo ist begeisterter Konsument von Gummibärchen. Die mit Heißhunger verzehrten Objekte seiner Begierde unterscheiden sich farblich in weiß, gelb, orange, rot und grün. Harri will zum Niveau $\alpha = 0.05$ zeigen, dass die Anzahl der Gummibärchen in seiner Tüte nicht gleichverteilt ist. Dazu hat er in einer einfachen Zufallsstichprobe 17 weiße, 29 gelbe, 35 orange, 18 rote und 31 grüne Gummibärchen erhoben. Formulieren Sie das Testproblem und führen Sie einen geeigneten Test durch.

Aufgabe 3.17

Eduard Schwätzig beobachtet seit langem das Telefonierverhalten von Gattin Gisela. Zufällig ausgewählte Telefongespräche ergaben folgende Gesprächsdauern [in Minuten]:

236.3	27.6	22.3	468.9	190.4	59.7	142.5
280.1	52.7	29.2	82.4	22.9	94.4	53.0
61.0	12.2	52.4	3.3	126.0	82.7	

a) Ein befreundeter Statistiker unterstellt der Gesprächsdauer von G. Schwätzig eine Exponentialverteilung. Schätzen Sie den Parameter λ mit Hilfe des Maximum–Likelihood Verfahrens.

b) Testen Sie die Vermutung des Statistikers auf Vorliegen einer Exponentialverteilung mittels eines χ^2–Anpassungstests zum Niveau $\alpha = 0.05$, indem Sie die Daten in vier Klassen einteilen, die unter H_0 gleiche Besetzungszahlen haben.

c) *Eduard Schwätzig versucht wieder einmal vergeblich, Gattin Gisela telefonisch zu erreichen. Stets ist jedoch die Leitung am anderen Ende besetzt. Zunächst ist E. Schwätzig guten Mutes und meint, dass sich mit andauerndem Gespräch die Wahrscheinlichkeit erhöht, Gisela zu erreichen. Langsam jedoch steigen in ihm Zweifel auf, und er befürchtet gar, dass die Wahrscheinlichkeit eher sinkt, wenn sich Gisela erst einmal richtig „in Fahrt" redet. Können Sie Herrn Schwätzig bei Unterstellung einer Exponentialverteilung mitteilen, dass die Wahrscheinlichkeit mit andauerndem Gespräch steigt oder sinkt, seine Gattin zu erreichen?*

Aufgabe 3.18

Um seiner schrecklich netten Familie einen höheren Lebensstandard bieten zu können, hat sich Schuhverkäufer Al Monday einen Zusatzjob zugelegt, bei dem er allabendlich Taschenuhren verkauft. Sein Tagesgewinn der letzten Tage betrug:

102.54, 126.22, 142.75, 104.31, 114.14, 151.83, 96.93, 74.61, 118.34, 149.01,
98.53, 109.71, 101.88, 108.69, 148.28, 106.82, 89.01, 134.52, 112.38, 105.16

Gegenüber Ehefrau Peg behauptet Al Monday, seine zusätzlichen Tageseinnahmen (in EUR) seien approximativ N(100,900) verteilt. Peg Monday misstraut ihrem Gatten. Helfen Sie ihr, indem Sie zum Niveau $\alpha = 0.05$ einen Kolmogoroff-Smirnoff-Anpassungstest durchführen.

Aufgabe 3.19

„Ohne Krimi geht die Omi nie ins Bett"

Die schon 80–jährige Frau Meuchel (von ihrer Umgebung nur liebevoll Oma Meuchel genannt) hat ein für ihr Alter ungewöhnliches Hobby: Abend für Abend sitzt sie mit Fernbedienung, Strickzeug und Fernsehbrille bewaffnet in ihrem Schaukelstuhl und durchsucht die einschlägigen Kanäle nach Krimis, Mord und Totschlag.

Irgendwann im Laufe des Abends schläft Oma Meuchel mit einem seligen Lächeln auf den Lippen ein. Meist nach Sendeschluss erwacht sie dann wieder, siedelt über ins Bett und freut sich über den gelungenen Abend. Ihre Enkel fragen sich nun, ob eine Abhängigkeit besteht zwischen der Anzahl der „Toten" eines Fernsehabends (X) und der Zeit, die Oma im Schaukelstuhl schläft (Y). An zufällig ausgewählten Abenden wurden folgende Realisationen beobachtet:

Schlafdauer (in Std.)	Anzahl der Morde im Krimi			
von ... bis unter ...	0 - 1	2 - 5	6 - 7	mehr als 8
0 – 0.5	3	4	0	0
0.5 – 2	5	2	1	0
2 – 5	1	3	2	3
5 – 8	0	1	2	2
8 – 12	1	0	1	4

Testen Sie mit Hilfe des χ^2–Unabhängigkeitstestes zum Niveau $\alpha = 0.05$, ob X und Y unabhängig verteilt sind.

Aufgabe 3.20

Es war einmal – vor gar nicht allzulanger Zeit – eine kleine Stadt namens Constantia,
die all ihre Bewohner und Besucher durch eine ganz besondere Schönheit beeindrucken
wollte. Der Stadtrat beschloss daher, das Abbild einer steinernen Statue namens Imperia
im Hafen aufzustellen, auf dass ein jeder, der nach Constantia käme, alsbald von der Figur
und der Stadt begeistert wäre.

Das Schicksal wollte es jedoch, dass die allzu weiblichen Reize der Figur die Aufmerksamkeit der einfahrenden Schiffer dermaßen auf sich zu ziehen vermochten, dass fortan eine
Häufung von schweren Schiffsunfällen vor dem Hafen von Constantia zu verzeichnen war.
Da nun aber die Stadtväter gar nicht glücklich waren über diese Entwicklung, beschloss
man, den Hafen für männliche Seeleute zu sperren, um die Schadenshöhe möglicher Vor-
fälle gering zu halten. Im Jahr vor dieser Aktion entstanden bei Unfällen Schäden in Höhe
von

$$32\,180\text{ EUR}, \quad 65\,278\text{ EUR}, \quad 18\,853\text{ EUR}, \quad 32\,675\text{ EUR},$$
$$53\,664\text{ EUR}, \quad 36\,025\text{ EUR}, \quad 38\,947\text{ EUR}, \quad 42\,378\text{ EUR}.$$

Im Jahr nach dem Verbot entstanden bei Unfällen Schäden in Höhe von

$$18\,347\text{ EUR}, \quad 9\,470\text{ EUR}, \quad 47\,831\text{ EUR}, \quad 38\,857\text{ EUR}, \quad 25\,495\text{ EUR}.$$

Testen Sie zum Niveau $\alpha = 0.05$ die Nullhypothese, die Schadenshöhe habe sich nicht verändert, gegen die Alternative, dass sich die Höhe der Unfallschäden durch die Maßnahmen des Stadtrates verringert hat. Verwenden Sie dazu den Kolmogoroff- Smirnoff-Homogenitätstest.

(Apropos, wenn Sie, lieber Leser, nun glauben, dies sei alles nur ein Märchen, dann haben Sie natürlich recht, aber immer steckt in Märchen auch ein kleines Stückchen Wahrheit, wie Sie bei einem Besuch von Constantia erfahren können.)

Aufgabe 3.21

Versuchsperson Claire Asyl testet während zweier fest vorgegebener Zeiträume zwei Mittel gegen lästigen Hautausschlag. Sowohl nach der Einnahme der „April-Spezialdragees" als auch nach der äußerlichen Anwendung des „Oil of OLAF" werden jeweils die Anzahl von Hautverunreinigungen an Stirn, Wangen, Nase, Kinn und Armen gemessen:

Anzahl Hautverunreinigungen	April-Spezialdragees	Oil of OLAF
Stirn	3	5
Wangen	9	7
Nase	0	4
Kinn	2	0
Arme	10	12

Verwenden Sie den χ^2-Homogenitätstest, um zum Niveau $\alpha = 0.05$ zu testen, ob die Verteilung der Hautunreinheiten bei den beiden Präparaten unterschiedlich ist.

***

Statistik-Witz Nr. 19

Statistiker tun es …

… wahrscheinlich.

… stetig aber diskret.

… mit großen Zahlen.

… auch mit fetten Schwänzen.

… mit einer Wahrscheinlichkeit von maximal 5% verworfen zu werden.

… – nach einigen Versuchen wird es zur Normalität.

Kapitel 4

Lösungen zu Kapitel 1

Lösung Aufgabe 1.1

a) Die Grundgesamtheit ist gegeben durch die Gesamtheit aller Freundinnen von Walter Fair. Eine einzelne Freundin stellt eine Untersuchungseinheit dar.

b) Die erhobenen Merkmale sind gerade Augenfarbe, Haarfarbe,..., Zensur in Statistik. Für die einzelnen Merkmale wären u.a. folgende Merkmalsausprägungen möglich[1]:

Augenfarbe:	blau, braun
Haarfarbe:	blond, braun, schwarz
Familienstand:	ledig, verheiratet, geschieden, verwitwet
Kontostand (in EUR):	1 813.22 , 23 478.01 , −520.58
Studienfach:	Volkswirtschaftslehre, Mathematik, Biologie, Jura
Alter (in Jahren):	20, 32, 27
Telefonnummer:	874149, 759102, 4652
Zensur in Statistik:	sehr gut, gut,..., mangelhaft

c) Ein jedes der Merkmale ist stetig (metrisch skaliert) oder diskret und quantitativ oder qualitativ. Darüber hinaus kann man jedem Merkmal eine der Eigenschaften nominal, ordinal oder kardinal zuordnen.

Die folgende Tabelle gibt in Kürze die Charakterisierung der Merkmale wieder:

	nominal	ordinal	kardinal	quantitativ	qualitativ	stetig	diskret
Augenfarbe	×				×		×
Haarfarbe	×				×		×
Familienstand	×				×		×
Kontostand			×	×			(×)
Studienfach	×				×		×
Alter			×	×			×
Telefonnr.	×				×		×
Zensur in Statistik		×			×		×

---

[1]Man beachte, dass bei der Telefonnummer oder dem Studienfach auch Mehrfachnennungen möglich sind.

Die Zuordnung der Eigenschaften zu den Merkmalen Augenfarbe, Haarfarbe, Familienstand und Studienfach ist einfach: alle Merkmale besitzen Merkmalsausprägungen, die keiner Reihenfolge unterliegen, und sind deshalb nominal. Damit sind diese Merkmale auch qualitativ und diskret.

Etwas schwieriger ist die Zuordnung der Eigenschaften für das Merkmal Kontostand. Dieses Merkmal ist quantitativ, da sich verschiedene Kontostände durch ihre Größe unterscheiden. Das Merkmal ist darüber hinaus kardinal, da man Differenzen der Merkmalsausprägungen interpretieren kann: eine Lastschrift über 200 EUR verringert beispielsweise jeden Kontostand – gleich welcher Höhe – um 200 EUR. Eigentlich kann der Kontostand nur diskrete Merkmalsausprägungen annehmen, denn Zehntel oder Hundertstel Pfennige sind als Ausprägungen nicht möglich. Dennoch kann der Kontostand derart viele Ausprägungen annehmen, dass man ihn als quasi–stetig bezeichnet.

Merkmalsausprägungen des Merkmals Alter unterscheiden sich durch ihre Größe. Damit ist Alter ein quantitatives Merkmal. Abstände lassen sich interpretieren, damit ist das Merkmal kardinal. Die Zuordnung zu einem stetigen oder diskreten Merkmal unterliegt der Interpretation. Natürlich könnte man Alter in Jahren, Monaten, Sekunden, Mikrosekunden, etc. erfassen, so dass man das Merkmal als stetig auffassen könnte. In der Regel wird man sich jedoch auf die Jahresangabe beschränken und hat damit ein diskretes Merkmal vorliegen.

Die Zuordnung der Eigenschaften für das Merkmal Telefonnummer gibt häufig Anlass zur Diskussion. Dieses Merkmal ist nominal und nicht ordinal, wie vielfach angenommen wird. Telefonnummern unterscheiden sich nämlich nicht durch ihre Größe, sondern durch ihre Art, d.h., durch die jeweilige Ziffernfolge. Damit sind dem Merkmal auch die Eigenschaften qualitativ und diskret zuzuordnen.

Das Merkmal Statistikzensur ist ordinal, da die Merkmalsausprägungen einer Reihenfolge unterliegen. Die Abstände sind jedoch nicht zu inter„gut" ist gänzlich anders als zwischen den Noten „ausreichend" und „mangelhaft", da die Note „mangelhaft" etwa ein Nichtbestehen der Statistikklausur bedeutet. Das Merkmal Zensur ist damit **nicht** kardinal, obgleich es häufig als ein solches angenommen wird, wenn in Assoziation mit Zahlenwerten fälschlicherweise Durchschnittszensuren gebildet werden. Darüber hinaus unterscheiden sich die fünf Ausprägungen „sehr gut", „gut", ..., „mangelhaft" durch ihre Art, es handelt sich um ein qualitatives Merkmal. Da es nur fünf mögliche Ausprägungen gibt, ist das Merkmal Zensur diskret.

Lösung Aufgabe 1.2

Die folgende Tabelle gibt die geordneten Stichproben der Mitarbeiter wieder, zudem wurden die Summen des jeweiligen Papierverbrauchs gebildet:

A. LEIDER	S. NUR	S. WENIG	I. ERFOLG	S. REICH
1	1	4	8	29
1	2	5	13	37
1	2	7	16	
2	3	8	22	
2	3	12	28	
2	3	15	33	
2	5	21		
3	6	23		
3	8	27		
4	8	28		
5	9			
6	10			
7				
7				
8	—	—	—	—
54	60	150	120	66

a) Die Häufigkeitsverteilung des Papierverbrauchs sowie die zur Erstellung des Kreisdiagramms notwendigen Winkel gibt die folgende Tabelle wieder:

Mitarbeiter	absolute Häufigkeit n_i	relative Häufigkeit $r_i = \frac{n_i}{n}$	Kreissektor $360° \cdot r_i$
Leider	54	0.12	43.2°
Nur	60	$0.1\bar{3}$	48.0°
Wenig	150	$0.\bar{3}$	120.0°
Erfolg	120	$0.2\bar{6}$	96.0°
Reich	66	$0.14\bar{6}$	52.8°
	450	1.0	360.0°

Damit erhält man folgendes Kreisdiagramm:

Kreisdiagramm Papierverbrauch

Für das Blockdiagramm wird für jeden Mitarbeiter eine Säule gleicher Breite abgetragen, deren Höhe den relativen oder absoluten Häufigkeiten entspricht. In der folgenden Abbildung sind sowohl relative als auch absolute Häufigkeiten angegeben.

Blockdiagramm Papierverbrauch

Ähnlich wie beim Blockdiagramm wird beim Stabdiagramm vorgegangen; an die
Stelle der Säulen treten hier die „schlankeren" Stäbe, die zur besseren Übersicht am
Ende in der Regel mit einem kurzen Querbalken versehen werden:

Stabdiagramm Papierverbrauch

Für das Häufigkeitspolygon verbindet man die Endpunkte des Stabdiagramms zu
einem sog. Polygonzug:

Häufigkeitspolygon Papierverbrauch

b) Die Ordnungsliebe der Mitarbeiter lässt sich an der Zahl der Papierkorbleerungen ablesen. Die Häufigkeitsverteilung findet sich in der nachfolgenden Tabelle wieder:

Mitarbeiter	absolute Häufigkeit n_i	relative Häufigkeit $r_i = \frac{n_i}{n}$
Leider	15	$0.\bar{3}$
Nur	12	$0.2\bar{6}$
Wenig	10	$0.\bar{2}$
Erfolg	6	$0.1\bar{3}$
Reich	2	$0.0\bar{4}$
Σ	45	1.0

Damit erhält man folgendes Blockdiagramm:

Blockdiagramm Ordnungsliebe

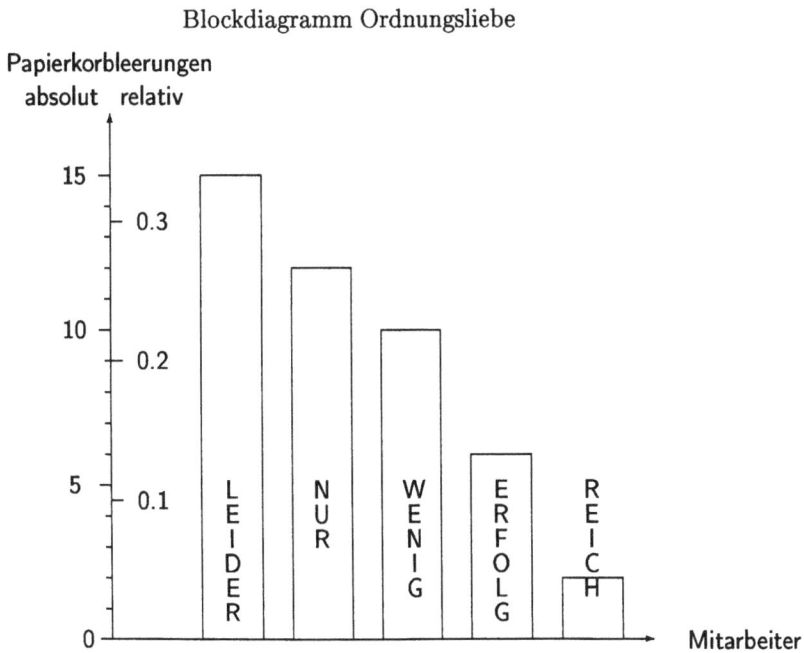

Lösung Aufgabe 1.3

a) Für den württembergischen Landesteil errechnet Winzerglück einen durchschnittlichen Absatz von

$$\overline{x}_w = \frac{1}{4}(900 + 700 + 500 + 300) = 600$$

Flaschen, für den badischen Teil ermittelt er analog

$$\overline{x}_b = \frac{1}{3}(160 + 120 + 20) = 100 \, ,$$

Flaschen.

b) Nach Neuaufteilung der Verkaufsbezirke ermittelt Winzerglück für Württemberg:

$$\overline{x}_w = \frac{1}{3}(900 + 700 + 500) = 700$$

Flaschen, wohingegend die durschnitlliche Abnahme in Baden

$$\overline{x}_b = \frac{1}{4}(300 + 160 + 120 + 20) = 150$$

Flaschen beträgt.

D.h., durch geschickte Neuaufteilung der Verkaufsbezirke hat Winzerglück in beiden Regionen eine Steigerung des durchschnittlichen Absatzes erzielt, ohne auch nur eine Flasche Wein mehr zu verkaufen!

$$*** $$

Statistik-Witz Nr. 20

Zum Sinn der Mittelwertbildung:

Wussten Sie schon, dass die meisten Bundesbürger überdurchschnittlich viele Beine haben?
Von den 82 161 000 Bundesbürgern am 31.12.1999 hatten 8 390 keine Beine, 57 669 ein Bein und die restlichen 2 Beine, das macht im Schnitt

$$\frac{8\,390 \cdot 0 + 57\,669 \cdot 1 + 82\,094\,941 \cdot 2}{82\,161\,000} = 1.99909$$

Beine, und da die meisten zwei haben ...

Lösung Aufgabe 1.4

a) i) Für das arithmetische Mittel $\bar{x}$ erhält man:

$$\bar{x} = \frac{1}{7}(2750 + 3300 + 4300 + 2750 + 3250 + 2850 + 3200) = 3200 \ .$$

ii) Als Modus ermittelt man $\bar{x}_M = 2750$.

Für die Berechnung der weiteren Lagemaße benötigt man die geordnete Stichprobe:

$x_{(1)}$	$x_{(2)}$	$x_{(3)}$	$x_{(4)}$	$x_{(5)}$	$x_{(6)}$	$x_{(7)}$
2750	2750	2850	3200	3250	3300	4300

iii) Der Median ist damit gegeben durch $\tilde{x} = x_{(4)} = 3200$.

iv) Für $\alpha = 0.2$ und $n = 7$ erhält man:

$$q = [n \cdot \alpha] = [7 \cdot 0.2] = [1.4] = 1 \ . \tag{1.1}$$

Damit errechnet man für das 0.2–getrimmte Mittel:

$$\begin{aligned}
\bar{x}_\alpha &= \frac{1}{n-2q}\sum_{i=q+1}^{n-q} x_{(i)} = \frac{1}{5}\sum_{i=2}^{6} x_{(i)} \\
&= \frac{1}{5}(2750 + 2850 + 3200 + 3250 + 3300) = 3070 \ .
\end{aligned}$$

v) Mit (1.1) ergibt sich für das 0.2–winsorisierte Mittel :

$$\begin{aligned}
\bar{x}_{w,\alpha} &= \frac{1}{n}\left[\sum_{i=q+1}^{n-q} x_{(i)} + q(x_{(q+1)} + x_{(n-q)})\right] = \frac{1}{7}\left[\sum_{i=2}^{6} x_{(i)} + 1 \cdot (x_{(2)} + x_{(6)})\right] \\
&= \frac{1}{7}[2850 + 3200 + 3250 + 2(2750 + 3300)] \\
&= 3057.14 \ .
\end{aligned}$$

vi) Da $7 \cdot 0.25 = 1.75 \notin \mathbb{N}$, erhält man für die Quartile:

$$\begin{aligned}
\tilde{x}_{0.25} &= x_{([7 \cdot 0.25]+1)} = x_{(2)} = 2750 \ , \\
\tilde{x}_{0.75} &= x_{([7 \cdot 0.75]+1)} = x_{(6)} = 3300 \ .
\end{aligned}$$

Der Median (das „mittlere" Quartil) wurde bereits in Teil iii) als $\tilde{x} = \tilde{x}_{0.5} = 3200$ ermittelt.

Damit erhält man den Trimean:

$$\begin{aligned}
\tilde{x}_T &= \frac{1}{4}\tilde{x}_{0.25} + \frac{1}{2}\tilde{x}_{0.5} + \frac{1}{4}\tilde{x}_{0.75} = \frac{2750}{4} + \frac{3200}{2} + \frac{3300}{4} \\
&= 3112.5 \ .
\end{aligned}$$

b)   i) Die Quadratsumme der x_i liefert:

$$\sum_{i=1}^{7} x_i^2 = 2750^2 + 3300^2 + 4300^2 + 2750^2 + 3250^2 + 2850^2 + 3200^2$$
$$= 73\,430\,000 \,.$$

Mit $\bar{x}$ aus a) i) erhält man daher für die Varianz:

$$\sigma^2 = \frac{1}{7}\sum_{i=1}^{7} x_i^2 - \bar{x}^2 = 10\,490\,000 - 10\,240\,000$$
$$= 250\,000 \,.$$

ii) Die Standardabweichung ergibt sich als Wurzel der Varianz σ^2:

$$\sigma = \sqrt{\sigma^2} = \sqrt{250\,000} = 500 \,.$$

iii) Die Spannweite R ist gerade die Differenz zwischen größter und kleinster Beobachtung:

$$R = x_{(7)} - x_{(1)} = 4300 - 2750 = 1550 \,.$$

iv) Zur Berechnung des MAD betrachte man folgende Arbeitstabelle:

i	1	2	3	4	5	6	7
$x_{(i)}$	2750	2750	2850	3200	3250	3300	4300
$|x_{(i)} - \tilde{x}|$	450	450	350	0	50	100	1100

Die geordneten Abweichungen ergeben dann:

$$0 \quad 50 \quad 100 \quad 350 \quad 450 \quad 450 \quad 1100 \,,$$

und man erhält als Median dieser Daten den MAD als

$$\text{MAD} = 350 \,.$$

v) Für die mittlere absolute Abweichung vom Median erhält man mit Hilfe des Teils iv):

$$\text{d} = \frac{1}{7}\sum_{i=1}^{7} |x_i - \tilde{x}| = \frac{1}{7}(450 + 450 + 350 + 0 + 50 + 100 + 1100)$$
$$= \frac{2500}{7} \approx 357.14 \,.$$

Vorsicht! Die mittlere absolute Abweichung, im Englischen auch **Mean** Absolute Deviation genannt, wird häufig mit dem MAD (**Median** Absolute Deviation) verwechselt.

vi) Der H–Spread ergibt sich als Differenz zwischen oberem und unterem Hinge. Zu deren Berechnung benötigt man die Tiefe der Hinges, die sich wiederum aus der Tiefe des Medians M [2] ergibt:

$$d(M) \;=\; \frac{n+1}{2} = 4$$

und

$$d(H) \;=\; \frac{[d(M)]+1}{2} = \frac{5}{2} = 2.5 \;.$$

Damit ist das untere Hinge der Mittelwert aus zweit– und drittgrößter Beobachtung:

$$H_u \;=\; \frac{1}{2}(x_{(2)} + x_{(3)}) = 2800 \;,$$

und das obere Hinge berechnet sich analog zu:

$$\begin{aligned} H_o \;&=\; \frac{1}{2}(x_{(7+1-2)} + x_{(7+1-3)}) = \frac{1}{2}(x_{(6)} + x_{(5)}) = \frac{3300 + 3250}{2} \\ &=\; 3275 \;. \end{aligned}$$

Folglich erhält man den H–Spread zu

$$\begin{aligned} d_H \;&=\; H_o - H_u = 3275 - 2800 \\ &=\; 475 \;. \end{aligned}$$

vii) Mit den in a) vi) berechneten Quartilen erhält man den Quartilsabstand

$$\begin{aligned} QD_{0.25} \;&=\; \tilde{x}_{0.75} - \tilde{x}_{0.25} = 3300 - 2750 \\ &=\; 550 \;. \end{aligned}$$

---

[2]Man beachte die zwei Symbole für den Median: Berechnet man den Median über die geordnete Stichprobe (in Assoziation mit Quantilen), so verwendet man in der Regel die Notation $\tilde{x}$ oder $\tilde{x}_{0.5}$. Berechnet man den Median im Zusammenhang mit Lettervalues, so bezeichnet man ihn meist mit M. Beide Rechenweisen liefern denselben Wert für den Median! **Aber Vorsicht!** Dieses gilt für Quartile und Hinges **nicht!** Zwar liegen Quartile und Hinges nahe beieinander, aber i.allg. stimmen sie **nicht** überein, wie die Aufgabenteile v) und vi) ergeben werden.

Lösung Aufgabe 1.5

a) Zunächst einmal sollte man aus den Zeitungsmeldungen folgende statistische Begriffe
herauslesen: Spiegel–Bild gibt den Modus an, Anarchia betrachtet den Median und
die Opulentia Times berechnet das arithmetische Mittel.

Offenbar haben alle Zeitungen Recht, denn für die Lagemaße wird man folgende
Werte erhalten:

$$\begin{aligned}
\overline{x} &= \frac{1}{n}\sum_{i=1}^{k} n_i a_i \\
&= \frac{1}{300\,000}\Big(36\,000 \cdot 7\,500 + 60\,000 \cdot 22\,500 + 37\,000 \cdot 35\,000 \\
&\qquad + 34\,000 \cdot 50\,000 + 82\,000 \cdot 70\,000 + 13\,000 \cdot 90\,000 \\
&\qquad + 15\,000 \cdot 125\,000 + 23\,000 \cdot 200\,000\Big) \\
&= \frac{180\,000\,000}{300\,000} = 60\,000 \ .
\end{aligned}$$

Damit ist das arithmetische Mittel $\overline{x} = 60\,000$.

Den Modus $\overline{x}_M$ erhält man als Klassenmitte der Klasse mit der größten Häufigkeitsdichte $\frac{r_i}{b_i}$. D.h.,

$$\overline{x}_M = \frac{u_{i-1} + u_i}{2} \qquad \text{mit } i \text{ derart, dass} \qquad \frac{r_i}{b_i} = \frac{r_i}{u_i - u_{i-1}} = \max_j\left\{\frac{r_j}{b_j}\right\} \ .$$

Nun sind

$$\frac{r_1}{b_1} = \frac{n_1}{n(u_1 - u_0)} = \frac{36\,000}{300\,000(15\,000 - 0)} = \frac{24}{3\,000\,000} \ , \tag{1.2}$$

$$\frac{r_2}{b_2} = \frac{n_2}{n(u_2 - u_1)} = \frac{60\,000}{300\,000(30\,000 - 15\,000)} = \frac{40}{3\,000\,000} \ , \tag{1.3}$$

$$\frac{r_3}{b_3} = \frac{n_3}{n(u_3 - u_2)} = \frac{37\,000}{300\,000(40\,000 - 30\,000)} = \frac{37}{3\,000\,000} \ , \tag{1.4}$$

$$\frac{r_4}{b_4} = \frac{n_4}{n(u_4 - u_3)} = \frac{34\,000}{300\,000(60\,000 - 40\,000)} = \frac{17}{3\,000\,000} \ , \tag{1.5}$$

$$\frac{r_5}{b_5} = \frac{n_5}{n(u_5 - u_4)} = \frac{82\,000}{300\,000(80\,000 - 60\,000)} = \frac{41}{3\,000\,000} \ , \tag{1.6}$$

$$\frac{r_6}{b_6} = \frac{n_6}{n(u_6 - u_5)} = \frac{13\,000}{300\,000(100\,000 - 80\,000)} = \frac{6.5}{3\,000\,000} \ , \tag{1.7}$$

$$\frac{r_7}{b_7} = \frac{n_7}{n(u_7 - u_6)} = \frac{15\,000}{300\,000(150\,000 - 100\,000)} = \frac{3}{3\,000\,000} \ , \tag{1.8}$$

$$\frac{r_8}{b_8} = \frac{n_8}{n(u_8 - u_7)} = \frac{23\,000}{300\,000(250\,000 - 150\,000)} = \frac{2.3}{3\,000\,000} \ . \tag{1.9}$$

Damit liegt die höchste Häufigkeitsdichte in der Klasse 5 vor, und es gilt:

$$\bar{x}_M = \frac{1}{2}(u_4 + u_5) = \frac{1}{2}(60\ 000 + 80\ 000) = 70\ 000\ .$$

Zur Ermittlung des Medians bestimme man die Klasse i , für die gilt:

$$\hat{F}_n(u_i) \geq 0.5 \quad \text{aber} \quad \hat{F}_n(u_{i-1}) < 0.5\ ,$$

wobei $\hat{F}_n$ die empirische Verteilungsfunktion darstellt.
D.h., gesucht ist i derart, dass

$$\sum_{j=1}^{i} r_j \geq 0.5 \quad \text{aber} \quad \sum_{j=1}^{i-1} r_j < 0.5\ .$$

Dazu betrachte man folgende Arbeitstabelle:

i	1	2	3	4	5	6	7	8
r_i	0.120	0.200	$0.12\bar{3}$	$0.11\bar{3}$	$0.27\bar{3}$	$0.04\bar{3}$	0.05	$0.07\bar{6}$
$\sum\limits_{j=1}^{i} r_j$	0.120	0.320	$0.44\bar{3}$	$0.55\bar{6}$	0.830	$0.87\bar{3}$	$0.92\bar{3}$	1.000

Gesucht ist nun die Einfallsklasse des Medians (oder auch die „Medianklasse"), d.h. die Klasse, in der der Median liegt. Dies ist offenbar die 4. Klasse, denn dort gilt zum ersten Mal

$$\sum_{j=1}^{i} r_j \geq 0.5\ .$$

Damit berechnet sich der Median zu

$$\begin{aligned}
\tilde{x} &= \tilde{x}_{0.5} = u_{4-1} + \frac{0.5 - \sum\limits_{j=1}^{4-1} r_j}{r_4} \cdot b_4 \\
&= u_3 + \frac{0.5 - \sum\limits_{j=1}^{3} r_j}{r_4} \cdot b_4 \\
&= 40\ 000 + \frac{0.5 - 0.44\bar{3}}{0.11\bar{3}} \cdot (60\ 000 - 40\ 000) \\
&= 40\ 000 + 0.5 \cdot 20\ 000 = 50\ 000\ .
\end{aligned}$$

b) Im Aufgabenteil a) wurden bei der Berechnung des Modus' bereits die Häufigkeits-
dichten berechnet (vgl. (1.2) – (1.9)), so dass man folgendes Histogramm erhält:

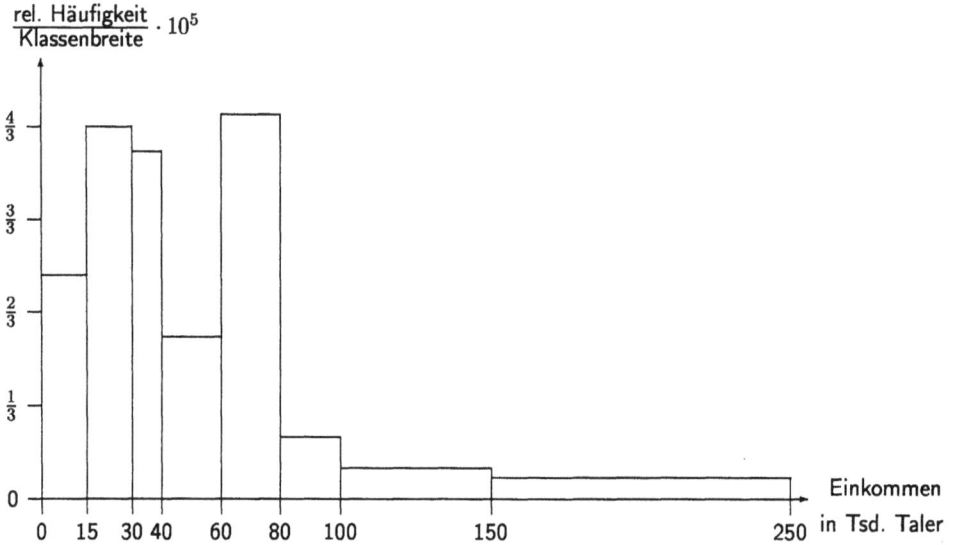

Aus dem Histogramm liest man eine zweigipflige Verteilung ab. Diese Tatsache legt
es nahe, überhaupt kein Lagemaß zu verwenden. Der Modus fällt auf eine Klasse, die
nur eine geringfügig höhere Häufigkeitsdichte besitzt als die zweite Spitze der Verteilung. Das arithmetische Mittel wird durch einige wenige hohe Werte beeinflusst,
und selbst der Median hat hier ungünstige Eigenschaften, liegt er doch genau im
Einschnitt zwischen den beiden Spitzen. Bei mehrgipfligen Verteilungen ist deshalb
davon abzuraten, die Daten durch ein Lagemaß zu verdichten, das gleiche gilt für
Streuungsmaße. Stattdessen könnte man die Daten durch Quantile beschreiben oder,
falls die Beobachtungen wie im vorliegenden Fall bereits klassiert sind, durch ein Histogramm. Interessiert die Konzentration des Einkommens, so sind Lorenzkurve und
Gini-Maß wichtige Analysemittel. (vgl. etwa Aufgabe 1.16)

Lösung Aufgabe 1.6

a) Die durchschnittliche Zuschauerzahl für die Sendung „Die Alptraumscheidung" berechnet sich durch das arithmetische Mittel zu

$$
\begin{aligned}
\bar{x}^A &= \frac{1}{6}(2\ 000\ 000 + 4\ 000\ 000 + 6\ 000\ 000 \\
&\quad + 7\ 500\ 000 + 7\ 200\ 000 + 7\ 500\ 000) \\
&= 5\ 700\ 000 \ .
\end{aligned}
$$

Zur Berechnung der durchschnittlichen Zuschauerzahl für „Meins bleibt meins" gilt es zunächst die eigentlichen Zuschauerzahlen zu berechnen: Wenn die zweite Sendung x_2^M einen Zuwachs von 10% gegenüber der ersten Sendung x_1^M hat, so gilt

$$
\begin{aligned}
x_2^M &= x_1^M + 0.1 \cdot x_1^M = (1 + 0.1)x_1^M \\
&= 1.1 \cdot 5\ 000\ 000 = 5\ 500\ 000 \ .
\end{aligned}
$$

Entsprechend erhält man:

$$
\begin{aligned}
x_3^M &= 1.05 \cdot x_2^M = 1.05 \cdot 5\ 500\ 000 = 5\ 775\ 000 \ , \\
x_4^M &= 0.95 \cdot x_3^M = 0.95 \cdot 5\ 775\ 000 = 5\ 486\ 250 \ , \\
x_5^M &= 1.20 \cdot x_4^M = 1.20 \cdot 5\ 486\ 250 = 6\ 583\ 500 \ , \\
x_6^M &= 1.05 \cdot x_5^M = 1.05 \cdot 6\ 583\ 500 = 6\ 912\ 675 \ .
\end{aligned}
$$

Als durchschnittliche Zuschauerzahl für die Sendung „Meins bleibt meins" erhält man daher:

$$
\begin{aligned}
\bar{x}^M &= \frac{1}{6}(5\ 000\ 000 + 5\ 500\ 000 + 5\ 775\ 000 \\
&\quad + 5\ 486\ 250 + 6\ 583\ 500 + 6\ 912\ 675) \\
&= 5\ 876\ 237.5 \ .
\end{aligned}
$$

Damit hat der Sender STATT 2 die höhere Zuschauerzahl.

b) Für die Sendung „Meins bleibt meins" ermittelt man die durchschnittliche Zuwachsrate durch das geometrische Mittel wie folgt:

$$
\begin{aligned}
\bar{y}_g^M &= \sqrt[5]{1.1 \cdot 1.05 \cdot 0.95 \cdot 1.2 \cdot 1.05} \\
&= 1.067 \ ,
\end{aligned}
$$

d.h., diese Sendung hat einen durchschnittlichen Zuwachs von 6.7%.

Die Sendung „Alptraumscheidung" hat eine Zuwachsrate von der ersten bis zur sechsten Sendung von

$$\frac{7\,500\,000}{2\,000\,000} = 3.75 \ .$$

Dies entspricht einer durchschnittlichen Wachstumsrate pro Sendung von

$$\overline{y}_g^A = \sqrt[5]{3.75} = 1.303 \ .$$

In anderen Worten, diese Sendung hat mit durchschnittlich 30.3% Zuschauerzuwachs den höheren Zuwachs.

Lösung Aufgabe 1.7

a) Für die Durchschnittsgeschwindigkeit bildet man das harmonische Mittel der einzelnen Geschwindigkeiten, das man gewichtet mit der jeweiligen Streckenlänge. Für Ricki Raserati erhält man als Durchschnittsgeschwindigkeit (in $\frac{m}{\text{Std}}$):

$$
\begin{aligned}
\overline{x}_h \ &= \ \frac{n}{\sum\limits_{i=1}^{4} \frac{n_i}{x_i}} = \frac{3.2 + 1.9 + 3.5 + 3.4}{\frac{3.2}{0.8} + \frac{1.9}{0.6} + \frac{3.5}{0.95} + \frac{3.4}{0.9}} \\
&= \ 0.820 \ ,
\end{aligned}
\tag{1.10}
$$

analog für Emilio Escargot (in $\frac{m}{\text{Std}}$):

$$
\begin{aligned}
\overline{y}_h \ &= \ \frac{3.2 + 1.9 + 3.5 + 3.4}{\frac{3.2}{0.75} + \frac{1.9}{0.65} + \frac{3.5}{0.9} + \frac{3.4}{0.95}} \\
&= \ 0.819 \ .
\end{aligned}
$$

b) Sei y_5 die Durchschnittsgeschwindigkeit (in m/Std) von Emilio Escargot im fünften und letzten Rennen. Escargots Durchschnittsgeschwindigkeit für das gesamte Rennen ist dann gegeben durch:

$$\overline{y}_h \ = \ \frac{3.2 + 1.9 + 3.5 + 3.4 + 3.0}{\frac{3.2}{0.75} + \frac{1.9}{0.65} + \frac{3.5}{0.9} + \frac{3.4}{0.95} + \frac{3.0}{y_5}} = \frac{15}{14.658 + \frac{3}{y_5}} \ .$$

Wenn Raserati an seiner bisherigen Durchschnittsgeschwindigkeit festhält, so beträgt seine Durchschnittsgeschwindigkeit für das gesamte Rennen nach wie vor

$$\bar{x}_h = 0.820 \qquad \text{(vgl. (1.10))}.$$

Damit nun Escargot mit der letzten Etappe das ganze Rennen gewinnt, muss gelten:

$$\bar{y}_h > \bar{x}_h$$
$$\Longleftrightarrow \quad \frac{15}{14.658 + \frac{3}{y_5}} > 0.82 .$$

Man beachte, dass sich das Ungleichheitszeichen beim Bilden des Kehrwertes umdreht:

$$\Longleftrightarrow \quad \frac{14.658 + \frac{3}{y_5}}{15} < \frac{1}{0.82}$$
$$\Longleftrightarrow \quad 14.658 + \frac{3}{y_5} < 18.293$$
$$\Longleftrightarrow \quad \frac{3}{y_5} < 3.635$$
$$\Longleftrightarrow \quad \frac{y_5}{3} > \frac{1}{3.635}$$
$$\Longleftrightarrow \quad y_5 > \frac{3}{3.635} = 0.825 .$$

Lösung Aufgabe 1.8

a) Zur Ermittlung der empirischen Verteilungsfunktion betrachte man folgende Häufigkeitsverteilung der gruppierten Daten:

i	$x_{(i)}$	absolute Häufigkeit n_i	relative Häufigkeit $r_i = \frac{n_i}{n}$	kumulierte rel. Häufigkeit $\sum_{j=1}^{i} r_j$
1	0	3	0.1875	0.1875
2	1	4	0.2500	0.4375
3	2	1	0.0625	0.5000
4	4	1	0.0625	0.5625
5	5	2	0.1250	0.6875
6	6	2	0.1250	0.8125
7	7	1	0.0625	0.8750
8	11	1	0.0625	0.9375
9	15	1	0.0625	1.0000

Die empirische Verteilungsfunktion wird nun wie folgt gezeichnet:

Bis zur kleinsten Beobachtung $x_{(1)} = 0$ ist die empirische Verteilungsfunktion null. An der Stelle 0 macht sie einen Sprung der Höhe 0.1875. Dieser Wert wird bis zur nächstgrößeren Beobachtung $x_{(2)} = 1$ beibehalten, dort erfolgt der nächste Sprung auf 0.4375, usw., bis die empirische Verteilungsfunktion an der Stelle $x_{(9)} = 15$ den Wert 1 annimmt. Die eckigen bzw. runden Klammern deuten an, dass die Randpunkte von links kommend nicht enthalten sind, wohl aber, wenn man sich von rechts nähert (diese Eigenschaft einer Verteilungsfunktion nennt man auch „rechtsseitig stetig").

Empirische Verteilungsfunktion für die Flensburger Punkte

b) Die zur Erstellung eines Histogramms notwendigen absoluten oder relativen Häufigkeiten sind bereits in der Tabelle zur Berechnung der empirischen Verteilungsfunktion angegeben. In diesem Beispiel entscheiden wir uns dafür, die absoluten Häufigkeiten abzutragen. (Genausogut könnte man auch die relativen Häufigkeiten kenntlich machen oder beide, siehe etwa Aufgabe 1.9).

Da es sich um ein diskretes Merkmal handelt, werden Klassen derart gebildet, dass die jeweiligen Beobachtungen in der Mitte der Klassen liegen, also

$$K_1 = [-0.5; 0.5) \, , \ K_2 = [0.5; 1.5) \, , \ \ldots \, , \ K_{16} = [14.5; 15.5) \, ,$$

so dass man zu folgendem Histogramm gelangt:

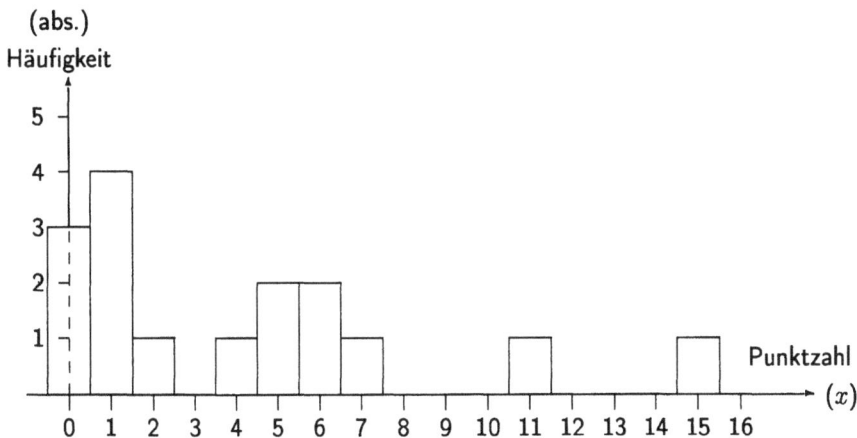

c) Die vorliegenden Daten haben eine Spannweite von

$$R = x_{(64)} - x_{(1)} = 8.9 - 0.1 = 8.8 .$$

Die Regel von Kronmal/Dixon legt es nahe, $[10 \cdot \log_{10} n] = [18.06] = 18$ Klassen zu bilden. Als äquidistante Klassenbreite erhält man damit etwa

$$\frac{8.8}{18} = 0.49 \approx 0.5 .$$

Da die Daten bereits sortiert sind, ermittelt man leicht die Klassenhäufigkeiten, die in folgender Tabelle dargestellt sind:

i	Klasse $K_i = [u_{i-1}, u_i)$	abs. Häufig- keit n_i	rel. Häufig- keit r_i	kum. rel. Häufig- keit $\sum_{j=1}^{i} r_j$
1	[0.0;0.5)	6	0.093750	0.093750
2	[0.5;1.0)	12	0.187500	0.281250
3	[1.0;1.5)	10	0.156250	0.437500
4	[1.5;2.0)	7	0.109375	0.546875
5	[2.0;2.5)	5	0.078125	0.625000
6	[2.5;3.0)	3	0.046875	0.671875
7	[3.0;3.5)	2	0.031250	0.703125
8	[3.5;4.0)	4	0.062500	0.765625
9	[4.0;4.5)	4	0.062500	0.828125
10	[4.5;5.0)	2	0.031250	0.859375
11	[5.0;5.5)	2	0.031250	0.890625
12	[5.5;6.0)	1	0.015625	0.906250
13	[6.0;6.5)	1	0.015625	0.921875
14	[6.5;7.0)	2	0.031250	0.953125
15	[7.0;7.5)	1	0.015625	0.968750
16	[7.5;8.0)	1	0.015625	0.984375
17	[8.0;8.5)	0	0	0.984375
18	[8.5;9.0)	1	0.015625	1.000000

Das Summenpolygon wird nun wie folgt gezeichnet: Bis zur unteren Grenze der untersten Klasse (hier $u_0 = 0.0$) ist der Funktionswert des Summenpolygons null, ab der oberen Grenze der obersten Klasse (hier $u_{18} = 9.0$) hat das Summenpolygon den Wert 1. Dazwischen trage man die Punkte

$$\left(u_i, \sum_{j=1}^{i} r_j \right)$$

ab und verbinde die aufeinanderfolgenden Punkte durch einen Polygonzug:

Summenpolygon für die Geschwindigkeitsübertretungen

Lösung Aufgabe 1.9

a) Da zahlreiche Beobachtungen mehrfach auftreten, betrachte man zur Vereinfachung nachfolgende Tabelle der gruppierten Daten (die letzte Spalte dient Berechnungen für den Aufgabenteil c)):

i	x_i	n_i	$n_i x_i$	$n_i x_i^2$
1	72	1	72	5184
2	84	1	84	7056
3	92	1	92	8464
4	96	1	96	9216
5	98	2	196	19208
6	100	7	700	70000
7	102	4	408	41616
8	104	2	208	21632
9	106	1	106	11236
10	108	1	108	11664
11	112	2	224	25088
12	116	1	116	13456
13	124	1	124	15376
Σ		25	2534	259196

Mit Hilfe obiger Tabelle ermittelt man als arithmetisches Mittel

$$\overline{x} = \frac{1}{n}\sum_{i=1}^{13} n_i x_i = \frac{2534}{25} = 101.36\,, \tag{1.11}$$

der Median ist gegeben durch

$$\widetilde{x} = x_{(\frac{25+1}{2})} = x_{(13)} = 100\,,$$

und der Modus ist ebenfalls

$$\overline{x}_M = 100\,. \tag{1.12}$$

b) Für die Klassenbildung von A. Einbein ermittelt man folgende Klassenmitten a_i sowie relative Häufigkeiten r_i (die Spalten $n_i a_i$ und $n_i a_i^2$ dienen wiederum Berechnungen im Aufgabenteil c)):

i	K_i	a_i	n_i	$n_i a_i$	$n_i a_i^2$	$r_i = \frac{n_i}{n}$	$\sum\limits_{j=1}^{i} r_j$
1	[71,75)	73	1	73	5329	0.04	0.04
2	[83,87)	85	1	85	7225	0.04	0.08
3	[91,95)	93	1	93	8649	0.04	0.12
4	[95,99)	97	3	291	28227	0.12	0.24
5	[99,103)	101	11	1111	112211	0.44	0.68
6	[103,107)	105	3	315	33075	0.12	0.80
7	[107,111)	109	1	109	11881	0.04	0.84
8	[111,115)	113	2	226	25538	0.08	0.92
9	[115,119)	117	1	117	13689	0.04	0.96
10	[123,127)	125	1	125	15625	0.04	1.00
Σ			25	2545	261449		

Damit erhält man folgendes Histogramm:

Sieht man von einem zweiten kleinen Peak ab, so vermittelt dieses Histogramm einen eher symmetrischen Eindruck der Verteilung.

Die Klassenbildung des Mitarbeiters Zweifuß gibt die folgende Tabelle wieder:

i	K_i	a_i	n_i	$n_i a_i$	$n_i a_i^2$	$r_i = \frac{n_i}{n}$	$\sum\limits_{j=1}^{i} r_j$
1	[69,73)	71	1	71	5041	0.04	0.04
2	[81,85)	83	1	83	6889	0.04	0.08
3	[89,93)	91	1	91	8281	0.04	0.12
4	[93,97)	95	1	95	9025	0.04	0.16
5	[97,101)	99	9	891	88209	0.36	0.52
6	[101,105)	103	6	618	63654	0.24	0.76
7	[105,109)	107	2	214	22898	0.08	0.84
8	[109,113)	111	2	222	24642	0.08	0.92
9	[113,117)	115	1	115	13225	0.04	0.96
10	[121,125)	123	1	123	15129	0.04	1.00
$\sum$			25	2523	256993		

Damit erhält man folgendes Histogramm:

abs.   rel.

Häufigkeit

Sieht man von den extrem niedrigen Beobachtungen ab, so suggeriert dieses Histogramm eine eher rechtsschiefe Verteilung.

Wie bereits erwähnt, weist eines der Histogramme auf eine eher rechtsschiefe Verteilung, eines auf eine eher symmetrische Verteilung hin.

Dabei haben beide Wissenschaftler sicher mit gutem statistischen Gewissen gehandelt:

- Mit Anwendung der $[10 \log_{10} n]$–Regel ermittelten sie eine Anzahl von

$$[10 \log_{10} 25] = [13.98] = 13$$

  Klassen, was bei einer Spannweite von

$$R = x_{(25)} - x_{(1)} = 124 - 72 = 52$$

  einer äquidistanten Klassenbreite von

$$\frac{52}{13} = 4$$

  entspricht.

- Weiterhin haben beide Wissenschaftler darauf geachtet, dass keine Beobachtungen auf den Klassengrenzen liegen, indem sie ungerade Werte als Klassengrenzen wählten.

Die erstaunlichen Unterschiede in den Ergebnissen sind vielmehr im Verfahren selbst zu suchen. Ein Histogramm hängt ab von der Wahl des Ursprungs und von der Klassenbreite. Welche Auswirkungen die unterschiedliche Wahl des Ursprungs (d.h. Verschiebung der Klassen) hat, haben wir in der vorliegenden Aufgabe gesehen. Weitere Unterschiede können entstehen durch die Wahl unterschiedlicher Klassenbreiten.

Diese Eigenschaft vergessen viele Anwender, wenn sie standardmäßig ein spezielles Histogramm mittels eines Software–Paketes ausdrucken lassen und anschließend dieses spezielle Histogramm zum Ausgangspunkt aller möglichen Interpretationen machen.

c) Für die Originaldaten liegen mit Aufgabenteil a) bereits $\bar{x} = 101.36$ (vgl. 1.11) und $\bar{x}_M = 100$ (vgl. 1.12) vor. Darüber hinaus entnimmt man der Tabelle mit den gruppierten Daten:

$$\sum_{i=1}^{13} n_i x_i^2 = 259\,196 \ .$$

Damit erhält man als Varianz

$$\sigma^2 = \frac{1}{25} \sum_{i=1}^{13} n_i x_i^2 - \bar{x}^2 = \frac{259\,196}{25} - 101.36^2 = 93.99$$

und folglich als Standardabweichung

$$\sigma = \sqrt{\sigma^2} = \sqrt{93.99} = 9.69 \ ,$$

so dass für den ersten Pearsonschen Schiefekoeffizienten folgt:

$$SK_1 = \frac{\overline{x} - \overline{x}_M}{\sigma} = \frac{101.36 - 100}{9.69} = 0.14 \ .$$

Für die Klassierung von Einbein erhält man mit Hilfe der Tabelle zur ersten Klassierung

$$\overline{x} \ = \ \frac{1}{25} \sum_{i=1}^{10} n_i a_i = \frac{2545}{25} = 101.8 \ .$$

Zur Berechnung der Varianz sollte man aufgrund der äquidistanten Klassenbreiten den Sheppardschen Korrekturfaktor berücksichtigen:

$$\frac{b^2}{12} = \frac{16}{12} = 1.33 \ .$$

Für die Varianz erhält man damit:

$$\sigma^2 \ = \ \frac{1}{25} \sum_{i=1}^{10} n_i a_i^2 - \overline{x}^2 - \frac{b^2}{12} = \frac{261\ 449}{25} - 101.8^2 - 1.33 = 93.39$$

und ermittelt die Standardabweichung zu

$$\sigma \ = \ 9.66 \ .$$

Der Modus ist bei klassierten Daten gegeben durch die Klassenmitte der Klasse mit der höchsten Häufigkeitsdichte. Da im vorliegenden Fall gleiche Klassenbreiten gewählt wurden, kann man auch nach der größten relativen oder absoluten Häufigkeit suchen. Bei Einbein ist die am stärksten besetzte Klasse $[99, 103)$, so dass man den Modus

$$\overline{x}_M = \frac{99 + 103}{2} = 101$$

erhält.

Der erste Pearsonsche Schiefekoeffizient ist damit gegeben durch

$$SK_1 = \frac{\overline{x} - \overline{x}_M}{\sigma} = \frac{101.8 - 101}{9.66} = 0.08 \ .$$

In analoger Vorgehensweise ermittelt man für die Klassierung von Zweifuß:

$$\bar{x} = \frac{1}{25} \sum_{i=1}^{10} n_i a_i = \frac{2523}{25} = 100.92 \ ,$$

$$\bar{x}_M = \frac{97 + 101}{2} = 99 \ ,$$

$$\sigma^2 = \frac{1}{25} \sum_{i=1}^{10} n_i a_i^2 - \bar{x}^2 - \frac{b^2}{12} = \frac{256\,993}{25} - 100.92^2 - 1.25 = 93.62 \ ,$$

$$\sigma = 9.68 \ ,$$

so dass man für den Schiefekoeffizienten nach Pearson

$$SK_1 = \frac{\bar{x} - \bar{x}_M}{\sigma} = \frac{100.92 - 99}{9.68} = 0.20$$

erhält. Quantitativ kann man die Schiefekoeffizienten zwar nicht vergleichen, doch stellt man fest, dass die Klassierung im einen Fall auf eine schwächere, im anderen Fall auf eine stärkere Rechtsschiefe hinweist als die Originaldaten.

Lösung Aufgabe 1.10

Sei nun $y_i = a x_i + b$ für $i = 1, \ldots, n$.

a) Dann gilt für das arithmetische Mittel der y_i :

$$
\begin{aligned}
\bar{y} &= \frac{1}{n} \sum_{i=1}^{n} y_i = \frac{1}{n} \sum_{i=1}^{n} (a x_i + b) = \frac{1}{n} \sum_{i=1}^{n} a x_i + \frac{1}{n} \underbrace{\sum_{i=1}^{n} b}_{= n \cdot b} \\
&= \frac{1}{n} a \sum_{i=1}^{n} x_i + \underbrace{\frac{1}{n} \cdot n}_{=1} \cdot b = a \cdot \underbrace{\frac{1}{n} \sum_{i=1}^{n} x_i}_{=\bar{x}} + b
\end{aligned}
$$

$$\Rightarrow \quad \bar{y} = a \bar{x} + b \ . \tag{1.13}$$

Bei der Berechnung des Medians ändert sich die Reihenfolge der Beobachtungen nicht, wenn man alle Beobachtungen mit dem gleichen Wert $a \in \mathbb{R}$ multipliziert. Für positives a ändert sich die Reihenfolge der geordneten Stichprobe nicht. Für negatives a dreht sich die Reihenfolge genau um. Das hat aber weder für ungeraden Stichprobenumfang einen Einfluss, denn der Median bleibt in der Mitte, noch für geraden Stichprobenumfang, da die beiden Werte, deren arithmetisches Mittel den Median liefert, zwar umgedreht werden, in ihrer Summe aber gleich bleiben. D.h.,

$$\operatorname*{med}_{i}\{ax_i\} = a \cdot \operatorname*{med}_{i}\{x_i\} \ .$$

Darüber hinaus kann man sämtliche Beobachtungen um eine Konstante $b \in \mathbb{R}$ verschieben, ohne dass sich die Reihenfolge der Beobachtungen überhaupt ändert und damit für den Median gilt:

$$\operatorname*{med}_{i}\{ax_i + b\} = \operatorname*{med}_{i}\{ax_i\} + b \ .$$

Daraus folgt

$$\tilde{y} = a\tilde{x} + b \ . \tag{1.14}$$

Analoge Überlegungen für den Modus führen zu

$$\overline{y}_M = a\overline{x}_M + b \ . \tag{1.15}$$

Die Eigenschaften (1.13) – (1.15) nennt man auch Translationsäquivarianz des arithmetischen Mittels, des Medians bzw. des Modus'.
Die Transformation Grad Fahrenheit in Grad Celsius erfolgt durch die Beziehung

$$C = \frac{5}{9}(F - 32) \ . \tag{1.16}$$

Für den vorliegenden Datensatz ermittelt man mit

$$a = \frac{5}{9} \quad \text{und} \quad b = -\frac{160}{9}$$

deshalb leicht:

$$
\begin{aligned}
\overline{y} &= \frac{5}{9}\overline{x} - \frac{160}{9} = \frac{5}{9}(-0.65) - \frac{160}{9} \approx -18.14 \ , \\
\overline{y}_M &= \frac{5}{9}\overline{x}_M - \frac{160}{9} = \frac{5}{9} \cdot 3.3 - \frac{160}{9} \approx -15.94 \ , \\
\tilde{y} &= \frac{5}{9}\tilde{x} - \frac{160}{9} = \frac{5}{9} \cdot 0.8 - \frac{160}{9} \approx -17.33 \ .
\end{aligned}
$$

b) i) **Fall 1:**

Man betrachte zunächst den Fall $a \geq 0$. Dann gilt:

$$\begin{aligned}
\max_i\{y_i\} &= \max_i\{ax_i + b\} \\
&= \max_i\{ax_i\} + b \\
&= a \cdot \max_i\{x_i\} + b .
\end{aligned}$$

Analog erhält man:

$$\min_i\{y_i\} = a \cdot \min_i\{x_i\} + b .$$

Und damit:

$$\begin{aligned}
R_y &= \max_i\{y_i\} - \min_i\{y_i\} \\
&= a\max_i\{x_i\} + b - \left(a \cdot \min_i\{x_i\} + b\right) \\
&= a\left(\max_i\{x_i\} - \min_i\{x_i\}\right) \\
&= a \cdot R_x .
\end{aligned}$$

Fall 2:

Sei nun $a < 0$. Dann gilt:

$$\begin{aligned}
\max_i\{y_i\} &= \max_i\{ax_i + b\} \\
&= \max_i\{ax_i\} + b \\
&= \max_i\{-|a|x_i\} + b \\
&= |a| \cdot \underbrace{\max_i\{-x_i\}}_{= -\min_i\{x_i\}} + b \\
&= -|a| \cdot \min_i\{x_i\} + b .
\end{aligned}$$

Analog:

$$\min_i\{y_i\} = -|a| \cdot \max_i\{x_i\} + b .$$

Damit gilt:

$$\begin{aligned}
R_y &= \max_i\{y_i\} - \min_i\{y_i\} \\
&= -|a|\min_i\{x_i\} + b - \left(-|a| \cdot \max_i\{x_i\} + b\right) \\
&= |a|\left(\max_i\{x_i\} - \min_i\{x_i\}\right) \\
&= |a| \cdot R_x .
\end{aligned}$$

ii) Aus dem Aufgabenteil a) ist bereits bekannt, dass $\tilde{y} = a\tilde{x} + b$ (vgl.(1.14)). Damit gilt:

$$
\begin{aligned}
\text{MAD}_y = \operatorname*{med}_i\{|y_i - \tilde{y}|\} &= \operatorname*{med}_i\{|ax_i + b - (a\tilde{x} + b)|\}\\
&= \operatorname*{med}_i\{|a(x_i - \tilde{x})|\}\\
&= \operatorname*{med}_i\{|a| \cdot |x_i - \tilde{x}|\}\\
&= |a| \cdot \underbrace{\operatorname*{med}_i\{|x_i - \tilde{x}|\}}_{=\text{MAD}_x}\\
&= |a| \cdot \text{MAD}_x .
\end{aligned}
$$

iii) Aus Teil a) ist bekannt, dass $\bar{y} = a\bar{x} + b$ (vgl.(1.13)) . Damit gilt:

$$
\begin{aligned}
\sigma_y^2 &= \frac{1}{n}\sum_{i=1}^n (y_i - \bar{y})^2 = \frac{1}{n}\sum_{i=1}^n [ax_i + b - (a\bar{x} + b)]^2\\
&= \frac{1}{n}\sum_{i=1}^n [a(x_i - \bar{x})]^2 = a^2 \cdot \frac{1}{n}\sum_{i=1}^n (x_i - \bar{x})^2 = a^2\sigma_x^2 .
\end{aligned}
$$

iv) Mit iii) erhält man:

$$
\sigma_y = +\sqrt{\sigma_y^2} = \sqrt{a^2\sigma_x^2} = |a|\sigma_x . \tag{1.17}
$$

Für die vorgegebenen Daten erhält man durch die Transformation (1.16):

$$
\begin{aligned}
\sigma_y &= \left|\frac{5}{9}\right|\sigma_x = \frac{5}{9}\cdot 6.99 \approx 3.88 ,\\
\text{MAD}_y &= \left|\frac{5}{9}\right|\text{MAD}_x = \frac{5}{9}\cdot 4.55 \approx 2.53 ,\\
R_y &= |a|R_x = \frac{5}{9}\cdot 30.8 \approx 17.11 .
\end{aligned}
$$

Die Eigenschaften, die besagen, dass für ein Streuungsmaß $S(X)$

$$
S(aX + b) = |a| \cdot S(X)
$$

gilt, heißen Verschiebungsinvarianz und Skalenäquivarianz.

c) Streuungsmaße, die unverändert bleiben unter der Transformation $y_i = ax_i$ für $a > 0$, sind gegeben durch den Variationskoeffizienten

$$
V_x = \frac{\sigma_x}{\bar{x}}
$$

sowie den Quartilsdispersionskoeffizienten

$$QD_x = \frac{\tilde{x}_{0.75} - \tilde{x}_{0.25}}{\tilde{x}_{0.75} + \tilde{x}_{0.25}} \; .$$

Aufgrund dieser Eigenschaft nennt man diese Streuungsmaße auch „dimensionslose Streuungsmaße" oder „Maße der relativen Streuung".

Für den Variationskoeffizienten gilt mit (1.13) und (1.17):

$$\begin{aligned}
V_y &= \frac{\sigma_y}{\bar{y}} = \frac{|a|\sigma_x}{a \cdot \bar{x}} = \frac{a\sigma_x}{a\bar{x}} \quad (\text{da } a > 0) \\
&= \frac{\sigma_x}{\bar{x}} = V_x \; .
\end{aligned}$$

Für $a > 0$ bleibt die Reihenfolge der geordneten Stichprobe erhalten, so dass gilt:

$$\tilde{y}_\alpha = \widetilde{(ax)}_\alpha = a \cdot \tilde{x}_\alpha \; .$$

Damit erhält man für den Quartilsdispersionskoeffizienten:

$$\begin{aligned}
QD_y &= \frac{\tilde{y}_{0.75} - \tilde{y}_{0.25}}{\tilde{y}_{0.75} + \tilde{y}_{0.25}} = \frac{a\tilde{x}_{0.75} - a\tilde{x}_{0.25}}{a\tilde{x}_{0.75} + a\tilde{x}_{0.25}} \\
&= \frac{\tilde{x}_{0.75} - \tilde{x}_{0.25}}{\tilde{x}_{0.75} + \tilde{x}_{0.25}} = QD_x \; .
\end{aligned}$$

Lösung Aufgabe 1.11

a) Die geordnete Stichprobe ist gegeben durch

$x_{(1)}$	$x_{(2)}$	$x_{(3)}$	$x_{(4)}$	$x_{(5)}$	$x_{(6)}$	$x_{(7)}$	$x_{(8)}$
262.0	627.2	707.3	741.2	863.2	954.6	1014.6	1044.9

$x_{(9)}$	$x_{(10)}$	$x_{(11)}$	$x_{(12)}$	$x_{(13)}$	$x_{(14)}$	$x_{(15)}$	$x_{(16)}$
1072.6	1097.6	1189.0	1210.1	1332.6	2328.1	2838.4	3480.8

$x_{(17)}$	$x_{(18)}$	$x_{(19)}$	$x_{(20)}$
4164.1	6201.2	8047.6	10 242.9

Für die Tiefe des Medians erhält man

$$d(M) = \frac{20 + 1}{2} = 10.5 \; .$$

Damit ist der Median gegeben durch das arithmetische Mittel aus der 10. und 11. Beobachtung der geordneten Stichprobe:

$$M = \frac{1}{2}\left(x_{(10)} + x_{(11)}\right) = \frac{1}{2}\left(1097.6 + 1189.0\right) = 1143.3 \ . \tag{1.18}$$

Die Tiefe der Hinges ermittelt sich durch die Tiefe des Medians zu

$$d(H) = \frac{[d(M)] + 1}{2} = \frac{[10.5] + 1}{2} = \frac{10 + 1}{2} = 5.5 \ .$$

Damit sind unteres Hinge (H_u) und oberes Hinge (H_0) gegeben durch

$$
\begin{aligned}
H_u &= \frac{1}{2}\left(x_{(5)} + x_{(6)}\right) = \frac{1}{2}(863.2 + 954.6) = 908.9 \\
\text{und} \quad H_o &= \frac{1}{2}\left(x_{(20+1-5)} + x_{(20+1-6)}\right) = \frac{1}{2}\left(x_{(16)} + x_{(15)}\right) \\
&= \frac{1}{2}(3480.8 + 2838.4) = 3159.6 \ .
\end{aligned}
$$

Für den Abstand der Hinges, den H–Spread d_H , erhält man:

$$d_H = H_o - H_u = 3159.6 - 908.9 = 2250.7 \ .$$

Damit gilt:

$$
\begin{aligned}
1.5 \cdot d_H &= 3376.05 \ , \\
3 \cdot d_H &= 6752.10 \ .
\end{aligned}
$$

Die inneren Zäune ergeben sich damit zu

$$
\begin{aligned}
H_u - 1.5 \cdot d_H &= 908.9 - 3376.05 = -2467.15 \\
\text{und} \quad H_o + 1.5 \cdot d_H &= 3159.6 + 3376.05 = 6535.65 \ ,
\end{aligned}
$$

entsprechend die äußeren Zäune zu

$$
\begin{aligned}
H_u - 3 \cdot d_H &= 908.9 - 6752.1 = -5843.2 \\
\text{und} \quad H_o + 3 \cdot d_H &= 3159.6 + 6752.1 = 9911.7 \ .
\end{aligned}
$$

(Weder der untere innere noch der untere äußere Zaun können in diesem Beispiel unterschritten werden, da nur positive Werte in der Stichprobe vorhanden sind.) **Anrainer**, also Beobachtungen, die gerade noch innerhalb der inneren Zäune liegen, sind damit $x_{(1)} = 262.0$ und $x_{(18)} = 6201.2$.

Der Punkt $x_{(19)} = 8047.6$ liegt zwar außerhalb der inneren Zäune aber innerhalb der äußeren Zäune und ist somit ein **Außenpunkt**. Der Punkt $x_{(20)} = 10242.9$ liegt außerhalb der äußeren Zäune, es handelt sich also um einen **Fernpunkt**.

Nun wird der Boxplot gezeichnet, indem man eine „Box" in Höhe der beiden Hinges $H_u = 908.9$ und $H_o = 3159.6$ zeichnet, die durch den Median $M = 1143.3$ unterteilt wird. Von den Seitenmitten der Box werden gestrichelte Linien bis zu den Anrainern gezeichnet, wo sie in einem Querbalken enden. Der Außenpunkt wird durch das Symbol „o", der Fernpunkt durch das Symbol „•" gekennzeichnet.

b) Grob gesprochen befinden sich beim Boxplot in den durch unteres Hinge, Median und oberes Hinge unterteilten vier Bereichen jeweils etwa „gleich" viele Beobachtungen. Wenn nun die Bereiche bis zum unteren Hinge bzw. zwischen unterem Hinge und Median schmal sind, so müssen dort relativ viele Werte nahe beieinanderliegen, während die Daten in den eher breiten Bereichen zwischen Median und oberem Hinge sowie oberhalb des oberen Hinges relativ weit verstreut sind.

Dies lässt auf eine rechtsschiefe Verteilung schließen.

Zur Berechnung des Quartilskoeffizienten der Schiefe benötigt man die Quartile $\tilde{x}_{0.25}$ und $\tilde{x}_{0.75}$.

Da $q = 20 \cdot 0.25 = 5$ ganzzahlig ist, erhält man für das untere Quartil:

$$\tilde{x}_{0.25} = \frac{1}{2}(x_{(5)} + x_{(6)}) = 908.9 .$$

Analog erhält man mit $q' = 20 \cdot 0.75 = 15$:

$$\tilde{x}_{0.75} = \frac{1}{2}(x_{(15)} + x_{(16)}) = 3159.6 .$$

D.h., im vorliegenden Fall entsprechen die Quartile gerade den Hinges. Dies ist nicht stets der Fall! Zwar liegen Hinges und Quartile in der Regel nahe beieinander, doch sind sie i.allg. nicht identisch (siehe etwa Aufgabe (1.4)).

Für den Quartilskoeffizienten der Schiefe erhält man unter Verwendung des Medians $\tilde{x} = 1143.3$ (vgl. (1.18)):

$$
\begin{aligned}
QS_{0.25} &= \frac{(\tilde{x}_{0.75} - \tilde{x}) - (\tilde{x} - \tilde{x}_{0.25})}{\tilde{x}_{0.75} - \tilde{x}_{0.25}} = \frac{\tilde{x}_{0.75} + \tilde{x}_{0.25} - 2\tilde{x}}{\tilde{x}_{0.75} - \tilde{x}_{0.25}} \\
&= \frac{3159.6 + 908.9 - 2 \cdot 1143.3}{3159.6 - 908.9} \approx 0.79 \ .
\end{aligned}
$$

D.h., der Quartilskoeffizient der Schiefe weist auf eine rechtsschiefe Verteilung hin. Zur Berechnung der Schiefekoeffizienten nach Fisher und Pearson berechne man folgende Momente:

$$
m_1 = \overline{x} = \frac{1}{20} \sum_{i=1}^{20} x_i = 2471.0 \ , \tag{1.19}
$$

$$
\mu_2 = \sigma^2 = \frac{1}{20} \sum_{i=1}^{20} (x_i - \overline{x})^2 = 7\,062\,183.2 \ , \tag{1.20}
$$

$$
\mu_3 = \frac{1}{20} \sum_{i=1}^{20} (x_i - \overline{x})^3 \approx 32\,422\,484\,542.0 \ .
$$

Damit erhält man für den Schiefekoeffizienten nach Fisher:

$$
\gamma_1 = \frac{\mu_3}{\sigma^3} = \frac{32\,422\,484\,542}{(\sqrt{7\,062\,183.2})^3} \approx 1.73 \ .
$$

Da $\gamma_1 > 0$ ist, weist auch der Fishersche Schiefekoeffizient auf eine rechtsschiefe Verteilung hin.

Weil in der vorliegenden Aufgabe alle Beobachtungen exakt einmal vorkommen, ist kein Modus anzugeben, daher wird der zweite Pearsonsche Schiefekoeffizient unter Beachtung der Formeln (1.18) – (1.20) wie folgt berechnet:

$$
SK_2 = \frac{3(\overline{x} - \tilde{x})}{\sigma} = \frac{3(2471.0 - 1143.3)}{\sqrt{7\,062\,183.2}} \approx 1.50 \ .
$$

Folglich deutet auch der Pearsonsche Schiefekoeffizient auf eine rechtsschiefe Verteilung hin, denn $SK_2 > 0$.

Alle betrachteten Schiefemaße sprechen für eine rechtsschiefe Verteilung. Vergleichen kann man diese Schiefemaße untereinander jedoch nicht, da sie unterschiedliche Wertebereiche besitzen:

$$
\begin{aligned}
QS_{0.25} &\in [-1, 1] \ , \\
\gamma_1 &\in (-\infty, \infty) \ , \\
SK_2 &\in [-3, 3] \ .
\end{aligned}
$$

Gemeinsam haben die Schiefemaße jedoch folgende Eigenschaft:

- bei symmetrischen Verteilungen sind sie 0,

- bei rechtsschiefen Verteilungen sind sie größer als 0,

- bei linksschiefen Verteilungen sind sie kleiner als 0.

Man beachte, dass die Umkehrung i.allg. nicht gilt. D.h., aus der Tatsache, dass ein Schiefemaß etwa größer als 0 ist, folgt **nicht** unbedingt, dass die theoretisch zugrunde liegende Verteilung rechtsschief sein muss. Man ist im Sprachgebrauch deshalb vorsichtig und sagt, das Schiefemaß „weist" oder „deutet" auf eine rechtsschiefe Verteilung hin.

Häufig betrachtet man auch verschiedene Schiefemaße, um sicher zu gehen, dass man keine falschen Schlüsse zieht. Dabei kann durchaus der Fall eintreten, dass verschiedene Schiefemaße auf verschiedene Verteilungstypen hinweisen (siehe dazu etwa Aufgabe 1.12).

Lösung Aufgabe 1.12

Die geordnete Stichprobe ist gegeben durch

$x_{(1)}$	$x_{(2)}$	$x_{(3)}$	$x_{(4)}$	$x_{(5)}$
40 000	50 000	60 000	60 000	70 000

$x_{(6)}$	$x_{(7)}$	$x_{(8)}$	$x_{(9)}$	$x_{(10)}$
70 000	70 000	80 000	80 000	80 000

$x_{(11)}$	$x_{(12)}$	$x_{(13)}$	$x_{(14)}$	$x_{(15)}$
80 000	90 000	90 000	100 000	180 000

Da $n = 15$ ungerade ist, erhält man für den Median:

$$\tilde{x} = x_{\left(\frac{15+1}{2}\right)} = x_{(8)} = 80\ 000\ .$$

Für die Quartile erhält man wegen $[0.25 \cdot 15] = [3.75] = 3$ und $[0.75 \cdot 15] = [11.25] = 11$:

$$\tilde{x}_{0.25} = x_{(3+1)} = x_{(4)} = 60\ 000$$

und $\tilde{x}_{0.75} = x_{(11+1)} = x_{(12)} = 90\,000$.

Damit ergibt sich der Quartilskoeffizient der Schiefe zu

$$QS_{0.25} = \frac{(\tilde{x}_{0.75} - \tilde{x}) - (\tilde{x} - \tilde{x}_{0.25})}{\tilde{x}_{0.75} - \tilde{x}_{0.25}} = \frac{\tilde{x}_{0.75} + \tilde{x}_{0.25} - 2\tilde{x}}{\tilde{x}_{0.75} - \tilde{x}_{0.25}}$$

$$= \frac{90\,000 + 60\,000 - 2 \cdot 80\,000}{90\,000 - 60\,000} = \frac{-10\,000}{30\,000} \approx -0.33 \ .$$

D.h., der Quartilskoeffizient der Schiefe weist auf eine linksschiefe Verteilung hin.

Für die Schiefekoeffizienten nach Fisher und Pearson benötigt man verschiedene Momente, die in der folgenden Tabelle hergeleitet werden:

i	x_i	n_i	$x_i - \overline{x}$	$n_i(x_i - \overline{x})^2$	$n_i(x_i - \overline{x})^3$
1	40 000	1	$-40\,000$	$16 \cdot 10^8$	$-64 \cdot 10^{12}$
2	50 000	1	$-30\,000$	$9 \cdot 10^8$	$-27 \cdot 10^{12}$
3	60 000	2	$-20\,000$	$8 \cdot 10^8$	$-16 \cdot 10^{12}$
4	70 000	3	$-10\,000$	$3 \cdot 10^8$	$-3 \cdot 10^{12}$
5	80 000	4	0	0	0
6	90 000	2	10 000	$2 \cdot 10^8$	$2 \cdot 10^{12}$
7	100 000	1	20 000	$4 \cdot 10^8$	$8 \cdot 10^{12}$
8	180 000	1	100 000	$100 \cdot 10^8$	$1000 \cdot 10^{12}$
$\sum$	1200 000	15	0	$142 \cdot 10^8$	$900 \cdot 10^{12}$

$$\overline{x} = \frac{1\,200\,000}{15} = 80\,000$$

Damit erhält man für den Schiefekoeffizienten nach Fisher:

$$\gamma_1 = \frac{\frac{1}{15} \cdot 900 \cdot 10^{12}}{(\sqrt{\frac{1}{15} \cdot 142 \cdot 10^8})^3} = \frac{60}{(\sqrt{\frac{142}{15}})^3} \approx 2.06 \ .$$

Damit deutet der Schiefekoeffizient von Fisher auf eine rechtsschiefe Verteilung hin. Zur Berechnung des 1. Schiefekoeffizienten nach Pearson ermittelt man den Modus zu

$$\overline{x}_M = 80\,000 \ .$$

Damit ist $\bar{x} - \bar{x}_M = 0$, so dass der erste Pearsonsche Schiefekoeffizient 0 wird und damit auf eine symmetrische Verteilung verweist.

D.h., drei verschiedene Schiefemaße weisen auf drei verschiedene Verteilungstypen hin. Man beachte nämlich, dass die Implikationsrichtung die folgende ist:

- Symmetrische Verteilung $\Rightarrow$ Schiefemaß $= 0$
- Rechtsschiefe Verteilung $\Rightarrow$ Schiefemaß > 0
- Linksschiefe Verteilung $\Rightarrow$ Schiefemaß < 0

Diese Implikationsrichtung ist eigentlich nicht gefragt: Wenn man die tatsächliche Verteilung kennt, interessiert man sich nicht mehr für ein Schiefemaß.

Von Interesse ist vielmehr die Gegenrichtung: Durch Berechnung eines Schiefemaßes möchte man Rückschlüsse auf die unbekannte Verteilung ziehen. Man spricht deshalb davon, dass ein Schiefemaß auf eine rechtsschiefe, linksschiefe oder symmetrische Verteilung hinweist, wenn es größer, kleiner oder gleich Null wird.

Es ist daher nicht erstaunlich, dass der vorliegende Fall eintreten kann, und unterschiedliche Schiefemaße auf unterschiedliche Verteilungstypen hinweisen können.

Die nähere Betrachtung des Datensatzes lässt den Ausreißer 180 000 entdecken, der einen hohen Einfluss auf die Schiefekoeffizienten von Pearson und Fisher nimmt. Die Information des ausreißerresistenten Quartilskoeffizienten ist deshalb verlässlicher.

Lösung Aufgabe 1.13

a) Für diverse weitere Betrachtungen empfiehlt es sich, die geordnete Stichprobe zu betrachten:

$x_{(1)}$	$x_{(2)}$	$x_{(3)}$	$x_{(4)}$	$x_{(5)}$	$x_{(6)}$	$x_{(7)}$	$x_{(8)}$
7.6	7.6	7.6	7.7	7.7	7.7	7.8	7.8

$x_{(9)}$	$x_{(10)}$	$x_{(11)}$	$x_{(12)}$	$x_{(13)}$	$x_{(14)}$	$x_{(15)}$	$x_{(16)}$
7.8	7.8	7.8	7.8	7.8	7.9	7.9	7.9

$x_{(17)}$	$x_{(18)}$	$x_{(19)}$	$x_{(20)}$	$x_{(21)}$	$x_{(22)}$	$x_{(23)}$	$x_{(24)}$
8.1	8.1	8.1	8.2	10.0	10.0	10.0	10.0

$x_{(25)}$	$x_{(26)}$	$x_{(27)}$	$x_{(28)}$	$x_{(29)}$	$x_{(30)}$	$x_{(31)}$	$x_{(32)}$
10.1	10.1	10.2	10.2	31.7	32.1	34.6	35.5

Beim Stichprobenumfang $n = 32$ erhält man für die Tiefe des Medians:

$$d(M) \quad = \quad \frac{n+1}{2} = \frac{33}{2} = 16.5 \ .$$

Damit erhält man den Median

$$M \quad = \quad \frac{1}{2}(x_{(16)} + x_{(17)}) = \frac{1}{2}(7.9 + 8.1) = 8.0 \ . \tag{1.21}$$

Entsprechend erhält man für die Hinges:

$$d(H) \quad = \quad \frac{[d(M)]+1}{2} = \frac{[16.5]+1}{2} = \frac{16+1}{2} \ ,$$
$$= \quad 8.5 \ , \tag{1.22}$$

so dass die Hinges gegeben sind durch

$$H_u \quad = \quad \frac{1}{2}(x_{(8)} + x_{(9)}) = \frac{1}{2}(7.8 + 7.8) = 7.8 \tag{1.23}$$
$$\text{und} \quad H_o \quad = \quad \frac{1}{2}(x_{(32+1-8)} + x_{(32+1-9)}) = \frac{1}{2}(x_{(25)} + x_{(24)})$$
$$= \quad \frac{1}{2}(10.1 + 10.0) = 10.05 \ . \tag{1.24}$$

Der Abstand der Hinges, der H–Spread, berechnet sich damit zu

$$d_H \quad = \quad H_o - H_u = 10.05 - 7.8 = 2.25 \ ,$$

und damit gilt:

$$1.5 \cdot d_H \quad = \quad 3.375 \ ,$$
$$3 \cdot d_H \quad = \quad 6.75 \ .$$

Damit erhält man die inneren Zäune

$$H_u - 1.5 \ d_H \quad = \quad 7.8 - 3.375 = 4.425$$
$$\text{und} \quad H_o + 1.5 \ d_H \quad = \quad 10.05 + 3.375 = 13.425$$

sowie die äußeren Zäune

$$H_u - 3\,d_H = 7.8 - 6.75 = 1.05$$
$$\text{und} \quad H_o + 3\,d_H = 10.05 + 6.75 = 16.80\;.$$

Als **Anrainer** (adjacent values), dies sind Beobachtungen, die gerade noch innerhalb oder auf den inneren Zäunen liegen, erhält man folgende Werte:

$$\text{unterer Anrainer:} \quad 7.6 \quad \text{(kleinste Beobachtung in } [4.425, 13.425]\,)$$
$$\text{oberer Anrainer:} \quad 10.2 \quad \text{(größte Beobachtung in } [4.425, 13.425]\,).$$

Außenpunkte sind Punkte, die zwischen inneren Zäunen und äußeren Zäunen (einschließlich) liegen. Im vorliegenden Fall gibt es keine Punkte in $[1.05, 4.425)$ bzw. in $(13.425, 16.80]$.

Damit gibt es im vorliegenden Beispiel keine Außenpunkte, wohl aber **Fernpunkte**, die außerhalb der äußeren Zäune liegen, also kleiner als 1.05 oder größer als 16.80 sind. Die Längen der vier Eckzähne 31.7, 32.1, 34.6 und 35.5 stellen gerade diese Fernpunkte dar.

Nun wird der Boxplot wie folgt gezeichnet:

Man zeichne eine „Box" um die beiden Hinges $H_u = 7.8$ und $H_o = 10.05$, die durch den Median $M = 8.0$ unterteilt wird.

Außerhalb der Box wird jeweils eine gestrichelte Linie bis zu den Anrainern 7.6 und 10.2 gezeichnet (Im vorliegenden Fall sind diese Linien so kurz, dass sie nicht gestrichelt gezeichnet werden können). Außenpunkte, die allerdings in diesem Beispiel nicht vorhanden sind, würden mit „o" bezeichnet; die vier vorhandenen Fernpunkte werden mit „•" bezeichnet.

Da die Fernpunkte extrem weit außerhalb liegen, und somit eine maßstabsgerechte Darstellung den Boxplot eher unübersichtlich macht, kann man die Fernpunkte auch näher an die Box heranzeichnen und durch einen Pfeil sowie die konkrete Angabe der Punkte aufzeigen, dass es weit außerhalb liegende Fernpunkte gibt. Man sollte allerdings darauf achten, dass die „verschobenen" Fernpunkte nach wie vor außerhalb der äußeren Zäune liegen (in diesem Fall größer als 16.8). Für das vorliegende Beispiel sieht ein solcher Boxplot wie folgt aus:

Wenden wir uns nun dem Stem–and–leaf–Diagramm zu:

Verwendet man die $[10 \log_{10} n]$–Regel nach Dixon–Kronmal, so wird man

$$[10 \log_{10} 32] = [15.05] = 15$$

Klassen bilden.

Bei einer Spannweite der Daten von

$$x_{(32)} - x_{(1)} = 35.5 - 7.6 = 27.9$$

sollte die Klassenbreite in etwa

$$\frac{27.9}{15} = 1.86$$

sein. Da bei Stem–and–leaf–Diagrammen nur Klassenbreiten von 1, 2, 5 oder einer vielfachen Zehnerpotenz möglich sind, wird man hier eine Klassenbreite von 2 wählen. Die Beobachtungen bestehen aus einem Stamm, etwa der **3** bei 35.5, der **1** bei 10.1 oder auch der **0** bei 7.8 , sowie aus dem Blatt der nachfolgenden Ziffer. Da nur eine nachfolgende Ziffer in das Stem–and–leaf–Diagramm eingetragen wird, sollten alle Betrachtungen auf die dem Stamm folgende Ziffer gerundet werden, also etwa 35.5 auf 36, 10.1 auf 10 und 7.8 auf 8 [3]. Damit erhält man die Blätter **6**, **0** bzw. **8**, usw.

---

[3]Viele Statistiker streichen die nachfolgenden Ziffern einfach weg, d.h., sie runden stets zum Nullpunkt hin ab. Auch diese Vorgehensweise hat ihren Vorteil, denn in der Regel wird man dann die Originaldaten im Stem–and–leaf–Diagramm einfacher wiederfinden können.

Die gerundeten Werte sind:

8	8	8	8	8	8	8	8	8	8	8	8	8	8	8	8
8	8	8	8	10	10	10	10	10	10	10	10	32	32	35	36

Diese Werte werden nun in das Stem–and–leaf Diagramm eingetragen, wobei $\star$ im Stamm für Blätter 0 und 1 steht, t für 2 und 3 (two, three), f für 4 und 5 (four, five), s für 6 und 7 (six, seven) sowie $\bullet$ für 8 und 9:

Tiefe	Einheit: 10^0	
(20)	0 $\bullet$	8 8 8 8 8 8 8 8 8 8 8 8 8 8 8 8 8 8 8 8
12	1 $\star$	0 0 0 0 0 0 0 0
	1 t	
	1 f	
	1 s	
	1 $\bullet$	
	2 $\star$	
	2 t	
	2 f	
	2 s	
	2 $\bullet$	
	3 $\star$	
4	3 t	2 2
2	3 f	5
1	3 s	6

Das Ergebnis dieses Stem–and–leaf–Diagramms kann wohl keineswegs als befriedigend angesehen werden. Es gibt Klassen (0 $\bullet$ und 1 $\star$), in denen sich die Mehrzahl der Beobachtungen befinden, welche in sich zudem nicht zu unterscheiden sind, zum anderen gibt es 10 unbesetzte Klassen, ehe die Zahnlängen der Eckzähne auftreten. Diese Werte waren ja bereits beim Boxplot als ungewöhnliche Beobachtungen aufgefallen.

Auch beim Stem–and–leaf–Diagramm besteht die Möglichkeit, diese Werte gesondert zu kennzeichnen. Handelt es sich um Außenpunkte, so werden sie in eine mit **lo** bzw. **hi** gekennzeichnete Klasse geschrieben, je nachdem, ob es sich um niedrige („low") oder hohe („high") Werte handelt. Liegen Fernpunkte vor, so werden sie analog in eine mit LO bzw. HI bezeichnete Klasse eingetragen:

```
Tiefe   Einheit: 10⁰
(20)    0 • | 8 8 8 8 8 8 8 8 8 8 8 8 8 8 8 8 8 8 8 8
 12     1 * | 0 0 0 0 0 0 0 0
```

$$\text{HI} \mid 32,32,35,36$$

Um die Beobachtungen zwischen 7.6 und 10.2 weiter zu differenzieren, empfiehlt
es sich, für diese Beobachtungen Klassen der Breite 0.5 zu wählen, so dass man
folgendes Stem–and–Leaf–Diagramm erhält (* steht für Blätter 0, 1, 2, 3, 4 und •
für 5, 6, 7, 8, 9):

```
Tiefe   Einheit: 10⁻¹
 16      7 • | 6 6 6 7 7 7 8 8 8 8 8 8 8 8 9 9 9
 16      8 * | 1 1 1 2
         8 •
         9 *
         9 •
 12     10 * | 0 0 0 0 1 1 2 2
```

$$\text{HI} \mid 317,321,346,355$$

Man beachte, dass die beiden Werte mit der größten Tiefe, die den Median bestimmen, auf zwei Klassen fallen. Deshalb wird die Medianklasse hier **nicht** gesondert
gekennzeichnet, sondern es wird für alle Klassen die Tiefe angegeben.

b) Zur Anwendung der Fechnerschen Lageregel benötigt man das arithmetische Mit-
    tel $\bar{x}$, den Median $\tilde{x}$ und den Modus $\bar{x}_M$.
    Der Median wurde bereits in Aufgabenteil a) berechnet:

$$\tilde{x} = 8.0 \ .$$

Der Modus lässt sich ebenfalls aus Aufgabenteil a) ablesen, etwa aus dem letzten
Stem–and–leaf–Diagramm (siehe oben):

$$\bar{x}_M = 7.8 \ . \tag{1.25}$$

Das arithmetische Mittel berechnet sich zu:

$$\bar{x} = \frac{1}{32} \sum_{i=1}^{32} x_i = 11.6 \ . \tag{1.26}$$

Da $\bar{x} > \tilde{x} > \bar{x}_M$, weist die Fechnersche Lageregel auf eine rechtsschiefe Verteilung
hin.

Im Aufgabenteil a) wurden in Zusammenhang mit dem zu erstellenden Boxplot bereits Median, Hinges und H–Spread berechnet. Bildet man das arithmetische Mittel aus oberem und unterem Hinge (vgl. (1.23),(1.24)), so erhält man das sog. Midhinge $\mathrm{mid}(H)$:

$$\mathrm{mid}(H) = \frac{1}{2}(H_u + H_o) = \frac{1}{2}(7.8 + 10.05) = 8.925 \ .$$

Analog verfährt man mit den Eighths: Betrug die Tiefe für die Hinges

$$d(H) = 8.5 \qquad \text{(vgl. (1.22))} \ ,$$

so berechnet sich die Tiefe der Eighths zu:

$$d(E) = \frac{[d(H)] + 1}{2} = \frac{[8.5] + 1}{2} = \frac{9}{2} = 4.5 \ .$$

Damit erhält man die Eighths:

$$\begin{aligned}
E_u &= \frac{1}{2}(x_{(4)} + x_{(5)}) = \frac{1}{2}(7.7 + 7.7) = 7.7 \ , \\
E_o &= \frac{1}{2}(x_{(32+1-4)} + x_{(32+1-5)}) = \frac{1}{2}(x_{(29)} + x_{(28)}) = \frac{1}{2}(31.7 + 10.2) \\
&= 20.95 \ .
\end{aligned}$$

Als Mideighth ermittelt man:

$$\mathrm{mid}(E) = \frac{1}{2}(E_u + E_o) = \frac{1}{2}(7.7 + 20.95) = 14.325 \ .$$

Man könnte weiter so verfahren und noch Midsixteenths, Midthirtyseconds oder allgemein weitere „Midsummaries" berechnen. Bei kleineren Stichproben beschränkt man sich jedoch auf Median, Midhinges und Mideighths.
Da $M < \mathrm{mid}(H) < \mathrm{mid}(E)$, spricht auch die Betrachtung der Midsummaries für eine rechtsschiefe Verteilung .

Wir haben sowohl in Teil a) als auch b) festgestellt, dass wenige Informationen über die Lettervalues M, H und E ausreichen, um Aussagen über die Verteilung zu machen. Diese wichtigen Charakteristika (Lettervalues, Tiefe, Midsummaries und Spreads) sowie den Stichprobenumfang beinhaltet das sogenannte „Lettervalue-Display", das in moderner Statistik-Software standardmäßig zur Verfügung gestellt wird. Für den vorliegenden Fall bekäme man unter Verwendung weiterer Lettervalues das folgende Lettervalue–Display:

n=32	Depth	Lower		Upper	Mid	Spread
M	16.5		8.00		8.000	
H	8.5	7.80		10.05	8.925	2.25
E	4.5	7.70		20.95	14.325	13.25
D	2.5	7.60		33.35	20.475	25.75
	1	7.60		35.50	21.550	27.90

c) Sowohl für die Schiefekoeffizienten nach Fisher als auch nach Pearson benötigt man die Standardabweichung σ. Die Varianz σ^2 berechnet sich wie folgt:

$$\sigma^2 = \frac{1}{32} \sum_{i=1}^{32} (x_i - \overline{x})^2 = \frac{1}{32} \sum_{i=1}^{32} x_i^2 - \overline{x}^2 \ .$$

Da $\overline{x} = 11.6$ bereits im Aufgabenteil b) (vgl. (1.26)) berechnet wurde, erhält man:

$$
\begin{aligned}
\sigma^2 &= \frac{6533.14}{32} - 11.6^2 = 204.16 - 134.56 \\
&= 69.60 \\
\Rightarrow \quad \sigma &= \sqrt{69.60} = 8.34 \ .
\end{aligned}
$$
(1.27)

Für den ersten Schiefekoeffizienten nach Pearson erhält man mit (1.25):

$$SK_1 = \frac{\overline{x} - \overline{x}_M}{\sigma} = \frac{11.6 - 7.8}{8.34} = 0.46 \ .$$

Für den Fisherschen Schiefekoeffizienten berechnet man zunächst das dritte zentrale Moment:

$$
\begin{aligned}
\mu_3 &= \frac{1}{n} \sum_{i=1}^{n} (x_i - \overline{x})^3 \\
&= 1295.38 \ .
\end{aligned}
$$
(1.28)

Damit erhält man den Schiefekoeffizienten nach Fisher:

$$\gamma_1 = \frac{\mu_3}{\sigma^3} = \frac{1295.38}{8.34^3} = 2.23 \ .$$

Bemerkung: Das dritte zentrale Moment μ_3 kann man unter Zuhilfenahme von Ergebnissen in (1.26) und (1.27) auch wie folgt berechnen:

$$\mu_3 = m_3 - 3m_1 m_2 + 2m_1^3 \ .$$
(1.29)

D.h.,

$$\frac{1}{n}\sum_{i=1}^{n}(x_i - \overline{x})^3 = \frac{1}{n}\sum_{i=1}^{n}x_i^3 - 3\overline{x}\frac{1}{n}\sum_{i=1}^{n}x_i^2 + 2\overline{x}^3 .$$
$$= 5278.38 - 3 \cdot 11.6 \cdot 204.16 + 2 \cdot 11.6^3$$
$$= 1295.27 .$$

Leichte Abweichungen in den Nachkommastellen sind darauf zurückzuführen, dass bei großen Zahlen leicht Rundungsfehler auftreten, wenn man die nichtzentralen Momente verwendet (siehe (1.29)). Im vorliegenden Fall ist es deshalb günstiger, das dritte zentrale Moment direkt über Formel (1.28) zu berechnen.

Lösung Aufgabe 1.14

a) Das arithmetische Mittel berechnet sich zu

$$\overline{x} = \frac{1}{40}\sum_{i=1}^{40}x_i = 1.4 . \tag{1.30}$$

Die geordnete Stichprobe ermittelt man zu:

−4.2	−3.2	−3.2	−2.0	−2.0	−2.0	−1.4	−1.3	−1.0	−0.8
−0.8	−0.8	−0.8	−0.7	−0.2	0.4	0.6	0.6	0.7	0.8
0.8	0.9	1.0	1.8	2.2	2.2	2.5	2.6	3.0	3.3
3.5	3.8	4.2	4.6	4.7	5.3	6.2	6.6	7.3	10.8

Damit erhält man für $n = 40$ den Median

$$\tilde{x} = \frac{1}{2}\left(x_{(20)} + x_{(21)}\right) = \frac{0.8 + 0.8}{2} = 0.8 .$$

Der Modus ist gegeben durch die am häufigsten auftretende Beobachtung. Aus der geordneten Stichprobe liest man leicht ab:

$$\overline{x}_M = -0.8 .$$

b) Für die Quadratsummen der Beobachtungen erhält man:

$$\sum_{i=1}^{40} x_i^2 = 475.74 \ .$$

Somit gilt mit (1.30) für die Varianz:

$$\begin{aligned}
\sigma^2 &= \frac{1}{40}\sum_{i=1}^{40} x_i^2 - \bar{x}^2 \\
&= \frac{475.74}{40} - 1.4^2 = 9.93 \ .
\end{aligned}$$

Entsprechend erhält man für die Standardabweichung:

$$\sigma = \sqrt{9.93} = 3.15 \ .$$

c) Die doppelte Information in Form von arithmetischem Mittel und Median, die jeweils für sich genommen werbungstaktisch positiv klingen mögen, bekommt als Paar einen schlechten Beigeschmack:

Wenn zwar der Durchschnittswert hoch liegt, andererseits aber 50% der Anwender einen wesentlich geringeren Haarwuchs hatten, so besteht die Möglichkeit, dass es wenige Anwender gegeben hat, die einen hohen Haarwuchs hatten, und mehr Anwender, die einen geringen Haarwuchs hatten. Man sollte auf jeden Fall die Schiefe des Datensatzes betrachten. Im vorliegenden Beispiel weist die Fechnersche Lageregel $(\bar{x}_M < \tilde{x} < \bar{x})$ auf eine rechtsschiefe Verteilung hin. Paul Glatzel muss deshalb nicht erstaunt sein über seinen Haarausfall. Die Rapunzel AG hat eben geschickt nur die Vorteile ihres Präparates geschildert.

d) Der Median wurde bereits im Aufgabenteil a) ermittelt. Die Tiefe des Medians ist

$$d(M) = \frac{40+1}{2} = 20.5$$

und damit ist die Tiefe der Hinges

$$d(H) = \frac{[d(M)]+1}{2} = \frac{[20.5]+1}{2} = \frac{20+1}{2} = 10.5 \ ,$$

so dass man folgende Werte für die Hinges ermittelt:

$$\begin{aligned}
H_u &= \frac{1}{2}\left(x_{(10)} + x_{(11)}\right) = \frac{1}{2}(-0.8 - 0.8) = -0.8 \ , \\
H_o &= \frac{1}{2}\left(x_{(40+1-10)} + x_{(40+1-11)}\right) = \frac{1}{2}(x_{(31)} + x_{(30)}) = \frac{1}{2}(3.5 + 3.3) \\
&= 3.4 \ .
\end{aligned}$$

Der Abstand zwischen den Hinges liefert den H–Spread

$$d_H = H_o - H_u = 3.4 - (-0.8) = 4.2 \ .$$

Damit ergeben sich die inneren Zäune

$$H_u - 1.5 \cdot d_H = -0.8 - 1.5 \cdot 4.2 = -7.1$$
$$\text{und} \quad H_o + 1.5 \cdot d_H = 3.4 + 1.5 \cdot 4.2 = 9.7$$

sowie die äußeren Zäune

$$H_u - 3 \cdot d_H = -0.8 - 3 \cdot 4.2 = -13.4$$
$$\text{und} \quad H_o + 3 \cdot d_H = 3.4 + 3 \cdot 4.2 = 16.0 \ .$$

Sieht man von $x_{(40)} = 10.8$ ab, so liegen alle Beobachtungen innerhalb der inneren Zäune. Als Anrainer, also den kleinsten und größten Wert, die gerade noch im inneren Bereich liegen, erhält man $x_{(1)} = -4.2$ und $x_{(39)} = 7.3$. Die Beobachtung $x_{(40)} = 10.8$ liegt zwar außerhalb des inneren Bereiches $[-7.1, 9.7]$, aber innerhalb des äußeren Bereiches $[-13.4, 16.0]$, so dass es sich um einen Außenpunkt handelt.
Der Boxplot wird nun wie folgt gezeichnet:
Die Box umfasst den Bereich zwischen unterem Hinge (-0.8) und oberem Hinge (3.4) und wird durch einen senkrechten Strich in Höhe des Medians (0.8) unterteilt.

Außerhalb der Box zieht man gestrichelte Linien, die in Höhe der Anrainer $(-4.2$ und $7.3)$ in einem senkrechten Balken enden. Der Außenpunkt (10.8) wird durch das Symbol 'o' gesondert gekennzeichnet:

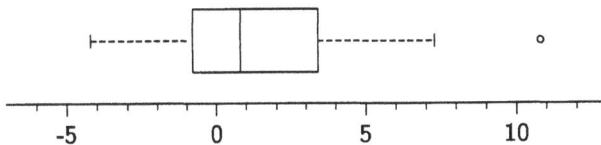

Zur Erstellung des Stem–and–leaf–Diagramms wird man zunächst die Klassenbreite bestimmen:
Bei einem Stichprobenumfang von $n = 40$ wird man nach Kronmal/Dixon etwa

$$[10 \log_{10} 40] = [16.02] = 16$$

Klassen bilden.

Bei einer Spannweite von

$$R = x_{(40)} - x_{(1)} = 10.8 - (-4.2) = 15.0$$

bedeutet dies eine Klassenbreite von

$$\frac{15}{16} \approx 0.94 \,,$$

so dass wir uns für eine Klassenbreite von 1 entscheiden.

Zu diesem Zweck wird in das Stem–and–leaf–Diagramm der sog. **Stamm** eingetragen, der die Ziffern von –5 bis 13 trägt. Man beachte, dass es einen Stamm „+0" gibt für die Klasse von 0.0 bis unter 1.0 und einen Stamm „–0" für die Klasse von –1.0 bis 0.0 .

Hinter dem durch einen senkrechten Strich abgetrennten Stamm werden nun die Blätter eingetragen: Für die Beobachtung –5.3 wird **3** als Blatt hinter dem Stamm –**5** eingetragen, für 3.1 wird **1** als Blatt hinter dem Stamm +**3** eingefügt, usw.

Dabei werden die Blätter in aufsteigender Reihenfolge hinter dem Stamm eingetragen. Diese Konvention behält man auch beim negativen Stamm bei, wobei zu beachten ist, dass etwa –1.4 kleiner ist als –1.3 , und die **4** deshalb vor der **3** steht.

Die Einheit der in das Stem–and–leaf–Diagramm eingetragenen Werte wird als Zehnerpotenz über dem Diagramm angegeben.

Das fertige Stem–and–leaf–Diagramm stellt die folgende, linke Abbildung dar:

Tiefe	Einheit: 10^{-1}		Tiefe	Einheit: 10^{-1}
1	–4 | 2		1	–4 | 2
3	–3 | 2 2		3	–3 | 2 2
6	–2 | 0 0 0		6	–2 | 0 0 0
9	–1 | 4 3 0		9	–1 | 4 3 0
15	–0 | 8 8 8 8 7 2		15	–0 | 8 8 8 8 7 2
(7)	+0 | 4 6 6 7 8 8 9		(7)	+0 | 4 6 6 7 8 8 9
18	+1 | 0 8		18	+1 | 0 8
16	+2 | 2 2 5 6		16	+2 | 2 2 5 6
12	+3 | 0 3 5 8		12	+3 | 0 3 5 8
8	+4 | 2 6 7		8	+4 | 2 6 7
5	+5 | 3		5	+5 | 3
4	+6 | 2 6		4	+6 | 2 6
2	+7 | 3		2	+7 | 3
	+8 |			
	+9 |			hi | 108
1	+10 | 8			

Nachdem alle Beobachtungen eingetragen wurden, ergänzt man das Stem–and–leaf–Diagramm links neben dem Stamm mit einer Spalte, die die maximale Tiefe der Beobachtungen in der jeweiligen Klasse wiedergibt.

Die Tiefe gibt die Position zum nächsten Rand hin an: Der größte und der kleinste Wert einer Stichprobe bekommen die Tiefe 1, der zweitgrößte und der zweitkleinste die Tiefe 2, usw.

Für die Klasse, in der bei ungeradem Stichprobenumfang der Wert des Medians liegt oder (wie im vorliegendem Beispiel) bei geradem Stichprobenumfang die beiden Werte liegen, deren arithmetisches Mittel den Median ausmacht, gibt man keine Tiefe an, stattdessen trägt man in Klammern die Anzahl der Beobachtungen in dieser Klasse ein.

Um zu vermeiden, dass durch ungewöhnliche, weit außerhalb liegende Beobachtungen das Stem–and–leaf–Diagramm mit vielen unbesetzten Klassen unnötig lang wird, werden Außenpunkte in eine mit hi („**high**") bezeichnete Klasse eingetragen, wenn es sich um hohe Beobachtungswerte handelt, bzw. in eine lo („**low**") benannte Klasse geschrieben, wenn es sich um untere Außenpunkte handelt. Analog werden Fernpunkte in eine mit LO bzw. HI bezeichnete Klasse eingetragen.

Im vorliegenden Beispiel gibt es einen oberen Außenpunkt. Das zugehörige verkürzte Stem–and–leaf–Diagramm ist rechts neben dem ursprünglichen zu sehen.

Lösung Aufgabe 1.15

Seien die (der Größe nach geordneten) Einnahmen von Calvin Groß mit $x_{(1)}, \ldots, x_{(12)}$ bezeichnet und die von Claire Grube mit $y_{(1)}, \ldots, y_{(12)}$.
Dann gilt für die Mediane:

$$
\begin{aligned}
M_x &= \frac{1}{2}(x_{(6)} + x_{(7)}) = \frac{1}{2}(1.8 + 2.0) = 1.9 \ , \\
M_y &= \frac{1}{2}(y_{(6)} + y_{(7)}) = \frac{1}{2}(1.6 + 1.6) = 1.6 \ .
\end{aligned}
$$

Für die Tiefe der Hinges gilt jeweils:

$$
d(H) = \frac{[d(M)] + 1}{2} = \frac{[6.5] + 1}{2} = \frac{7}{2} = 3.5 \ .
$$

Damit sind die unteren Hinges gegeben durch

$$
\begin{aligned}
H_{u,x} &= \frac{1}{2}(x_{(3)} + x_{(4)}) = \frac{1}{2}(1.7 + 1.8) = 1.75 \ , \\
H_{u,y} &= \frac{1}{2}(y_{(3)} + y_{(4)}) = \frac{1}{2}(1.4 + 1.5) = 1.45 \ .
\end{aligned}
$$

Analog erhält man die oberen Hinges durch

$$
\begin{aligned}
H_{o,x} &= \frac{1}{2}(x_{(12+1-3)} + x_{(12+1-4)}) = \frac{1}{2}(x_{(10)} + x_{(9)}) = \frac{1}{2}(2.0 + 2.1) = 2.05 \ , \\
H_{o,y} &= \frac{1}{2}(y_{(10)} + y_{(9)}) = \frac{1}{2}(1.7 + 1.8) = 1.75 \ .
\end{aligned}
$$

Für die H–spreads erhält man daher:

$$
\begin{aligned}
d_{H,x} = H_{o,x} - H_{u,x} = 2.05 - 1.75 = 0.3 \ , \\
d_{H,y} = H_{o,y} - H_{u,y} = 1.75 - 1.45 = 0.3 \ .
\end{aligned}
$$

Damit ist der H–spread in beiden Fällen gleich und man erhält:

$$
\begin{aligned}
1.5 \cdot d_{H,x} &= 1.5 \cdot d_{H,y} = 0.45 \ , \\
3 \cdot d_{H,x} &= 3 \cdot d_{H,y} = 0.9 \ ,
\end{aligned}
$$

so dass die inneren Zäune gegeben sind durch

$$
\begin{aligned}
H_{u,x} - 1.5 d_{H,x} = 1.75 - 0.45 = 1.3 \ , \\
H_{o,x} + 1.5 d_{H,x} = 2.05 + 0.45 = 2.5 \ ,
\end{aligned}
$$

bzw.

$$
H_{u,y} - 1.5 d_{H,y} = 1.45 - 0.45 = 1.0 \ ,
$$

$$H_{o,y} + 1.5 d_{H,y} = 1.75 + 0.45 = 2.2 \ .$$

Die äußeren Zäune sind gegeben durch

$$H_{u,x} - 3 d_{H,x} = 1.75 - 0.9 = 0.85 \ ,$$
$$H_{o,x} + 3 d_{H,x} = 2.05 + 0.9 = 2.95 \ .$$

bzw.

$$H_{u,y} - 3 d_{H,y} = 1.45 - 0.9 = 0.55 \ ,$$
$$H_{o,y} + 3 d_{H,y} = 1.75 + 0.9 = 2.65 \ .$$

Als Anrainer, also Punkte, die gerade noch innerhalb der inneren Zäune liegen, erhält man für Calvin Groß die Werte 1.3 und 2.1 sowie für Claire Grube die Werte 1.3 und 2.0 . Damit gibt es bei dem zweiten Datensatz keine Punkte, die außerhalb der inneren Zäune liegen. Beim ersten Datensatz liegt der Punkt 1.1 außerhalb der inneren Zäune, aber innerhalb der äußeren Zäune, es handelt sich daher um einen Außenpunkt. Der Wert 3.8 liegt sogar außerhalb der äußeren Zäune, so dass es sich um einen Fernpunkt handelt.

Damit sehen die Boxplots wie folgt aus:

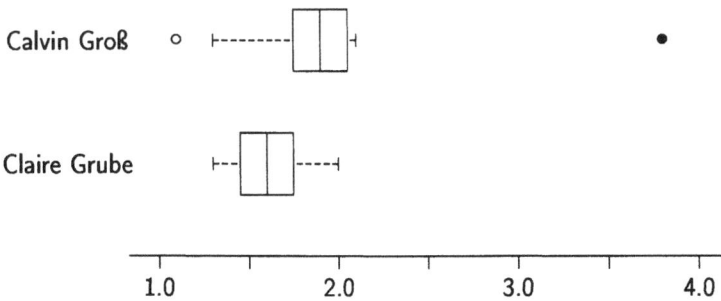

Lösung Aufgabe 1.16

Man betrachte die folgende Arbeitstabelle:

i	K_i	$a_{(i)}$	n_i	$a_{(i)}n_i$	$\sum\limits_{j=1}^{i} a_{(j)}n_j$	$\dfrac{\sum\limits_{j=1}^{i} a_{(j)}n_j}{\sum\limits_{j=1}^{8} a_{(j)}n_j}$	r_i	$\sum\limits_{j=1}^{i} r_j$
1	[0 ; 10 000)	5 000	26	130 000	130 000	0.027	0.3250	0.3250
2	[10 000 ; 20 000)	15 000	20	300 000	430 000	0.090	0.2500	0.5750
3	[20 000 ; 30 000)	25 000	15	375 000	805 000	0.168	0.1875	0.7625
4	[30 000 ; 50 000)	40 000	3	120 000	925 000	0.193	0.0375	0.8000
5	[50 000 ; 75 000)	62 500	3	187 500	1112 500	0.232	0.0375	0.8375
6	[75 000 ; 100 000)	87 500	1	87 500	1200 000	0.250	0.0125	0.8500
7	[100 000 ; 200 000)	150 000	3	450 000	1650 000	0.344	0.0375	0.8875
8	[200 000 ; 500 000)	350 000	9	3 150 000	4800 000	1.000	0.1125	1.0000
			80	4 800 000				

a) Mit obiger Tabelle erhält man das Durchschnittseinkommen als arithmetisches Mittel:

$$\bar{x} = \frac{4\,800\,000}{80} = 60\,000 \ . \tag{1.31}$$

Für die Varianz erhält man mit dem Verschiebungssatz:

$$\sigma^2 = \frac{1}{n}\sum_{i=1}^{k} n_i a_{(i)}{}^2 - \bar{x}^2 = \frac{1}{80} \cdot 1\,208\,700\,000\,000 - 60\,000^2 = 11\,508\,750\,000 \ .$$

Damit erhält man für die Standardabweichung:

$$\sigma = 107\,278.8 \ . \tag{1.32}$$

b) Die Lorenzkurve ergibt sich mittels der dick gedruckten Werte in obiger Tabelle zu:

Anteil am Volkseinkommen

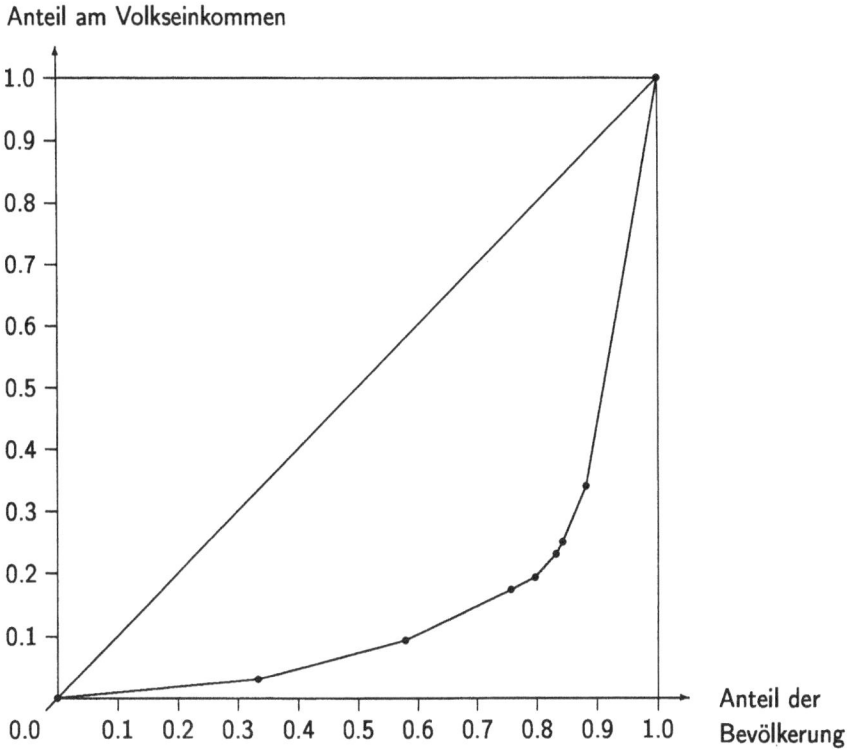

Für die Berechnung des Gini-Maßes sei die folgende Arbeitstabelle erstellt:

i	$a_{(i)}n_i$	r_i	$\sum_{j=1}^{i} r_j$	$\left(\sum_{j=1}^{i-1} r_j + \sum_{j=1}^{i} r_j\right)$	$\left(\sum_{j=1}^{i-1} r_j + \sum_{j=1}^{i} r_j\right) a_{(i)}n_i$
1	130 000	0.3250	0.3250	0.3250	42 250.00
2	300 000	0.2500	0.5750	0.9000	270 000.00
3	375 000	0.1875	0.7625	1.3375	501 562.50
4	120 000	0.0375	0.8000	1.5625	187 500.00
5	187 500	0.0375	0.8375	1.6375	307 031.25
6	87 500	0.0125	0.8500	1.6875	147 656.25
7	450 000	0.0375	0.8875	1.7375	781 875.00
8	3 150 000	0.1125	1.0000	1.8875	5 945 625.00
Σ	4 800 000				8 183 500.00

Damit erhält man als Gini–Maß:

$$G = \frac{\sum\limits_{i=1}^{8} \left(\sum\limits_{j=1}^{i-1} r_j + \sum\limits_{j=1}^{i} r_j \right) n_i a_{(i)}}{\sum\limits_{i=1}^{8} n_i a_{(i)}} - 1 = \frac{8\ 183\ 500}{4\ 800\ 000} - 1 \approx 0.705 \ .$$

c) Da in Aufgabenteil a) bereits arithmetisches Mittel und Standardabweichung berechnet wurden, wählt man für den Herfindahlindex in diesem Fall die Darstellung über den Variationskoeffizienten:

$$H = \frac{V^2 + 1}{n} \ .$$

Für den Variationskoeffizienten gilt mit (1.31) und (1.32):

$$V = \frac{\sigma}{\bar{x}} = \frac{107\ 278.8}{60\ 000} = 1.79 \ .$$

Damit gilt für den Herfindahlindex:

$$H = \frac{1.79^2 + 1}{80} = 0.05 \ .$$

Lösung Aufgabe 1.17

Seien der Übersicht halber folgende Notationen eingeführt:

$K_i = [u_{i-1}, u_i)$ sei die i–te Klasse $(i = 1, \ldots, k)$,   wobei $k = 5$,

d.h., $u_0 = 0.00$, $u_1 = 0.50$, $u_2 = 1.00$,

$u_3 = 2.00$, $u_4 = 5.00$, $u_5 = 10.00$,

n_i sei die Anzahl der Trinkgelder in Klasse i,

x_{ij} sei das j–te Trinkgeld in Klasse i $i = 1, \ldots, 5$ $j = 1, \ldots, n_i$

$\bar{x}_i = \frac{1}{n_i} \sum\limits_{j=1}^{n_i} x_{ij}$ sei das Klassenmittel[4] der i–ten Klasse $(i = 1, \ldots, 5)$.

Dann erhält man die Summe der Trinkgelder in Klasse i durch:

$$n_i \bar{x}_i = n_i \cdot \frac{1}{n_i} \sum\limits_{j=1}^{n_i} x_{ij} = \sum\limits_{j=1}^{n_i} x_{ij} \ . \tag{1.33}$$

---

[4]**Achtung!** Man unterscheide die Begriffe Klassenmitte und Klassenmittel.
In der Regel ist bei gruppierten Daten das Klassenmittel $\bar{x}_i$ unbekannt und man setzt an dessen Stelle die Klassemitte $a_i = \frac{u_{i-1} + u_i}{2}$.

a) Für das arithmetische Mittel des gesamten Datensatzes erhält man dann:

$$\overline{x} = \frac{1}{n}\sum_{i=1}^{k} n_i \overline{x}_i \;\; = \;\; \frac{1}{180}(10.5 + 28.8 + 35.9 + 7.9 + 16.9)$$

$$= \;\; \frac{100}{180} = 0.56 \;.$$

Noch einmal sei auf die Besonderheit dieser Aufgabe hingewiesen. Hier sind die „wahren" Klassenmittel bekannt, so dass man sich nicht wie sonst mangels weiterer Informationen mit den Klassenmitten begnügt. Als Statistiker sollte man immer soviel Information wie möglich verarbeiten. Würde man auf die Information der Klassenmittel verzichten und mit den Klassenmitten rechnen, so erhielte man ein deutlich verzerrtes Ergebnis ($\overline{x}^* = 0.74$).

Die Varianz erhält man, indem man die mittlere quadratische Abweichung der Trinkgelder x_{ij} vom Gesamtmittel $\overline{x}$ berechnet:

$$\sigma^2 = \frac{1}{n}\sum_{i=1}^{k}\sum_{j=1}^{n_i}(x_{ij} - \overline{x})^2 \;.$$

Dieser Ausdruck lässt sich durch Addition von $\overline{x}_i - \overline{x}_i = 0$ wie folgt umschreiben:

$$\sigma^2 \;\; = \;\; \frac{1}{n}\sum_{i=1}^{k}\sum_{j=1}^{n_i}(x_{ij} - \overline{x}_i + \overline{x}_i - \overline{x})^2$$

$$= \;\; \frac{1}{n}\sum_{i=1}^{k}\sum_{j=1}^{n_i}(x_{ij} - \overline{x}_i)^2 + \frac{2}{n}\sum_{i=1}^{k}\sum_{j=1}^{n_i}(x_{ij} - \overline{x}_i)(\overline{x}_i - \overline{x})$$

$$+ \frac{1}{n}\sum_{i=1}^{k}\sum_{j=1}^{n_i}(\overline{x}_i - \overline{x})^2 \;. \qquad (1.34)$$

Zunächst betrachte man den mittleren Term. Da $\overline{x}_i - \overline{x}$ unabhängig vom Laufindex j ist, erhält man:

$$\sum_{i=1}^{k}\sum_{j=1}^{n_i}(x_{ij} - \overline{x}_i)(\overline{x}_i - \overline{x}) \;\; = \;\; \sum_{i=1}^{k}\left[(\overline{x}_i - \overline{x})\sum_{j=1}^{n_i}(x_{ij} - \overline{x}_i)\right]$$

$$= \;\; \sum_{i=1}^{k}\left[(\overline{x}_i - \overline{x})\left(\sum_{j=1}^{n_i} x_{ij} - \sum_{j=1}^{n_i}\overline{x}_i\right)\right]$$

$$= \;\; \sum_{i=1}^{k}\left[(\overline{x}_i - \overline{x})\left(\sum_{j=1}^{n_i} x_{ij} - n_i\overline{x}_i\right)\right] = 0 \;,$$

denn es gilt:

$$\sum_{j=1}^{n_i} x_{ij} = n_i \cdot \underbrace{\frac{1}{n_i} \sum_{j=1}^{n_i} x_{ij}}_{=\overline{x}_i} = n_i \overline{x}_i \ .$$

Damit entfällt der mittlere Term in (1.34), so dass man erhält:

$$
\begin{aligned}
\sigma^2 &= \frac{1}{n} \sum_{i=1}^{k} \sum_{j=1}^{n_i} (x_{ij} - \overline{x}_i)^2 + \frac{1}{n} \sum_{i=1}^{k} \sum_{j=1}^{n_i} (\overline{x}_i - \overline{x})^2 \\
&= \frac{1}{n} \sum_{i=1}^{k} \sum_{j=1}^{n_i} (x_{ij} - \overline{x}_i)^2 + \frac{1}{n} \sum_{i=1}^{k} n_i (\overline{x}_i - \overline{x})^2 \ .
\end{aligned}
\qquad (1.35)
$$

Bezeichnet man mit

$$\sigma_i^2 = \frac{1}{n_i} \sum_{j=1}^{n_i} (x_{ij} - \overline{x}_i)^2 \qquad i = 1, \ldots, k$$

die Varianz innerhalb der Gruppe i, so erhält man für (1.35):

$$\sigma^2 = \frac{1}{n} \sum_{i=1}^{k} n_i \sigma_i^2 + \frac{1}{n} \sum_{i=1}^{k} n_i (\overline{x}_i - \overline{x})^2$$

$$\Longleftrightarrow \quad \boxed{\sigma^2 = \underbrace{\sum_{i=1}^{k} r_i \sigma_i^2}_{\text{interne Streuung}} + \underbrace{\sum_{i=1}^{k} r_i (\overline{x}_i - \overline{x})^2}_{\text{externe Streuung}} \ .}$$

D.h., die Gesamtvarianz lässt sich zerlegen in eine Streuung innerhalb der Klassen und eine Streuung zwischen den Klassen (Satz von der Streuungszerlegung bei klassierten Daten).

Im vorliegenden Fall ist die interne Streuung nicht beobachtet worden, so dass eine untere Schranke für die Gesamtvarianz durch die externe Varianz gegeben ist:

$$\sigma^2 \geq \frac{1}{n} \sum_{i=1}^{k} n_i (\overline{x}_i - \overline{x})^2 \ .$$

Mit dem Verschiebungssatz

$$\frac{1}{n} \sum_{i=1}^{k} n_i (\overline{x}_i - \overline{x})^2 = \frac{1}{n} \sum_{i=1}^{k} n_i \overline{x}_i^2 - \overline{x}^2$$

erhält man dann:

$$\begin{aligned}
\sigma^2 &\geq \frac{1}{n}\sum_{i=1}^{k}\frac{1}{n_i}(n_i\bar{x}_i)^2 - \bar{x}^2\\
&= \frac{1}{180}\left(\frac{1}{102}\cdot 10.5^2 + \frac{1}{45}\cdot 28.8^2 + \frac{1}{27}\cdot 35.9^2 + \frac{1}{3}\cdot 7.9^2 + \frac{1}{3}\cdot 16.9^2\right) - 0.56^2\\
&= 1.02 - 0.31 = 0.71 \ .
\end{aligned}$$

b) Zur Berechnung der Lorenzkurve sei nun folgende Arbeitstabelle[5] erstellt:

i	n_i	$\bar{x}_{(i)}n_i$	$\sum\limits_{j=1}^{i}\bar{x}_{(j)}n_j$	$\dfrac{\sum\limits_{j=1}^{i}\bar{x}_{(j)}n_j}{\sum\limits_{j=1}^{5}\bar{x}_{(j)}n_j}$	$r_i = \frac{n_i}{n}$	$\sum\limits_{j=1}^{i} r_j$
1	102	10.50	10.50	**0.105**	0.567	**0.567**
2	45	28.80	39.30	**0.393**	0.250	**0.817**
3	27	35.90	75.20	**0.752**	0.150	**0.967**
4	3	7.90	83.10	**0.831**	0.017	**0.983**
5	3	16.90	100.00	**1.000**	0.017	**1.000**
$\sum$	$n = 180$	100.00				

---

[5]Kleinere Fehler in der letzten Stelle sind auf Rundungsfehler zurückzuführen.

Mit den in der Arbeitstabelle fett gedruckten Werten erhält man die folgende Lorenzkurve:

Anteil an der Trinkgeldsumme

c) Zur Berechnung des Gini-Maßes sei die folgende Tabelle erstellt:

i	$n_i \bar{x}_{(i)}$	$\sum\limits_{j=1}^{i} r_j$	$\sum\limits_{j=1}^{i-1} r_j + \sum\limits_{j=1}^{i} r_j$	$\left(\sum\limits_{j=1}^{i-1} r_j + \sum\limits_{j=1}^{i} r_j \right) n_i \bar{x}_{(i)}$
1	10.50	$0.56\bar{6}$	$0.56\bar{6}$	5.950
2	28.80	$0.81\bar{6}$	$1.38\bar{3}$	39.840
3	35.90	$0.96\bar{6}$	$1.78\bar{3}$	64.022
4	7.90	$0.98\bar{3}$	1.950	15.405
5	16.90	1.000	$1.98\bar{3}$	33.518
$\sum$	**100.00**			**158.735**

Aus der Tabelle liest man ab:

$$\sum_{j=1}^{5} n_j \overline{x}_{(j)} = 100.00$$

und

$$\sum_{i=1}^{5} \left(\sum_{j=1}^{i-1} r_j + \sum_{j=1}^{i} r_j \right) n_i \overline{x}_{(i)} = 158.735 \; .$$

Damit ergibt sich das Gini–Maß zu

$$G = \frac{\sum\limits_{i=1}^{5} \left(\sum\limits_{j=1}^{i-1} r_j + \sum\limits_{j=1}^{i} r_j \right) n_i \overline{x}_{(i)}}{\sum\limits_{j=1}^{5} n_j \overline{x}_{(j)}} - 1 \approx 0.587 \; .$$

d) Anhand der gestrichelten Linien in der Lorenzkurve kann man ablesen, dass sich die Hälfte mit den kleineren Trinkgeldern auf etwa 86% der Geber konzentriert, während sich die Hälfte mit den höheren Trinkgeldern auf etwa 14% der Trinkgeldgeber konzentriert.

Lösung Aufgabe 1.18

a) Zur Erstellung der Lorenzkurve dient die folgende Arbeitstabelle:

i	$x_{(i)}$	n_i	$n_i x_{(i)}$	$\sum_{j=1}^{i} n_j x_{(j)}$	$\dfrac{\sum_{j=1}^{i} n_j x_{(j)}}{\sum_{j=1}^{7} n_j x_{(j)}}$	$r_i = \frac{n_i}{n}$	$\sum_{j=1}^{i} r_j$
1	2	3	6	6	**0.06**	0.3	**0.3**
2	3	1	3	9	**0.09**	0.1	**0.4**
3	5	2	10	19	**0.19**	0.2	**0.6**
4	6	1	6	25	**0.25**	0.1	**0.7**
5	10	1	10	35	**0.35**	0.1	**0.8**
6	26	1	26	61	**0.61**	0.1	**0.9**
7	39	1	39	100	**1.00**	0.1	**1.0**
Σ		10					

Man verbindet die fett gedruckten Werte mit dem Punkt (0,0) zu einem Polygonzug, der die folgende Lorenzkurve liefert:

Anteil an der gesamten Autopflege

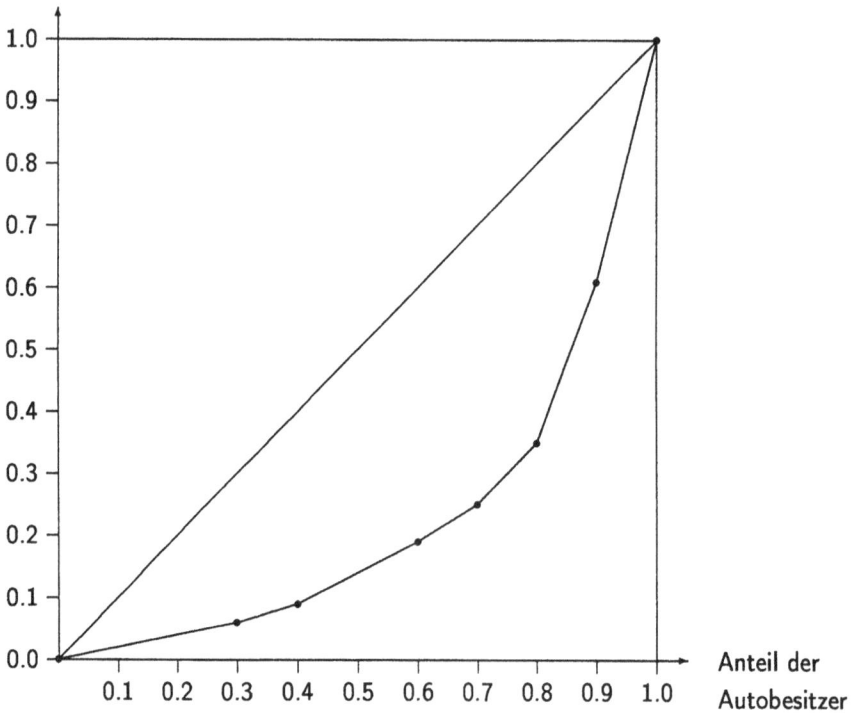

b) Zur Berechnung des Gini–Maßes übernimmt man aus der Tabelle zur Berechnung der Lorenzkurve die Werte für $n_i x_{(i)}$ und r_i, aus denen man die für das Gini–Maß relevanten Werte $\left(\sum_{j=1}^{i-1} r_j + \sum_{j=1}^{i} r_j\right) x_{(i)} n_i$ ermittelt:

i	$n_i x_{(i)}$	$r_i = \frac{n_i}{n}$	$\sum_{j=1}^{i-1} r_j + \sum_{j=1}^{i} r_j$	$\left(\sum_{j=1}^{i-1} r_j + \sum_{j=1}^{i} r_j\right) x_{(i)} n_i$
1	6	0.3	0.3	1.8
2	3	0.1	0.7	2.1
3	10	0.2	1.0	10.0
4	6	0.1	1.3	7.8
5	10	0.1	1.5	15.0
6	26	0.1	1.7	44.2
7	39	0.1	1.9	74.1
Σ	100			155.0

Damit erhält man also als Gini–Maß

$$G = \frac{\sum\limits_{i=1}^{7} \left(\sum\limits_{j=1}^{i-1} r_j + \sum\limits_{j=1}^{i} r_j\right) x_{(i)} n_i}{\sum\limits_{i=1}^{7} n_i x_{(i)}} - 1 = \frac{155}{100} - 1 = 0.55 \ .$$

c) Zur erneuten Berechnung der Lorenzkurve wird wieder eine Arbeitstabelle erstellt:

i	$x_{(i)}$	n_i	$n_i x_{(i)}$	$\sum\limits_{j=1}^{i} n_j x_{(j)}$	$\dfrac{\sum\limits_{j=1}^{i} n_j x_{(j)}}{\sum\limits_{j=1}^{6} n_j x_{(j)}}$	$r_i = \frac{n_i}{n}$	$\sum\limits_{j=1}^{i} r_j$
1	2	2	4	4	0.042	0.250	0.250
2	5	2	10	14	0.147	0.250	0.500
3	6	1	6	20	0.211	0.125	0.625
4	10	1	10	30	0.316	0.125	0.750
5	26	1	26	56	0.589	0.125	0.875
6	39	1	39	95	1.000	0.125	1.000
Σ		8					

Mit den fett gedruckten Werten erhält man nun folgende Lorenzkurve:

Anteil an der gesamten Autopflege

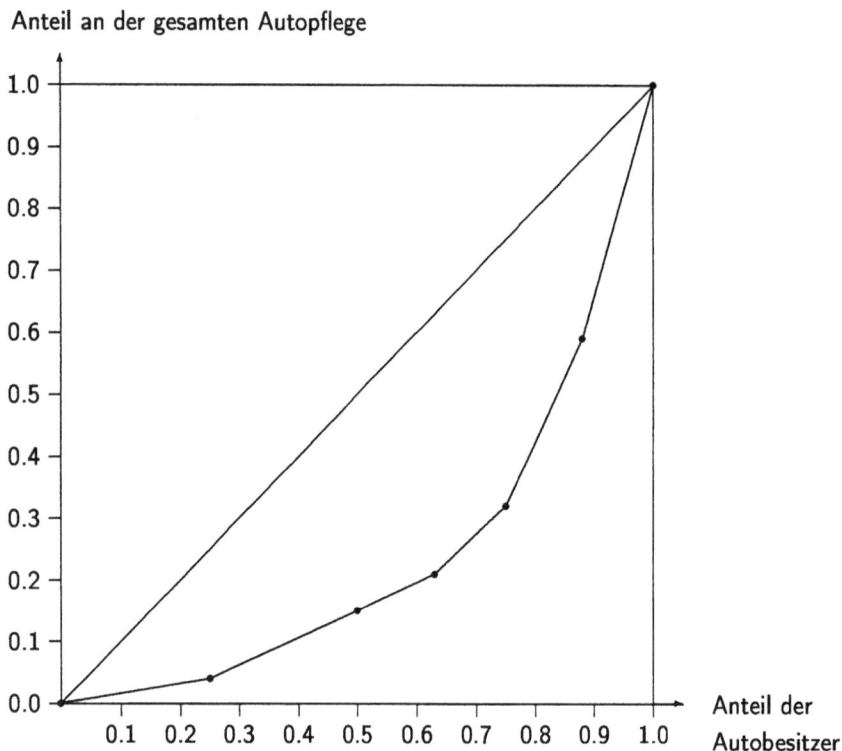

Das Gini–Maß berechnet sich mittels folgender Tabelle

i	$n_i x_{(i)}$	$r_i = \frac{n_i}{n}$	$\sum\limits_{j=1}^{i-1} r_j + \sum\limits_{j=1}^{i} r_j$	$\left(\sum\limits_{j=1}^{i-1} r_j + \sum\limits_{j=1}^{i} r_j\right) x_{(i)} n_i$
1	4	0.250	0.250	1.000
2	10	0.250	0.750	7.500
3	6	0.125	1.125	6.750
4	10	0.125	1.375	13.750
5	26	0.125	1.625	42.250
6	39	0.125	1.875	73.125
$\sum$	**95**			**144.375**

zu:

$$G = \frac{\sum\limits_{i=1}^{6} \left(\sum\limits_{j=1}^{i-1} r_j + \sum\limits_{j=1}^{i} r_j \right) x_{(i)} n_i}{\sum\limits_{i=1}^{6} n_i x_{(i)}} - 1 = \frac{144.375}{95} - 1 \approx 0.52 \ .$$

Das würde bedeuten, dass die Konzentration abgenommen hätte. Dies ist in Wirklichkeit nicht der Fall, denn zwei Männer, die ohnehin „wenig" Zeit in ihr Auto investierten, haben es verkauft. D.h., die Konzentration hat zugenommen. Um diesen Effekt auszuschließen, der regelmäßig dann auftritt, wenn sich bei der Betrachtung von Lorenzkurve bzw. Gini–Maß über einen zeitlichen Verlauf die Grundgesamtheit ändert, führt man die ausgeschiedenen Beobachtungen mit dem Wert 0 weiter, wie die folgende Tabelle verdeutlicht:

i	$x_{(i)}$	n_i	$n_i x_{(i)}$	$\sum\limits_{j=1}^{i} n_j x_{(j)}$	$\dfrac{\sum\limits_{j=1}^{i} n_j x_{(j)}}{\sum\limits_{j=1}^{7} n_j x_{(j)}}$	$r_i = \dfrac{n_i}{n}$	$\sum\limits_{j=1}^{i} r_j$
1	0	2	0	0	**0.000**	0.2	**0.2**
2	2	2	4	4	**0.042**	0.2	**0.4**
3	5	2	10	14	**0.147**	0.2	**0.6**
4	6	1	6	20	**0.211**	0.1	**0.7**
5	10	1	10	30	**0.316**	0.1	**0.8**
6	26	1	26	56	**0.589**	0.1	**0.9**
7	39	1	39	95	**1.000**	0.1	**1.0**
$\sum$		10					

Die neue Lorenzkurve hat dann folgendes Aussehen:

Anteil an der gesamten Autopflege

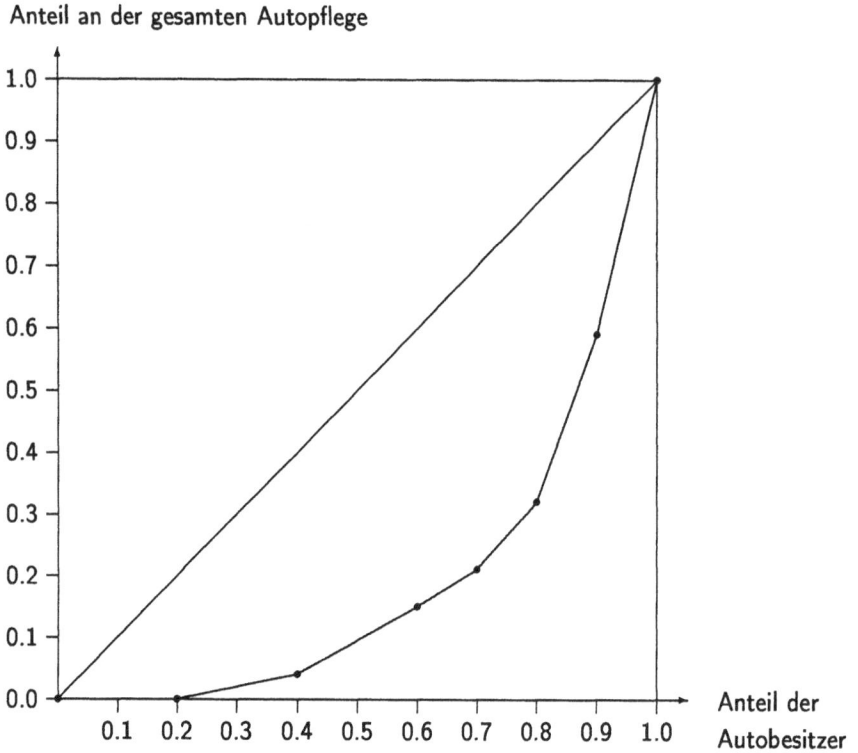

Die Berechnung des Gini-Maßes erleichtert wiederum folgende Tabelle:

i	$n_i x_{(i)}$	$r_i = \frac{n_i}{n}$	$\sum\limits_{j=1}^{i-1} r_j + \sum\limits_{j=1}^{i} r_j$	$\left(\sum\limits_{j=1}^{i-1} r_j + \sum\limits_{j=1}^{i} r_j \right) n_i x_{(i)}$
1	0	0.2	0.2	0.0
2	4	0.2	0.6	2.4
3	10	0.2	1.0	10.0
4	6	0.1	1.3	7.8
5	10	0.1	1.5	15.0
6	26	0.1	1.7	44.2
7	39	0.1	1.9	74.1
$\sum$	95			153.5

Damit ist das Gini–Maß:

$$G = \frac{\sum\limits_{i=1}^{6} \left(\sum\limits_{j=1}^{i-1} r_j + \sum\limits_{j=1}^{i} r_j \right) n_i x_{(i)}}{\sum\limits_{i=1}^{6} n_i x_{(i)}} - 1 = \frac{153.5}{95} - 1 \approx 0.62 \ .$$

D.h., in dieser Betrachtungsweise hat die Konzentration tatsächlich zugenommen.

d) Für den Herfindahlindex betrachte man folgende Arbeitstabelle:

i	$x_{(i)}$	n_i	$n_i x_{(i)}$	$n_i x_{(i)}^2$
1	2	3	6	12
2	3	1	3	9
3	5	2	10	50
4	6	1	6	36
5	10	1	10	100
6	26	1	26	676
7	39	1	39	1521
Σ			100	2404

Damit ergibt sich für den Herfindahlindex in der Ausgangssituation:

$$H = \frac{\sum\limits_{i=1}^{7} n_i x_{(i)}^2}{\left(\sum\limits_{i=1}^{7} n_i x_{(i)} \right)^2} = \frac{2404}{100^2} = 0.2404 \ .$$

Für den Herfindahlindex nach der Änderung betrachte man die folgende Tabelle:

i	$x_{(i)}$	n_i	$n_i x_{(i)}$	$n_i x_{(i)}^2$
1	2	2	4	8
2	5	2	10	50
3	6	1	6	36
4	10	1	10	100
5	26	1	26	676
6	39	1	39	1521
Σ			95	2391

Für die geänderte Situation erhält man den folgenden Herfindahlindex:

$$H = \frac{\sum\limits_{i=1}^{6} n_i x_{(i)}^2}{\left(\sum\limits_{i=1}^{6} n_i x_{(i)}\right)^2} = \frac{2391}{95^2} = 0.2649 \ .$$

Da der Herfindahlindex zugenommen hat, ist die Konzentration gestiegen.

e) Zur Berechnung des Korrelationskoeffizienten nach Bravais–Pearson betrachte man folgende Arbeitstabelle:

i	x_i	y_i	x_i^2	y_i^2	$x_i y_i$
1	2	7	4	49	14
2	2	10	4	100	20
3	2	6	4	36	12
4	3	7	9	49	21
5	5	5	25	25	25
6	5	11	25	121	55
7	6	8	36	64	48
8	10	3	100	9	30
9	26	1	676	1	26
10	39	2	1521	4	78
Σ	100	60	2404	458	329

Damit ergibt sich

$$
\begin{aligned}
r_{xy} &= \frac{\sum\limits_{i=1}^{n} x_i y_i - n\,\bar{x}\,\bar{y}}{\sqrt{\left(\sum\limits_{i=1}^{n} x_i^2 - n\bar{x}^2\right)\left(\sum\limits_{i=1}^{n} y_i^2 - n\bar{y}^2\right)}} \\[2ex]
&= \frac{\sum\limits_{i=1}^{n} x_i y_i - \frac{1}{n}\left(\sum\limits_{i=1}^{n} x_i\right)\left(\sum\limits_{i=1}^{n} y_i\right)}{\sqrt{\left[\sum\limits_{i=1}^{n} x_i^2 - \frac{1}{n}\left(\sum\limits_{i=1}^{n} x_i\right)^2\right] \cdot \left[\sum\limits_{i=1}^{n} y_i^2 - \frac{1}{n}\left(\sum\limits_{i=1}^{n} y_i\right)^2\right]}} \\[2ex]
&= \frac{329 - \frac{1}{10} \cdot 100 \cdot 60}{\sqrt{[2404 - \frac{1}{10} \cdot 100^2][458 - \frac{1}{10} \cdot 60^2]}} = -0.73 \ .
\end{aligned}
$$

Dieser beachtliche negative Zusammenhang besagt, dass Männer, die viel Zeit in ihre Autos investieren, eher wenig Zeit ihren Ehefrauen widmen.

Lösung Aufgabe 1.19

a) Zunächst ermittelt man die geordnete Stichprobe:

$x_{(1)}$	$x_{(2)}$	$x_{(3)}$	$x_{(4)}$	$x_{(5)}$	$x_{(6)}$
0.45	0.49	0.73	0.83	0.84	2.19

$x_{(7)}$	$x_{(8)}$	$x_{(9)}$	$x_{(10)}$	$x_{(11)}$	$x_{(12)}$
2.41	2.43	3.74	5.64	5.79	6.05

Die Tiefe des Medians beträgt

$$d(M) = \frac{12+1}{2} = 6.5 \ .$$

Damit ist der Median gegeben durch

$$M = \frac{1}{2}\left(x_{(6)} + x_{(7)}\right) = \frac{1}{2}(2.19 + 2.41) = 2.30 \ .$$

Die Tiefe der Hinges ermittelt man zu

$$d(H) = \frac{[d(M)]+1}{2} = \frac{[6.5]+1}{2} = \frac{6+1}{2} = 3.5 \ .$$

Damit erhält man die Hinges

$$H_u \;=\; \frac{1}{2}\left(x_{(3)} + x_{(4)}\right) = \frac{1}{2}(0.73 + 0.83) = 0.78$$

$$\text{und} \quad H_o \;=\; \frac{1}{2}\left(x_{(12+1-3)} + x_{(12+1-4)}\right) = \frac{1}{2}(x_{(10)} + x_{(9)}) = \frac{1}{2}(5.64 + 3.74) = 4.69 \ .$$

Analog ermittelt man die Tiefe der Eighths als

$$d(E) = \frac{[3.5]+1}{2} = \frac{3+1}{2} = 2 \ ,$$

und erhält damit:

$$E_u = x_{(2)} = 0.49$$

$$\text{sowie} \quad E_o = x_{(12+1-2)} = x_{(11)} = 5.79 .$$

Für die Sixteenths ermittelt man

$$d(D) = \frac{[2] + 1}{2} = 1.5 ,$$

so dass die Sixteenths wie folgt gegeben sind:

$$D_u = \frac{1}{2}\left(x_{(1)} + x_{(2)}\right) = \frac{1}{2}(0.45 + 0.49) = 0.47 ,$$

$$D_o = \frac{1}{2}\left(x_{(12+1-1)} + x_{(12+1-2)}\right) = \frac{1}{2}\left(x_{(12)} + x_{(11)}\right) = \frac{1}{2}(6.05 + 5.79) = 5.92 .$$

Damit erhält man die Midsummaries

$$\text{mid}(H) = \frac{1}{2}(H_u + H_o) = \frac{1}{2}(0.78 + 4.69) \approx 2.74 ,$$

$$\text{mid}(E) = \frac{1}{2}(E_u + E_o) = \frac{1}{2}(0.49 + 5.79) \approx 3.14 ,$$

$$\text{mid}(D) = \frac{1}{2}(D_u + D_o) = \frac{1}{2}(0.47 + 5.92) \approx 3.20 .$$

Da $M < \text{mid}(H) < \text{mid}(E) < \text{mid}(D)$ gilt, weisen die Midsummaries auf eine rechtsschiefe Verteilung hin.

b) Die Lettervalues sowie die für den Transformationsplot notwendigen Werte sind in der folgenden Tabelle wiedergegeben:

Q	Q_u	Q_o	$\xi = \frac{(Q_u-M)^2+(Q_o-M)^2}{4M}$	$\eta = \frac{Q_u+Q_o}{2} - M$	$\frac{\eta}{\xi}$	$1 - \frac{\eta}{\xi}$
M	2.30	2.30	0	0	–	–
H	0.78	4.69	0.87	0.44	0.51	0.49
E	0.49	5.79	1.68	0.84	0.50	0.50
D	0.47	5.92	1.79	0.90	0.50	0.50

Die Steigung des Transformationsplots beträgt in etwa 0.5 . Damit ist die nahe liegende Potenztransformation

$$p = 1 - 0.5 = 0.5 .$$

D.h., man wird die Quadratwurzeln aus den Daten ziehen.

Für die transformierten Werte erhält man folgende geordnete Stichprobe:

$x^*_{(1)}$	$x^*_{(2)}$	$x^*_{(3)}$	$x^*_{(4)}$	$x^*_{(5)}$	$x^*_{(6)}$
0.67	0.70	0.85	0.91	0.92	1.48

$x^*_{(7)}$	$x^*_{(8)}$	$x^*_{(9)}$	$x^*_{(10)}$	$x^*_{(11)}$	$x^*_{(12)}$
1.55	1.56	1.93	2.37	2.41	2.46

Analog zum Aufgabenteil a) erhält man mit den dort ermittelten Tiefen folgende Lettervalues für den transformierten Datensatz:

$$
\begin{aligned}
M &= \frac{1}{2}\left(x^*_{(6)} + x^*_{(7)}\right) = \frac{1}{2}(1.48 + 1.55) \approx 1.52 \;, \\
H_u &= \frac{1}{2}\left(x^*_{(3)} + x^*_{(4)}\right) = \frac{1}{2}(0.85 + 0.91) = 0.88 \;, \\
H_o &= \frac{1}{2}\left(x^*_{(10)} + x^*_{(9)}\right) = \frac{1}{2}(2.37 + 1.93) = 2.15 \;, \\
E_u &= x^*_{(2)} = 0.70 \;, \\
E_o &= x^*_{(11)} = 2.41 \;, \\
D_u &= \frac{1}{2}\left(x^*_{(1)} + x^*_{(2)}\right) = \frac{1}{2}(0.67 + 0.70) \approx 0.69 \;, \\
D_o &= \frac{1}{2}\left(x^*_{(12)} + x^*_{(11)}\right) = \frac{1}{2}(2.46 + 2.41) \approx 2.44 \;.
\end{aligned}
$$

Für die Midsummaries erhält man:

$$
\begin{aligned}
\mathrm{mid}(H) &= \frac{1}{2}\left(H_u + H_o\right) = \frac{1}{2}(0.88 + 2.15) \approx 1.52 \;, \\
\mathrm{mid}(E) &= \frac{1}{2}\left(E_u + E_o\right) = \frac{1}{2}(0.70 + 2.41) \approx 1.56 \;, \\
\mathrm{mid}(D) &= \frac{1}{2}\left(D_u + D_o\right) = \frac{1}{2}(0.69 + 2.44) \approx 1.57 \;.
\end{aligned}
$$

Da $M \approx \mathrm{mid}(H) \approx \mathrm{mid}(E) \approx \mathrm{mid}(D)$ gilt, sind die transformierten Daten annähernd symmetrisch.

Lösung Aufgabe 1.20

Seien der Einfachheit halber die Alters– und Vermögensklassen jeweils durch die Zahlen 1
bis 4 abgekürzt, dann stellt sich die Tabelle wie folgt dar:

		Altersklasse			
		1	2	3	4
	1	16	16	5	4
Vermögens–	2	4	13	5	3
klasse	3	1	1	9	6
	4	2	1	0	14

Als Klassenmitten für das Vermögen erhält man:

$$a_1 = 10\ 000\ , \quad a_2 = 30\ 000\ , \quad a_3 = 50\ 000\ , \quad \text{und} \quad a_4 = 70\ 000\ .$$

Analog ergeben sich die Klassenmitten für das Alter zu

$$b_1 = 30\ , \quad b_2 = 50\ , \quad b_3 = 70\ , \quad \text{und} \quad b_4 = 90\ .$$

Seien weiter

$$n_{ij} = \text{Anzahl der befragten Frauen mit Vermögensklasse } i \text{ in der Altersklasse } j\ .$$

a) Für die bedingte (absolute) Altershäufigkeit von Frauen mit Vermögensklasse 4 (d.h.
60 000 — 80 000 EUR) gilt:

$$n_{j|i=4} = \begin{cases} 2 & j = 1 \\ 1 & j = 2 \\ 0 & j = 3 \\ 14 & j = 4 \end{cases}$$

bzw. (für die relative bedingte Häufigkeit):

$$r_{j|i=4} = \frac{n_{j|i=4}}{n_{4\bullet}} = \begin{cases} \frac{2}{17} & j = 1 \\ \frac{1}{17} & j = 2 \\ 0 & j = 3 \\ \frac{14}{17} & j = 4 \end{cases},$$

da

$$n_{4\bullet} = \sum_{j=1}^{4} n_{4j} = 2 + 1 + 0 + 14 = 17\ .$$

b) Die Randhäufigkeit des Merkmals Vermögen ist gegeben durch:

$$n_{i\bullet} \qquad i = 1, \ldots, 4$$

bzw.

$$r_{i\bullet} = \frac{n_{i\bullet}}{n} \qquad j = 1, \ldots, 4 \ .$$

Nun sind

$$n_{1\bullet} = \sum_{j=1}^{4} n_{1j} = 16 + 16 + 5 + 4 = 41 \ , \tag{1.36}$$

$$n_{2\bullet} = 4 + 13 + 5 + 3 = 25 \ , \tag{1.37}$$

$$n_{3\bullet} = 1 + 1 + 9 + 6 = 17 \ , \tag{1.38}$$

$$n_{4\bullet} = 2 + 1 + 0 + 14 = 17 \ , \tag{1.39}$$

und damit:

$$r_{1\bullet} = 0.41 \ , \quad r_{2\bullet} = 0.25 \ , \quad r_{3\bullet} = r_{4\bullet} = 0.17 \ .$$

c) Die Randhäufigkeit des Merkmals Vermögen wurde bereits in (1.36) – (1.39) im Aufgabenteil b) hergeleitet. Die Randhäufigkeit des Merkmals Alter ergibt sich analog zu:

$$n_{\bullet 1} = 16 + 4 + 1 + 2 = 23 \ ,$$

$$n_{\bullet 2} = 16 + 13 + 1 + 1 = 31 \ ,$$

$$n_{\bullet 3} = 5 + 5 + 9 + 0 = 19 \ ,$$

$$n_{\bullet 4} = 4 + 3 + 6 + 14 = 27 \ ,$$

Damit erhält man:

$$\sum_{i=1}^{4} n_{i\bullet} a_i = 41 \cdot 10\,000 + 25 \cdot 30\,000 + 17 \cdot 50\,000 + 17 \cdot 70\,000$$

$$= 3\,200\,000 = 32 \cdot 10^5 \ ,$$

$$\sum_{i=1}^{4} n_{i\bullet} a_i^2 = 41 \cdot 10\,000^2 + 25 \cdot 30\,000^2 + 17 \cdot 50\,000^2 + 17 \cdot 70\,000^2$$

$$= 152\,400\,000\,000 = 1524 \cdot 10^8 \ ,$$

$$\sum_{j=1}^{4} n_{\bullet j} b_j = 23 \cdot 30 + 31 \cdot 50 + 19 \cdot 70 + 27 \cdot 90$$

$$= 6\,000\,,$$

$$\sum_{j=1}^{4} n_{\bullet j} b_j^2 = 23 \cdot 30^2 + 31 \cdot 50^2 + 19 \cdot 70^2 + 27 \cdot 90^2$$

$$= 410\,000\,,$$

$$\sum_{i=1}^{4}\sum_{j=1}^{4} n_{ij} a_i b_j = \sum_{i=1}^{4} a_i \left(\sum_{j=1}^{4} n_{ij} b_j\right)$$

$$= 10\,000 \cdot (16 \cdot 30 + 16 \cdot 50 + 5 \cdot 70 + 4 \cdot 90)$$

$$+ \ 30\,000 \cdot (4 \cdot 30 + 13 \cdot 50 + 5 \cdot 70 + 3 \cdot 90)$$

$$+ \ 50\,000 \cdot (1 \cdot 30 + 1 \cdot 50 + 9 \cdot 70 + 6 \cdot 90)$$

$$+ \ 70\,000 \cdot (2 \cdot 30 + 1 \cdot 50 + 0 \cdot 70 + 14 \cdot 90)$$

$$= 220\,000\,000 \ = \ 22 \cdot 10^7\,.$$

Der Korrelationskoeffizient nach Bravais–Pearson ergibt sich damit zu

$$r = \frac{\displaystyle\sum_{i=1}^{4}\sum_{j=1}^{4} n_{ij} a_i b_j - \frac{1}{100}\left(\sum_{i=1}^{4} n_{i\bullet} a_i\right)\left(\sum_{j=1}^{4} n_{\bullet j} b_j\right)}{\sqrt{\left[\displaystyle\sum_{i=1}^{4} n_{i\bullet} a_i^2 - \frac{1}{100}\left(\sum_{i=1}^{4} n_{i\bullet} a_i\right)^2\right] \cdot \left[\displaystyle\sum_{j=1}^{4} n_{\bullet j} b_j^2 - \frac{1}{100}\left(\sum_{i=1}^{4} n_{\bullet j} b_j\right)^2\right]}}$$

$$= \frac{22 \cdot 10^7 - \dfrac{1}{100} \cdot 32 \cdot 10^5 \cdot 6\,000}{\sqrt{\left[1524 \cdot 10^8 - \dfrac{1}{100}\left(32 \cdot 10^5\right)^2\right]\left[41 \cdot 10^4 - \dfrac{1}{100} \cdot 6\,000^2\right]}}$$

$$= \frac{28\,000\,000}{50\,000\,000} = 0.56\,.$$

Lösung Aufgabe 1.21

a) Der nachfolgenden Tabelle kann man neben den einzelnen Punktwertungen die summierten Punktzahlen und das arithmetische Mittel der Punkte der jeweiligen Paare entnehmen. Die daraus resultierende Platzierung beim Wettbewerb findet sich in der letzten Spalte:

| | | \multicolumn{7}{c}{Punktrichter} | $\sum\limits_{i=1}^{7} x_i$ | $\overline{x}$ | Platz |
		N	O	P	Q	R	S	T			
	H	4	3	3	5	3	6	3	27	3.86	4
	I	3	4	5	4	4	1	4	25	3.57	3
Tanz–	J	5	5	4	3	5	4	5	31	4.43	5
paar	K	1	2	2	2	2	2	1	12	1.71	1
	L	6	6	6	6	6	3	6	39	5.57	6
	M	2	1	1	1	1	5	2	13	1.86	2

b) Verwendet man statt des arithmetischen Mittels das 0.2–getrimmte Mittel , so gilt wegen $q = [7 \cdot 0.2] = [1.4] = 1$:

$$\overline{x}_\alpha = \frac{1}{7 - 2 \cdot q} \sum_{i=q+1}^{7-q} x_{(i)} = \frac{1}{5} \sum_{i=2}^{6} x_{(i)} \ .$$

D.h., gemittelt wird über alle Werte ohne den jeweils kleinsten bzw. größten Wert. Die nachfolgende Tabelle gibt u.a. die geordneten Punktzahlen an. Die Werte, die in die Berechnung des 0.2–getrimmten Mittels eingehen, sind dick gedruckt:

| | | \multicolumn{7}{c}{Punktrichter} | \multicolumn{7}{c}{geordnete Punkte} | $\sum\limits_{i=2}^{6} x_{(i)}$ | $\overline{x}_{0.2}$ | Platz |
		N	O	P	Q	R	S	T										
	H	4	3	3	5	3	6	3	3	**3**	**3**	**3**	**4**	**5**	6	18	3.60	3
	I	3	4	5	4	4	1	4	1	**3**	**4**	**4**	**4**	**4**	5	19	3.80	4
Tanz–	J	5	5	4	3	5	4	5	3	**4**	**4**	**5**	**5**	**5**	5	23	4.60	5
paar	K	1	2	2	2	2	2	1	1	**1**	**2**	**2**	**2**	**2**	2	9	1.80	2
	L	6	6	6	6	6	3	6	3	**6**	**6**	**6**	**6**	**6**	6	30	6.00	6
	M	2	1	1	1	1	5	2	1	**1**	**1**	**1**	**2**	**2**	5	7	1.40	1

Bei Verwendung des arithmetischen Mittels erhält man die Reihenfolge

K   M   I   H   J   L ,

bei Verwendung des 0.2–getrimmten Mittels ergibt sich die Reihenfolge

M   K   H   I   J   L ,

so dass bei Verwendung des 0.2–getrimmten Mittels jeweils das erste und zweite bzw. das dritte und vierte Paar die Plätze tauschen.

c) Sei x_i^j die Punktzahl, die Punktrichter j dem Paar i zuteilt.
Dann gilt für alle $j = N, O, P, Q, R, S, T$:

$$\bar{x}^j = \tfrac{1}{6} \sum_{i=H}^{M} x_i^j = \tfrac{1}{6}(1 + 2 + 3 + 4 + 5 + 6) = \tfrac{7}{2} \,,$$
$$\sum_{i=H}^{M} \left(x_i^j\right)^2 = \tfrac{1}{6}\left(1^2 + 2^2 + 3^2 + 4^2 + 5^2 + 6^2\right) = 91 \,,$$

und somit:

$$\sum_{i=H}^{M} \left(x_i^j\right)^2 - 6 \cdot \left(\bar{x}^j\right)^2 = 91 - 6 \cdot \left(\frac{7}{2}\right)^2 = \frac{35}{2} \,.$$

Damit reduziert sich die Berechnung des Korrelationskoeffizienten zwischen den Punktrichtern j und k zu:

$$r_{jk} = \frac{\displaystyle\sum_{i=H}^{M} x_i^j x_i^k - 6 \cdot \left(\frac{7}{2}\right)^2}{\frac{35}{2}} = \frac{2 \cdot \displaystyle\sum_{i=H}^{M} x_i^j x_i^k - 147}{35} \,.$$

Nun ist

$$\sum_{i=H}^{M} x_i^N x_i^O = 4 \cdot 3 + 3 \cdot 4 + 5 \cdot 5 + 1 \cdot 2 + 6 \cdot 6 + 2 \cdot 1 = 89 \,,$$

analog erhält man:

$$\sum_{i=H}^{M} x_i^N x_i^P = 87 , \quad \sum_{i=H}^{M} x_i^N x_i^Q = 87 , \quad \sum_{i=H}^{M} x_i^N x_i^R = 89 , \quad \sum_{i=H}^{M} x_i^N x_i^S = 77 ,$$

$$\sum_{i=H}^{M} x_i^N x_i^T = 90 , \quad \sum_{i=H}^{M} x_i^O x_i^P = 90 , \quad \sum_{i=H}^{M} x_i^O x_i^Q = 87 , \quad \sum_{i=H}^{M} x_i^O x_i^R = 91 ,$$

$$\sum_{i=H}^{M} x_i^O x_i^S = 69 , \quad \sum_{i=H}^{M} x_i^O x_i^T = 90 , \quad \sum_{i=H}^{M} x_i^P x_i^Q = 88 , \quad \sum_{i=H}^{M} x_i^P x_i^R = 90 ,$$

$$\sum_{i=H}^{M} x_i^P x_i^S = 66 , \quad \sum_{i=H}^{M} x_i^P x_i^T = 89 , \quad \sum_{i=H}^{M} x_i^Q x_i^R = 87 , \quad \sum_{i=H}^{M} x_i^Q x_i^S = 73 ,$$

$$\sum_{i=H}^{M} x_i^Q x_i^T = 86 , \quad \sum_{i=H}^{M} x_i^R x_i^S = 69 , \quad \sum_{i=H}^{M} x_i^R x_i^T = 90 , \quad \sum_{i=H}^{M} x_i^S x_i^T = 72 .$$

Damit berechnen sich die Korrelationskoeffizienten nach Bravais–Pearson wie folgt:

r	N	O	P	Q	R	S
O	0.89					
P	0.77	0.94				
Q	0.77	0.77	0.83			
R	0.89	1.00	0.94	0.77		
S	0.20	−0.26	−0.43	−0.03	−0.26	
T	0.94	0.94	0.89	0.71	0.94	−0.09

Deutlich ist zu erkennen, dass die Wertungsrichter N, O, P, Q, R und T stark positiv miteinander korreliert sind. Hingegen sind die Bewertungen des Punktrichters Schmiergut schwach, mitunter gar negativ mit denen der anderen Wertungsrichter korreliert.

Im vorliegenden Fall sind die Korrelationskoeffizienten nach Spearman identisch mit denen nach Bravais–Pearson, denn die zugehörigen Ränge stimmen in diesem Beispiel mit den Punkten selbst überein.

Lösung Aufgabe 1.22

Sei n_{ij} die Anzahl der Wagen, deren Halter das Geschlecht i (1 steht für weiblich, 2 steht für männlich) hat und die die Hauptuntersuchung erfolgreich ($j = 1$) bzw. nicht erfolgreich ($j = 2$) passiert haben.

Man betrachte nun die folgende Vierfeldertafel mit den Randhäufigkeiten $n_{i\bullet}$ bzw. $n_{\bullet j}$:

n_{ij}	1	2	$n_{i\bullet}$
1	7	8	15
2	5	40	45
$n_{\bullet j}$	12	48	60

a) Bei Unabhängigkeit der beiden Merkmale müsste bei gleichen Randhäufigkeiten gelten:

$$n_{ij} = \frac{n_{i\bullet} \cdot n_{\bullet j}}{n} .$$

Daraus würde folgen, dass

$$
\begin{aligned}
n_{11} &= \frac{n_{1\bullet} \cdot n_{\bullet 1}}{n} = \frac{15 \cdot 12}{60} = 3 , \\
n_{12} &= \frac{n_{1\bullet} \cdot n_{\bullet 2}}{n} = \frac{15 \cdot 48}{60} = 12 , \\
n_{21} &= \frac{n_{2\bullet} \cdot n_{\bullet 1}}{n} = \frac{45 \cdot 12}{60} = 9 , \\
n_{22} &= \frac{n_{2\bullet} \cdot n_{\bullet 2}}{n} = \frac{45 \cdot 48}{60} = 36 .
\end{aligned}
$$

D.h., bei Unabhängigkeit hätte die Vierfeldertafel folgende Gestalt:

n_{ij}	1	2	$n_{i\bullet}$
1	3	12	15
2	9	36	45
$n_{\bullet j}$	12	48	60

b) Der Assoziationskoeffizient nach Yule ist gegeben durch:

$$
\begin{aligned}
y &= \frac{n_{11}n_{22} - n_{12}n_{21}}{n_{11}n_{22} + n_{12}n_{21}} \\
&= \frac{7 \cdot 40 - 5 \cdot 8}{7 \cdot 40 + 5 \cdot 8} = 0.75 .
\end{aligned}
$$

c) Zur Ermittlung der weiteren Assoziationsmaße berechnet man zunächst χ^2 :

$$\chi^2 = \sum_{i=1}^{k} \sum_{j=1}^{m} \frac{\left(n_{ij} - \frac{n_{i\bullet}n_{\bullet j}}{n}\right)^2}{\frac{n_{i\bullet}n_{\bullet j}}{n}} \ ,$$

D.h., in χ^2 werden die standardisierten quadrierten Abweichungen der vorliegenden Einträge von den Einträgen der Tafel bei Unabhängigkeit aufsummiert.

Im vorliegenden Fall erhält man mit Aufgabenteil a):

$$\chi^2 = \frac{(7-3)^2}{3} + \frac{(8-12)^2}{12} + \frac{(5-9)^2}{9} + \frac{(40-36)^2}{36} = \frac{80}{9} = 8.\bar{8} \ .$$

Damit erhält man den Phi–Koeffizienten als

$$\phi = \sqrt{\frac{\chi^2}{n}} = \sqrt{\frac{\frac{80}{9}}{60}} \approx 0.38 \ .$$

der Kontingenzkoeffizient nach Cramer ist ebenfalls gegeben durch

$$V_{xy} = \sqrt{\frac{\chi^2}{n(\min\{k,m\}-1)}} = \sqrt{\frac{\chi^2}{n}} \approx 0.38 \ .$$

Für den Kontingenzkoeffizienten nach Pearson ermittelt man:

$$P_{xy} = \sqrt{\frac{\chi^2}{\chi^2 + n}} = \sqrt{\frac{\frac{80}{9}}{\frac{80}{9} + 60}} \approx 0.36 \ ,$$

und damit gilt für den korrigierten Kontingenzkoeffizienten nach Pearson:

$$P_{xy}^* = \sqrt{\frac{\min\{k,m\}}{\min\{k,m\}-1}} P_{xy} = \sqrt{2} P_{xy} \approx 0.51 \ .$$

Bemerkung: Im Fall einer Vierfeldertafel, d.h. einer 2×2–Kontingenztafel spricht man statt von Kontingenz auch von Assoziation.

Lösung Aufgabe 1.23

Da es sich bei dem Merkmal Abwanderungsbewegung mit den Ausprägungen gering, mittel und hoch um ein ordinal skaliertes Merkmal handelt, stehen als geeignete Korrelationskoeffizienten der Rangkorrelationskoeffizient nach Spearman sowie Kendall's Tau und Goodman–and–Kruskal's Gamma zur Verfügung. Ersterer wird in einem Aufgabenteil i), die letzteren beiden aufgrund ihrer Ähnlichkeit in einem Aufgabenteil ii) berechnet:

i) Das Datenmaterial sei in folgender Tabelle wiedergegeben:

n_{ij}		Konsumgruppe j			
		1	2	3	4
Abwanderung gering	$(i = 1)$	1	1	0	0
Abwanderung mittel	$(i = 2)$	2	3	1	3
Abwanderung hoch	$(i = 3)$	0	1	2	2

Für die Randhäufigkeiten erhält man damit:

$$n_{\bullet 1} = n_{11} + n_{21} + n_{31} = 1 + 2 + 0 = 3 \,,$$
$$n_{\bullet 2} = n_{12} + n_{22} + n_{32} = 1 + 3 + 1 = 5 \,,$$
$$n_{\bullet 3} = n_{13} + n_{23} + n_{33} = 0 + 1 + 2 = 3 \,,$$
$$n_{\bullet 4} = n_{14} + n_{24} + n_{34} = 0 + 3 + 2 = 5$$

sowie

$$n_{1 \bullet} = n_{11} + n_{12} + n_{13} + n_{14} = 1 + 1 + 0 + 0 = 2 \,,$$
$$n_{2 \bullet} = n_{21} + n_{22} + n_{23} + n_{24} = 2 + 3 + 1 + 3 = 9 \,,$$
$$n_{3 \bullet} = n_{31} + n_{32} + n_{33} + n_{34} = 0 + 1 + 2 + 2 = 5 \,.$$

Für das Merkmal Konsum gibt es drei Beobachtungen in der Gruppe 1, so dass für diese die Ränge 1, 2 und 3 bzw. als midrank

$$\frac{1 + 2 + 3}{3} = 2$$

vergeben wird, in der zweiten Gruppe sind als midranks die Ränge

$$\frac{4 + 5 + 6 + 7 + 8}{5} = 6$$

zu vergeben. Den Gruppen 3 und 4 werden schließlich die Ränge

$$\frac{9+10+11}{3} = 10 \quad \text{bzw.} \quad \frac{12+13+14+15+16}{5} = 14 \quad \text{vergeben.}$$

Analog verfährt man mit dem Merkmal der Abwanderung, es werden als midranks

$$\frac{1+2}{2} = 1.5 \;, \quad \frac{3+4+\ldots+11}{9} = 7 \quad \text{bzw.} \quad \frac{12+13+14+15+16}{5} = 14$$

vergeben. Als Kontingenztafel für die Ränge erhält man damit folgende Tabelle:

n_{ij}		$R_{(y_i)}$				$n_{i\bullet}$
		2	6	10	14	
$R(x_i)$	1.5	1	1	0	0	2
	7	2	3	1	3	9
	14	0	1	2	2	5
$n_{\bullet j}$		3	5	3	5	16

Mit

$$\overline{R(x)} = \overline{R(y)} = \frac{1}{16}\sum_{i=1}^{16} i = 8.5$$

sowie

$$\sum_{i=1}^{3} n_{i\bullet} R(x_i)^2 = 2\cdot 1.5^2 + 9\cdot 7^2 + 5\cdot 14^2 = 1425.5 \;,$$

$$\sum_{j=1}^{4} n_{\bullet j} R(y_j)^2 = 3\cdot 2^2 + 5\cdot 6^2 + 3\cdot 10^2 + 5\cdot 14^2 = 1472 \;,$$

$$\sum_{i=1}^{3}\sum_{j=1}^{4} n_{ij} R(x_i) R(y_j) = 1\cdot 1.5\cdot 2 + 1\cdot 1.5\cdot 6 + 0 + 0$$

$$+ 2\cdot 7\cdot 2 + 3\cdot 7\cdot 6 + 1\cdot 7\cdot 10 + 3\cdot 7\cdot 14$$

$$+ 0 + 1\cdot 14\cdot 6 + 2\cdot 14\cdot 10 + 2\cdot 14\cdot 14$$

$$= 1286$$

erhält man damit als Rangkorrelationskoeffizient nach Spearman:

$$
\begin{aligned}
R_{xy} &= \frac{\sum\limits_{i=1}^{3}\sum\limits_{j=1}^{4} n_{ij}R(x_i)R(y_j) - 16\cdot \overline{R(x)}\cdot \overline{R(y)}}{\sqrt{\sum\limits_{i=1}^{3} n_{i\bullet}R(x_i)^2 - 16\overline{R(x)}^2}\sqrt{\sum\limits_{j=1}^{4} n_{\bullet j}R(y_j)^2 - 16\overline{R(y)}^2}} \\[2mm]
&= \frac{1286 - 16\cdot 8.5^2}{\sqrt{1425.5 - 16\cdot 8.5^2}\sqrt{1472 - 16\cdot 8.5^2}} \approx 0.445 \; .
\end{aligned}
$$

ii) Um Goodman–and–Kruskal's Gamma zu berechnen, müssen die Anzahlen konkordanter Paare N_C sowie diskordanter Paare N_D bestimmt werden. Für die vorliegende 3×4-Kontingenztafel (siehe Aufgabenteil i)) geschieht dies mittels

$$
N_C = \sum_{i=1}^{3}\sum_{j=1}^{4} n_{ij}\cdot C_{ij}
$$

$$
\text{und}\qquad N_D = \sum_{i=1}^{3}\sum_{j=1}^{4} n_{ij}\cdot D_{ij}
$$

wobei die C_{ij} bzw. D_{ij} folgendermaßen ermittelt werden:

$$
C_{ij} = \sum_{r>i}\sum_{s>j} n_{rs}\,, \qquad D_{ij} = \sum_{r>i}\sum_{s<j} n_{rs}\,. \tag{1.40}
$$

Im vorliegenden Fall erhält man:

$$
\begin{aligned}
C_{11} &= \sum_{r=2}^{3}\sum_{s=2}^{4} n_{rs} \\
&= n_{22} + n_{23} + n_{24} + n_{32} + n_{33} + n_{34} \\
&= 3 + 1 + 3 + 1 + 2 + 2 = 12 \,, \\
C_{12} &= \sum_{r=2}^{3}\sum_{s=3}^{4} n_{rs} = n_{23} + n_{24} + n_{33} + n_{34} = 1 + 3 + 2 + 2 = 8 \,, \\
C_{13} &= n_{24} + n_{34} = 3 + 2 = 5 \,, \quad C_{14} = 0 \,, \\
C_{21} &= 5 \,, \quad C_{22} = 4 \,, \quad C_{23} = 2 \,, \quad C_{24} = 0 \,, \\
C_{3j} &= 0 \quad 1 \le j \le 4 \,, \\
D_{11} &= 0 \,, \\
D_{12} &= \sum_{r=2}^{3}\sum_{s=1}^{1} n_{rs} = n_{21} + n_{31} = 2 + 0 = 2 \,, \\
D_{13} &= \sum_{r=2}^{3}\sum_{s=1}^{2} n_{rs} = n_{21} + n_{22} + n_{31} + n_{32} = 2 + 3 + 0 + 1 = 6 \,,
\end{aligned}
$$

$$D_{14} = \sum_{r=2}^{3}\sum_{s=1}^{3} n_{rs} = n_{21} + n_{22} + n_{23} + n_{31} + n_{32} + n_{33} = 2+3+1+0+1+2 = 9 ,$$

$$D_{21} = 0 , \qquad D_{22} = 0 , \qquad D_{23} = 1 , \qquad D_{24} = 3 ,$$

$$D_{3j} = 0 , \qquad 1 \le j \le 4 .$$

Man kann sich rein graphisch die Berechnung der C_{ij} und D_{ij} auch wie folgt klarmachen:

j–te Spalte

i–te Zeile

An einer jeden Stelle n_{ij} summiert man gemäß (1.40) die links unten vorhandenen Einträge zu D_{ij} sowie die rechts unten stehenden Einträge zu C_{ij} . Die daraus resultierende Kontingenztabelle hat dann folgendes Aussehen, wobei in jeder Zelle die Einträge

stehen:

n_{ij}		Konsumklasse j							
		1		2		3		4	
Abwanderung gering $\quad(i=1)$		**1**		**1**		**0**		**0**	
		0	12	2	8	6	5	9	0
Abwanderung mittel $\quad(i=2)$		**2**		**3**		**1**		**3**	
		0	5	0	4	1	2	3	0
Abwanderung hoch $\quad(i=3)$		**0**		**1**		**2**		**2**	
		0	0	0	0	0	0	0	0

Für N_C und N_D ermittelt man damit:

$$N_C = 1 \cdot 12 + 1 \cdot 8 + 0 \cdot 5 + 0 \cdot 0 + 2 \cdot 5 + 3 \cdot 4$$

$$+1 \cdot 2 + 3 \cdot 0 + 0 \cdot 0 + 1 \cdot 0 + 2 \cdot 0 + 2 \cdot 0 = 44 \ .$$
$$N_D = 1 \cdot 0 + 1 \cdot 2 + 0 \cdot 6 + 0 \cdot 9 + 2 \cdot 0 + 3 \cdot 0$$
$$+1 \cdot 1 + 3 \cdot 3 + 0 \cdot 0 + 1 \cdot 0 + 2 \cdot 0 + 2 \cdot 0 = 12 \ .$$

Mit den so ermittelten Werten erhält man für Kendall's Tau:

$$\tau = \frac{N_C - N_D}{\binom{n}{2}} = \frac{44 - 12}{\binom{16}{2}} = \frac{4}{15} = 0.2\overline{6} \ ,$$

sowie für Goodman–and–Kruskal's Gamma:

$$\gamma_{xy} = \frac{N_C - N_D}{N_C + N_D} = \frac{44 - 12}{44 + 12} = \frac{4}{7} = 0.571 \ .$$

Diese deutlichen Unterschiede sind darin zu suchen, dass eine Standardisierung auf $\binom{n}{2}$ bei Kendall's Tau aufgrund der vielen Bindungen nicht sinnvoll ist.

Lösung Aufgabe 1.24

Da es sich neben dem kardinalen Merkmal Oberarmumfang bei der Mathematikzensur um ein **ordinales** Merkmal handelt, kommen als Korrelationsmaße der Rangkorrelationskoeffizient nach Spearman, Kendall's Tau sowie Goodman–and–Kruskal's Gamma in Frage.

Betrachten wir zunächst den Rangkorrelationskoeffizienten nach Spearman. Dieser entspricht dem Korrelationskoeffizienten nach Bravais–Pearson für die Ränge der Beobachtungen. Die Zuordnung der Ränge erfolgt, indem man der jeweils kleinsten Beobachtung den Rang 1 zumisst, der nächsthöheren Beobachtung den Rang 2, usw., bis man schließlich der größten Beobachtung den Rang n zuteilt.

Die Zuordnung der Ränge für die Beobachtungen $x_1, \ldots, x_{10}$ ist einfach, da die Beobachtungen bereits sortiert vorliegen (d.h. $x_i = x_{(i)}$): $x_{(1)} = 17$ ist der kleinste Wert und bekommt somit den Rang $R(x_{(1)}) = 1, \ldots, x_{(10)} = 42$ erhält den Rang $R(x_{(10)}) = 10$. Etwas schwieriger ist die Zuordnung der Ränge für $y_1, \ldots, y_{10}$. Die geordnete Stichprobe ist gegeben durch

$y_{(1)}$	$y_{(2)}$	$y_{(3)}$	$y_{(4)}$	$y_{(5)}$	$y_{(6)}$	$y_{(7)}$	$y_{(8)}$	$y_{(9)}$	$y_{(10)}$
1	2	2	3	3	3	3	4	4	5

Eine Reihe von Beobachtungswerten kommt mehrfach vor, es treten sog. Bindungen auf. In diesem Fall könnte man dem Beobachtungswert 2 etwa die Ränge 2 oder 3 zuteilen, dem Beobachtungswert 3 gar die Ränge 4, 5, 6 oder 7. Und natürlich hätte es einen Einfluss auf den Korrelationskoeffizienten, ob der Beobachtung $y_3 = 2$ der Rang 2 und der Beobachtung $y_5 = 2$ der Rang 3 oder umgekehrt zugeteilt würde. Aus diesem Grund verwendet man bei Bindungen das arithmetische Mittel der Ränge (sog. „midranks") : Der Beobachtungswert 2 (dies entspricht den Beobachtungen y_3 und y_5) erhält jeweils den Rang $\frac{2+3}{2} = 2.5$, der Beobachtungswert 3 (d.h. die Beobachtungen y_1, y_4, y_6 und y_9) bekommt den Rang $\frac{4+5+6+7}{4} = 5.5$, und schließlich teilt man dem Beobachtungswert 4 den midrank $\frac{8+9}{2} = 8.5$ zu.

Zur Berechnung des Rangkorrelationskoeffizienten nach Spearman sei nun folgende Arbeitstabelle erstellt:

i	x_i	y_i	$R(x_i)$	$R(y_i)$	$R(x_i)R(y_i)$	$R(x_i)^2$	$R(y_i)^2$
1	17	3	1	5.5	5.5	1	30.25
2	18	1	2	1.0	2.0	4	1.00
3	21	2	3	2.5	7.5	9	6.25
4	25	3	4	5.5	22.0	16	30.25
5	26	2	5	2.5	12.5	25	6.25
6	32	3	6	5.5	33.0	36	30.25
7	34	4	7	8.5	59.5	49	72.25
8	35	4	8	8.5	68.0	64	72.25
9	37	3	9	5.5	49.5	81	30.25
10	42	5	10	10.0	100.0	100	100.00
			Σ	55	55.0	359.5	385	379.00

Damit erhält man:

$$R_{xy} = \frac{\sum_{i=1}^{10} R(x_i)R(y_i) - \frac{1}{10}\left(\sum_{i=1}^{10} R(x_i)\right)\left(\sum_{i=1}^{10} R(y_i)\right)}{\sqrt{\left[\sum_{i=1}^{10} R(x_i)^2 - \frac{1}{10}\left(\sum_{i=1}^{10} R(x_i)\right)^2\right]\left[\sum_{i=1}^{10} R(y_i)^2 - \frac{1}{10}\left(\sum_{i=1}^{10} R(y_i)\right)^2\right]}}$$

$$= \frac{359.5 - \frac{1}{10}\cdot 55^2}{\sqrt{\left[385 - \frac{1}{10}55^2\right]\left[379 - \frac{1}{10}55^2\right]}} \approx 0.72 \ .$$

Zur Berechnung von Kendall's Tau und Goodman-and-Kruskal's Gamma benötigt man die Anzahl der konkordanten und diskordanten Paare.

Dazu sortiert man die Ränge des einen Merkmals und schreibt die zugehörigen Ränge des anderen Merkmals darunter.

Nun zählt man mit u_i die Anzahl der Ränge $R(y_j)$ des zweiten Merkmals rechts von $R(y_i)$, die größer als $R(y_i)$ sind, sowie mit v_i die Anzahl der Ränge $R(y_j)$ rechts von $R(y_i)$, die kleiner als $R(y_i)$ sind. Summation über alle u_i liefert dann die Anzahl der konkordanten Paare, Summation über v_i die Anzahl der diskordanten Paare.

Man betrachte also folgende Arbeitstabelle:

$R(x_i)$	1	2	3	4	5	6	7	8	9	10	
$R(y_i)$	5.5	1	2.5	5.5	2.5	5.5	8.5	8.5	5.5	10	Σ
u_i	3	8	6	3	5	3	1	1	1	0	31
v_i	3	0	0	1	0	0	1	1	0	0	6

Die Anzahl der konkordanten Paare beträgt damit

$$N_C = \sum_{i=1}^{10} u_i = 31 \ ,$$

die der diskordanten Paare

$$N_D = \sum_{i=1}^{10} v_i = 6 \ .$$

Für Kendalls Tau erhält man damit:

$$\tau_{xy} = \frac{N_C - N_D}{\binom{10}{2}} = \frac{31 - 6}{45} = \frac{5}{9} \approx 0.56 \ .$$

Für den Fall, dass viele Bindungen auftreten, empfiehlt es sich nicht, durch $\binom{n}{2}$, also die Anzahl der verschiedenen Paare, zu teilen, denn die Summe von konkordanten und diskordanten Paaren kann sehr viel geringer sein. Stattdessen wird man eher zu Goodman and Kruskal's Gamma greifen:

$$\gamma_{xy} = \frac{N_C - N_D}{N_C + N_D} = \frac{31 - 6}{31 + 6} = \frac{25}{37} \approx 0.68 \ .$$

Lösung Aufgabe 1.25

a) Die Merkmale sind beide nominal skaliert.

b) Geeignete Zusammenhangsmaße für nominal skalierte Merkmale sind Kontingenz-maße. Sei dazu zunächst die folgende Kontingenztafel erstellt:

n_{ij}		j			$n_{i\bullet}$
		1	2	3	
i	1	53	27	6	86
	2	9	96	69	174
$n_{\bullet j}$		62	123	75	260

Zur Berechnung der Kontingenzmaße benötigt man die Größe χ^2:

$$
\begin{aligned}
\chi^2 &= \sum_{i=1}^{2}\sum_{j=1}^{3}\frac{\left(n_{ij}-\frac{n_{i\bullet}n_{\bullet j}}{n}\right)^2}{\frac{n_{i\bullet}n_{\bullet j}}{n}} \\[2mm]
&= \frac{\left(53-\frac{86\cdot 62}{260}\right)^2}{\frac{86\cdot 62}{260}}+\frac{\left(27-\frac{86\cdot 123}{260}\right)^2}{\frac{86\cdot 123}{260}}+\frac{\left(6-\frac{86\cdot 75}{260}\right)^2}{\frac{86\cdot 75}{260}} \\[2mm]
&\quad +\frac{\left(9-\frac{174\cdot 62}{260}\right)^2}{\frac{174\cdot 62}{260}}+\frac{\left(96-\frac{174\cdot 123}{260}\right)^2}{\frac{174\cdot 123}{260}}+\frac{\left(69-\frac{174\cdot 75}{260}\right)^2}{\frac{174\cdot 75}{260}} \\[2mm]
&= 105.11 \ .
\end{aligned}
$$

Damit erhält man folgende Kontingenzmaße:

$$\phi_{xy} = \sqrt{\frac{\chi^2}{n}}=\sqrt{\frac{105.11}{260}}=0.64 \qquad \text{(Phi--Koeffizient)}$$

$$P_{xy} = \sqrt{\frac{\chi^2}{\chi^2+n}}=\sqrt{\frac{105.11}{105.11+260}}=0.54 \qquad \begin{array}{l}\text{(Kontingenzkoeffizient} \\ \text{nach Pearson)}\end{array}$$

$$P_{xy}^{*} = \sqrt{\frac{\min\{2,3\}}{\min\{2,3\}-1}}\cdot P=\sqrt{2}\cdot 0.54=0.76 \qquad \begin{array}{l}\text{(Korrigierter Kontingenz-} \\ \text{koeffizient nach Pearson)}\end{array}$$

$$V_{xy} = \sqrt{\frac{\chi^2}{n(\min\{2,3\}-1)}}=\sqrt{\frac{\chi^2}{n}}=\phi_{xy}=0.64 \qquad \begin{array}{l}\text{(Kontingenzkoeffizient} \\ \text{nach Cramer)}\end{array}$$

D.h., falls eines der Merkmale nur zwei Merkmalsausprägungen besitzt oder lediglich in zwei Merkmalsklassen untergliedert wird, ist der Kontingenzkoeffizient nach Cramer identisch mit dem Phi-Koeffizienten.

Lösung Aufgabe 1.26

Zur übersichtlichen Berechnung der Korrelationsmaße betrachte man die folgende Tabelle, wobei x_i die Punktevergabe von Anna und y_i die von Berta an Kandidat i sei:

i	x_i	y_i	$x_i - \overline{x}$	$y_i - \overline{y}$	v_i	$(x_i - \overline{x})^2$	$(y_i - \overline{y})^2$	$(x_i - \overline{x})(y_i - \overline{y})$
1	5.2	5.4	−0.35	−0.2	1	0.1225	0.04	0.070
2	5.2	5.5	−0.35	−0.1	1	0.1225	0.01	0.035
3	5.4	5.4	−0.15	−0.2	1	0.0225	0.04	0.030
4	5.5	5.5	−0.05	−0.1	1	0.0025	0.01	0.005
5	5.6	5.9	0.05	0.3	1	0.0025	0.09	0.015
6	5.7	5.8	0.15	0.2	1	0.0225	0.04	0.030
7	5.9	5.6	0.35	0.0	0.5	0.1225	0.00	0.000
8	5.9	5.7	0.35	0.1	1	0.1225	0.01	0.035
$\sum$	44.4	44.8	0.00	0.0	7.5	0.5400	0.24	0.220

$$\implies \quad \overline{x} = 5.55 \,, \quad \overline{y} = 5.6$$

a) Der Korrelationskoeffizient nach Bravais–Pearson ergibt sich zu

$$r_{xy} = \frac{\displaystyle\sum_{i=1}^{n}(x_i - \overline{x})(y_i - \overline{y})}{\sqrt{\left(\displaystyle\sum_{i=1}^{n}(x_i - \overline{x})^2\right)\left(\displaystyle\sum_{i=1}^{n}(y_i - \overline{y})^2\right)}} = \frac{0.22}{\sqrt{0.54 \cdot 0.24}} = \frac{0.22}{0.36} = 0.611 \,.$$

b) Für den Korrelationskoeffizient nach Fechner erhält man:

$$F = \frac{2 \cdot \displaystyle\sum_{i=1}^{n} v_i - n}{n} = \frac{2 \cdot 7.5 - 8}{8} = \frac{7}{8} = 0.875 \,.$$

c) Beide Schwestern stufen die Models 1–4 niedrig ein, die übrigen höher, die konkrete Punktevergabe ist dabei jedoch durchaus unterschiedlich, wie das häufig bei subjektiven Beurteilungen der Fall ist. Der Korrelationskoeffizient nach Bravais–Pearson, der einen linearen Zusammenhang misst, kann einen solchen Zusammenhang im vorliegenden Fall nicht so gut erklären und fällt deshalb geringer aus. In den Korrelationskoeffizienten nach Fechner fließt jedoch nur ein, ob eine Merkmalsausprägung größer oder kleiner als das arithmetische Mittel ist. Er wird deshalb gern verwendet, wenn es um sogenannte „weiche Daten" geht, d.h. Daten, die einer subjektiven Beurteilung entstammen.

In den meisten Fällen metrisch skalierter Merkmale fährt man mit dem Korrelationskoeffizienten nach Bravais–Pearson jedoch besser.

Lösung Aufgabe 1.27

a) Man berechne folgende Summen:

$$\sum_{i=1}^{11} x_i = 88 \quad \text{und damit} \quad \overline{x} = \frac{1}{11}\sum_{i=1}^{11} x_i = 8 \ ,$$

$$\sum_{i=1}^{11} y_i = 55 \quad \text{und damit} \quad \overline{y} = \frac{1}{11}\sum_{i=1}^{11} y_i = 5 \ ,$$

$$\sum_{i=1}^{11} x_i y_i = 504 \ ,$$

$$\sum_{i=1}^{11} x_i^2 = 960 \ ,$$

$$\sum_{i=1}^{11} y_i^2 = 407 \ .$$

Für die KQ–Regressionskoeffizienten $\widehat{a}$ und $\widehat{b}$ erhält man:

$$
\begin{aligned}
\widehat{b} &= \frac{\sum\limits_{i=1}^{11} x_i y_i - n \cdot \overline{x} \cdot \overline{y}}{\sum\limits_{i=1}^{11} x_i^2 - n\overline{x}^2} \\
&= \frac{504 - 11 \cdot 5 \cdot 8}{960 - 11 \cdot 8^2} = \frac{504 - 440}{960 - 704} = \frac{64}{256} = \frac{1}{4} \ , \\
\widehat{a} &= \overline{y} - \widehat{b}\overline{x} = 5 - \frac{8}{4} = 3 \ .
\end{aligned}
$$

Damit lautet die Regressionsgerade $(\widehat{y} = \widehat{a} + \widehat{b}x)$ nach der Methode der kleinsten Quadrate:

$$\widehat{y} = 3 + \frac{1}{4}x \ . \tag{1.41}$$

Mit $\widehat{b}^2 = \dfrac{1}{16}$ sowie

$$\frac{\sigma_x^2}{\sigma_y^2} = \frac{\dfrac{1}{n}\sum\limits_{i=1}^{n} x_i^2 - \overline{x}^2}{\dfrac{1}{n}\sum\limits_{i=1}^{n} y_i^2 - \overline{y}^2} = \frac{\sum\limits_{i=1}^{n} x_i^2 - n\overline{x}^2}{\sum\limits_{i=1}^{n} y_i^2 - n\overline{y}^2}$$

$$= \frac{960 - 11 \cdot 8^2}{407 - 11 \cdot 5^2} = \frac{256}{132}$$

erhält man als Bestimmtheitsmaß:

$$r_{xy}^2 = \widehat{b}^2 \frac{\sigma_x^2}{\sigma_y^2} = \frac{1}{16} \cdot \frac{256}{132} = 0.12 \ .$$

D.h., lediglich 12% der Streuung werden durch die Regression erklärt. Die Anpassung ist daher als schlecht zu bezeichnen.

b) Zur Berechnung der Regressionskoeffizienten für die Drei–Schnitt–Median–Gerade nach Tukey teilt man die nach der erklärenden Variablen geordneten Daten in drei möglichst gleich große Gruppen ein. Aus Symmetriegründen wird man die Gruppen so wählen, dass in der linken und rechten Gruppe jeweils vier Beobachtungen liegen sowie drei Beobachtungen in der mittleren. Anschließend berechnet man in jeder Gruppe die Mediane der erklärenden Variablen und er erklärten Variablen

	L				M			R			
x_i	2	3	4	4	6	7	8	10	11	16	17
y_i	1	2	2	11	3	3	6	7	7	11	2
$\widetilde{x}$	3.5				7			13.5			
$\widetilde{y}$	2				3			7			

Die Regressionskoeffizienten nach Tukey erhält man nun wie folgt:

$$\widehat{b} = \frac{\widetilde{y}_R - \widetilde{y}_L}{\widetilde{x}_R - \widetilde{x}_L} = \frac{7 - 2}{13.5 - 3.5} = \frac{5}{10}$$

$$= \frac{1}{2} \ ,$$

$$\widehat{a} = \frac{1}{3}\left[\widetilde{y}_L + \widetilde{y}_M + \widetilde{y}_R - \widehat{b}(\widetilde{x}_L + \widetilde{x}_M + \widetilde{x}_R)\right]$$

$$= \frac{1}{3}[2+3+7-\frac{1}{2}(3.5+7+13.5)] = \frac{1}{3}[12-12]$$
$$= 0 \, .$$

Für die Drei–Schnitt–Median–Gerade nach Tukey erhält man damit:

$$\hat{y} = \frac{1}{2}x \, . \tag{1.42}$$

c) Die beiden Regressionsgeraden (1.41) und (1.42) in einem Streudiagramm zeigt das folgende Schaubild:

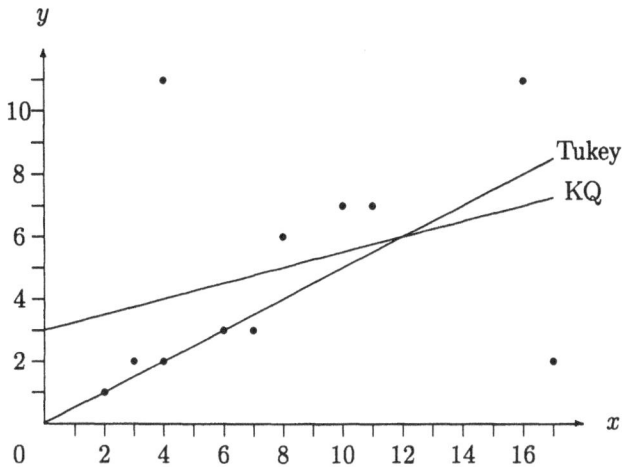

Während die KQ–Regressionsgerade von eher ungewöhnlichen Beobachtungen ((4,11) und (17,2)) angezogen wird („Hebelwirkung", „leverage–effect"), passt sich die Regressionsgerade nach Tukey besser den Daten an.

d) Sei zur Analyse der Residuen folgende Arbeitstabelle erstellt:

x_i	y_i	KQ			Tukey		
		$\widehat{y}_i$	$\widehat{r}_i$	$|\widehat{r}_i|$	$\widehat{y}_i$	$\widehat{r}_i$	$|\widehat{r}_i|$
2	1	3.50	−2.50	2.50	1.00	0.00	0.00
3	2	3.75	−1.75	1.75	1.50	0.50	0.50
4	2	4.00	−2.00	2.00	2.00	0.00	0.00
4	11	4.00	7.00	7.00	2.00	9.00	9.00
6	3	4.50	−1.50	1.50	3.00	0.00	0.00
7	3	4.75	−1.75	1.75	3.50	−0.50	0.50
8	6	5.00	1.00	1.00	4.00	2.00	2.00
10	7	5.50	1.50	1.50	5.00	2.00	2.00
11	7	5.75	1.25	1.25	5.50	1.50	1.50
16	11	7.00	4.00	4.00	8.00	3.00	3.00
17	2	7.25	−5.25	5.25	8.50	−6.50	6.50

Zunächst wird man die absoluten Residuen $|\widehat{r}_i|$ der Größe nach ordnen. Seien diese mit $|r|_{(i)}$ bezeichnet:

$$|r|_{(1)} \leq |r|_{(2)} \leq \dots \leq |r|_{(11)} \ .$$

Anschließend wird man zur Berechnung der Schärfe die Teilsummen

$$R_i = \sum_{k=1}^{i} |r|_{(k)} \quad i \leq n$$

bilden.

Diese Berechnung gibt die folgende Tabelle wieder:

i	KQ $\|r\|_{(i)}$	KQ R_i	Tukey $\|r\|_{(i)}$	Tukey R_i
1	1.00	1.00	0.00	0.00
2	1.25	2.25	0.00	0.00
3	1.50	3.75	0.00	0.00
4	1.50	5.25	0.50	0.50
5	1.75	7.00	0.50	1.00
6	1.75	8.75	1.50	2.50
7	2.00	10.75	2.00	4.50
8	2.50	13.25	2.00	6.50
9	4.00	17.25	3.00	9.50
10	5.25	22.50	6.50	16.00
11	7.00	29.50	9.00	25.00

Damit wiederum lässt sich die Schärfe $R(k)$ berechnen durch

$$R(k) = \frac{R_{n-k}}{n-k}, \qquad k = 0, 1, \ldots, n-1 .$$

Die k–Schärfen für die Kleinste-Quadrate-Regression und die Regression nach Tukey gibt die folgende Tabelle wieder:

k		0	1	2	3	4	5	6	7	8	9	10
KQ	$R(k)$	2.68	2.25	1.92	1.66	1.54	1.46	1.4	1.31	1.25	1.13	1
Tukey	$R(k)$	2.27	1.6	1.06	0.81	0.64	0.42	0.20	0.13	0	0	0

Graphisch erhält man damit folgende Trash–Kurven:

Damit wird man sich für die Drei–Schnitt–Median–Gerade nach Tukey entscheiden, da die Trash-Kurve schneller fällt.

e) Um die Regressionsgerade nach Wald zu ermitteln, müssen die Beobachtungspaare zunächst nach der Größe der erklärenden Variablen (x–Variablen) geordnet werden (dies ist im vorliegenden Fall nicht notwendig, da die Daten bereits sortiert vorliegen). Dann wird der Datensatz in zwei gleich große Hälften geteilt. Wenn eine ungerade Anzahl von Beobachtungen vorliegt (wie hier für $n = 11$), wird das mittlere Paar weggelassen (hier: $(7,3)$):

„Linke" Hälfte des Datensatzes

x_i	2	3	4	4	6
y_i	1	2	2	11	3

„Rechte" Hälfte des Datensatzes

x_i	8	10	11	16	17
y_i	6	7	7	11	2

Nun berechne man für jede Gruppe die arithmetischen Mittel in x und y:

links:
$$\overline{x}_L = \frac{2+3+4+4+6}{5} = 3.8 \,,$$

$$\overline{y}_L = \frac{1+2+2+11+3}{5} = 3.8 \,,$$

rechts:
$$\overline{x}_R = \frac{8+10+11+16+17}{5} = 12.4 \,,$$

$$\overline{y}_R = \frac{6+7+7+11+2}{5} = 6.6 \,.$$

Die Regressionskoeffizienten nach Wald ermitteln sich nun wie folgt: Als Steigungsparameter $\widehat{b}$ der Regressionsgeraden erhält man

$$\widehat{b} = \frac{\overline{y}_R - \overline{y}_L}{\overline{x}_R - \overline{x}_L} = \frac{6.6 - 3.8}{12.4 - 3.8} \approx 0.33 \,.$$

Der Achsenabschnitt wird mittels $\widehat{a} = \overline{y} - \widehat{b}\overline{x}$ ermittelt:

$$\overline{x} = \frac{\overline{x}_L + \overline{x}_R}{2} = \frac{3.8 + 12.4}{2} = 8.1 \,,$$

$$\overline{y} = \frac{\overline{y}_L + \overline{y}_R}{2} = \frac{6.6 + 3.8}{2} = 5.2 \,,$$

$$\implies \quad \widehat{a} = 5.2 - 0.33 \cdot 8.1 \approx 2.53 \,.$$

f) Der Steigungsparameter $\widehat{b}$ der Regressionsgeraden wird nach Theil als Median der Steigungen zwischen den einzelnen Beobachtungspunkten berechnet:

$$\widehat{b} = \operatorname*{med}_{x_i \neq x_j} \left\{ \frac{y_j - y_i}{x_j - x_i} \right\} \,.$$

So ergibt sich die Steigung zwischen $(x_1, y_1) = (2, 1)$ und $(x_2, y_2) = (3, 2)$ durch $\frac{2-1}{3-2} = 1$, zwischen $(x_4, y_4) = (4, 11)$ und $(x_5, y_5) = (6, 3)$ durch $\frac{3-11}{6-4} = -4$ etc.. Analog berechnet man die folgende Tabelle, die als Element a_{ij} den Wert $\frac{y_j - y_i}{x_j - x_i}$ für (x_i, y_i) und (x_j, y_j) enthält (es ist lediglich zu beachten, dass a_{34} nicht existiert, da $x_3 = x_4$):

a_{ij}	2	3	4	5	6	7	8	9	10	11
						j				
1	1	$\frac{1}{2}$	5	$\frac{1}{2}$	$\frac{2}{5}$	$\frac{5}{6}$	$\frac{3}{4}$	$\frac{2}{3}$	$\frac{5}{7}$	$\frac{1}{15}$
2		0	9	$\frac{1}{3}$	$\frac{1}{4}$	$\frac{4}{5}$	$\frac{5}{7}$	$\frac{5}{8}$	$\frac{9}{13}$	0
3			—	$\frac{1}{2}$	$\frac{1}{3}$	1	$\frac{5}{6}$	$\frac{5}{7}$	$\frac{3}{4}$	0
4				-4	$-\frac{8}{3}$	$-\frac{5}{4}$	$-\frac{2}{3}$	$-\frac{4}{7}$	0	$-\frac{9}{13}$
5					0	$\frac{3}{2}$	1	$\frac{4}{5}$	$\frac{4}{5}$	$-\frac{1}{11}$
i 6						3	$\frac{4}{3}$	1	$\frac{8}{9}$	$-\frac{1}{10}$
7							$\frac{1}{2}$	$\frac{1}{3}$	$\frac{5}{8}$	$-\frac{4}{9}$
8								0	$\frac{2}{3}$	$-\frac{5}{7}$
9									$\frac{4}{5}$	$-\frac{5}{6}$
10										-9

Die der Größe nach geordneten Steigungen $b_{(1)}, \cdots, b_{(54)}$ lauten damit:

$$-9\,, \quad -4\,, \quad -\frac{8}{3}\,, \quad -\frac{5}{4}\,, \quad -\frac{5}{6}\,, \quad -\frac{5}{7}\,, \quad -\frac{9}{13}\,, \quad -\frac{2}{3}\,, \quad -\frac{4}{7}\,,$$

$$-\frac{4}{9}\,, \quad -\frac{1}{10}\,, \quad -\frac{1}{11}\,, \quad 0\,, \quad 0\,, \quad 0\,, \quad 0\,, \quad 0\,, \quad 0\,,$$

$$\frac{1}{15}\,, \quad \frac{1}{4}\,, \quad \frac{1}{3}\,, \quad \frac{1}{3}\,, \quad \frac{1}{3}\,, \quad \frac{2}{5}\,, \quad \frac{1}{2}\,, \quad \frac{1}{2}\,, \quad \frac{1}{2}\,,$$

$$\frac{1}{2}\,, \quad \frac{5}{8}\,, \quad \frac{5}{8}\,, \quad \frac{2}{3}\,, \quad \frac{2}{3}\,, \quad \frac{9}{13}\,, \quad \frac{5}{7}\,, \quad \frac{5}{7}\,, \quad \frac{5}{7}\,,$$

$$\frac{3}{4}\,, \quad \frac{3}{4}\,, \quad \frac{4}{5}\,, \quad \frac{4}{5}\,, \quad \frac{4}{5}\,, \quad \frac{4}{5}\,, \quad \frac{5}{6}\,, \quad \frac{5}{6}\,, \quad \frac{8}{9}\,,$$

$$1\,, \quad 1\,, \quad 1\,, \quad 1\,, \quad \frac{4}{3}\,, \quad \frac{3}{2}\,, \quad 3\,, \quad 5\,, \quad 9\,.$$

(Eigentlich wären $\sum_{i=1}^{10} i = \frac{10 \cdot 11}{2} = 55$ Steigungen zu ermitteln, da aber a_{34} nicht existiert, liegen nur 54 Werte vor.) Damit gilt:

$$\widehat{b} = \frac{b_{(27)} + b_{(28)}}{2} = \frac{1}{2}\,.$$

Als nächstes berechnet man

$$z_i = y_i - \widehat{b}x_i\,, \qquad 1 \le i \le 11\,.$$

Diese z_i entsprechen im vorliegenden Fall aber gerade den Residuen der Resistant Line Regression (vgl. Aufgabenteil d):

$$z_1 = 0 \ , \ z_2 = \frac{1}{2} \ , \ z_3 = 0 \ , \ z_4 = 9 \ , \ z_5 = 0 \ , \ z_6 = -\frac{1}{2} \ ,$$

$$z_7 = 2 \ , \ z_8 = 2 \ , \ z_9 = \frac{3}{2} \ , \ z_{10} = 3 \ , \ z_{11} = -\frac{13}{2} \ .$$

Zur Ermittlung von

$$\widehat{a} = \operatorname*{med}_{i \neq j}\{a_{ij}\} = \operatorname*{med}_{i \neq j}\left\{\frac{z_i + z_j}{2}\right\}$$

betrachte man folgende Arbeitstabelle:

a_{ij}	1	2	3	4	5	6	7	8	9	10	11
1		$\frac{1}{4}$	0	$\frac{9}{2}$	0	$-\frac{1}{4}$	1	1	$\frac{3}{4}$	$\frac{3}{2}$	$-\frac{13}{4}$
2			$\frac{1}{4}$	$\frac{19}{4}$	$\frac{1}{4}$	0	$\frac{3}{4}$	$\frac{3}{4}$	1	$\frac{7}{4}$	$-\frac{3}{2}$
3				$\frac{9}{2}$	0	$-\frac{1}{4}$	1	1	$\frac{3}{4}$	$\frac{3}{2}$	$-\frac{13}{4}$
4					$\frac{9}{2}$	$\frac{17}{4}$	$\frac{11}{2}$	$\frac{11}{2}$	$\frac{21}{4}$	6	$\frac{5}{4}$
5						$-\frac{1}{4}$	1	1	$\frac{3}{4}$	$\frac{3}{2}$	$-\frac{13}{4}$
6							$\frac{3}{4}$	$\frac{3}{4}$	$\frac{1}{2}$	$\frac{5}{4}$	$-\frac{7}{2}$
7								2	$\frac{7}{4}$	$\frac{5}{2}$	$-\frac{9}{4}$
8									$\frac{7}{4}$	$\frac{5}{2}$	$\frac{9}{4}$
9										$\frac{9}{4}$	$-\frac{10}{4}$
10											$\frac{7}{4}$

(Spaltenüberschrift: j; Zeilenbeschriftung: i)

Die geordneten Einträge $a_{(1)}, \ldots, a_{(55)}$ der Tabelle sehen damit folgendermaßen aus:

$$-\frac{7}{2}, \quad -\frac{13}{4}, \quad -\frac{13}{4}, \quad -\frac{13}{4}, \quad -\frac{10}{4}, \quad -\frac{9}{4}, \quad -\frac{9}{4}, \quad -\frac{7}{4}, \quad -\frac{3}{2}, \quad -\frac{1}{4},$$

$$-\frac{1}{4}, \quad -\frac{1}{4}, \quad 0, \quad 0, \quad 0, \quad 0, \quad \frac{1}{4}, \quad \frac{1}{4}, \quad \frac{1}{4}, \quad \frac{1}{2},$$

$$\frac{3}{4}, \quad \frac{3}{4}, \quad \frac{3}{4}, \quad \frac{3}{4}, \quad \frac{3}{4}, \quad \frac{3}{4}, \quad \frac{3}{4}, \quad 1, \quad 1, \quad 1,$$

$$1, \quad 1, \quad 1, \quad 1, \quad \frac{5}{4}, \quad \frac{5}{4}, \quad \frac{3}{2}, \quad \frac{3}{2}, \quad \frac{3}{2}, \quad \frac{7}{4},$$

$$\frac{7}{4}, \quad \frac{7}{4}, \quad 2, \quad \frac{9}{4}, \quad \frac{5}{2}, \quad \frac{5}{2}, \quad \frac{17}{4}, \quad \frac{9}{2}, \quad \frac{9}{2}, \quad \frac{9}{2},$$

$$\frac{19}{4}, \quad \frac{21}{4}, \quad \frac{11}{2}, \quad \frac{11}{2}, \quad 6 \, .$$

Da 55 Werte vorliegen, erhält man als Median der a_i :

$$\widehat{a} = \operatorname*{med}_i\{a_i\} = a_{(28)} = 1 \, .$$

Damit lautet die Regressionsgerade nach Theil:

$$\widehat{y} = \widehat{a} + \widehat{b} \cdot x = 1 \, + \, 0.5x \, .$$

Lösung Aufgabe 1.28

Ein einfacher gleitender Durchschnitt der Länge $m = 2k + 1$ ist gegeben durch:

$$y_t^{(m)} = \begin{cases} \sum\limits_{\ell=1}^{m} w_{t\ell} y_\ell & \text{für} \quad t = 1, \ldots, k \\ \sum\limits_{\ell=1}^{m} w_{k+1,\ell} y_{t-k-1+\ell} & \text{für} \quad t = k+1, \ldots, n-k \, , \\ \sum\limits_{\ell=1}^{m} w_{t-n+m,\ell} y_{n-m+\ell} & \text{für} \quad t = n-k+1, \ldots, n \end{cases}$$

wobei $\quad w_{ij} = \dfrac{1}{m} + \dfrac{3(i-k-1)(j-k-1)}{k(k+1)m} \quad$ für $\quad i, j \in \{1, \ldots, m\} \, .$

Speziell für $m \in \{3, 5, 7\}$ erhält man folgende einfache gleitende Durchschnitte:

i) Einfacher gleitender Dreierdurchschnitt:

$$
y_t^{(3)} = \begin{cases} \sum\limits_{\ell=1}^{3} w_{1,\ell} y_\ell & \text{für } t = 1 \\ \sum\limits_{\ell=1}^{3} w_{2,\ell} y_{t-2+\ell} & \text{für } t = 2, \ldots, n-1 \\ \sum\limits_{\ell=1}^{3} w_{3,\ell} y_{n-3+\ell} & \text{für } t = n \end{cases} ,
$$

wobei $\quad w_{ij} = \dfrac{1}{3} + \dfrac{(i-2)(j-2)}{2} \quad$ für $\quad i,j \in \{1,2,3\}$.

ii) Einfacher gleitender Fünferdurchschnitt:

$$
y_t^{(5)} = \begin{cases} \sum\limits_{\ell=1}^{5} w_{t\ell} y_\ell & \text{für } t = 1,2 \\ \sum\limits_{\ell=1}^{5} w_{3\ell} y_{t-3+\ell} & \text{für } t = 3, \ldots, n-2 \\ \sum\limits_{\ell=1}^{5} w_{t-n+5,\ell} y_{n-5+\ell} & \text{für } t = n-1, n \end{cases} ,
$$

wobei $\quad w_{ij} = \dfrac{1}{5} + \dfrac{(i-3)(j-3)}{10} \quad$ für $\quad i,j \in \{1, \ldots, 5\}$.

iii) Einfacher gleitender Siebenerdurchschnitt:

$$
y_t^{(m)} = \begin{cases} \sum\limits_{\ell=1}^{7} w_{t\ell} y_\ell & \text{für } t = 1,2,3 \\ \sum\limits_{\ell=1}^{7} w_{4\ell} y_{t-4+\ell} & \text{für } t = 4, \ldots, n-3 \\ \sum\limits_{\ell=1}^{7} w_{t-n+7,\ell} y_{n-7+\ell} & \text{für } t = n-2, n-1, n \end{cases} ,
$$

wobei $\quad w_{ij} = \dfrac{1}{7} + \dfrac{(i-4)(j-4)}{28} \quad$ für $\quad i,j \in \{1, \ldots, 7\}$.

Für den vorliegenden Datensatz erhält man folgende geglättete Zeitreihen:

t	y_t	$y_t^{(3)}$	$y_t^{(5)}$	$y_t^{(7)}$	t	y_t	$y_t^{(3)}$	$y_t^{(5)}$	$y_t^{(7)}$
1	158.99	157.28	159.18	159.40	15	220.12	216.84	214.61	216.64
2	165.55	168.96	166.32	166.17	16	212.91	214.40	217.56	217.18
3	182.34	171.26	173.45	177.19	17	210.18	216.72	218.08	216.64
4	165.90	180.91	178.97	179.71	18	227.08	219.12	215.78	215.70
5	194.49	182.32	186.68	185.53	19	220.11	218.60	215.37	215.31
6	186.57	195.05	190.17	189.90	20	208.62	213.20	216.82	215.98
7	204.10	196.81	196.21	192.13	21	210.87	212.30	214.92	214.10
8	199.77	199.99	196.90	196.99	22	217.42	215.28	210.30	210.13
9	196.10	197.95	199.57	200.11	23	217.56	210.67	208.44	205.94
10	197.97	198.00	202.02	203.79	24	197.04	204.63	204.42	203.66
11	199.93	204.74	204.54	205.71	25	199.30	195.70	199.47	199.15
12	216.31	209.54	208.81	208.61	26	190.76	194.24	193.86	194.65
13	212.37	215.39	213.24	211.01	27	192.67	190.93	188.26	190.14
14	217.49	216.66	215.84	212.76					

Die folgenden Abbildungen zeigen die Originalzeitreihe und die geglätteten Zeitreihen. Deutlich erkennt man, dass die Zeitreihe immer glatter wird, je größer man den gleitenden Durchschnitt wählt. Zwischen dem gleitenden Fünfer- und Siebenerdurchschnitt sind keine größeren Unterschiede mehr zu erkennen.

Originalzeitreihe

einfacher gleitender Dreierdurchschnitt

einfacher gleitender Fünferdurchschnitt

einfacher gleitender Siebenerdurchschnitt

Lösung Aufgabe 1.29

a) Die 4–Tage–Woche des Klaus Doch impliziert eine Periode von $P = 4$, so dass ein gleitender Viererdurchschnitt zur Glättung der Zeitreihe angemessen erscheint. Mit $P = 4$ gilt $k = 2$ sowie $m = 5$ und man erhält folgende geglättete Werte:

$$
y_t^* = \begin{cases} \sum\limits_{\ell=1}^{5} w_{t\ell} y_\ell & t = 1, 2 \\ \sum\limits_{\ell=1}^{5} w_{3\ell} y_{t-3+\ell} & t = 3, \ldots, n - 2 \, , \\ \sum\limits_{\ell=1}^{5} w_{t-n+5,\ell} y_{n-5+\ell} & t = n - 1, n \end{cases}
$$

wobei

$$
w_{ij} = \begin{cases} \frac{1}{8} + \frac{3-i}{4} & j = 1 \\ \frac{1}{4} & j \in \{2, 3, 4\} \quad i = 1, 2, \ldots 5 \\ \frac{1}{8} + \frac{i-3}{4} & j = 5 \end{cases}
$$

$$
= \begin{cases} \frac{7-2i}{8} & j = 1 \\ \frac{1}{4} & j \in \{2, 3, 4\} \quad i = 1, 2, \ldots, 5 \, . \\ \frac{2i-5}{8} & j = 5 \end{cases}
$$

Damit erhält man für y_t^* :

$$
y_1^* = \sum_{\ell=1}^{5} w_{1\ell} y_\ell = \frac{5}{8} y_1 + \frac{1}{4} y_2 + \frac{1}{4} y_3 + \frac{1}{4} y_4 - \frac{3}{8} y_5 \, ,
$$

$$
y_2^* = \sum_{\ell=1}^{5} w_{2\ell} y_\ell = \frac{3}{8} y_1 + \frac{1}{4} y_2 + \frac{1}{4} y_3 + \frac{1}{4} y_4 - \frac{1}{8} y_5 \, ,
$$

$$
y_t^* = \sum_{\ell-1}^{5} w_{3\ell} y_{t-3+\ell} = \frac{1}{8} y_{t-2} + \frac{1}{4} y_{t-1} + \frac{1}{4} y_t + \frac{1}{4} y_{t+1} + \frac{1}{8} y_{t+2}
$$

$$
\text{für} \quad t = 3, \ldots, n - 2 \, ,
$$

$$
y_{n-1}^* = \sum_{\ell=1}^{5} w_{4\ell} y_{n-5+\ell} = -\frac{1}{8} y_{n-4} + \frac{1}{4} y_{n-3} + \frac{1}{4} y_{n-2} + \frac{1}{4} y_{n-1} + \frac{3}{8} y_n \, ,
$$

$$
y_n^* = \sum_{j=1}^{5} w_{5\ell} y_{n-5+\ell} = -\frac{3}{8} y_{n-4} + \frac{1}{4} y_{n-3} + \frac{1}{4} y_{n-2} + \frac{1}{4} y_{n-1} + \frac{5}{8} y_n \, .
$$

Die für die vorliegenden Zeitreihen ermittelten Werte sowie die zugehörige trendbereinigte Zeitreihe $y_t - y_t^*$ gibt die folgende Tabelle an:

t	y_t	y_t^*	$y_t - y_t^*$
1	3	6.000	−3.000
2	6	6.000	0.000
3	8	6.000	2.000
4	7	6.125	0.875
5	3	6.375	−3.375
6	7	6.500	0.500
7	9	6.750	2.250
8	7	7.375	−0.375
9	5	8.250	−3.250
10	10	9.125	0.875

t	y_t	y_t^*	$y_t - y_t^*$
11	13	9.625	3.375
12	10	10.000	0.000
13	6	10.125	−4.125
14	12	9.750	2.250
15	12	10.000	2.000
16	8	10.875	−2.875
17	10	11.750	−1.750
18	15	13.000	2.000
19	16	14.500	1.500
20	14	16.000	−2.000

Graphisch sehen die ursprüngliche Zeitreihe $y_1, \ldots, y_n$ (durchgezogene Linien) und
die geglättete Zeitreihe $y_1^*, \ldots, y_n^*$ (gestrichelte Linien) wie folgt aus:

Die trendbereinigte Zeitreihe $y_t - y_t^*$ hat damit folgendes Aussehen:

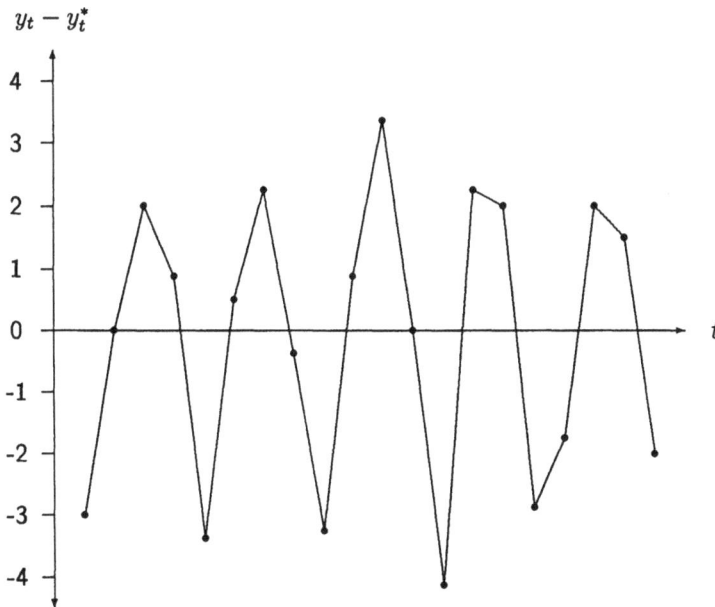

b) Zur Ermittlung einer Saisonfigur verwendet man etwa die arithmetischen Mittel für die jeweiligen Wochentage aus der trendbereinigten Reihe:
Für den Donnerstag erhält man

$$s_1 = \frac{1}{5}(-3.000 - 3.375 - 3.250 - 4.125 - 1.750)$$
$$= -3.100 \, ,$$

für den Freitag ermittelt man

$$s_2 = \frac{1}{5}(0.000 + 0.500 + 0.875 + 2.250 + 2.000)$$
$$= 1.125 \, ,$$

für den Samstag ist der Saisoneinfluss gegeben durch

$$s_3 = \frac{1}{5}(2.000 + 2.250 + 3.375 + 2.000 + 1.500)$$
$$= 2.225$$

und schließlich für den Sonntag

$$s_4 = \frac{1}{5}(0.875 - 0.375 + 0.000 - 2.875 - 2.000)$$
$$= -0.875 \, .$$

Lösung Aufgabe 1.30

a) Die Anpassung einer linearen Trendgerade entspricht einer linearen Regression mit der Zeit als erklärende Variable (d.h., $x_t = t$):

$$y_t = a + b \cdot t + u_t ,$$

wobei u_t eine nicht zu beobachtende Störgröße darstellt. Als Regressionskoeffizienten nach der Kleinste–Quadrate–Methode erhält man:

$$\hat{b} = \frac{\sigma_{xy}}{\sigma_x^2} \tag{1.43}$$

und

$$\hat{a} = \bar{y} - \hat{b}\,\bar{x} = \bar{y} - \hat{b}\,\bar{t} . \tag{1.44}$$

Nun ist

$$
\begin{aligned}
\sigma_x^2 &= \frac{1}{n}\sum_{i=1}^n (x_i - \bar{x})^2 = \frac{1}{n}\sum_{i=1}^n x_i^2 - \bar{x}^2 = \frac{1}{n}\sum_{i=1}^n x_i^2 - \left(\frac{1}{n}\sum_{i=1}^n x_i\right)^2 \\
&= \frac{1}{n}\sum_{i=1}^n i^2 - \left(\frac{1}{n}\sum_{i=1}^n i\right)^2 .
\end{aligned}
$$

Diese endlichen Reihen sind aus der Mathematik wohl bekannt:

$$\sum_{i=1}^n i = \frac{n(n+1)}{2} ,$$

$$\sum_{i=1}^n i^2 = \frac{n(n+1)(2n+1)}{6} ,$$

so dass für σ_x^2 gilt:

$$
\begin{aligned}
\sigma_x^2 &= \frac{1}{n}\cdot\frac{n(n+1)(2n+1)}{6} - \left(\frac{1}{n}\cdot\frac{n(n+1)}{2}\right)^2 \\
&= \frac{(n+1)(2n+1)}{6} - \frac{(n+1)^2}{4} \\
&= \frac{n+1}{12}(4n+2-3n-3) = \frac{(n+1)(n-1)}{12} . \tag{1.45}
\end{aligned}
$$

Für σ_{xy} ermittelt man:

$$
\begin{aligned}
\sigma_{xy} &= \frac{1}{n}\sum_{i=1}^{n}(x_i - \overline{x})(y_i - \overline{y}) = \frac{1}{n}\sum_{i=1}^{n}x_i y_i - \overline{x}\,\overline{y} \\
&= \frac{1}{n}\sum_{i=1}^{n}i y_i - \overline{y}\frac{1}{n}\sum_{i=1}^{n}i \ , \\
&= \frac{1}{n}\sum_{i=1}^{n}i y_i - \frac{n+1}{2}\overline{y} \\
&= \frac{1}{n}\sum_{i=1}^{n}\left(i - \frac{n+1}{2}\right)y_i \ ,
\end{aligned}
\tag{1.46}
$$

so dass sich der Regressionskoeffizient für den Steigungsparameter $\widehat{b}$ (vgl.(1.43)) mit Hilfe von (1.45) und (1.46) ergibt zu

$$
\begin{aligned}
\widehat{b} &= \frac{\sigma_{xy}}{\sigma_x^2} = \frac{\frac{1}{n}\sum_{i=1}^{n}(i - \frac{n+1}{2})y_i}{\frac{(n-1)(n+1)}{12}} \\
&= \frac{12}{(n-1)n(n+1)}\sum_{i=1}^{n}\left(i - \frac{n+1}{2}\right)y_i \ .
\end{aligned}
$$

Für die vorliegende Aufgabe erhält man:

$$
\sum_{i=1}^{n}(i - \frac{n+1}{2})y_i = \sum_{i=1}^{29}(i - 15)y_i = 406 \ ,
$$

so dass gilt:

$$
\widehat{b} = \frac{12}{28 \cdot 29 \cdot 30} \cdot 406 = 0.2 \ .
$$

Mit

$$
\overline{y} = \frac{1}{n}\sum_{i=1}^{n}y_i = \frac{1}{29}\sum_{i=1}^{29}y_i = \frac{174}{29} = 6
$$

und Formel (1.44) erhält man als Regressionskoeffizienten für den Achsenabschnitt:

$$
\widehat{a} = \overline{y} - \widehat{b}\cdot\overline{t} = \overline{y} - \frac{n+1}{2}\cdot\widehat{b} = 6 - 15\cdot 0.2 = 3 \ .
$$

Als Anpassung durch einen linearen Trend erhält man folgende Regressionsgerade:

$$
\widehat{y} = 3 + 0.2\,t \ .
$$

Die Werte y_t der eigentlichen Zeitreihe sowie $\widehat{y}_t$ der linearen Trendregression entnehme man der folgenden Tabelle:

t	1	2	3	4	5	6	7	8	9	10	11	12	13	14	15
y_t	2	5	6	7	9	6	5	2	1	0	1	3	5	7	8
$\widehat{y}_t$	3.2	3.4	3.6	3.8	4.0	4.2	4.4	4.6	4.8	5.0	5.2	5.4	5.6	5.8	6.0
t	16	17	18	19	20	21	22	23	24	25	26	27	28	29	
y_t	9	10	9	8	4	3	1	3	5	7	9	11	13	15	
$\widehat{y}_t$	6.2	6.4	6.6	6.8	7.0	7.2	7.4	7.6	7.8	8.0	8.2	8.4	8.6	8.8	

Graphisch sehen ursprüngliche Zeitreihe und Trendgerade wie folgt aus:

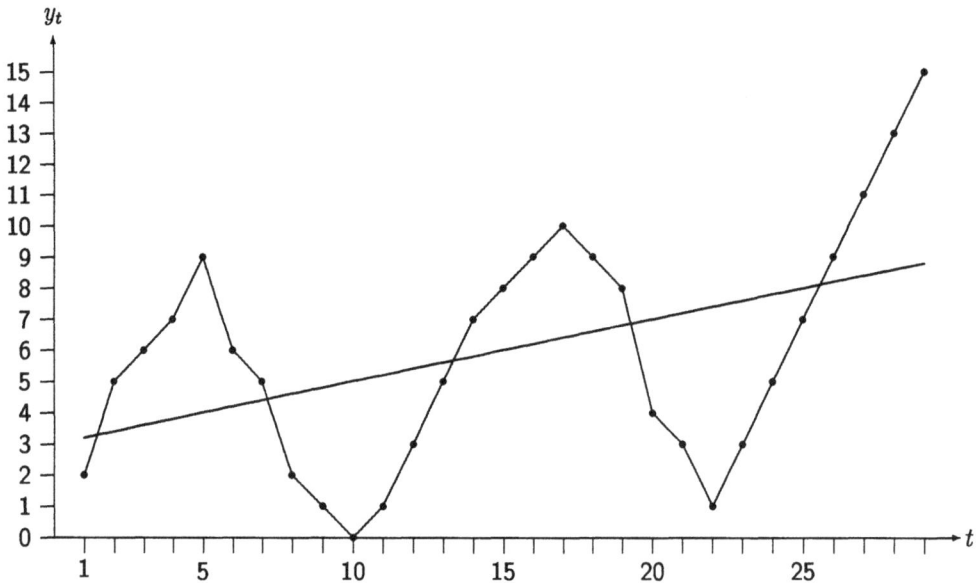

b) Wie bereits im Aufgabenteil a) gesehen, weist die Zeitreihe ein deutliches Saison-muster auf. Bei einer Periodenlänge $P = 12$ erhält man einen gleitenden Zwölfer-durchschnitt durch

$$
y_t^* = \begin{cases}
\sum\limits_{\ell=1}^{13} w_{t\ell} y_\ell & \text{für} \quad t = 1, \ldots, 6 \\
\sum\limits_{\ell=1}^{13} w_{7,\ell} y_{t-7+\ell} & \text{für} \quad t = 7, \ldots, 23 \\
\sum\limits_{\ell=1}^{13} w_{t-16,\ell} y_{16+\ell} & \text{für} \quad t = 24, \ldots, 29
\end{cases} \quad ,
$$

wobei

$$w_{ij} = \begin{cases} \frac{1}{24} + \frac{7-i}{12} & j = 1 \\ \frac{1}{12} & j = 2, \ldots, 12 \\ \frac{1}{24} + \frac{i-7}{12} & j = 13 \end{cases} \qquad i \in \{1, 2, \ldots, 13\} \quad .$$

Die folgende Tabelle gibt die Zeitreihe $y_1, \ldots, y_{29}$ und die geglättete Zeitreihe $y_1^*, \ldots, y_{29}^*$ wieder:

t	1	2	3	4	5	6	7	8	9	10	11	12	13	14	15
y_t	2	5	6	7	9	6	5	2	1	0	1	3	5	7	8
y_t^*	2.5	2.8	3.0	3.3	3.5	3.8	4.0	4.3	4.4	4.6	4.7	4.9	5.1	5.3	5.5
t	16	17	18	19	20	21	22	23	24	25	26	27	28	29	
y_t	9	10	9	8	4	3	1	3	5	7	9	11	13	15	
y_t^*	5.6	5.8	5.9	6.1	6.3	6.5	6.8	7.1	7.5	8.0	8.4	8.8	9.2	9.6	

Graphisch sehen ursprüngliche und geglättete Zeitreihen wie folgt aus:

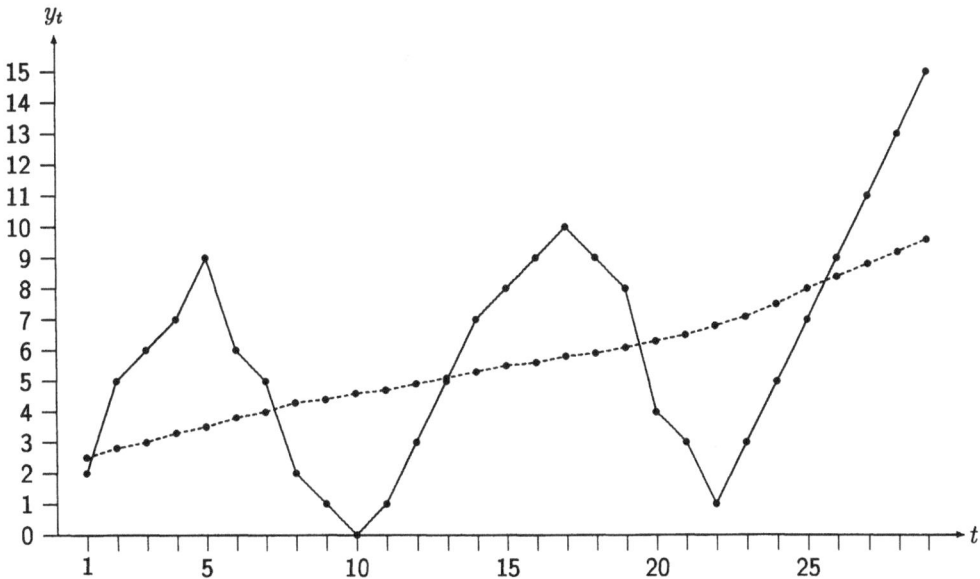

Damit ist im vorliegenden Fall kein großer Unterschied zwischen der Trendgeraden und dem gleitenden Zwölferdurchschnitt zu sehen. Dies liegt unter anderem daran, dass die Zeitreihe in Bezug auf die Periode $P = 12$ relativ kurz ist ($n = 29$).

Lösung Aufgabe 1.31

a) Für die Preismessziffern der Berichtsperioden $t = 1988, \ldots, 1994$ zur Basisperiode 1988 gilt:

$$M_{88,t} = \frac{p_t}{p_{88}} \qquad t = 1988, \ldots, 1994 \; ,$$

wobei p_t den Preis im Jahr t bezeichnet. Damit folgt:

$$
\begin{aligned}
M_{88,88} &= \frac{4.00}{4.00} = 1.0 \qquad \text{(die Messziffer für das Basisjahr selbst ist immer 1)} \; , \\
M_{88,89} &= \frac{4.25}{4.00} = 1.0625 \; , \\
M_{88,90} &= \frac{4.80}{4.00} = 1.20 \; , \\
M_{88,91} &= \frac{3.75}{4.00} = 0.9375 \; , \\
M_{88,92} &= \frac{4.50}{4.00} = 1.125 \; , \\
M_{88,93} &= \frac{4.60}{4.00} = 1.15 \; , \\
M_{88,94} &= \frac{4.20}{4.00} = 1.05 \; .
\end{aligned}
$$

b) Man überlegt sich leicht, dass gilt:

$$\frac{M_{j,t}}{M_{j,i}} = \frac{\frac{p_t}{p_j}}{\frac{p_i}{p_j}} = \frac{p_t}{p_i} = M_{i,t} \; , \tag{1.47}$$

d.h., das Verhältnis zweier Messziffern, die sich auf dasselbe Basisjahr beziehen, entspricht dem Verhältnis der Preise der jeweiligen Berichtsperioden. Mehr noch, das Verhältnis der Messziffern hängt nicht vom Basisjahr ab (die rechte Seite ist unabhängig von j), so dass bei Wahl eines anderen Basisjahres k die Beziehung erhalten bleibt:

$$\frac{M_{j,t}}{M_{j,i}} = \frac{p_t}{p_i} = \frac{M_{k,t}}{M_{k,i}} \ . \tag{1.48}$$

Mit Gleichung (1.47) können damit folgende Umbasierungen vorgenommen werden:

$$
\begin{aligned}
M_{90,88} &= \frac{M_{88,88}}{M_{88,90}} = \frac{1.0}{1.2} = 0.8\overline{3} \ , \\[2mm]
M_{90,89} &= \frac{M_{88,89}}{M_{88,90}} = \frac{1.0625}{1.2} = 0.8854 \ , \\[2mm]
M_{90,90} &= 1.0 \ , \\[2mm]
M_{90,91} &= \frac{M_{88,91}}{M_{88,90}} = \frac{0.9375}{1.2} = 0.78125 \ , \\[2mm]
M_{90,92} &= \frac{M_{88,92}}{M_{88,90}} = \frac{1.125}{1.2} = 0.9375 \ , \\[2mm]
M_{90,93} &= \frac{M_{88,93}}{M_{88,90}} = \frac{1.15}{1.2} = 0.958\overline{3} \ , \\[2mm]
M_{90,94} &= \frac{M_{88,94}}{M_{88,90}} = \frac{1.05}{1.2} = 0.875 \ .
\end{aligned}
$$

c) Zunächst einmal lassen sich die Preismeßziffern

$$M_{90,90} = M_{92,92} = 1.0$$

ergänzen. Für die Berechnung der weiteren Meßziffern beachte man die Umformung von Gleichung (1.48):

$$M_{j,t} = \frac{M_{k,t}}{M_{k,i}} \cdot M_{j,i} \ . \tag{1.49}$$

Speziell für $i = 93$, $j = 90$ und $k = 92$ lassen sich mit

$$M_{90,t} = \frac{M_{92,t}}{M_{92,93}} \cdot M_{90,93}$$

für $t = 92$ und $t = 94$ die noch fehlenden Werte für die erste Tabelle ermitteln:

$$
\begin{aligned}
M_{90,92} &= \frac{M_{92,92}}{M_{92,93}} \cdot M_{90,93} = \frac{M_{90,93}}{M_{92,93}} = \frac{0.9}{0.6} = 1.5 \ , \\[2mm]
M_{90,94} &= \frac{M_{92,94}}{M_{92,93}} \cdot M_{90,93} = \frac{1.2}{0.6} \cdot 0.9 = 1.8 \ .
\end{aligned}
$$

Entsprechend erhält man bei Wahl von $i = 93$, $j = 92$ und $k = 90$ durch Gleichung (1.49)

$$M_{92,t} = \frac{M_{90,t}}{M_{90,93}} \cdot M_{92,93}$$

für die noch fehlenden Werte $t = 90$ und $t = 91$:

$$M_{92,90} = \frac{M_{90,90}}{M_{90,93}} \cdot M_{92,93} = \frac{M_{92,93}}{M_{90,93}} = \frac{0.6}{0.9} = 0.\bar{6} ,$$

$$M_{92,91} = \frac{M_{90,91}}{M_{90,93}} \cdot M_{92,93} = \frac{1.2}{0.9} \cdot 0.6 = 0.8 .$$

Lösung Aufgabe 1.32

a) Der Preis in EUR des Warenkorbes der Basisperiode ist gegeben durch

$$\sum_{j=S,R,B} p_{0j} q_{0j} = 2 \cdot 8 + 1.2 \cdot 10 + 0.5 \cdot 24 = 40 .$$

Derselbe Warenkorb kostet zum Berichtszeitraum 1

$$\sum_{j=S,R,B} p_{1j} q_{0j} = 4.5 \cdot 8 + 1 \cdot 10 + 1 \cdot 24 = 70$$

und zum Berichtszeitraum 2

$$\sum_{j=S,R,B} p_{2j} q_{0j} = 6 \cdot 8 + 1 \cdot 10 + 3 \cdot 24 = 130 .$$

Damit erhält man als Preisindex nach Laspeyres für den Berichtszeitraum 1:

$$P_{0,1}^{L} = \frac{\sum\limits_{j=S,R,B} p_{1j} q_{0j}}{\sum\limits_{j=S,R,B} p_{0j} q_{0j}} = \frac{70}{40} = 1.75$$

sowie für den Berichtszeitraum 2:

$$P_{0,2}^L = \frac{\sum\limits_{j=S,R,B} p_{2j}q_{0j}}{\sum\limits_{j=S,R,B} p_{0j}q_{0j}} = \frac{130}{40} = 3.25 \ .$$

Für die Preisindizes nach Paasche benötigt man die Preise für den Warenkorb der Berichtsperiode in der Basis- und Berichtsperiode. Der Warenkorb zum Zeitpunkt 1 kostet gerade

$$\sum_{j=S,R,B} p_{1j}q_{1j} = 4.5 \cdot 4 + 1 \cdot 10 + 1 \cdot 20 = 48 \ .$$

Derselbe Warenkorb hätte zum Zeitpunkt 0

$$\sum_{j=S,R,B} p_{0j}q_{1j} = 2 \cdot 4 + 1.2 \cdot 10 + 0.5 \cdot 20 = 30$$

gekostet. Damit ist der Preisindex nach Paasche für die Periode 1 gegeben durch

$$P_{0,1}^P = \frac{\sum\limits_{j=S,R,B} p_{1j}q_{1j}}{\sum\limits_{j=S,R,B} p_{0j}q_{1j}} = \frac{48}{30} = 1.6 \ .$$

Der Warenkorb des Berichtszeitraums 2 kostet

$$\sum_{j=S,R,B} p_{2j}q_{2j} = 6 \cdot 5 + 1 \cdot 20 + 3 \cdot 20 = 110 \ ,$$

Zum Zeitpunkt 0 hätte er

$$\sum_{j=S,R,B} p_{0j}q_{2j} = 2 \cdot 5 + 1.2 \cdot 20 + 0.5 \cdot 20 = 44$$

gekostet. Damit ist der Paasche–Preisindex für die Periode 2 gegeben durch

$$P_{0,2}^P = \frac{\sum\limits_{j=S,R,B} p_{2j}q_{2j}}{\sum\limits_{j=S,R,B} p_{0j}q_{2j}} = \frac{110}{44} = 2.5 \ .$$

b) Der Preisindex nach Laspeyres kann auch als gewogenes Mittel von Preismessziffern der einzelnen Güter berechnet werden.
Allgemein gilt:

$$P_{0,t}^L = u_0^1 \cdot M_{0,t}^1 + \ldots + u_0^n \cdot M_{0,t}^n = \sum_{i=1}^n u_0^i \cdot M_{0,t}^i \ ,$$

wobei u_0^i den Umsatzanteil des i–ten Gutes in der Basisperiode bezeichnet. Damit ergibt sich für Basisperiode 0 und Berichtsperiode 1:

$$P_{0,1}^L = 0.25 \cdot 2 + 0.75 \cdot 1.2 = 0.5 + 0.9 = 1.4 \ .$$

Für Berichtsperiode 2 gilt analog:

$$P_{0,2}^L = 0.25 \cdot 2.4 + 0.75 \cdot 1.5 = 0.6 + 1.125 = 1.725 \ .$$

c) Wenn bereits Laspeyres–Indizes für verschiedene Warengruppen berechnet wurden (Subindizes), können diese durch eine Gewichtung zu einem Gesamtindex zusammengefasst werden. Als Gewichte dienen dabei die Umsatzanteile U_0^i der einzelen Warengruppen in der Basisperiode:

$$P_{0,t}^L = U_0^1 \cdot P_{0,t}^{L,1} + \ldots + U_0^k \cdot P_{0,t}^{L,k} = \sum_{i=1}^k U_0^i \cdot P_{0,t}^{L,i} \ .$$

Damit ergibt sich der Gesamtindex $P_{0,1}^L$ durch folgende Gewichtung der Subindizes $P_{0,1}^{L,1}$ für die Warengruppe der Stinkbomben aus Aufgabenteil a) sowie $P_{0,1}^{L,2}$ für die Warengruppe bestehend aus Tomaten und Eiern (siehe Aufgabenteil b)):

$$
\begin{aligned}
P_{0,1}^L &= 0.6 \cdot P_{0,1}^{L,1} + 0.4 \cdot P_{0,1}^{L,2} = 0.6 \cdot 1.75 + 0.4 \cdot 1.4 = 1.61 \ , \\
P_{0,2}^L &= 0.6 \cdot P_{0,2}^{L,1} + 0.4 \cdot P_{0,2}^{L,2} = 0.6 \cdot 3.25 + 0.4 \cdot 1.725 = 2.64 \ .
\end{aligned}
$$

Lösung Aufgabe 1.33

a) Der Preis des Warenkorbes in Geizing (in BM) beträgt:

$$\sum_{i=1}^{5} q_i p_{iI} = 5 \cdot 12.00 + 6 \cdot 4.00 + 26 \cdot 3.50 + 3 \cdot 2.00 + 19 \cdot 1.00$$
$$= 200.00 .$$

Der gleiche Warenkorb kostet in Italien (in LIT):

$$\sum_{i=1}^{5} q_i p_{iA} = 5 \cdot 24\ 000 + 6 \cdot 10\ 500 + 26 \cdot 3\ 750 + 3 \cdot 7\ 500 + 19 \cdot 3\ 000$$
$$= 360\ 000 .$$

Damit ergibt sich eine Kaufkraftparität von

$$KKP = \frac{\sum\limits_{i=1}^{5} q_i p_{iA}}{\sum\limits_{i=1}^{5} q_i p_{iI}} = \frac{360\ 000}{200} = 1\ 800 \qquad (\text{in } \frac{\text{LIT}}{\text{BM}}).$$

Diese Kaufkraftparität benutzt den heimischen Warenkorb und stellt deshalb die Kaufkraftparität nach Laspeyres dar.
Würde man den ausländischen Warenkorb verwenden, so erhielte man eine Kaufkraftparität nach Paasche.

b) Da

$$KKP = 1\ 800 > 1\ 500 = w ,$$

entsteht ein Kaufkraftverlust für die heimische Währung. D.h., tauscht man die Geldmenge für den Warenkorb in italienische Lira, so kann man in Italien nicht die gleiche Menge kaufen.

Kapitel 5

Lösungen zu Kapitel 2

Lösung Aufgabe 2.1

a) Was auch immer Studierende dazu bewegen mag, die „Bibliothek" oder gar das „Schlafzimmer" am Hofe als Ereignisraum anzusehen (von der Beschreibung der Potenzmenge einmal ganz abgesehen), richtig ist aus statistischer Sicht einzig und allein die folgende Antwort:

Der Ereignisraum ist allgemein die Menge aller Elementarereignisse, hier also die Menge aller Haremsherren. Bezeichnet man mit $\heartsuit_i$ das i–te Haremsmitglied, so ist der Ereignisraum Ω gerade gegeben durch

$$\Omega \; = \; \{\heartsuit_1, \heartsuit_2, \cdots, \heartsuit_{13}\} = \{\heartsuit_i | i \in \{1, \cdots, 13\}\} \, .$$

Die Potenzmenge $\mathcal{P}(\Omega)$ ist nun die Menge aller Teilmengen von Ω , also

$$\mathcal{P}(\Omega) \; = \; \{A | A \subset \Omega\} \, .$$

Der interessierte Student mag vielleicht fragen, wie diese Menge denn nun präziser aussieht, doch spätestens bei der Beantwortung der Frage nach der Mächtigkeit von $\mathcal{P}(\Omega)$, also der Anzahl der Elemente von $\mathcal{P}(\Omega)$, wird deutlich, dass das Ausschreiben der Potenzmenge ein arbeitsames Unterfangen wäre, besitzt die Potenzmenge einer n–elementigen Menge doch 2^n Elemente. In diesem Fall sind dies $2^{13} = 8192$ Elemente.

b) i) Da Ruth alle Herren **nacheinander** (mit ihren Briefmarken) beglückt, entspricht dies der Anordnung der Herren in einer Reihe. Bei $n = 13$ Herren erhält man

$$n! = 13! = 6\ 227\ 020\ 800 \qquad \text{Permutationen (ohne Wiederholung).}$$

ii) Weil die Herren **nacheinander** zur Fürstin gebeten werden, spielt die Reihenfolge durchaus eine Rolle. Gesucht ist also die Anzahl der Variationen, und zwar
ohne Wiederholung, da die Herren anschließend in den Rosengarten und nicht
zurück in den Harem geschickt werden. Daher gibt es

$$\frac{13!}{(13-3)!} = 1716 \qquad \text{Möglichkeiten.}$$

iii) **Den** Lieblingsherrn gibt es lediglich einmal, so dass es hier lediglich um die Anordnung der Briefmarkenalben geht. Da die englischen wie auch die deutschen
und französischen Briefmarkenalben untereinander nicht zu unterscheiden sind,
erhält man durch Permutation mit Wiederholung

$$\frac{10!}{2! \cdot 5! \cdot 3!} = 2520 \qquad \text{Möglichkeiten.}$$

iv) Die Herren werden **nacheinander** zur Audienz gebeten. Die Reihenfolge ist
somit entscheidend, es handelt sich um Variationen. Da ein jeder der Herren
mehrfach gezogen werden kann, **Wiederholungen** also erlaubt sind, erhält
man

$$13^7 = 62\ 748\ 517 \qquad \text{Möglichkeiten.}$$

v) Gegenüber dem Vortag ändert sich lediglich die Tatsache, dass die Reihenfolge
nicht mehr berücksichtigt wird, es handelt sich somit um Kombinationen mit
Wiederholung. Man erhält

$$\binom{13+7-1}{7} = \binom{19}{7} = 50\ 388 \qquad \text{Möglichkeiten.}$$

vi) Da die Herren gleichzeitig empfangen werden, eine Reihenfolge somit nicht unterstellt werden kann, und darüber hinaus keiner der Herren gleichzeitig doppelt
vorhanden sein kann, ist dieses Problem durch eine Kombination ohne Wiederholung zu lösen, mit der man

$$\binom{13}{4} = 715 \qquad \text{Möglichkeiten}$$

erhält.

vii) Welche der Formeln man auch immer zu Grunde legen mag, ob man 0 Personen
anordnet oder 0 Personen aus 13 zieht, stets kommt man zu dem (auch intuitiv

einleuchtenden) Resultat

$$0! = \binom{13}{0} = \binom{13 + 0 - 1}{0} = \frac{13!}{(13 - 0)!} = 13^0 = 1 .$$

Lösung Aufgabe 2.2

a) Die unterschiedlichen Schritte lassen sich auf genau

$$4! = 24$$

Arten anordnen (Permutationen ohne Wiederholung). Nur eine Reihenfolge ist die richtige, damit ist die Laplace-Wahrscheinlichkeit für das richtige Vorgehen gegeben durch

$$P(\text{richtige Reihenfolge}) = \frac{1}{24} .$$

b) In diesem Fall kann man Schritt B und C zu einem Schritt zusammenfassen, so dass es analog zu a) 3!=6 Möglichkeiten gibt, und es gilt:

$$P(\text{richtige Reihenfolge}) = \frac{1}{6} .$$

Lösung Aufgabe 2.3

a) Man kann die 6 Frauenparkplätze und die restlichen 10 Parkplätze auf

$$\frac{16!}{6! \cdot 10!} = 8008$$

Arten anordnen (Permutationen mit Wiederholung).
Eine alternative Lösungsmöglichkeit besteht darin, dass man die Parkplätze etwa mit den Zahlen 1–16 durchnummeriert, 16 Kugeln mit diesen Zahlen in eine Urne wirft und ohne Wiederholung 6 Kugeln herauszieht. Die entsprechenden Parkplätze werden dann zu FP's. Da die Reihenfolge der gezogenen Kugeln unwichtig ist, erhält man

$$\binom{16}{6} = 8008$$

Kombinationen (ohne Wiederholung).

b) Rein anschaulich macht man sich leicht klar, dass es 11 Möglichkeiten gibt, die 6 Parkplätze zusammenhängend zur Verfügung zu stellen:

> 1. Möglichkeit: Parkplätze 1–6
> 2. Möglichkeit: Parkplätze 2–7
> u.s.w.
> 11. Möglichkeit: Parkplätze 11–16.

Doch auch diese Frage kann man wieder als Problem von Permutationen mit Wiederholung auffassen:

Anzuordnen gibt es einen Block von 6 Parkplätzen sowie 10 einzelne Parkplätze:

Dies geschieht gerade auf

$$\frac{11!}{1! \cdot 10!} = 11$$

Arten.

c) Analog zu b) handelt es sich auch hier um ein Problem von Permutationen mit Wiederholung. Anzuordnen gibt es nun 3 Blöcke mit ehemals 3 Parkplätzen ($\hat{=}$ 2 FP's) sowie 7 verbleibende einzelne Parkplätze:

Die Anzahl dieser Permutationen beträgt

$$\frac{10!}{3! \cdot 7!} = 120 \, .$$

Lösung Aufgabe 2.4

a) Sei A das Ereignis, dass mindestens zwei Mitglieder des MacNepp Clans am gleichen Tag Geburtstag haben. Dann ist das Gegenereignis (oder: Komplementärereignis) $\overline{A}$ dadurch gegeben, dass alle Clanmitglieder an unterschiedlichen Tagen Geburtstag haben. Die Wahrscheinlichkeit für das Eintreten von $\overline{A}$ berechnet man durch den Laplace'schen Wahrscheinlichkeitsbegriff mit

$$\frac{\text{Anzahl der günstigen Ereignisse}}{\text{Anzahl der möglichen Ereignisse}} \; .$$

Die Anzahl der möglichen Ereignisse ist gegeben durch eine Variation mit Wiederholung, jeder der 30 Mitglieder kann an 365 Tagen Geburtstag haben, es gibt dazu

$$365^{30} \quad \text{Möglichkeiten} \; .$$

Damit alle Clanmitglieder an unterschiedlichen Tagen Geburtstag haben, gibt es für das erste Mitglied 365 mögliche Geburtstage, für das zweite noch 364 Tage, für das dritte 363 Tage,..., schließlich (365–30+1) mögliche Geburtstage für das 30. Clanmitglied.

Die Anzahl der günstigen Ereignisse ist daher gegeben durch eine Variation ohne Wiederholung:

$$\frac{365!}{(365 - 30)!} = 365 \cdot 364 \cdot \ldots \cdot 336 \; .$$

Damit ist die Wahrscheinlichkeit für $\overline{A}$ gegeben durch

$$P(\overline{A}) = \frac{365 \cdot 364 \cdot \ldots \cdot 336}{365^{30}} = 0.2937 \; .$$

Entsprechend gilt für A:

$$P(A) = 1 - P(\overline{A}) = 1 - 0.2937 = 0.7063 \; .$$

Damit ist die Wahrscheinlichkeit wesentlich höher, dass mindestens zwei Personen am gleichen Tag Geburtstag haben als dass alle an unterschiedlichen Tagen Geburtstag haben, und MacGeiz 30 Feiern ausrichten muss.

b) Allgemein erhält man analog zu a) bei einer Gruppe von n Personen ($n \leq 365$) für die Wahrscheinlichkeit des Ereignisses A_n , dass mindestens zwei Personen am gleichen Tag Geburtstag haben,

$$P(A_n) = 1 - \frac{365 \cdot 364 \cdot \ldots \cdot (365 - n + 1)}{365^n} .$$

Für ausgewählte n gibt die nachfolgende Tabelle Aufschluss über die Wahrscheinlichkeit $P(A_n)$:

n	$P(A_n)$	n	$P(A_n)$	n	$P(A_n)$	n	$P(A_n)$	n	$P(A_n)$
		16	0.2836	31	0.7305	46	0.9483	61	0.9951
2	0.0027	17	0.3150	32	0.7533	47	0.9548	62	0.9959
3	0.0082	18	0.3469	33	0.7750	48	0.9606	63	0.9966
4	0.0164	19	0.3791	34	0.7953	49	0.9658	64	0.9972
5	0.0271	20	0.4114	35	0.8144	50	0.9704	65	0.9977
6	0.0405	21	0.4437	36	0.8322	51	0.9744	66	0.9981
7	0.0562	22	0.4757	37	0.8487	52	0.9780	67	0.9984
8	0.0743	23	0.5073	38	0.8641	53	0.9811	68	0.9987
9	0.0946	24	0.5383	39	0.8782	54	0.9839	69	0.9990
10	0.1169	25	0.5687	40	0.8912	55	0.9863	70	0.9992
11	0.1412	26	0.5982	41	0.9032	56	0.9883	71	0.9993
12	0.1670	27	0.6269	42	0.9140	57	0.9901	72	0.9995
13	0.1944	28	0.6545	43	0.9239	58	0.9917	73	0.9996
14	0.2231	29	0.6810	44	0.9329	59	0.9930	74	0.9996
15	0.2529	30	0.7063	45	0.9410	60	0.9941	75	0.9997

Bereits ab $n = 23$ ist es somit wahrscheinlicher, dass mindestens zwei Personen am gleichen Tag Geburtstag haben als dass alle an unterschiedlichen Tagen Geburtstag haben.

Dieses für viele Leute verblüffende Ergebnis wird auch „Geburtstags–Paradoxon" genannt. Der Grund, weshalb viele Leute diese Wahrscheinlichkeit falsch einschätzen, liegt darin, dass fälschlicherweise eine Person herausgegriffen wird und die Wahrscheinlichkeit berechnet wird, dass eine weitere Person an eben diesem Tag Geburtstag hat. Diese Wahrscheinlichkeit ist jedoch **nicht** gesucht.

Lösung Aufgabe 2.5

a) Die Zuordnung der 4 Briefe an die vier Damen entspricht einer Permutation (ohne Wiederholung) und kann somit auf

$$4! = 24 \quad \text{Möglichkeiten}$$

geschehen.

Anschaulich kann man sich diese unterschiedlichen Möglichkeiten wie folgt klarmachen: Für die Damen legt man eine Reihenfolge 1 bis 4 fest und ordnet diesen die an Freundin i gerichteten Briefe i ($i = 1, 2, 3, 4$) zu, wobei Brief 1 an Freundin 1 gerichtet ist, usw. Nachfolgend sind die 24 Möglichkeiten skizziert, dabei bedeutet etwa 3 2 4 1 , dass Freundin 1 den an Freundin 3 adressierten Brief erhalten hat, Freundin 2 den an sie gerichteten Brief, etc. Die richtig zugeordneten Briefe sind dick gekennzeichnet:

1	**2**	**3**	**4**		2	**1**	**3**	4		3	1	2	**4**		4	**1**	**2**	3
1	**2**	4	3		2	**1**	4	3		3	1	4	2		4	**1**	3	2
1	3	2	**4**		2	3	**1**	4		3	**2**	1	**4**		4	**2**	1	3
1	3	4	2		2	3	4	**1**		3	**2**	4	1		4	**2**	**3**	1
1	4	2	3		2	4	**1**	3		3	4	1	2		4	3	1	2
1	4	**3**	2		2	4	**3**	1		3	4	2	1		4	3	2	1

Abzählen liefert, dass es 9 Möglichkeiten gibt, keinen Brief richtig zuzuordnen, 8 Möglichkeiten, genau einen Brief richtig zuzuordnen, 6 Möglichkeiten, genau zwei Briefe richtig zuzuordnen, sowie 1 Möglichkeit, alle Briefe richtig zuzuordnen. Es gibt trivialerweise keine Möglichkeit, drei von vier Briefen richtig, einen aber falsch zuzuordnen. Insgesamt gab es $4! = 24$ Möglichkeiten, die Briefe zuzuordnen. Mit dem Laplaceschen Wahrscheinlichkeitsbegriff

$$\text{Wahrscheinlichkeit} = \frac{\text{Anzahl der günstigen Ereignisse}}{\text{Anzahl der möglichen Ereignisse}}$$

erhält man damit die folgende Verteilung, falls X die Anzahl der richtig zugeordneten Briefe zähle:

$$P(X = 0) = \frac{9}{24} = 0.375 \,,$$
$$P(X = 1) = \frac{8}{24} = 0.\overline{3} \,,$$

$$\begin{aligned}
P(X = 2) &= \frac{6}{24} = 0.25 \ , \\
P(X = 3) &= 0 \ , \\
P(X = 4) &= \frac{1}{24} = 0.041\overline{6} \ .
\end{aligned}$$

Die Wahrscheinlichkeit, dass Giovanni nicht allein an Charles' Party teilnehmen muss, ermittelt sich durch die Gegenwahrscheinlichkeit zu

$$P(X > 0) = 1 - P(X = 0) = 0.625 \ .$$

b) Die Wahrscheinlichkeit, dass alle Briefe richtig zugeordnet wurden, ist bereits mit $P(X = 4) = 0.041\overline{6}$ berechnet worden.

c) Sei $M_n(k)$ die Anzahl der Möglichkeiten, mit der man von n Briefen k richtig zuordnet $(n \geq 2; k = 0, 1, \ldots, n)$.
Dann gilt offenbar:

   i) $M_n(n) = 1$, da es lediglich eine Möglichkeit gibt, alle Briefe richtig zuzuordnen.

   ii) $M_n(n-1) = 0$, denn es ist nicht möglich, $n-1$ Briefe richtig zuzuordnen, einen aber falsch zuzuordnen.

   iii) $M_n(k) = \binom{n}{k} M_{n-k}(0)$ für $k = 1, \ldots, n-2$, denn man kann auf $\binom{n}{k}$ Arten k aus n Briefen auswählen, die richtig zugeordnet werden. Die restlichen $n - k$ Briefe können auf $M_{n-k}(0)$ Arten falsch zugeordnet werden.

   iv) $M_1(1) = 1$, $M_1(0) = 0$,
       $M_2(2) = 1$, $M_2(1) = 0$, $M_2(0) = 1$.

   v) Schließlich erhält man für $M_n(0)$:

$$\begin{aligned}
M_n(0) &= n! - \sum_{i=1}^{n} M_n(i) \\
&= n! - 1 - \sum_{i=1}^{n-2} \binom{n}{i} M_{n-i}(0) \qquad \text{(mit i) – iii))} \ .
\end{aligned}$$

Sei nun $P_n(k)$ die Wahrscheinlichkeit, von n Briefen k richtig zuzuordnen, dann gilt:

$$P_n(k) = \frac{M_n(k)}{n!} \ ,$$

denn es gibt $n!$ Permutationen, mit denen die Briefe verschickt werden können.

Mit den in i) – v) aufgestellten Beziehungen kann man auch eine Rekursionsformel für die Wahrscheinlichkeitsverteilung angeben:

$$n = 1: \quad P_1(0) = 0 \;, \quad P_1(1) = 1 \;,$$

$$n = 2: \quad P_2(0) = \frac{1}{2} \;, \quad P_2(1) = 0 \;, \quad P_2(2) = \frac{1}{2} \;,$$

$$n \geq 3: \quad P_n(0) = 1 - \sum_{i=1}^{n-2} \frac{1}{i!} P_{n-i}(0) - \frac{1}{n!} \;,$$

$$P_n(k) = \frac{1}{k!} P_{n-k}(0) \qquad k = 1, \ldots, n-2 \;,$$

$$P_n(n-1) = 0 \;,$$

$$P_n(n) = \frac{1}{n!} \;.$$

Lösung Aufgabe 2.6

a) Seien folgende Ereignisse definiert:

A) Schönberg trägt Kleidungsstücke aus unterschiedlichen Garnituren,

B) Schönberg trägt 2 Kleidungsstücke aus derselben Garnitur; die 5 restlichen Kleidungsstücke entstammen unterschiedlichen Garnituren,

C) Schönberg trägt je 2 Kleidungsstücke aus 2 Garnituren; die restlichen 3 Kleidungsstücke entstammen unterschiedlichen Garnituren,

D) Schönberg trägt je 2 Kleidungsstücke aus 3 Garnituren; ein Kleidungsstück entstammt einer weiteren Garnitur.

Mit graphischer Unterstützung lassen sich Anzahlen der Möglichkeiten für diese Ereignisse wie folgt bestimmen:

A: ✳ ⊗ ▢ ⊕ ● ⊙ △

Will man alle Kleidungsstücke aus unterschiedlichen Garnituren anziehen, so geschieht dies auf

$$M(A) = \frac{10!}{3!} = 604\,800 \quad \text{Arten} \;,$$

es handelt sich um eine Variation ohne Wiederholung.

B: (✻) (✻) ▣ ⊕ ⚫ ◎ △

In diesem Fall wählt man aus den 10 Garnituren eine (✻) aus, die unter den Kleidungsstücken doppelt vertreten ist, dazu gibt es $\binom{10}{1}$ Kombinationen (ohne Wiederholung). Es stehen noch 9 Garnituren aus, um die weiteren 5 Kleidungsstücke auf $\binom{9}{5}$ Arten auszuwählen.

Nun gilt es zu beachten, dass die so getroffene Garniturauswahl unter den Kleidungsstücken noch permutiert werden kann. So macht es beispielsweise einen Unterschied, ob die doppelt vorkommende Garnitur als Hemd und Hose oder Sakko und Socken, etc. getragen wird. Es gibt 2 nicht unterscheidbare Garnituren sowie 5 unterschiedliche, somit erhält man

$$\frac{7!}{2! \cdot 1! \cdot 1! \cdot 1! \cdot 1! \cdot 1!} \quad \text{Permutationen (mit Wiederholung).}$$

Damit erhält man insgesamt

$$M(B) = \binom{10}{1} \cdot \binom{9}{5} \cdot \frac{7!}{2! \cdot 1! \cdot 1! \cdot 1! \cdot 1! \cdot 1!} = 3\,175\,200 \quad \text{Möglichkeiten}$$

für das Ereignis B.

C: (✻) (✻) (▣ ▣) ⚫ ◎ △

Aus den 10 Garnituren wählt man auf

$$\binom{10}{2} \quad \text{Arten}$$

2 Garnituren aus, die doppelt auftreten. Aus den restlichen 8 Garnituren wählt man 3 Garnituren auf

$$\binom{8}{3} \quad \text{Arten}$$

aus. Die Permutation der Garnituren über die Kleidungsstücke erfolgt auf

$$\frac{7!}{2! \cdot 2! \cdot 1! \cdot 1! \cdot 1!} \quad \text{Arten,}$$

so dass es für das Ereignis C

$$M(C) = \binom{10}{2} \cdot \binom{8}{3} \cdot \frac{7!}{2! \cdot 2! \cdot 1! \cdot 1! \cdot 1!} = 3\,175\,200 \quad \text{Möglichkeiten gibt.}$$

D: $(*)$ $(*)$ $(□)$ $(□)$ $(•)$ $(•)$ $(△)$

In analoger Vorgehensweise wählt man auf

$$\binom{10}{3} \cdot \binom{7}{1} \quad \text{Arten}$$

3 Garnituren, die doppelt vorkommen, sowie eine einzelne aus. Diese Kleidungsstücke können über die Kleidungsstücke auf

$$\frac{7!}{2! \cdot 2! \cdot 2! \cdot 1!} \quad \text{Arten}$$

permutiert werden. Damit erhält man

$$M(D) = \binom{10}{3} \cdot \binom{7}{1} \cdot \frac{7!}{2! \cdot 2! \cdot 2! \cdot 1!} = 529\,200 \quad \text{Möglichkeiten .}$$

für Ereignis D.

Da Schoenberg insgesamt 10 Garnituren für jedes Kleidungsstück besitzt, kann er sich auf 10^7 Arten (Variationen mit Wiederholung) kleiden. Somit sind die Wahrscheinlichkeiten für die Ereignisse gegeben durch

$$P(A) = \frac{M(A)}{10^7}, \qquad P(B) = \frac{M(B)}{10^7}, \qquad P(C) = \frac{M(C)}{10^7},$$

$$\text{und} \qquad P(D) = \frac{M(D)}{10^7} .$$

Damit ist die Wahrscheinlichkeit, dass sich Schönberg nach dem Vorschlag von Absurda–Moden kleidet, gegeben durch

$$P(A) + P(B) + P(C) + P(D) = \frac{604\,800 + 3\,175\,200 + 3\,175\,200 + 529\,200}{10^7}$$

$$= 0.74844 .$$

Lösung Aufgabe 2.7

a) Zur anschaulichen Lösung dieser Aufgabe betrachte man einen sog. **Wahrschein-lichkeitsbaum**, der sich ausgehend von einer Wurzel (•) unterteilt in verschiedene Knoten, die sich wiederum verzweigen, bis man schließlich in den Blättern landet, die sich nicht mehr weiterverzweigen. An den Kanten werden die Wahrscheinlichkei-ten notiert, mit denen die in den nachfolgenden Knoten oder Blättern dargestellten Ereignisse eintreten (im nachfolgenden Baum steht S für Sieg und N für Niederlage). Zur Berechnung der Wahrscheinlichkeit eines Pfades von der Wurzel bis zu einem Blatt multipliziert man die Einzelwahrscheinlichkeiten an den Kanten.

Für die Turnierfolge Mecker–Brav–Mecker ergibt sich folgender Wahrscheinlichkeits-baum:

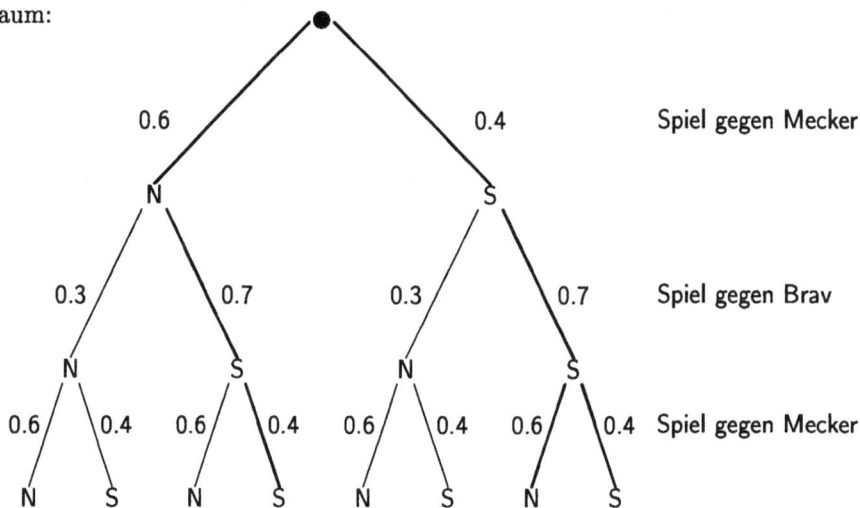

Die für Center günstigen Ausgänge NSS, SSN und SSS sind durch fett gedruckte Kanten hervorgehoben.

Die Wahrscheinlichkeit für einen Turniersieg durch C. Center ermittelt man damit zu

$$P(\text{Turniersieg}) = 0.6 \cdot 0.7 \cdot 0.4 + 0.4 \cdot 0.7 \cdot 0.6 + 0.4 \cdot 0.7 \cdot 0.4$$
$$= 0.448 .$$

Der Wahrscheinlichkeitsbaum für die Turnierfolge Brav–Mecker–Brav ist wie folgt gegeben:

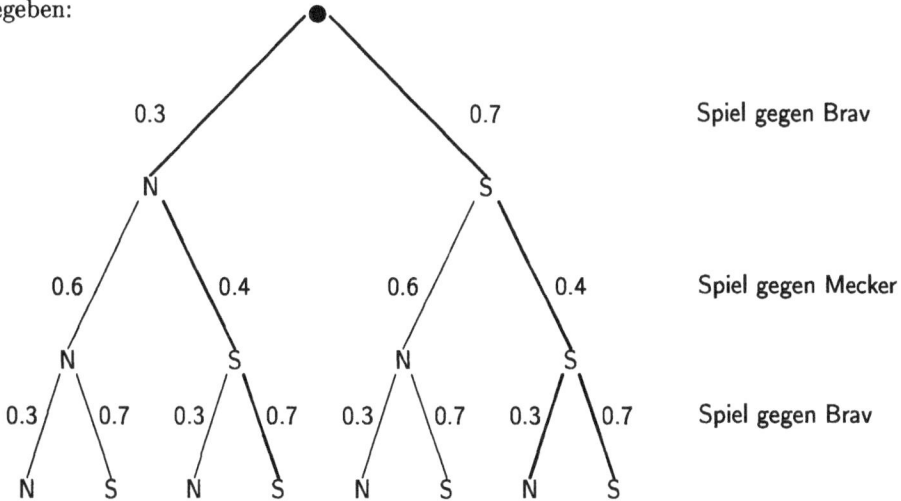

Die günstigen Ausgänge für C. Center sind wiederum NSS, SSN und SSS. Die Wahrscheinlichkeit für einen Turniersieg beträgt hier

$$P(\text{Turniersieg}) = 0.3 \cdot 0.4 \cdot 0.7 + 0.7 \cdot 0.4 \cdot 0.3 + 0.7 \cdot 0.4 \cdot 0.7$$
$$= 0.364 \; .$$

D.h., es ist für Center günstiger, die Reihenfolge Mecker–Brav–Mecker zu wählen.

b) Analog zum Aufgabenteil a) ermittelt man als Wahrscheinlichkeiten für die Pfade NSS, SSN und SSS beim Turnier Mecker–Brav–Mecker

$$P(\text{NSS}) = (1-p)qp \; ,$$
$$P(\text{SSN}) = pq(1-p)$$
und $$\quad P(\text{SSS}) = pqp \; ,$$

so dass die Wahrscheinlichkeit für einen Turniersieg

$$P(\text{Turniersieg}) = (1-p)qp + pq(1-p) + pqp$$
$$= [1-p+1-p+p]pq = (2-p)pq$$

beträgt.

Analog ermittelt man für die Turnierpaarung Brav–Mecker–Brav

$$P(\text{NSS}) = (1-q)pq \; ,$$

$$P(\text{SSN}) = qp(1-q)$$

und $P(\text{SSS}) = qpq \,,$

so dass man als Wahrscheinlichkeit für einen Turniersieg

$$\begin{aligned} P(\text{Turniersieg}) &= (1-q)pq + qp(1-q) + qpq \\ &= [1-q+1-q+q]pq = (2-q)pq \end{aligned}$$

erhält.

Nun gilt:

$$p < q$$
$$\Longleftrightarrow \quad -p > -q$$
$$\Longleftrightarrow \quad 2-p > 2-q$$
$$\Longleftrightarrow \quad (2-p)pq > (2-q)pq \,.$$

D.h., für den Turniersieg steigt die Wahrscheinlichkeit, wenn man zunächst (und damit insgesamt zweimal) gegen den schwereren Partner spielt.
Dieses erstaunliche Ergebnis liegt darin begründet, dass Center bei der Spielpaarung leichter Gegner–schwerer Gegner–leichter Gegner den schwereren Partner im mittleren Spiel schlagen **muss**, während man bei der anderen Turnierwahl gegen den stärkeren Partner einmal verlieren kann, ohne dass das ganze Turnier verloren wird.

Lösung Aufgabe 2.8

Seien folgende Ereignisse definiert:

A_i : „Der Statistiker würfelt die Augenzahl i" $(i = 1, \ldots, 6)$,
B : „Der Statistiker überlebt das Experiment nicht".

Bekannt sind laut Aufgabenstellung folgende Wahrscheinlichkeiten:

$$P(A_i) = \tfrac{1}{6} \qquad \text{für} \quad i = 1, \ldots, 6 \,,$$
$$P(B|A_i) = \tfrac{i}{6} \qquad \text{für} \quad i = 1, \ldots, 6 \,.$$

a) Gesucht ist $P(\overline{B}) = 1 - P(B)$. Mit Hilfe der Formel für die Totale Wahrscheinlichkeit erhält man:

$$P(B) = \sum_{i=1}^{6} P(B|A_i) \cdot P(A_i) = \sum_{i=1}^{6} \frac{i}{36} = \frac{21}{36} = \frac{7}{12} = 0.58\overline{3} .$$

$$\implies P(\overline{B}) = \frac{5}{12} = 0.41\overline{6} .$$

b) Gesucht ist $P(\overline{A_5}|B) = 1 - P(A_5|B)$. Die Formel von Bayes liefert:

$$P(A_5|B) = \frac{P(B|A_5) \cdot P(A_5)}{\sum_{i=1}^{6} P(B|A_i) \cdot P(A_i)} .$$

Da im Nenner die Formel der Totalen Wahrscheinlichkeit steht, erhält man folglich:

$$P(A_5|B) = \frac{\frac{5}{6} \cdot \frac{1}{6}}{\frac{21}{36}} = \frac{5}{21} = 0.238$$

$$\implies P(\overline{A_5}|B) = \frac{16}{21} = 0.762 .$$

Lösung Aufgabe 2.9

Seien folgende Ereignisse definiert:

A: „Mike geht ins Adonis",
B: „Mike geht in den Biergarten",
C: „Mike geht in den Charming Club",
D: „Mike bleibt daheim",
E: „Mike geht zum Einsame–Herzen–Treffen",
F: „Mike flirtet".

Laut Aufgabenstellung sind dann folgende Wahrscheinlichkeiten bekannt:

$P(A) = 0.4$, $\quad P(F|A) = 0.3$,
$P(B) = 0.2$, $\quad P(F|B) = 0.15$,
$P(C) = 0.25$, $\quad P(F|C) = 0.4$,
$P(D) = 0.1$, $\quad P(F|D) = 0.0$,
$P(E) = 0.05$, $\quad P(F|E) = 1.0$.

a) Der Satz von der Totalen Wahrscheinlichkeit liefert:

$$
\begin{aligned}
P(F) &= P(F|A) \cdot P(A) + P(F|B) \cdot P(B) + P(F|C) \cdot P(C) + P(F|D) \cdot P(D) \\
&\quad + P(F|E) \cdot P(E) \\
&= 0.3 \cdot 0.4 + 0.15 \cdot 0.2 + 0.4 \cdot 0.25 + 0.0 \cdot 0.1 + 1.0 \cdot 0.05 \\
&= 0.3 \ .
\end{aligned}
$$

b) Mit Hilfe des Satzes von Bayes erhält man:

$$
P(A|F) = \frac{P(F|A) \cdot P(A)}{\displaystyle\sum_{i \in \{A,B,C,D,E\}} P(F|i) \cdot P(i)} \ .
$$

Da im Nenner gerade die in Aufgabenteil a) berechnete Wahrscheinlichkeit für $P(F)$ steht, erhält man:

$$
P(A|F) = \frac{P(F|A) \cdot P(A)}{P(F)} = \frac{0.3 \cdot 0.4}{0.3} = 0.4 \ .
$$

c) Sei nun $p := P(F) = 0.3$.
Definiere

$X :=$ Anzahl der Flirts von Mike an 4 aufeinander folgenden Samstagen.

Dann ist $X \sim \text{Bin}(4, p)$, d.h. $X \sim \text{Bin}(4, 0.3)$, und damit:

$$
P(X = 3) = \binom{4}{3} \cdot (0.3)^3 \cdot 0.7^1 = 0.0756 \ .
$$

d) Sei nun

$X :=$ Anzahl der Flirts von Mike an 50 aufeinander folgenden Samstagen.

d.h., $X \sim \text{Bin}(50, 0.3)$. Gesucht ist dann

$$
P(X \geq 20) = 1 - P(X \leq 19) \ .
$$

i) Mit Tabelle 1 erhält man:

$$
\begin{aligned}
P(X \leq 19) &= F_X(19) \\
&= 0.9152 \\
\implies P(X \geq 20) &= 1 - 0.9152 = 0.0848 \ .
\end{aligned}
$$

ii) Da $np(1-p) = 50 \cdot 0.3 \cdot 0.7 = 10.5 \geq 9$, liefert die Approximation durch die Standardnormalverteilung mit dem Zentralen Grenzwertsatz unter Berücksichtigung von $E(X) = np = 15, \sqrt{\text{Var}(X)} = \sqrt{np(1-p)} \approx 3.24$:

$$\begin{aligned} P(X \leq 19) &= P\left(\frac{X-15}{3.24} \leq \frac{19-15}{3.24}\right) \\ &\approx \Phi\left(\frac{19-15}{3.24}\right) = \Phi(1.235) = 0.8916 \\ \implies P(X \geq 20) &\approx 1 - 0.8916 = 0.1084 \ . \end{aligned}$$

Dieser Wert weicht durchaus vom oben berechneten, exakten Wert ab. Eine genauere Approximation erhält man durch die sog. „Stetigkeitskorrektur": für $X \sim \text{Bin}(n,p)$ mit $np(1-p) \geq 9$ gilt:

$$P(a < X \leq b) \approx \Phi\left(\frac{b - np + 0.5}{\sqrt{np(1-p)}}\right) - \Phi\left(\frac{a - np + 0.5}{\sqrt{np(1-p)}}\right) \ .$$

Im vorliegenden Fall erhält man somit:

$$\begin{aligned} P(X \leq 19) &\approx \Phi\left(\frac{19 - 15 + 0.5}{3.24}\right) = \Phi(1.389) = 0.9176 \\ \implies P(X \geq 20) &\approx 1 - 0.9176 = 0.0824 \ . \end{aligned}$$

In der Tat nähert sich diese Approximation dem wahren Wert besser an.

Lösung Aufgabe 2.10

Man definiere folgende Ereignisse:

A : „R.J. findet ein Dokument."
B_1 : „Das Dokument befindet sich auf dem Schreibtisch."
B_2 : „Das Dokument befindet sich im Regal."
B_3 : „Das Dokument liegt auf dem Boden."
B_4 : „Das Dokument ist im Wandschrank."

Dann sind laut Aufgabenstellung bekannt:

$$\begin{aligned} P(B_1) &= 0.4 \ , & P(A|B_1) &= 0.95 \ , \\ P(B_2) &= 0.3 \ , & P(A|B_2) &= 0.8 \ , \\ P(B_3) &= 0.2 \ , & P(A|B_3) &= 0.9 \ , \\ P(B_4) &= 0.1 \ , & P(A|B_4) &= 0.3 \ . \end{aligned}$$

a) Der Satz von der Totalen Wahrscheinlichkeit liefert:

$$
\begin{aligned}
P(A) &= \sum_{i=1}^{4} P(A|B_i)P(B_i) \\
&= 0.95 \cdot 0.4 + 0.8 \cdot 0.3 + 0.9 \cdot 0.2 + 0.3 \cdot 0.1 \\
&= 0.83 \ .
\end{aligned}
$$

b) Mit dem Satz von Bayes erhält man

$$
P(B_4|\overline{A}) = \frac{P(\overline{A}|B_4) \cdot P(B_4)}{\displaystyle\sum_{i=1}^{4} P(\overline{A}|B_i) \cdot P(B_i)} \ .
$$

Man beachte, dass im Nenner nach dem Satz der Totalen Wahrscheinlichkeit gerade $P(\overline{A})$ steht, so dass man unter Zuhilfenahme von Aufgabenteil a) erhält:

$$
\begin{aligned}
P(B_4|\overline{A}) &= \frac{P(\overline{A}|B_4) \cdot P(B_4)}{P(\overline{A})} \\
&= \frac{[1 - P(A|B_4)] \cdot P(B_4)}{1 - P(A)} \\
&= \frac{[1 - 0.3] \cdot 0.1}{1 - 0.83} \approx 0.41 \ .
\end{aligned}
$$

Lösung Aufgabe 2.11

Man betrachte folgende Ereignisse:

$$
\begin{aligned}
&\text{B}_i : \quad \text{„Buddy steht hinter Tor } i \text{ “} \quad &&i = 1, 2, 3, \\
&\text{M}_i : \quad \text{„Der Moderator öffnet Tor } i \text{ “} \quad &&i = 1, 2, 3.
\end{aligned}
$$

Die Verteilung des Hauptpreises auf die Tore wird zufällig erfolgen, da eine Regelmäßigkeit über mehrere Sendungen hinweg von den Kandidaten entdeckt würde, d.h.

$$
P(\text{B}_1) = P(\text{B}_2) = P(\text{B}_3) = \frac{1}{3} \ .
$$

Nehmen wir nun an, dass der Hauptpreis hinter dem von der Kandidatin ausgewählten Tor 1 steht. Dann kann der Moderator entweder Tor 2 oder Tor 3 öffnen, um einen Trostpreis zu präsentieren. Die Auswahl wird er zufällig treffen, so dass gilt:

$$
P(\text{M}_2|\text{B}_1) = P(\text{M}_3|\text{B}_1) = \frac{1}{2} \ .
$$

Befindet sich der Hauptpreis aber hinter Tor 2, so hat der Moderator nur die Möglichkeit, Tor 3 zu öffnen, um eine Niete zu zeigen:

$$P(M_3|B_2) = 1 \quad \text{und} \quad P(M_2|B_2) = 0 \; .$$

Falls sich der Hauptpreis hinter Tor 3 befindet, so muss der Moderator Tor 2 öffnen und es gilt somit:

$$P(M_2|B_3) = 1 \quad \text{und} \quad P(M_3|B_3) = 0 \; .$$

Mit dem Satz von Bayes erhält man nun

$$P(B_2|M_3) = \frac{P(M_3|B_2)P(B_2)}{\sum\limits_{i=1}^{3} P(M_3|B_i)P(B_i)} = \frac{1 \cdot \dfrac{1}{3}}{\dfrac{1}{2} \cdot \dfrac{1}{3} + 1 \cdot \dfrac{1}{3} + 0 \cdot \dfrac{1}{3}} = \frac{2}{3} \; . \tag{2.1}$$

Da $P(M_3|B_3) = 0$ gilt, folgt:

$$P(B_3|M_3) = 0 \; ,$$

so dass mit Gleichung (2.1) für $P(B_1|M_3)$ gilt:

$$P(B_1|M_3) = \frac{1}{3} \; .$$

D.h., Hella sollte auf Tor 2 wechseln.

Dass sich die Wahrscheinlichkeiten nicht gleichmäßig auf Tor 1 und Tor 2 aufteilen, liegt daran, dass die Entscheidung des Moderators, Tor 2 oder 3 zu öffnen davon abhängt, ob hinter dem von der Kandidatin gewählten Tor der Hauptpreis verborgen ist.

Lösung Aufgabe 2.12

Man betrachte folgende Ereignisse:

F:	„Frieda isst das Stammessen in der Mensa"
M:	„Es gibt Maultaschen in der Mensa"
R:	„Es gibt Reichenauer Fischvesper in der Mensa"
Sch:	„Es gibt Schweinerückensteak in der Mensa"
So:	„Es gibt ein sonstiges Essen in der Mensa"

Dann sind mit der Aufgabenstellung bekannt:

$$
\begin{aligned}
P(\text{F}|\text{M}) &= 1 , \\
P(\text{F}|\text{R}) &= 0 , \\
P(\text{F}|\text{Sch}) &= 0.8 , \\
P(\text{F}|\text{So}) &= 0.5 .
\end{aligned}
$$

Weiterhin sind bekannt:

$$
\begin{aligned}
P(\text{Sch}) &= 0.4 , \\
P(\text{M}) &= 0.2 , \\
P(\text{R}) &= 0.1 .
\end{aligned}
$$

Damit gilt:

$$
P(\text{So}) = 1 - [P(\text{Sch}) + P(\text{M}) + P(\text{R})] = 1 - 0.4 - 0.2 - 0.1 = 0.3 .
$$

a) Für die Wahrscheinlichkeit, dass Frieda in der Mensa isst, gilt nach dem Satz von der Totalen Wahrscheinlichkeit:

$$
\begin{aligned}
P(\text{F}) &= P(\text{F}|\text{M})P(\text{M}) + P(\text{F}|\text{R})P(\text{R}) + P(\text{F}|\text{Sch})P(\text{Sch}) + P(\text{F}|\text{So})P(\text{So}) \\
&= 1 \cdot 0.2 + 0 \cdot 0.1 + 0.8 \cdot 0.4 + 0.5 \cdot 0.3 \\
&= 0.67 .
\end{aligned}
$$

b) Die Anwendung des Satzes von Bayes liefert:

$$
\begin{aligned}
P(\text{Sch}|\text{F}) &= \frac{P(\text{F}|\text{Sch})P(\text{Sch})}{P(\text{F}|\text{M})P(\text{M}) + P(\text{F}|\text{R})P(\text{R}) + P(\text{F}|\text{Sch})P(\text{Sch}) + P(\text{F}|\text{So})P(\text{So})} \\
&= \frac{P(\text{F}|\text{Sch}) \cdot P(\text{Sch})}{P(\text{F})} \quad \text{(mit Teil a))} \\
&= \frac{0.8 \cdot 0.4}{0.67} \\
&= 0.478 .
\end{aligned}
$$

Lösung Aufgabe 2.13

Seien folgende Ereignisse definiert:

SE „Rudi fährt mit dem Schneckenexpress."

RB „Rudi fährt mit dem Regionalbummler."

V „Rudi kommt verspätet bei Susi an."

Dann sind laut Aufgabenstellung bekannt:

$P(SE) = 0.6$,

$P(RB) = 0.4$,

$P(V|SE) = 0.5$,

$P(V|RB) = 0.7$.

a) Gesucht ist $P(\overline{V}) = 1 - P(V)$.

Für $P(V)$ gilt mit dem Satz von der Totalen Wahrscheinlichkeit:

$$
\begin{aligned}
P(V) &= P(V|SE) \cdot P(SE) + P(V|RB) \cdot P(RB) \\
&= 0.5 \cdot 0.6 + 0.7 \cdot 0.4 = 0.3 + 0.28 \\
&= 0.58 .
\end{aligned}
$$

b) Zur Ermittlung von $P(SE|V)$ verwendet man den Satz von Bayes:

$$
\begin{aligned}
P(SE|V) &= \frac{P(V|SE) \cdot P(SE)}{P(V|SE) \cdot P(SE) + P(V|RB) \cdot P(RB)} \\
&= \frac{0.5 \cdot 0.6}{0.5 \cdot 0.6 + 0.7 \cdot 0.4} = \frac{0.3}{0.58} \approx 0.517 .
\end{aligned}
$$

$***$

Statistik-Witz Nr. 21

Ein Student, der die ganze Nacht durchgezecht hat und daher unvorbereitet in die Statistik-klausur gegangen ist, sieht sich außer Stande, die Multiple-Choice-Fragen zu beantworten. Er beschließt daher, die Fragen durch Werfen einer Münze zu beantworten. Nachdem nach zwei Stunden bereits alle anderen Klausurteilnehmer die Klausur beendet haben, tritt der Prüfer an den Tisch jenes Studenten und fragt: „Wozu benötigen Sie eigentlich soviel Zeit, wenn Sie ohnehin eine Münze werfen?" - „Psst, ich kontrolliere gerade meine Ergebnisse!"

Lösung Aufgabe 2.14

a) Seien folgende Ereignisse definiert:

    S: „Kitty trägt schwarze Kleidung."

    T: „Der Frischvermählte überlebt die Hochzeitsnacht nicht."

Dann sind mit der Aufgabenstellung bekannt:

$$\begin{aligned} P(S) &= 0.9\,, \\ P(S|T) &= 0.99\,, \\ P(S|\overline{T}) &= 0.05\,. \end{aligned}$$

Durch die Formel für die Totale Wahrscheinlichkeit erhält man:

$$\begin{aligned} P(S) &= P(S|T) \cdot P(T) + P(S|\overline{T}) \cdot P(\overline{T}) \\ &= P(S|T) \cdot P(T) + P(S|\overline{T}) \cdot (1 - P(T)) \\ \Longleftrightarrow \quad 0.9 &= 0.99 \cdot P(T) + 0.05 \cdot (1 - P(T)) \\ \Longleftrightarrow \quad 0.9 - 0.05 &= (0.99 - 0.05)P(T) \\ \Longleftrightarrow \quad P(T) &= \frac{0.85}{0.94} \approx 0.904\,. \end{aligned} \qquad (2.2)$$

Damit gilt wiederum

$$P(\overline{T}) = 1 - P(T) = 1 - 0.904 = 0.096\,. \qquad (2.3)$$

Die Definition der bedingten Wahrscheinlichkeit liefert:

$$P(\overline{T}|S) = \frac{P(\overline{T} \cap S)}{P(S)} \qquad \text{und} \qquad P(S|\overline{T}) = \frac{P(S \cap \overline{T})}{P(\overline{T})}\,.$$

Durch Erweitern mit dem jeweiligen Nenner erhält man

$$P(\overline{T}|S) \cdot P(S) = P(\overline{T} \cap S) \qquad \text{und} \qquad P(S|\overline{T}) \cdot P(\overline{T}) = P(S \cap \overline{T})\,,$$

so dass gilt:

$$\begin{aligned} P(\overline{T}|S) \cdot P(S) &= P(S|\overline{T}) \cdot P(\overline{T}) \\ \Longleftrightarrow \quad P(\overline{T}|S) &= \frac{P(S|\overline{T}) \cdot P(\overline{T})}{P(S)} \\ &= \frac{0.05 \cdot 0.096}{0.9} = 0.005\overline{3}\,. \end{aligned} \qquad (2.4)$$

b) Ersetzt man in Gleichung (2.4) S durch $\overline{S}$, so erhält man:

$$
\begin{aligned}
P(\overline{T}|\overline{S}) &= \frac{P(\overline{S}|\overline{T}) \cdot P(\overline{T})}{P(\overline{S})} \\
&= \frac{[1 - P(S|\overline{T})] \cdot [1 - P(T)]}{1 - P(S)} \\
&= \frac{0.95 \cdot 0.096}{0.1} = 0.912 \ .
\end{aligned}
$$

Lösung Aufgabe 2.15

a) Da die Reihenfolge durchaus wichtig ist, und Otto sich jedes Mal wieder von neuem für eine der Schreibweisen entscheidet, handelt es sich um Variationen mit Wiederholung, d.h. er hat

$2^8 = 256$ Möglichkeiten.

Sei nun X=Anzahl der Fehler.

i) Lösungsmöglichkeit mit Laplace:

Mit Hilfe von Laplace erhält man die gesuchte Wahrscheinlichkeit durch

$$
\frac{\text{Anzahl der günstigen Ereignisse}}{\text{Anzahl der möglichen Ereignisse}} \ .
$$

Da es nur eine Möglichkeit gibt, stets die richtige Rechtschreibung zu wählen, erhält man:

$$
P(X = 0) = \frac{1}{256} \ .
$$

Die Wahrscheinlichkeit, mindestens drei Fehler zu begehen, ist gerade die Wahrscheinlichkeit, genau drei Fehler oder genau vier Fehler oder ... oder genau 8 Fehler zu begehen. Man müsste somit 6 Wahrscheinlichkeiten berechnen. Man macht sich deshalb das Leben einfacher, indem man (vgl. Formel II 2.2) die Gegenwahrscheinlichkeit betrachtet:

$$
\begin{aligned}
P(X \geq 3) &= 1 - P(X < 3) \\
&= 1 - [P(X = 0) + P(X = 1) + P(X = 2)] \ . \tag{2.5}
\end{aligned}
$$

$P(X = 0)$ wurde bereits berechnet.

Wenn man genau einen Fehler begeht und damit genau sieben Mal die richtige Schreibweise wählt, so hat man dafür $\binom{8}{1}$ Möglichkeiten, damit ist

$$P(X = 1) = \frac{\binom{8}{1}}{256} = \frac{8}{256} = \frac{1}{32} .$$

Analog kann man zwei Fehler auf $\binom{8}{2}$ Arten begehen und damit gilt:

$$P(X = 2) = \frac{\binom{8}{2}}{256} = \frac{28}{256} = \frac{7}{64} .$$

Mit der Formel (2.5) berechnet sich die gesuchte Wahrscheinlichkeit zu

$$P(X \geq 3) = 1 - \frac{1}{256} - \frac{1}{32} - \frac{7}{64} = \frac{219}{256} = 0.855 .$$

ii) Alternative Lösung mit Hilfe der Binomialverteilung:

Man kann sich das Experiment auch wie folgt vorstellen:

In einer Urne liegen zwei Kugeln, die einem sagen, ob man das jeweilige Wort richtig oder falsch schreiben soll. Man zieht nun bei jedem Wort eine Kugel und schreibt daraufhin das entsprechende Wort richtig oder falsch. Die Wahrscheinlichkeit, dass man das Wort richtig schreibt, beträgt $p = 0.5$. Führt man dieses Bernoulliexperiment n-mal durch, so ist die Zufallsvariable X, die die Anzahl der richtig geschriebenen Worte zählt, $\text{Bin}(n, p)$-verteilt, im vorliegenden Fall also $\text{Bin}(n, 0.5)$.

Damit erhält man

$$P(X = 0) = \binom{8}{0} \left(\frac{1}{2}\right)^0 \left(1 - \frac{1}{2}\right)^8 = \left(\frac{1}{2}\right)^8 = \frac{1}{256} .$$

Weiterhin erhält man:

$$P(X = 1) = \binom{8}{1} \left(\frac{1}{2}\right)^8 = \frac{1}{32} ,$$

$$P(X = 2) = \binom{8}{2} \left(\frac{1}{2}\right)^8 = \frac{7}{64} ,$$

so dass man mit (2.5) erhält:

$$\begin{aligned} P(X \geq 3) &= 1 - P(X < 3) = 1 - \left(\frac{1}{256} + \frac{1}{32} + \frac{7}{64}\right) \\ &= 1 - \frac{37}{256} = \frac{219}{256} = 0.855 . \end{aligned}$$

b) Sei Z die Anzahl der richtig geschriebenen Wörter „dass". Dann ist Z hypergeometrisch verteilt, und es gilt:

$$P(Z=0) \quad = \quad \frac{\binom{2}{0}\binom{6}{4}}{\binom{8}{4}} = \frac{3}{14} = 0.21 \ ,$$

$$P(Z=1) \quad = \quad \frac{\binom{2}{1}\binom{6}{3}}{\binom{8}{4}} = \frac{4}{7} = 0.57 \ ,$$

$$P(Z=2) \quad = \quad \frac{\binom{2}{2}\binom{6}{2}}{\binom{8}{4}} = \frac{3}{14} = 0.21 \ ,$$

$$P(Z=k) \quad = \quad 0 \qquad \text{für} \quad k \notin \{0,1,2\} \ .$$

Sei nun Y die Anzahl der richtig geschriebenen „dass/das", dann gilt:

$$Z=0 \quad \Longleftrightarrow \quad Y=2 \ ,$$

da keines der „dass" richtig geschrieben wird und somit „das" viermal falsch und zweimal richtig geschrieben wird.

Analog:

$$Z=1 \quad \Longleftrightarrow \quad Y=4 \ ,$$
$$Z=2 \quad \Longleftrightarrow \quad Y=6 \ .$$

Also:

$$P(Y=2) \quad = \quad \frac{3}{14} \ ,$$
$$P(Y=4) \quad = \quad \frac{4}{7} \ ,$$
$$P(Y=6) \quad = \quad \frac{3}{14} \ ,$$
$$P(Y=k) \quad = \quad 0 \qquad \text{für} \quad k \notin \{2,4,6\} \ .$$

Lösung Aufgabe 2.16

Sei X die Anzahl der Originaljeans beim 8-fachen Ziehen ohne Zurücklegen aus den insgesamt 60 Jeans, von denen 50 Originaljeans sind. Dann ist X hypergeometrisch verteilt:

$$X \sim \mathcal{H}(50, 8, 60)$$

und es gilt:

$$
\begin{aligned}
P(X \le 5) &= 1 - P(X > 5) = 1 - P(X \ge 6) \\
&= 1 - [P(X = 6) + P(X = 7) + P(X = 8)] \\
&= 1 - \frac{\binom{50}{6}\binom{10}{2}}{\binom{60}{8}} - \frac{\binom{50}{7}\binom{10}{1}}{\binom{60}{8}} - \frac{\binom{50}{8}\binom{10}{0}}{\binom{60}{8}} \\
&= 1 - 0.279 - 0.390 - 0.210 \\
&= 0.121 \; .
\end{aligned}
$$

Lösung Aufgabe 2.17

a) Die Wahrscheinlichkeit, dass nach 7 abgelegten Beichten noch genau zwei Joker enthalten sind, entspricht der Wahrscheinlichkeit, dass bei siebenmaligem Ziehen ohne Zurücklegen genau 3 Joker und 4 Bußanweisungen gezogen wurden. Sei deshalb

$$X = \text{Anzahl der gezogenen Joker.}$$

Dann ist X hypergeometrisch verteilt ($X \sim \mathcal{H}(T, n, N)$), wobei die Gesamtanzahl der Kugeln in der Urne $N = 30$ beträgt, aus denen $n = 7$ Kugeln gezogen werden, wobei in der Urne $T = 5$ Joker enthalten sind. Die gesuchte Wahrscheinlichkeit ergibt sich dann zu

$$
P(X = 3) = \frac{\binom{5}{3}\binom{30-5}{7-3}}{\binom{30}{7}} = \frac{\binom{5}{3}\binom{25}{4}}{\binom{30}{7}}
$$

$$= \frac{\dfrac{5!}{3! \cdot 2!} \cdot \dfrac{25!}{21! \cdot 4!}}{\dfrac{30!}{23! \cdot 7!}} = \frac{10 \cdot 12\ 650}{2\ 035\ 800} = 0.062 \ .$$

b) Sei wiederum X die Anzahl der gezogenen Joker, dann ist X ebenfalls hypergeometrisch verteilt $(X \sim \mathcal{H}(T, n, N))$, wobei wiederum $N = 30$ und $T = 5$, jedoch $n = 5$, da nur fünfmal gezogen wurde. Die Wahrscheinlichkeit, dass nach fünfmaligen Ziehen noch mindestens 2 Joker enthalten sind, entspricht der Wahrscheinlichkeit, dass höchstens 3 Joker gezogen wurden, gesucht ist also:

$$P(X \leq 3) \ .$$

Um nicht vier Einzelwahrscheinlichkeiten $(P(X = 0), P(X = 1), P(X = 2)$, $P(X = 3))$ aufzusummieren, berechnet man besser die Gegenwahrscheinlichkeit:

$$
\begin{aligned}
P(X \leq 3) &= 1 - P(X > 3) \\
&= 1 - [P(X = 4) + P(X = 5)] \ .
\end{aligned}
\tag{2.6}
$$

Mit

$$
\begin{aligned}
P(X = 4) &= \frac{\dbinom{5}{4}\dbinom{30 - 5}{5 - 4}}{\dbinom{30}{5}} = \frac{\dbinom{5}{4}\dbinom{25}{1}}{\dbinom{30}{5}} \\
&= \frac{5 \cdot 25}{\dfrac{30!}{25!5!}} \approx 0.000877
\end{aligned}
$$

und

$$
\begin{aligned}
P(X = 5) &= \frac{\dbinom{5}{5}\dbinom{30 - 5}{5 - 5}}{\dbinom{30}{5}} = \frac{\dbinom{5}{5}\dbinom{25}{0}}{\dbinom{30}{5}} \\
&\approx 0.000007
\end{aligned}
$$

erhält man durch (2.6):

$$
\begin{aligned}
P(X \leq 3) &\approx 1 - 0.000877 - 0.000007 \\
&= 0.999116 \ .
\end{aligned}
$$

Lösung Aufgabe 2.18

a) Sei n der gesuchte Stichprobenumfang und X die Anzahl der gezogenen Wagen mit der Zusatzausrüstung. Dann ist X verteilt gemäß einer Binomialverteilung, und zwar $X \sim \text{Bin}(n, p)$.
Die Wahrscheinlichkeit, wenigstens einen Wolf mit o. g. Einrichtung zu ziehen, ist gegeben durch $P(X \geq 1)$. Diese Wahrscheinlichkeit soll größer oder gleich 0.99 sein, d.h.,

$$P(X \geq 1) \geq 0.99 \ .$$

Es empfiehlt sich, die Wahrscheinlichkeit des Gegenereignisses zu betrachten, also

$$1 - \ P(X < 1) \geq 0.99$$
$$\Longleftrightarrow \ -P(X < 1) \geq -0.01$$
$$\Longleftrightarrow \ -P(X = 0) \geq -0.01 \ .$$

Nun gilt es zu beachten, daß das Durchmultiplizieren einer Ungleichung mit einer **negativen** Zahl das Ungleichheitszeichen **umdreht**, d.h.,

$$P(X = 0) \leq 0.01$$
$$\Longleftrightarrow \ \binom{n}{0} p^0 (1 - p)^n \leq 0.01$$
$$\Longleftrightarrow \ (1 - p)^n \leq 0.01$$
$$\Longleftrightarrow \ n \cdot \log(1 - p) \leq \log 0.01 \qquad (\text{da } \log(x) \text{ monoton steigend in } x \text{ ist}).$$

Achtung! Auch beim nächsten Schritt dreht sich das Ungleichheitszeichen um, wenn man auf beiden Seiten durch $\log(1 - p)$ dividiert! Da nämlich p im Intervall $(0,1)$ liegt, gilt auch $1 - p \in (0,1)$. Aber $\log x < 0$ für $x \in (0,1)$.

$$\Longleftrightarrow \ n \ \geq \ \frac{\log 0.01}{\log(1 - p)} \ .$$

b) Die Anzahl der Wagen mit Zusatzausrüstung ist wie in a) binomialverteilt, und speziell bei 12–maligem Ziehen $X \sim \text{Bin}(12, p)$. Damit sich Erbgut von Gattin und

Erbtante trennt, muss er **mindestens** zweimal „erfolgreich" ziehen.

$$
\begin{aligned}
P(X \geq 2) &= 1 - P(X < 2) = 1 - [P(X = 0) + P(X = 1)] \\
&= 1 - \left[\binom{12}{0} p^0 (1-p)^{12} + \binom{12}{1} p^1 (1-p)^{11} \right] \\
&= 1 - [(1-p)^{12} + 12p(1-p)^{11}] \\
&= \begin{cases} 0.1184 & \text{für} \quad p = 0.05 \\ 0.3410 & \text{für} \quad p = 0.1 \end{cases}.
\end{aligned}
$$

c) Der Stichprobenanteil ist durch $\frac{X}{n} = \frac{X}{100}$ gegeben, wobei $X \sim \text{Bin}(100, 0.1)$ ist. Damit gilt

$$
\begin{aligned}
P\left(0.05 \leq \frac{X}{100} \leq 0.15 \right) &= P(5 \leq X \leq 15) \\
&= \sum_{i=5}^{15} \binom{100}{i} 0.1^i 0.9^{100-i} .
\end{aligned}
$$

Da dieser Ausdruck aufwendig zu berechnen ist, gibt es Tabellen zur Verteilungs-funktion einer Binomialverteilung. Aus Tabelle 1 lässt sich leicht ablesen:

$$
\begin{aligned}
P(5 \leq X \leq 15) &= P(4 < X \leq 15) \\
&= F_X(15) - F_X(4) \\
&= 0.96011 - 0.02371 \\
&= 0.93640 .
\end{aligned}
$$

Lösung Aufgabe 2.19

a) Sei X die Zufallsvariable, die die Anzahl schädlingsbefallener Salatblätter zähle. Dann ist X binomialverteilt und es gilt:

$$
X \sim \text{Bin}(15, 0.01) .
$$

Die Wahrscheinlichkeit, kein befallenes Salatblatt zu erhalten, ist dann gegeben durch

$$
P(X = 0) = (1 - 0.01)^{15} = 0.86 .
$$

b) In diesem Fall ist

$$X \sim \text{Bin}(300, 0.01) \,.$$

Gesucht ist die Wahrscheinlichkeit

$$P(X \le 5) = \sum_{i=0}^{5} P(X = i) \,.$$

i) Exakt erhält man:

$$
\begin{aligned}
P(X \le 5) &= \sum_{i=0}^{5} \binom{300}{i} 0.01^i \cdot 0.99^{300-i} \\
&= 0.049 + 0.149 + 0.224 + 0.225 + 0.169 + 0.101 \\
&= 0.917 \,.
\end{aligned}
$$

ii) Die Approximation der Binomialverteilung durch die Poissonverteilung (mit $np = 3$)

$$X \sim (appr.) \; Poi(3)$$

liefert:

$$P(X \le 5) = \sum_{i=0}^{5} e^{-3} \frac{3^i}{i!} = 0.9161 \qquad \text{(Vgl. Tabelle 2)} \,.$$

Damit sind die Ergebnisse nahezu identisch.

Eine Approximation durch die Normalverteilung wäre unzulässig, da

$$np(1 - p) = 300 \cdot 0.01 \cdot 0.99 = 2.97 \not\ge 9$$

gilt.

Die Approximation der Binomialverteilung durch die Poissonverteilung (Verteilung der „seltenen Ereignisse") bildete zu Zeiten, als die Wahrscheinlichkeiten noch per Hand berechnet wurden, einen deutlichen Zeitgewinn. Im Zeitalter des Computers ist die Approximation nicht mehr so wichtig.

Lösung Aufgabe 2.20

a) Sei X die Anzahl der defekten Motoren. Dann gilt:

$X \sim \text{Bin}(4, 0.001)$.

Dann ist die Wahrscheinlichkeit für einen Absturz gegeben durch

$$
\begin{aligned}
P(X \geq 3) &= P(X = 3) + P(X = 4) \\
&= \binom{4}{3} 0.001^3 \cdot 0.999^1 + \binom{4}{4} 0.001^4 \\
&= 4 \cdot 10^{-9} .
\end{aligned}
$$

b) Man betrachte nun zunächst die Anzahl Y der defekten Motoren einer Tragfläche, d.h.

$Y \sim \text{Bin}(2, 0.001)$.

Die Wahrscheinlichkeit, dass die ausgewählte Tragfläche nicht zum Absturz führt, ist dann gegeben durch

$$
\begin{aligned}
P(Y = 0) &= \binom{2}{0} 0.001^0 \cdot 0.999^2 \\
&= 0.998001 \approx 0.998 .
\end{aligned}
$$

Die Wahrscheinlichkeit, dass das Flugzeug nicht abstürzt, ist somit gegeben durch

$$P(\text{kein Absturz}) = (0.998)^2 = 0.996$$

und damit:

$$P(\text{Absturz}) = 1 - 0.996 = 0.004 .$$

Lösung Aufgabe 2.21

a) Die Einzelwahrscheinlichkeit, dass ein Gespräch in einen Kaufvertrag mündet, ist laut Aufgabenstellung $p = 0.05$.

Sei Y die Anzahl der abgeschlossenen Verträge, dann ist Y verteilt gemäß einer Binomialverteilung, und zwar $Y \sim \text{Bin}(100,0.05)$, und es gilt:

$$
\begin{aligned}
P(Y \geq 4) &= 1 - P(Y \leq 3) \\
&= 1 - \sum_{k=0}^{3} \binom{n}{k} p^k (1-p)^{n-k} \\
&= 1 - \sum_{k=0}^{3} \binom{100}{k} 0.05^k 0.95^{100-k} \\
&= 1 - \Big[0.95^{100} + 100 \cdot 0.05 \cdot 0.95^{99} \\
&\qquad + \frac{100 \cdot 99}{2 \cdot 1} 0.05^2 \cdot 0.95^{98} + \frac{100 \cdot 99 \cdot 98}{3 \cdot 2 \cdot 1} 0.05^3 \cdot 0.95^{97} \Big] \\
&= 1 - 0.2578 = 0.7422 \ .
\end{aligned}
$$

b) i) Sei Y die Anzahl der von den Kunden zurückgezogenen Kaufverträge, die Drücker abgeschlossen hat. Mit Hilfe der Hypergeometrischen Verteilung erhält man:

$$
P(Y = k) = \begin{cases} \dfrac{\dbinom{6}{k}\dbinom{24}{5-k}}{\dbinom{30}{5}} & k = 0, \ldots, 5 \\[2em] 0 & \text{sonst} \end{cases} \ .
$$

Sei nun X die Anzahl der eingehaltenen Kaufverträge, die Drücker abgeschlossen hat. Dann gilt natürlich $X = 6 - Y$ und damit

$$
\begin{aligned}
P(X = i) &= P(6 - Y = i) \quad = \quad P(Y = 6 - i) \\
&= \begin{cases} \dfrac{\dbinom{6}{6-i}\dbinom{24}{i-1}}{\dbinom{30}{5}} & i = 1, 2, \ldots, 6 \\[2em] 0 & \text{sonst} \end{cases} \ .
\end{aligned}
$$

Damit erhält man folgende Verteilung von X:

$$
P(X = 1) = \frac{\dbinom{6}{5}\dbinom{24}{0}}{\dbinom{30}{5}} = 4.21 \cdot 10^{-5} \approx 0 \ ,
$$

$$P(X = 2) = \frac{\binom{6}{4}\binom{24}{1}}{\binom{30}{5}} = 0.0025,$$

$$P(X = 3) = \frac{\binom{6}{3}\binom{24}{2}}{\binom{30}{5}} = 0.0387,$$

$$P(X = 4) = \frac{\binom{6}{2}\binom{24}{3}}{\binom{30}{5}} = 0.2130,$$

$$P(X = 5) = \frac{\binom{6}{1}\binom{24}{4}}{\binom{30}{5}} = 0.4474,$$

$$P(X = 6) = \frac{\binom{6}{0}\binom{24}{5}}{\binom{30}{5}} = 0.2983,$$

$$P(X = i) = 0 \quad \text{für} \quad i \notin \{1, \ldots, 6\}.$$

ii) Sei nun A die Prämienzahlung [in EUR], die Drücker erhält. Man macht sich leicht klar, dass eine „Prämienauszahlung" von –50 EUR (d.h. $A = -50$) gerade einem Abschluss von 0 Verträgen (d.h. $X = 0$) entspricht. Des Weiteren gilt $A = 0 \iff X = 1$, usw.

Damit erhält man:

$$P(A = -50) = P(X = 0),$$
$$P(A = 0) = P(X = 1),$$
$$P(A = 60) = P(X = 2),$$
$$P(A = 120) = P(X = 3),$$
$$P(A = 180) = P(X = 4),$$
$$P(A = 350) = P(X = 5),$$
$$P(A = 400) = P(X = 6),$$
$$P(A = 100 + 50n) = P(X = n) \quad \text{für} \quad n \geq 7.$$

Letztere Werte sind von geringerer Bedeutung, da X ohnehin nur für die Werte $1, \ldots, 6$ eine positive Wahrscheinlichkeitsmasse besitzt.

Der Erwartungswert von A berechnet sich damit wie folgt:

$$
\begin{aligned}
\mathrm{E}(A) \;=\; & -50 \cdot P(A = -50) + 0 \cdot P(A = 0) + 60 \cdot P(A = 60) \\
& +120 \cdot P(A = 120) + 180 \cdot P(A = 180) + 350 \cdot P(A = 350) \\
& +400 \cdot P(A = 450) + \sum_{n \geq 7}(100 + 50n) \cdot P(X = n) \\
=\; & 60 \cdot 0.0025 + 120 \cdot 0.0387 + 180 \cdot 0.2130 \\
& +350 \cdot 0.4474 + 400 \cdot 0.2983 \\
=\; & 319.04 \ .
\end{aligned}
$$

Lösung Aufgabe 2.22

a) Damit f eine Dichte darstellt, muss gelten:

    i) $f(x) \geq 0$ für alle (bis auf endlich viele) $x \in \mathbb{R}$,

    ii) $\int_{-\infty}^{\infty} f(x)\,dx = 1$.

Aus der Bedingung i) folgt, dass $c \geq 0$ sein muss. Bedingung ii) liefert:

$$
\begin{aligned}
1 \;=\; & \int_{-\infty}^{\infty} f(x)\,dx = \int_{-\infty}^{\infty} \frac{c}{x^3}\mathbf{1}_{(3,\infty)}(x)\,dx \\
=\; & c\int_{3}^{\infty} x^{-3}\,dx = c\left.\frac{x^{-2}}{-2}\right|_{3}^{\infty} = -\frac{c}{2}\left.\frac{1}{x^2}\right|_{3}^{\infty} \\
=\; & -\frac{c}{2}\left(0 - \frac{1}{9}\right) = \frac{c}{18} \\
\Longleftrightarrow \quad c \;=\; & 18 \ .
\end{aligned}
$$

Damit ist die Dichte gegeben durch

$$
f(x) = \frac{18}{x^3}\mathbf{1}_{(3,\infty)}(x) = \begin{cases} \dfrac{18}{x^3} & x > 3 \\ 0 & \text{sonst} \end{cases} \ . \tag{2.7}
$$

Es handelt sich damit um eine Paretoverteilung mit $\alpha = 2$ und $x_0 = 3$ (vgl. Formelsammlung II 7.6).
Die Paretoverteilung wird häufig für die Verteilung von Einkommen und Vermögen verwendet.

b) Mit (2.7) erhält man:

$$
\begin{aligned}
E(X) &= \int_{-\infty}^{\infty} x f(x)\, dx = \int_{-\infty}^{\infty} x \frac{18}{x^3} \mathbf{1}_{(3,\infty)}(x)\, dx \\
&= 18 \cdot \int_{3}^{\infty} x^{-2}\, dx = 18 \cdot \left. \frac{x^{-1}}{-1} \right|_{3}^{\infty} \\
&= -\frac{18}{x} \Big|_{3}^{\infty} = 0 - \left(-\frac{18}{3} \right) = 6\ .
\end{aligned}
$$

Für die Varianz berechnet man zunächst das zweite (nichtzentrierte) Moment $E(X^2)$:

$$
\begin{aligned}
E(X^2) &= \int_{-\infty}^{\infty} x^2 f(x)\, dx = \int_{-\infty}^{\infty} x^2 \frac{18}{x^3} \mathbf{1}_{(3,\infty)}\, dx \\
&= 18 \cdot \int_{3}^{\infty} \frac{1}{x}\, dx = 18 \cdot \ln x \Big|_{3}^{\infty} \\
&= 18 \cdot \Big(\underbrace{\lim_{x \to \infty} \ln x}_{\to \infty} - \ln 3 \Big) \to \infty\ .
\end{aligned}
$$

D.h., die Varianz existiert nicht.

c) Die Wahrscheinlichkeit, dass der Schaden höchstens 10 EUR beträgt, ist gegeben durch

$$
\begin{aligned}
P(X \le 10) &= F(10) = \int_{-\infty}^{10} f(t)\, dt = \int_{3}^{10} 18\, t^{-3}\, dt \\
&= 18 \frac{t^{-2}}{-2} \Big|_{3}^{10} = -\frac{9}{t^2} \Big|_{3}^{10} = -\frac{9}{100} - \left(-\frac{9}{9} \right) \\
&= 1 - \frac{9}{100} = 0.91\ .
\end{aligned}
$$

Allgemein wird man für die Verteilungsfunktion $F(x)$ erhalten:

$$
\begin{aligned}
F(x) &= \int_{-\infty}^{x} f(t)\, dt = \int_{-\infty}^{x} 18\, t^{-3} \mathbf{1}_{(3,\infty)}(t)\, dt \\
&= \begin{cases} 0 & x \le 3 \\ 18 \int_{3}^{x} t^{-3}\, dt & x > 3 \end{cases} .
\end{aligned}
$$

Für $x > 3$ gilt damit:

$$
\begin{aligned}
F(x) &= 18 \left. \frac{t^{-2}}{-2} \right|_3^x = -\left. \frac{9}{t^2} \right|_3^x = -\frac{9}{x^2} - \left(-\frac{9}{9}\right) \\
&= 1 - \frac{9}{x^2} .
\end{aligned}
$$

Damit ist die Verteilungsfunktion gegeben durch

$$
\begin{aligned}
F(x) &= \begin{cases} 0 & x \leq 3 \\ 1 - \frac{9}{x^2} & x > 3 \end{cases} \\
&= \left(1 - \frac{9}{x^2}\right) \mathbf{1}_{(3,\infty)}(x) .
\end{aligned}
$$

d) Da

$$
\lim_{x \nearrow 0} F'(x) = \lim_{x \searrow 0} F'(x) = 0
$$

und

$$
\lim_{x \nearrow 2} F'(x) = \lim_{x \searrow 2} F'(x) = 0 ,
$$

ist $F(x)$ auf ganz $\mathbb{R}$ differenzierbar und es gilt:

$$
\begin{aligned}
f(x) = F'(x) &= \begin{cases} 0 & x < 0 \\ \frac{15}{16}x^4 - \frac{15}{4}x^3 + \frac{15}{4}x^2 & 0 \leq x \leq 2 \\ 0 & x > 2 \end{cases} \\
&= \left[\frac{15}{16}x^4 - \frac{15}{4}x^3 + \frac{15}{4}x^2\right] \mathbf{1}_{[0,2]}(x) \\
&= \frac{15}{16}x^2(x^2 - 4x + 4)\mathbf{1}_{[0,2]}(x) \\
&= \frac{15}{16}x^2(x - 2)^2\mathbf{1}_{[0,2]}(x) .
\end{aligned}
$$

Lösung Aufgabe 2.23

a) Für den Erwartungswert erhält man:

$$E(X) = \int_{-\infty}^{\infty} x f(x)\, dx = \int_{-\infty}^{\infty} x \lambda e^{-\lambda x} \mathbf{1}_{(0,\infty)}(x)\, dx$$

$$= \int_{0}^{\infty} x \lambda e^{-\lambda x}\, dx\ .$$

Mit $u = x$ (d.h. $u' = 1$) und $v' = \lambda e^{-\lambda x}$ (d.h. $v = -e^{-\lambda x}$) ermittelt man durch partielle Integration (siehe Anhang):

$$E(X) = x\left(-e^{-\lambda x}\right)\Big|_{0}^{\infty} - \int_{0}^{\infty} 1 \cdot \left(-e^{-\lambda x}\right)\, dx$$

$$= -\frac{x}{e^{\lambda x}}\Big|_{0}^{\infty} + \int_{0}^{\infty} e^{-\lambda x}\, dx$$

$$= -\lim_{x \to \infty} \frac{x}{e^{\lambda x}} + 0 + \int_{0}^{\infty} e^{-\lambda x}\, dx\ .$$

Da $\lim\limits_{x \to \infty} x = \lim\limits_{x \to \infty} e^{\lambda x} = \infty$ gilt, liefert die Anwendung der Regel von de l'Hospital:

$$\lim_{x \to \infty} \frac{x}{e^{\lambda x}} = \lim_{x \to \infty} \frac{1}{\lambda e^{\lambda x}} = 0\ .$$

Damit gilt:

$$E(X) = \int_{0}^{\infty} e^{-\lambda x}\, dx = -\frac{1}{\lambda} e^{-\lambda x}\Big|_{0}^{\infty} = -\frac{1}{\lambda} \underbrace{\lim_{x \to \infty} \{e^{-\lambda x}\}}_{=0} - \left(-\frac{1}{\lambda} e^{0}\right)$$

$$= \frac{1}{\lambda}\ . \tag{2.8}$$

Mit Hilfe des Steinerschen Verschiebungssatzes erhält man:

$$\mathrm{Var}(X) = E(X^2) - [E(X)]^2\ . \tag{2.9}$$

$E(X)$ wurde bereits berechnet.
Für $E(X^2)$ ermittelt man:

$$E(X^2) = \int_{-\infty}^{\infty} x^2 f(x)\, dx = \int_{-\infty}^{\infty} x^2 \lambda e^{-\lambda x} \mathbf{1}_{(0,\infty)}(x)\, dx = \int_{0}^{\infty} x^2 \lambda e^{-\lambda x}\, dx\ .$$

Mit $u = x^2$ (d.h. $u' = 2x$) und $v' = \lambda e^{-\lambda x}$ (d.h. $v = -e^{-\lambda x}$) erhält man durch partielle Integration:

$$E(X^2) = x^2 \left(-e^{-\lambda x}\right)\Big|_0^\infty - \int_0^\infty 2x \left(-e^{-\lambda x}\right)\, dx$$

$$= -\frac{x^2}{e^{\lambda x}}\Big|_0^\infty + 2\int_0^\infty xe^{-\lambda x}\, dx \ .$$

Die zweimalige Anwendung der Regel von de l'Hospital (siehe Anhang) liefert:

$$\lim_{x\to\infty} \frac{x^2}{e^{\lambda x}} = \lim_{x\to\infty} \frac{2x}{\lambda e^{\lambda x}} = \lim_{x\to\infty} \frac{2}{\lambda^2 e^{\lambda x}} = 0 \ ,$$

so dass gilt:

$$E(X^2) = 2\int_0^\infty xe^{-\lambda x}\, dx \ .$$

Die trickreiche Erweiterung mit $\dfrac{\lambda}{\lambda} = 1$ führt zu:

$$E(X^2) = \frac{2}{\lambda} \underbrace{\int_0^\infty \lambda x e^{-\lambda x}\, dx}_{= \frac{1}{\lambda}} = \frac{2}{\lambda^2} \ .$$

siehe Berechnung von $E(X)$

Mit (2.9) gilt:

$$\begin{aligned}
\text{Var}(X) &= E(X^2) - [E(X)]^2 \\
&= \frac{2}{\lambda^2} - \left(\frac{1}{\lambda}\right)^2 = \frac{1}{\lambda^2} \ .
\end{aligned} \tag{2.10}$$

Für $\lambda = 0.1$ erhält man durch (2.8) und (2.10):

$$E(X) = \frac{1}{0.1} = 10 \quad \text{sowie} \quad \text{Var}(X) = \frac{1}{0.1^2} = 100 \ .$$

b) Die gesuchte Wahrscheinlichkeit berechnet sich wie folgt:

$$P[X > k \cdot E(X)] = P\left(X > \frac{k}{\lambda}\right) = \int\limits_{\frac{k}{\lambda}}^{\infty} f(x)\, dx = \int\limits_{\frac{k}{\lambda}}^{\infty} \lambda e^{-\lambda x}\, dx$$

$$= \left. -e^{-\lambda x} \right|_{\frac{k}{\lambda}}^{\infty} = -\underbrace{\lim_{x \to \infty} \{e^{-\lambda x}\}}_{=0} - \left(-e^{-\lambda \frac{k}{\lambda}}\right)$$

$$= e^{-k} = \frac{1}{e^k} = \begin{cases} 0.3679 & k = 1 \\ 0.1353 & k = 2 \\ 0.0498 & k = 3 \end{cases} .$$

D.h., die Wahrscheinlichkeit, dass Tom länger als den doppelten Erwartungswert warten muss, ist mit 0.1353 durchaus beachtlich. Auch die Wahrscheinlichkeit, dass er länger als den dreifachen Erwartungswert warten muss, ist nicht zu vernachlässigen.

c) Für den Median $\tilde{x}$ muss gelten:

$$0.5 = \int\limits_{-\infty}^{\tilde{x}} f(x)\, dx$$

$$\Longleftrightarrow \quad 0.5 = \int\limits_{0}^{\tilde{x}} \lambda e^{-\lambda x}\, dx = \left. -e^{-\lambda x} \right|_{0}^{\tilde{x}} = -e^{-\lambda \tilde{x}} - (-1)$$

$$= 1 - e^{-\lambda \tilde{x}}$$

$$\Longleftrightarrow \quad e^{-\lambda \tilde{x}} = 1 - 0.5 = 0.5$$

$$\Longleftrightarrow \quad -\lambda \tilde{x} = \ln 0.5$$

$$\Longleftrightarrow \quad \tilde{x} = -\frac{\ln 0.5}{\lambda} = 0.693 \cdot \frac{1}{\lambda} .$$

Für $\lambda = 0.1$ erhält man damit:

$$\tilde{x} = 6.93 .$$

Lösung Aufgabe 2.24

a) Sei X die Anzahl der Würfe, bis zum ersten Mal Zahl erscheint. Dann ist X geometrisch verteilt, d.h.,

$$P(X = k) = (1-p)^{k-1} \cdot p \qquad \text{(vgl. Formel II 6.5).}$$

Auch intuitiv ist diese Wahrscheinlichkeit einleuchtend: Wirft man zunächst $(k-1)$-mal Kopf, so geschieht dies mit Wahrscheinlichkeit $(1-p)^{k-1}$, anschließend wirft man einmal Zahl, und zwar mit Wahrscheinlichkeit p.

Der Erwartungswert einer geometrisch verteilten Zufallsvariablen berechnet sich damit wie folgt:

$$E(X) = \sum_{i=1}^{\infty} i \cdot P(X = i) = \sum_{i=1}^{\infty} i(1-p)^{i-1} \cdot p \, .$$

Da $0 \cdot p(1-p)^{-1} = 0$ ist, ändert sich nichts am Ergebnis, wenn die Summation bereits bei $i = 0$ beginnt:

$$\begin{aligned}
E(X) &= \sum_{i=0}^{\infty} i(1-p)^{i-1}p \\
&= p \sum_{i=0}^{\infty} iq^{i-1} \quad \text{mit} \quad q := 1-p \\
&= p \sum_{i=0}^{\infty} \frac{d}{dq}[q^i] \, ,
\end{aligned}$$

da die Ableitung von q^i nach q gerade gegeben ist durch

$$\frac{d}{dq}[q^i] = i \cdot q^{i-1} \, .$$

Für $q < 1$ lassen sich Summenbildung und Ableitung vertauschen, und man erhält:

$$E(X) = p\frac{d}{dq}\left[\sum_{i=0}^{\infty} q^i\right]$$

Der zu differenzierende Ausdruck ist aus der Mathematik bekannt als geometrische Reihe:

$$\sum_{i=0}^{\infty} q^i = \frac{1}{1-q} \, .$$

Damit erhält man:

$$\begin{aligned}
E(X) &= p\frac{d}{dq}\left[(1-q)^{-1}\right] \\
&= p \cdot (-1)(1-q)^{-2}(-1) = p \cdot \frac{1}{(1-q)^2} \, .
\end{aligned}$$

Substituiert man nun wieder $1 - q = p$, so folgt:

$$E(X) = \frac{p}{p^2} = \frac{1}{p} \;.$$

Für den speziellen Fall einer fairen Münze (Laplace–Münze, d.h. $p = 0.5$) erhält man:

$$E(X) = \frac{1}{0.5} = 2 \;.$$

b) Da sich mit jedem Spiel der Auszahlungsbetrag verdoppelt, erwartet man einen Gewinn von

$$E(2^X) \quad \text{Geldeinheiten} \;.$$

Für $p = 0.5$ ermittelt man daher:

$$
\begin{aligned}
E(2^X) &= \sum_{i=1}^{\infty} 2^i P(X = i) \\
&= \sum_{i=1}^{\infty} 2^i \left(1 - \frac{1}{2}\right)^{i-1} \frac{1}{2} \\
&= \sum_{i=1}^{\infty} 2^i \cdot \left(\frac{1}{2}\right)^i = \sum_{i=1}^{\infty} 1 \;.
\end{aligned}
$$

Diese Reihe ist jedoch divergent, so dass $E(2^X)$ nicht existiert. Mit anderen Worten, der erwartete Gewinn bei diesem Spiel wird unendlich groß, man könnte einen beliebig hohen Betrag pro Spiel einsetzen und würde doch auf lange Sicht gewinnen, obgleich manch einer nur einen geringen Betrag einsetzen würde. **Fälschlicherweise** meinen viele Leute, dass man mit dem Aufgabenteil a) $2^{E(X)} = 2^2 = 4$ Geldeinheiten als Auszahlungsbetrag erwarten könne. Dies ist jedoch falsch, denn

$$E\left[h(x)\right] \underset{\text{i.allg.}}{\neq} h\left[E(X)\right] \;.$$

Für konvexe Funktionen h gilt allgemein mit der Ungleichung von Jensen

$$E[h(X)] \geq h[E(X)] \qquad \text{(vgl. Formel II 9.2)},$$

so dass mit $h(X) = 2^X$ das Ergebnis aus Aufgabenteil b) aus statistischer Sicht durchaus erklärbar ist.

Dieses Beispiel ist bekannt unter dem Namen „Petersburg–Paradoxon".

Lösung Aufgabe 2.25

a) Für das Risiko von Anton Ängstlich gilt:

$$\text{Var}(X) = 0.08 \ .$$

Allgemein gilt (vgl. Formel II 4.15) :

$$\text{Var}(aX + bY) = a^2\text{Var}(X) + b^2\text{Var}(Y) + 2ab\text{Cov}(X,Y) \ .$$

Für die Korrelation gilt:

$$\text{Corr}(X,Y) = \frac{\text{Cov}(X,Y)}{\sqrt{\text{Var}(X)\text{Var}(Y)}}$$

$$\Longleftrightarrow \quad \text{Cov}(X,Y) = \text{Corr}(X,Y) \cdot \sqrt{\text{Var}(X)\text{Var}(Y)} \ .$$

Damit erhält man:

$$
\begin{aligned}
\text{Var}(aX + bY) \;=\; & a^2\text{Var}(X) + b^2\text{Var}(Y) \\
& + 2ab\text{Corr}(X,Y) \cdot \sqrt{\text{Var}(X)\text{Var}(Y)} \ .
\end{aligned}
$$

Damit gilt für das Risiko von Siggi Sorglos:

$$
\begin{aligned}
\text{Var}(0.9X + 0.1Y) \;=\; & 0.9^2\text{Var}(X) + 0.1^2\text{Var}(Y) \\
& + 2 \cdot 0.9 \cdot 0.1\text{Corr}(X,Y) \cdot \sqrt{\text{Var}(X)\text{Var}(Y)} \\
\;=\; & 0.81 \cdot 0.08 + 0.01 \cdot 0.12 + 0.18 \cdot 0.5 \cdot \sqrt{0.08 \cdot 0.12} \\
\;=\; & 0.075 \ .
\end{aligned}
$$

D.h., Siggi Sorglos hat eine Anlage mit geringerem Risiko gewählt.

b) Curt Clever geht wie folgt vor: Er kauft einen Anteil α Flitzer-Aktien und einen Anteil $1 - \alpha$ an Fun-Direct Aktien, wobei er α so wählen will, dass das Risiko minimal wird, d.h., er versucht den Ausdruck

$$
\begin{aligned}
\text{Var}\left(\alpha X + (1 - \alpha)Y\right) \;=\; & \alpha^2\text{Var}(X) + (1 - \alpha)^2\text{Var}(Y) \\
& + 2\alpha(1 - \alpha) \cdot \text{Corr}(X,Y)\sqrt{\text{Var}(X)\text{Var}(Y)}
\end{aligned}
$$

in α zu minimieren. Konkret bedeutet das im vorliegenden Fall:

Minimiere

$$g(\alpha) := 0.08\alpha^2 + 0.12(1-\alpha)^2 + 0.098\alpha(1-\alpha) \; .$$

Ableiten von g liefert:

$$\begin{aligned} g'(\alpha) &= 0.16\alpha - 0.24(1-\alpha) + 0.098 - 0.196\alpha \\ &= 0.204\alpha - 0.142 \; . \end{aligned}$$

Nullsetzen ergibt:

$$\alpha = 0.696 \; .$$

Da

$$g''(\alpha) = 0.204 > 0 \; ,$$

liegt bei $\alpha = 0.696$ tatsächlich ein Minimum vor. Das Risiko von Curt Clever ist damit gegeben durch

$$g(0.696) = 0.071 \; .$$

Lösung Aufgabe 2.26

Sei G die Zufallsvariable, die den Tagesgewinn zähle. Dann bestimmt sich G wie folgt:

i) Falls die Nachfrage X größer oder gleich der produzierten Menge n ist (d.h. $X \geq n$), so wird die gesamte produzierte Menge abgesetzt mit einem Gewinn von $G = n \cdot g$ EUR.

ii) Sollte die Nachfrage kleiner als die produzierte Menge sein, so erzielt man für die verkauften Essen einen Gewinn von $g \cdot X$ EUR abzüglich Kosten in Höhe von $(n - X) \cdot k$ EUR für die $(n - X)$ nichtverkäufliche Menge an Labskaus.

Damit ist die Zufallsvariable G gegeben durch

$$
\begin{aligned}
G &= \begin{cases} n \cdot g & X \geq n \\ g \cdot X - (n - X)k & X < n \end{cases} \\
&= ng\,\mathbf{1}_{[n,\infty)}(X) + [gX - (n - X)k]\mathbf{1}_{[0,n)}(X) \\
&= ng\,\mathbf{1}_{[n,\infty)}(X) + [(g + k)X - nk]\mathbf{1}_{[0,n)}(X) \; .
\end{aligned}
$$

Der Erwartungswert von G berechnet sich damit wie folgt:

$$
\begin{aligned}
\mathrm{E}(G) &= \mathrm{E}\left\{ ng\,\mathbf{1}_{[n,\infty)}(X) + [(g + k)X - nk]\mathbf{1}_{[0,n)}(X) \right\} \\
&= ng\mathrm{E}\left[\mathbf{1}_{[n,\infty)}(X)\right] + (g + k)\mathrm{E}\left[X\mathbf{1}_{[0,n)}(X)\right] - nk\mathrm{E}\left[\mathbf{1}_{[0,n)}(X)\right] \; . \tag{2.11}
\end{aligned}
$$

Für die unterschiedlichen Aufgabenstellungen erhält man folgende Ergebnisse:

a) Im Fall $X \sim R[0, b]$ (d.h., X ist rechteckverteilt) gilt:

$$
\begin{aligned}
\mathrm{E}\left[\mathbf{1}_{[n,\infty)}(X)\right] &= \int_{-\infty}^{\infty} \mathbf{1}_{[n,\infty)}(x)f_X(x)\,dx \qquad \text{(gemäß Formel II 4.8)} \\
&= \int_{-\infty}^{\infty} \mathbf{1}_{[n,\infty)}(x)\frac{1}{b}\mathbf{1}_{[0,b]}(x)\,dx \\
&= \frac{1}{b}\int_{n}^{b} dx \qquad \text{(da } n \leq b \text{ lt. Voraussetzung)} \\
&= \frac{1}{b}x\Big|_{n}^{b} = 1 - \frac{n}{b} \; , \\
\mathrm{E}\left[X\,\mathbf{1}_{[0,n)}(X)\right] &= \int_{-\infty}^{\infty} x\,\mathbf{1}_{[0,n)}(x)f_X(x)\,dx \qquad \text{(gemäß Formel II 4.8)} \\
&= \int_{-\infty}^{\infty} x\,\mathbf{1}_{[0,n)}(x)\frac{1}{b}\mathbf{1}_{[0,b]}(x)\,dx \\
&= \frac{1}{b}\int_{0}^{n} x\,dx \qquad \text{(da } n \leq b \text{ lt. Voraussetzung)} \\
&= \frac{1}{b}\frac{x^2}{2}\Big|_{0}^{n} = \frac{n^2}{2b} \; , \\
\mathrm{E}\left[\mathbf{1}_{[0,n)}(X)\right] &= \int_{-\infty}^{\infty} \mathbf{1}_{[0,n)}(x)f_X(x)\,dx \qquad \text{(gemäß Formel II 4.8)}
\end{aligned}
$$

$$= \int_{-\infty}^{\infty} \mathbf{1}_{[0,n)}(x) \frac{1}{b} \mathbf{1}_{[0,b]}(x)\, dx$$

$$= \frac{1}{b} \int_{0}^{n} dx \qquad (\text{da } n \le b \text{ lt. Voraussetzung})$$

$$= \frac{1}{b} x \Big|_{0}^{n} = \frac{n}{b}\;.$$

Damit ergibt sich der erwartete Gesamtgewinn durch Gleichung (2.11) zu

$$\begin{aligned}
E(G) &= ng\left(1 - \frac{n}{b}\right) + (g+k)\frac{n^2}{2b} - nk\frac{n}{b} \\
&= ng - \frac{g}{b}n^2 + \frac{(g+k)}{2b}n^2 - \frac{k}{b}n^2 \\
&= ng - \frac{(g+k)}{2b}n^2\;.
\end{aligned}$$

Will man das Maximum von $E(G)$ in n finden, so wird man zunächst nach n ableiten:

$$\frac{dE(G)}{dn} = g - \frac{(g+k)}{b}n\;.$$

Nullsetzen liefert:

$$g = \frac{g+k}{b}n$$

$$\Longleftrightarrow \qquad n_0 = \frac{gb}{g+k} = \frac{b}{1 + \frac{k}{g}}\;.$$

Da

$$\frac{d^2 E(G)}{dn^2} = -\frac{(g+k)}{b} < 0\;,$$

wird mit der Menge n_0 der maximale erwartete Gewinn erzielt.

b) In diesem Fall berechnen sich die Erwartungswerte in (2.11) wie folgt:

$$\begin{aligned}
E\left[\mathbf{1}_{[n,\infty)}(X)\right] &= \int_{-\infty}^{\infty} \mathbf{1}_{[n,\infty)}(x) f_X(x)\, dx \qquad (\text{gemäß Formel II 4.8}) \\
&= \int_{-\infty}^{\infty} \mathbf{1}_{[n,\infty)}(x) \left[-\frac{2}{b^2}(x - b)\right] \mathbf{1}_{[0,b]}(x)\, dx
\end{aligned}$$

$$= -\frac{2}{b^2} \int_n^b (x-b)\,dx \qquad (\text{da} \quad n \le b)$$

$$= -\frac{2}{b^2} \left[\frac{x^2}{2} - bx\right]_n^b$$

$$= -\frac{2}{b^2} \left(\frac{b^2}{2} - b^2 - \frac{n^2}{2} + bn\right)$$

$$= 1 + \frac{n^2}{b^2} - \frac{2n}{b} \,,$$

$$\mathrm{E}\left[X\,\mathbf{1}_{[0,n)}(X)\right] = \int_{-\infty}^{\infty} x\,\mathbf{1}_{[0,n)}(x)f_X(x)\,dx \qquad (\text{gemäß Formel II 4.8})$$

$$= \int_{-\infty}^{\infty} x\,\mathbf{1}_{[0,n)}(x) \left[-\frac{2}{b^2}(x-b)\right]\mathbf{1}_{[0,b]}(x)\,dx$$

$$= -\frac{2}{b^2} \int_0^n x(x-b)\,dx \qquad (\text{da} \quad n \le b)$$

$$= -\frac{2}{b^2} \left[\frac{x^3}{3} - \frac{bx^2}{2}\right]_0^n$$

$$= -\frac{2}{b^2} \left[\frac{n^3}{3} - \frac{bn^2}{2}\right]$$

$$= -\frac{2n^3}{3b^2} + \frac{n^2}{b} \,,$$

$$\mathrm{E}\left[\mathbf{1}_{[0,n)}(X)\right] = \int_{-\infty}^{\infty} \mathbf{1}_{[0,n)}(x)f_X(x)\,dx \qquad (\text{gemäß Formel II 4.8})$$

$$= \int_{-\infty}^{\infty} \mathbf{1}_{[0,n)}(x) \left[-\frac{2}{b^2}(x-b)\right]\mathbf{1}_{[0,b]}(x)\,dx$$

$$= -\frac{2}{b^2} \int_0^n (x-b)\,dx \qquad (\text{da} \quad n \le b)$$

$$= -\frac{2}{b^2} \left[\frac{x^2}{2} - bx\right]_0^n = -\frac{2}{b^2} \left(\frac{n^2}{2} - bn\right)$$

$$= -\frac{n^2}{b^2} + \frac{2n}{b} \,.$$

Damit erhält man für den erwarteten Gewinn:

$$\mathrm{E}(G) = ng\left(1 + \frac{n^2}{b^2} - \frac{2n}{b}\right) + (g+k)\left(-\frac{2n^3}{3b^2} + \frac{n^2}{b}\right) - nk\left(-\frac{n^2}{b^2} + \frac{2n}{b}\right)$$

$$= ng + \left(-\frac{2g}{b} + \frac{g}{b} + \frac{k}{b} - \frac{2k}{b}\right)n^2 + \left(\frac{g}{b^2} - \frac{2(g+k)}{3b^2} + \frac{k}{b^2}\right)n^3$$

$$= \ ng - \frac{g+k}{b}n^2 + \frac{g+k}{3b^2}n^3 \ .$$

Ableiten nach n ergibt:

$$\frac{dE(G)}{dn} = g - 2\,\frac{g+k}{b}n + \frac{g+k}{b^2}n^2 \ .$$

Nullsetzen liefert:

$$\frac{g+k}{b^2}n_0^2 - 2\,\frac{g+k}{b}n_0 + g = 0$$

$$\Longleftrightarrow \quad n_0^2 - 2bn_0 + \frac{gb^2}{g+k} = 0$$

$$\Longleftrightarrow \quad n_0 = b \pm \sqrt{b^2 - \frac{gb^2}{g+k}}$$

$$= b \pm b\sqrt{\frac{k}{g+k}}$$

$$= b\left(1 \pm \sqrt{\frac{1}{1+\frac{g}{k}}}\right) \ .$$

D.h., es gibt zwei mögliche Extremstellen:

$$n_{01} \ = \ b\left(1 - \sqrt{\frac{1}{1+\frac{g}{k}}}\right) \in [0,b)$$

$$\text{und} \quad n_{02} \ = \ b\left(1 + \sqrt{\frac{1}{1+\frac{g}{k}}}\right) \in (b,2b] \ .$$

Da laut Voraussetzung $n \le b$ gilt, liegt nur die Extremstelle n_{01} im Definitionsbereich.

Als zweite Ableitung erhält man:

$$\frac{d^2E(G)}{dn^2} \ = \ -2\,\frac{g+k}{b} + 2\,\frac{g+k}{b^2}n$$

$$= \ -2\,\frac{g+k}{b}\left(1 - \frac{n}{b}\right) \ .$$

Die Untersuchung der Extremstelle n_{01} mit Hilfe der 2. Ableitung ergibt:

$$\frac{d^2E(G)}{dn^2}\bigg|_{n=n_{01}} \ = \ -2\,\frac{g+k}{b}\left(1 - 1 + \sqrt{\frac{1}{1+\frac{g}{k}}}\right)$$

$$= \ -2\,\frac{g+k}{b}\sqrt{\frac{1}{1+\frac{g}{k}}} < 0 \ ,$$

Damit erzielt man den maximal zu erwarteten Gewinn durch

$$n_{01} = b \left(1 - \sqrt{\frac{1}{1 + \frac{g}{k}}} \right) .$$

Lösung Aufgabe 2.27

a) Die Randdichten der gemeinsamen Dichte

$$f_{(X,Y)}(x,y) = \left[\frac{3}{16}x^2 + \frac{1}{4}xy + \frac{1}{16} \right] \mathbf{1}_{[0,1]}(x) \mathbf{1}_{[2,4]}(y)$$

erhält man, indem man über die jeweils andere Variable integriert, und zwar für die Randdichte von X :

$$
\begin{aligned}
f_X(x) &= \int_{-\infty}^{\infty} f_{(X,Y)}(x,y)dy \\
&= \int_{-\infty}^{\infty} \left[\frac{3}{16}x^2 + \frac{1}{4}xy + \frac{1}{16} \right] \mathbf{1}_{[0,1]}(x) \mathbf{1}_{[2,4]}(y)dy \\
&= \mathbf{1}_{[0,1]}(x) \int_{2}^{4} \left[\frac{3}{16}x^2 + \frac{1}{4}xy + \frac{1}{16} \right] dy \\
&= \mathbf{1}_{[0,1]}(x) \left[\frac{3}{16}x^2 y + \frac{1}{8}xy^2 + \frac{1}{16}y \right]_{2}^{4} \\
&= \left[\frac{3}{4}x^2 + 2x + \frac{1}{4} - \frac{3}{8}x^2 - \frac{1}{2}x - \frac{1}{8} \right] \mathbf{1}_{[0,1]}(x) \\
&= \left[\frac{3}{8}x^2 + \frac{3}{2}x + \frac{1}{8} \right] \mathbf{1}_{[0,1]}(x) ,
\end{aligned}
$$

und für die Randdichte von Y :

$$
\begin{aligned}
f_Y(y) &= \int_{-\infty}^{\infty} f_{(X,Y)}(x,y)dx \\
&= \int_{-\infty}^{\infty} \left[\frac{3}{16}x^2 + \frac{1}{4}xy + \frac{1}{16} \right] \mathbf{1}_{[0,1]}(x) \mathbf{1}_{[2,4]}(y)dx \\
&= \mathbf{1}_{[2,4]}(y) \int_{0}^{1} \left[\frac{3}{16}x^2 + \frac{1}{4}xy + \frac{1}{16} \right] dx \\
&= \mathbf{1}_{[2,4]}(y) \left[\frac{1}{16}x^3 + \frac{1}{8}x^2 y + \frac{1}{16}x \right]_{0}^{1}
\end{aligned}
$$

$$= \mathbf{1}_{[2,4]}(y)\left[\frac{1}{16}+\frac{1}{8}y+\frac{1}{16}\right]$$

$$= \frac{1}{8}(y+1)\mathbf{1}_{[2,4]}(y) \ .$$

b) Mit Aufgabenteil a) berechnen sich die Erwartungswerte wie folgt:

$$
\begin{aligned}
\mathrm{E}(X) &= \int\limits_{-\infty}^{\infty} x f_X(x)dx = \int\limits_{-\infty}^{\infty} x \left[\frac{3}{8}x^2+\frac{3}{2}x+\frac{1}{8}\right]\mathbf{1}_{[0,1]}(x)dx \\
&= \int\limits_{0}^{1}\left[\frac{3}{8}x^3+\frac{3}{2}x^2+\frac{1}{8}x\right]dx = \left[\frac{3}{32}x^4+\frac{1}{2}x^3+\frac{1}{16}x^2\right]_0^1 \\
&= \frac{3}{32}+\frac{1}{2}+\frac{1}{16} = \frac{21}{32} \ , \\
\mathrm{E}(Y) &= \int\limits_{-\infty}^{\infty} y f_Y(y)dy = \int\limits_{-\infty}^{\infty} y\frac{1}{8}(y+1)\mathbf{1}_{[2,4]}(y)dy \\
&= \frac{1}{8}\int_2^4 (y^2+y)dy = \frac{1}{8}\left[\frac{1}{3}y^3+\frac{1}{2}y^2\right]_2^4 \\
&= \frac{1}{8}\left[\frac{64}{3}+8-\frac{8}{3}-2\right] = \frac{37}{12} \ .
\end{aligned}
$$

c) Zur Berechnung der Varianzen verwendet man den Verschiebungssatz von Steiner:

$$\mathrm{Var}(X) = \mathrm{E}(X^2) - [\mathrm{E}(X)]^2 \ .$$

Dazu empfiehlt es sich, zunächst $\mathrm{E}(X^2)$ und $\mathrm{E}(Y^2)$ zu berechnen:

$$
\begin{aligned}
\mathrm{E}(X^2) &= \int\limits_{-\infty}^{\infty} x^2 f_X(x)dx = \int\limits_{-\infty}^{\infty} x^2 \left[\frac{3}{8}x^2+\frac{3}{2}x+\frac{1}{8}\right]\mathbf{1}_{[0,1]}(x)dx \\
&= \int\limits_{0}^{1}\left[\frac{3}{8}x^4+\frac{3}{2}x^3+\frac{1}{8}x^2\right]dx \\
&= \left[\frac{3}{40}x^5+\frac{3}{8}x^4+\frac{1}{24}x^3\right]_0^1 \\
&= \frac{59}{120} \ , \\
\mathrm{E}(Y^2) &= \int\limits_{-\infty}^{\infty} y^2 f_Y(y)dy = \int\limits_{-\infty}^{\infty} y^2\frac{1}{8}(y+1)\mathbf{1}_{[2,4]}(y)dy \\
&= \frac{1}{8}\int_2^4 (y^3+y^2)dy = \frac{1}{8}\left[\frac{1}{4}y^4+\frac{1}{3}y^3\right]_2^4 \\
&= \frac{1}{8}\left[64+\frac{64}{3}-4-\frac{8}{3}\right] = \frac{59}{6} \ .
\end{aligned}
$$

Als Varianzen erhält man somit

$$
\begin{aligned}
\text{Var}(X) &= \text{E}(X^2) - [\text{E}(X)]^2 \\
&= \frac{59}{120} - \left(\frac{21}{32}\right)^2 = \frac{937}{15360} \approx 0.061 \ , \\
\text{Var}(Y) &= \text{E}(Y^2) - [\text{E}(Y)]^2 \\
&= \frac{59}{6} - \left(\frac{37}{12}\right)^2 = \frac{47}{144} \approx 0.326 \ .
\end{aligned}
$$

d) Die Kovarianz von X und Y berechnet sich durch

$$
\text{Cov}(X,Y) = \text{E}(X \cdot Y) - \text{E}(X)\text{E}(Y) \ . \tag{2.12}
$$

Sei deshalb zunächst $\text{E}(X \cdot Y)$ berechnet:

$$
\begin{aligned}
\text{E}(X \cdot Y) &= \int\limits_{-\infty}^{\infty} \int\limits_{-\infty}^{\infty} xy \left[\frac{3}{16}x^2 + \frac{1}{4}xy + \frac{1}{16}\right] \mathbf{1}_{[0,1]}(x)\mathbf{1}_{[2,4]}(y) dx dy \\
&= \int\limits_{2}^{4} \int\limits_{0}^{1} \left[\frac{3}{16}x^3 y + \frac{1}{4}x^2 y^2 + \frac{1}{16}xy\right] dx dy \\
&= \int\limits_{2}^{4} \left[\frac{3}{64}x^4 y + \frac{1}{12}x^3 y^2 + \frac{1}{32}x^2 y\right]_0^1 dy \\
&= \int\limits_{2}^{4} \left[\frac{3}{64}y + \frac{1}{12}y^2 + \frac{1}{32}y\right] dy = \\
&= \int\limits_{2}^{4} \left[\frac{5}{64}y + \frac{1}{12}y^2\right] dy = \left[\frac{5}{128}y^2 + \frac{1}{36}y^3\right]_2^4 \\
&= \frac{5}{8} + \frac{16}{9} - \frac{5}{32} - \frac{2}{9} = \frac{583}{288} \approx 2.024 \ ,
\end{aligned}
$$

so dass mit (2.12) folgt:

$$
\text{Cov}(X,Y) = \frac{583}{288} - \frac{21}{32} \cdot \frac{37}{12} = \frac{1}{1152} \ .
$$

Für die Korrelation erhält man daher:

$$
\begin{aligned}
\text{Corr}(X,Y) &= \frac{\text{Cov}(X,Y)}{\sqrt{\text{Var}(X)} \cdot \sqrt{\text{Var}(Y)}} \\
&= \frac{\frac{1}{1152}}{\sqrt{\frac{937}{15360} \cdot \frac{47}{144}}} \approx 0.006 \ .
\end{aligned}
$$

Lösung Aufgabe 2.28

a) Aus der gemeinsamen Dichte

$$f_{(X,Y)}(x,y) = \frac{1}{2}\mathbf{1}_{[0,y]}(x)\mathbf{1}_{[0,2]}(y) \tag{2.13}$$

ermittelt man die Randdichte von Y, indem man über die gemeinsame Dichte nach x integriert:

$$
\begin{aligned}
f_Y(y) &= \int_{-\infty}^{\infty} f_{(X,Y)}(x,y)\,dx \\
&= \int_{-\infty}^{\infty} \frac{1}{2}\mathbf{1}_{[0,y]}(x)\mathbf{1}_{[0,2]}(y)\,dx \\
&= \frac{1}{2}\mathbf{1}_{[0,2]}(y)\int_{-\infty}^{\infty} \mathbf{1}_{[0,y]}(x)\,dx \\
&= \frac{1}{2}\mathbf{1}_{[0,2]}(y)\int_{0}^{y} dx = \frac{1}{2}y\mathbf{1}_{[0,2]}(y)\ .
\end{aligned}
\tag{2.14}
$$

Zur Berechnung der Randdichte von X muss man das Gebiet, in dem die gemeinsame Dichte von Null verschieden ist, anders beschreiben:

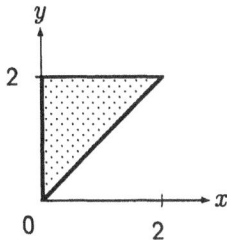

$$
\begin{aligned}
\mathbf{1}_{[0,y]}(x)\mathbf{1}_{[0,2]}(y) = 1 &\iff 0 \le x \le y \quad \wedge \quad 0 \le y \le 2 \\
&\iff 0 \le x \le y \le 2 \\
&\iff 0 \le x \le 2 \quad \wedge \quad x \le y \le 2 \\
&\iff \mathbf{1}_{[0,2]}(x)\mathbf{1}_{[x,2]}(y) = 1\ .
\end{aligned}
$$

Damit erhält man:

$$f_{(X,Y)}(x,y) = \frac{1}{2}\mathbf{1}_{[x,2]}(y)\mathbf{1}_{[0,2]}(x)\ .$$

Damit erhält man die Randdichte von X durch

$$
\begin{aligned}
f_X(x) &= \int_{-\infty}^{\infty} f_{(X,Y)}(x,y)dy = \int_{-\infty}^{\infty} \frac{1}{2} \mathbf{1}_{[x,2]}(y)\mathbf{1}_{[0,2]}(x)dy \\
&= \frac{1}{2}\mathbf{1}_{[0,2]}(x) \int_{-\infty}^{\infty} \mathbf{1}_{[x,2]}(y)dy \\
&= \frac{1}{2}\mathbf{1}_{[0,2]}(x) \int_{x}^{2} dy = \frac{2-x}{2}\mathbf{1}_{[0,2]}(x) \ .
\end{aligned}
$$

Die Erwartungswerte berechnen sich nun wie folgt:

$$
\begin{aligned}
\mathrm{E}(X) &= \int_{-\infty}^{\infty} x f_X(x)dx = \int_{-\infty}^{\infty} x\frac{2-x}{2}\mathbf{1}_{[0,2]}(x)dx = \frac{1}{2}\int_{0}^{2}(2x - x^2)dx \\
&= \frac{1}{2}\left[x^2 - \frac{x^3}{3}\right]_0^2 = \frac{1}{2}\left[4 - \frac{8}{3}\right] = \frac{2}{3} \ , \\
\mathrm{E}(Y) &= \int_{-\infty}^{\infty} y f_Y(y)dy = \int_{-\infty}^{\infty} y\frac{y}{2}\mathbf{1}_{[0,2]}(y)dy \\
&= \frac{1}{2}\int_{0}^{2} y^2 dy = \frac{1}{2}\left[\frac{y^3}{3}\right]_0^2 = \frac{4}{3} \ .
\end{aligned}
$$

Zur Berechnung der Varianzen verwendet man den Verschiebungssatz von Steiner:

$$
\mathrm{Var}(X) = \mathrm{E}(X^2) - [\mathrm{E}(X)]^2 \tag{2.15}
$$

und berechnet zunächst $\mathrm{E}(X^2)$ und $\mathrm{E}(Y^2)$:

$$
\begin{aligned}
\mathrm{E}(X^2) &= \int_{-\infty}^{\infty} x^2 f_X(x)dx = \int_{-\infty}^{\infty} x^2\frac{2-x}{2}\mathbf{1}_{[0,2]}(x)dx \\
&= \frac{1}{2}\int_{0}^{2}(2x^2 - x^3)dx = \frac{1}{2}\left[\frac{2}{3}x^3 - \frac{x^4}{4}\right]_0^2 = \frac{2}{3} \ ,
\end{aligned}
$$

$$\mathrm{E}(Y^2) = \int\limits_{-\infty}^{\infty} y^2 f_Y(y) dy = \int\limits_{-\infty}^{\infty} y^2 \frac{y}{2} \mathbf{1}_{[0,2]}(y) dy$$

$$= \frac{1}{2} \int\limits_{0}^{2} y^3 dy = \frac{1}{2} \left[\frac{y^4}{4} \right]_0^2$$

$$= 2 .$$

Mit (2.15) erhält man damit für die Varianzen:

$$\mathrm{Var}(X) = \mathrm{E}(X^2) - [\mathrm{E}(X)]^2$$

$$= \frac{2}{3} - \left(\frac{2}{3} \right)^2 = \frac{2}{9} ,$$

$$\mathrm{Var}(Y) = \mathrm{E}(Y^2) - [\mathrm{E}(Y)]^2$$

$$= 2 - \left(\frac{4}{3} \right)^2 = \frac{2}{9} .$$

Zur Berechnung der Kovarianz ermittelt man zunächst $\mathrm{E}(X \cdot Y)$:

$$\mathrm{E}(X \cdot Y) = \int\limits_{-\infty}^{\infty} \int\limits_{-\infty}^{\infty} xy f_{(X,Y)}(x,y) dx dy$$

$$= \int\limits_{-\infty}^{\infty} \int\limits_{-\infty}^{\infty} xy \frac{1}{2} \mathbf{1}_{[0,y]}(x) \mathbf{1}_{[0,2]}(y) dx dy$$

$$= \int\limits_{0}^{2} \int\limits_{0}^{y} \frac{xy}{2} dx dy = \int\limits_{0}^{2} \left[\frac{yx^2}{4} \right]_0^y dy$$

$$= \int\limits_{0}^{2} \frac{y^3}{4} dy = \frac{y^4}{16} \Big|_0^2 = 1 .$$

Für die Kovarianz von X und Y ermittelt man somit:

$$\mathrm{Cov}(X,Y) = \mathrm{E}(X \cdot Y) - \mathrm{E}(X)\mathrm{E}(Y)$$

$$= 1 - \frac{2}{3} \cdot \frac{4}{3} = \frac{1}{9} .$$

Damit erhält man als Korrelation zwischen X und Y :

$$\text{Corr}(X,Y) \; = \; \frac{\text{Cov}(X,Y)}{\sqrt{\text{Var}(X) \cdot \text{Var}(Y)}} = \frac{\frac{1}{9}}{\sqrt{\frac{2}{9} \cdot \frac{2}{9}}} = \frac{1}{2} \; .$$

b) Die bedingte Dichte von $X|Y = 1$ ist gegeben durch

$$f_{X|Y=1}(x) = \frac{f_{X,Y}(x,1)}{f_Y(1)} \; .$$

Unter Verwendung von (2.13) und (2.14) erhält man:

$$f_{X|Y=1}(x) = \frac{\frac{1}{2}1_{[0,1]}(x)}{\frac{1}{2}} = 1_{[0,1]}(x) \; .$$

Lösung Aufgabe 2.29

a) Die Wahrscheinlichkeitsfunktionen einer Poissonverteilung für X und Y sind gegeben
durch

$$P(X = x) = \frac{\lambda_1^x}{x!}e^{-\lambda_1} \quad , \quad x = 0, 1, \dots \; .$$

und

$$P(Y = y) = \frac{\lambda_2^y}{y!}e^{-\lambda_2} \quad , \quad y = 0, 1, \dots \; .$$

Die Wahrscheinlichkeitsfunktion der gefalteten Zufallsvariablen $Z = X+Y$ ermittelt
sich wie folgt (vgl. Formel II 5.11):

$$P(Z = n) = P(X + Y = n) = \sum_{k=0}^{n} P(X = k, Y = n - k) \; ,$$

und da X, Y unabhängig sind:

$$\begin{aligned}
P(Z = n) \; &= \; \sum_{k=0}^{n} P(X = k)P(Y = n - k) \\
&= \; \sum_{k=0}^{n} \frac{\lambda_1^k}{k!}e^{-\lambda_1} \frac{\lambda_2^{n-k}}{(n-k)!}e^{-\lambda_2} \\
&= \; e^{-(\lambda_1+\lambda_2)} \sum_{k=0}^{n} \frac{\lambda_1^k \lambda_2^{n-k}}{k!(n-k)!} \quad \left| \; \cdot \frac{n!}{n!} \right.
\end{aligned}$$

$$= \frac{e^{-(\lambda_1+\lambda_2)}}{n!} \sum_{k=0}^{n} \underbrace{\frac{n!}{k!(n-k)!}}_{=\binom{n}{k}} \lambda_1^k \lambda_2^{n-k}$$

$$= \frac{e^{-(\lambda_1+\lambda_2)}}{n!} \sum_{k=0}^{n} \binom{n}{k} \lambda_1^k \lambda_2^{n-k} \ .$$

Die Anwendung des binomischen Lehrsatzes

$$(a+b)^n = \sum_{k=0}^{n} \binom{n}{k} a^k b^{n-k}$$

liefert für $a = \lambda_1$ und $b = \lambda_2$:

$$P(Z=n) = \frac{e^{-(\lambda_1+\lambda_2)}}{n!} (\lambda_1 + \lambda_2)^n \ .$$

Da gilt

$$
\begin{aligned}
P(X=x|X+Y=n) &= \frac{P(X=x, X+Y=n)}{P(X+Y=n)} \\
&= \frac{P(X=x, Y=n-x)}{P(X+Y=n)} \\
&= \frac{P(X=x)P(Y=n-x)}{P(X+Y=n)} \qquad (X, Y \text{ unabhängig}),
\end{aligned}
$$

erhält man mit der oben berechneten Faltung:

$$
\begin{aligned}
P(X=x|X+Y=n) &= \frac{\frac{\lambda_1^x}{x!}e^{-\lambda_1} \frac{\lambda_2^{n-x}}{(n-x)!}e^{-\lambda_2}}{\frac{e^{-(\lambda_1+\lambda_2)}}{n!}(\lambda_1+\lambda_2)^n} \\
&= \underbrace{\frac{n!}{(n-x)!x!}}_{=\binom{n}{x}} \cdot \frac{\lambda_1^x \lambda_2^{n-x}}{(\lambda_1+\lambda_2)^n} \\
&= \binom{n}{x} \cdot \left(\frac{\lambda_1}{\lambda_1+\lambda_2}\right)^x \left(\frac{\lambda_2}{\lambda_1+\lambda_2}\right)^{n-x} \ ,
\end{aligned}
$$

d.h., $X|X+Y=n$ ist verteilt gemäß einer Bin$\left(n, \frac{\lambda_1}{\lambda_1+\lambda_2}\right)$-Verteilung.

b) Die Wahrscheinlichkeit, dass Berta Beule mindestens 3 Unfälle hat, ist gegeben durch

$$
\begin{aligned}
P(Y \geq 3) &= 1 - P(Y < 3) = 1 - P(Y \leq 2) \\
&= 1 - F_Y(2) \\
&= 1 - 0.9989 \qquad \text{(vgl. Tabelle 2 im Tabellenanhang)} \\
&= 0.0011 \ .
\end{aligned}
$$

Die Wahrscheinlichkeit, dass Bruno Beule höchstens 4 Unfälle erzeugt, falls Ehepaar Beule zusammen 10 Unfälle hat, ist nach Aufgabenteil a) gegeben durch

$$
\begin{aligned}
P(X \leq 4 | X + Y = 10) &= \sum_{i=0}^{4} \binom{10}{i} \left(\frac{\lambda_1}{\lambda_1 + \lambda_2} \right)^i \left(\frac{\lambda_2}{\lambda_1 + \lambda_2} \right)^{10-i} \\
&= \sum_{i=0}^{4} \binom{10}{i} 0.6^i 0.4^{10-i} \\
&= 1 - 0.83376 = 0.16624
\end{aligned}
$$

(vgl. Tabelle 1 des Tabellenanhangs).

Lösung Aufgabe 2.30

a) Sei $Z = X - Y$ der Saldo des Einkommens von V. und K. Erfolg. Dann hat Z gemäß der Faltungsformel die Dichte

$$
f_Z(z) = \int_{-\infty}^{\infty} f_X(z + y) f_Y(y) \, dy \, .
$$

Offenbar gilt wegen der Symmetrie von $f_X(\cdot)$ und $f_Y(\cdot)$ um 1:

$$
f_X(1 + x) = f_X(1 - x) \qquad \text{und} \qquad f_Y(1 + y) = f_Y(1 - y)
$$

bzw.

$$
f_X(x) = f_X(2 - x) \qquad \text{und} \qquad f_Y(y) = f_Y(2 - y) \, .
$$

D.h.,

$$
f_Z(z) = \int_{-\infty}^{\infty} f_X(2 - (z + y)) f_Y(2 - y) \, dy \, .
$$

Nun wird $x(y) := 2 - (z + y)$ substituiert. Daraus folgt:

$$
\frac{dx}{dy} = -1 \qquad \text{sowie} \qquad 2 - y = x + z \, .
$$

Für die neuen Integrationsgrenzen ergibt sich

$$
x(-\infty) = +\infty \qquad \text{und} \qquad x(+\infty) = -\infty,
$$

und damit:

$$f_Z(z) \;=\; -\int\limits_{\infty}^{-\infty} f_X(x)f_Y(x+z)\,dx$$

$$=\; \int\limits_{-\infty}^{\infty} f_X(x)f_Y(x+z)\,dx\;.$$

D.h., da diese Formel gerade die Faltung von $Y - X$ darstellt, dass $X - Y$ **dieselbe** Verteilung wie $Y - X$ besitzt.[1]

Mit dieser Betrachtung hat man erreicht, dass die „kompliziertere" Dichte (mit der Betragsfunktion) nur von der Variablen x und nicht von x und z abhängt. Es gilt also:

$$f_Z(z) \;=\; \int\limits_{-\infty}^{\infty} f_X(x)f_Y(z+x)\,dx$$

$$=\; \int\limits_{-\infty}^{\infty} (1-|1-x|)\mathbf{1}_{[0,2]}(x)\frac{1}{2}\mathbf{1}_{[0,2]}(z+x)\,dx$$

$$=\; \frac{1}{2}\int\limits_{-\infty}^{\infty} (1-|1-x|)\,\underbrace{\mathbf{1}_{[0,2]}(x)\mathbf{1}_{[0,2]}(z+x)}\,dx\;.$$

Der Integrand ist nur dann ungleich Null, wenn beide Indikatorfunktionen den Wert 1 annehmen. Das Gebiet in der x–z–Ebene, in dem die Indikatorfunktionen 1 sind, sieht wie folgt aus:

[1] Diese Eigenschaft lässt sich allgemein zeigen, wenn die Verteilungen X, Y **dasselbe** Symmetriezentrum besitzen.

Das Integral ist einfacher zu lösen, wenn nur noch eine statt zwei Indikatorfunktionen von x abhängen. Das oben dargestellte Gebiet lässt sich auch beschreiben durch

$$\max\{0, -z\} \leq x \leq \min\{2, 2-z\} \quad \wedge \quad -2 \leq z \leq 2 \,,$$

so dass gilt:

$$\mathbf{1}_{[0,2]}(x)\, \mathbf{1}_{[0,2]}(z+x) = \mathbf{1}_{[\max\{0,-z\}\,,\,\min\{2,2-z\}]}(x)\, \mathbf{1}_{[-2,2]}(z) \,. \tag{2.16}$$

Mit (2.16) erhält man:

$$
\begin{aligned}
f_Z(z) &= \frac{1}{2} \int_{-\infty}^{\infty} (1 - |1 - x|)\mathbf{1}_{[-2,2]}(z)\, \mathbf{1}_{[\max\{0,-z\}\,,\,\min\{2,2-z\}]}(x)\, dx \\
&= \frac{1}{2}\mathbf{1}_{[-2,2]}(z) \int_{-\infty}^{\infty} (1 - |1 - x|)\mathbf{1}_{[\max\{0,-z\},\min\{2,2-z\}]}(x)\ dx \\
&= \frac{1}{2}\mathbf{1}_{[-2,2]}(z) \int_{\max\{0,-z\}}^{\min\{2,2-z\}} (1 - |1 - x|)\ dx \,.
\end{aligned}
$$

Eine Fallunterscheidung in z liefert folgende Integrationsgrenzen:

$$
f_Z(z) = \begin{cases}
\dfrac{1}{2}\displaystyle\int_{-z}^{2} (1 - |1 - x|)\ dx & -2 \leq z \leq 0 \\[2.5em]
\dfrac{1}{2}\displaystyle\int_{0}^{2-z} (1 - |1 - x|)\ dx & 0 \leq z \leq 2 \\[2.5em]
0 & \text{sonst}
\end{cases}
$$

Nun gilt es, die Betragsstriche der Integranden aufzulösen. Dazu ist eine weitere Fallunterscheidung $x \leq 1$ und $x \geq 1$ durchzuführen. D. h., insbesondere muss geklärt werden, ob die variablen Integrationsgrenzen $-z$ und $2-z$ größer oder kleiner 1 sind.

Man erhält:

$$f_Z(z) = \begin{cases} \dfrac{1}{2}\displaystyle\int\limits_{-z}^{2}(2-x)\,dx & -2 \le z \le -1 \\[2em] \dfrac{1}{2}\displaystyle\int\limits_{-z}^{1}x\,dx + \dfrac{1}{2}\displaystyle\int\limits_{1}^{2}(2-x)\,dx & -1 \le z \le 0 \\[2em] \dfrac{1}{2}\displaystyle\int\limits_{0}^{1}x\,dx + \displaystyle\int\limits_{1}^{2-z}(2-x)\,dx & 0 \le z \le 1 \\[2em] \dfrac{1}{2}\displaystyle\int\limits_{0}^{2-z}x\,dx & 1 \le z \le 2 \\[2em] 0 & \text{sonst} \end{cases}$$

Mit der Substitution $u = 2 - x$ erhält man:

$$\frac{du}{dx} = -1\,, \qquad u(-z) = 2+z\,, \qquad u(2) = 0\,, \qquad u(1) = 1\,, \qquad u(2-z) = z\,.$$

Damit lassen sich folgende Integrale einfach berechnen:

$$\frac{1}{2}\int\limits_{-z}^{2}(2-x)\,dx \;=\; -\frac{1}{2}\int\limits_{2+z}^{0}u\,du = -\frac{u^2}{4}\bigg|_{2+z}^{0} = \frac{(2+z)^2}{4}\,,$$

$$\frac{1}{2}\int\limits_{1}^{2}(2-x)\,dx \;=\; -\frac{1}{2}\int\limits_{1}^{0}u\,du = -\frac{u^2}{4}\bigg|_{1}^{0} = \frac{1}{4}\,,$$

$$\frac{1}{2}\int\limits_{1}^{2-z}(2-x)\,dx \;=\; -\frac{1}{2}\int\limits_{1}^{z}u\,du = -\frac{u^2}{4}\bigg|_{1}^{z} = \frac{1-z^2}{4}\,.$$

Die weiteren Integrale berechnen sich zu:

$$\frac{1}{2}\int\limits_{-z}^{1}x\,dx \;=\; \frac{x^2}{4}\bigg|_{-z}^{1} \;=\; \frac{1-z^2}{4}\,,$$

$$\frac{1}{2}\int\limits_{0}^{1}x\,dx \;=\; \frac{x^2}{4}\bigg|_{0}^{1} \;=\; \frac{1}{4}\,,$$

$$\frac{1}{2}\int\limits_{0}^{2-z}x\,dx \;=\; \frac{x^2}{4}\bigg|_{0}^{2-z} \;=\; \frac{(2-z)^2}{4}\,.$$

Damit ergibt sich $f_Z(z)$ zu

$$
f_Z(z) \;=\; \begin{cases} \dfrac{(2+z)^2}{4} & -2 \le z \le -1 \\[2mm] \dfrac{2-z^2}{4} & -1 \le z \le 1 \\[2mm] \dfrac{(2-z)^2}{4} & 1 \le z \le 2 \\[2mm] 0 & \text{sonst} \end{cases}
$$

$$
\;=\; \begin{cases} \dfrac{(2-|z|)^2}{4} & 1 \le |z| \le 2 \\[2mm] \dfrac{2-z^2}{4} & 0 \le |z| \le 1 \\[2mm] 0 & \text{sonst} \end{cases} \; .
$$

b) Die durchschnittliche Ersparnis von Ehepaar Erfolg wird gerade durch den Erwartungswert $\mathrm{E}(Z)$ angegeben.

Nun gilt nach Aufgabenteil a), dass $X-Y$ dieselbe Verteilung besitzt wie $Y-X = -(X-Y)$.

Daraus folgt, dass eine um 0 symmetrische Verteilung vorliegt, deren Erwartungswert 0 ist oder nicht existiert.

Die Existenz von $\mathrm{E}(X-Y)$ folgt aber wiederum aus der Existenz von $\mathrm{E}(X)$ und $\mathrm{E}(Y)$:

$$
\begin{aligned}
\mathrm{E}(|X|) &= \int_{-\infty}^{\infty} |x| f_X(x)\,dx = \int_0^2 x(1-|1-x|)\,dx \\[2mm]
&= \int_0^1 x^2\,dx + \int_1^2 x(2-x)\,dx = \left[\frac{x^3}{3}\right]_0^1 + \left[x^2 - \frac{x^3}{3}\right]_1^2 \\[2mm]
&= \frac{1}{3} + 4 - \frac{8}{3} - 1 + \frac{1}{3} = 1 < \infty \; . \\[2mm]
\mathrm{E}(|Y|) &= \int_{-\infty}^{\infty} |y| f_Y(y)\,dy = \frac{1}{2}\int_0^2 y\,dy = \frac{1}{2}\left[\frac{y^2}{2}\right]_0^2 = 1 < \infty \; .
\end{aligned}
$$

Damit existieren die Erwartungswerte von X und Y, und es gilt:

$$
\mathrm{E}(Z) = \mathrm{E}(X-Y) = 0 \; .
$$

c) Seien nun X, Y u.i.v. $\mathrm{Exp}(\lambda)$ verteilt, d.h.

$$
\begin{aligned}
f(x) &= f_X(x) = f_Y(x) = \lambda e^{-\lambda x} \mathbf{1}_{(0,\infty)}(x), \qquad \lambda > 0 \\[2mm]
&= \begin{cases} \lambda e^{-\lambda x} & x > 0 \\ 0 & \text{sonst} \end{cases}
\end{aligned}
$$

Sei $Z := X + Y$. Dann ist Z gemäß der Faltungsformel verteilt mit Dichte

$$f_Z(z) = \int\limits_{-\infty}^{\infty} f_X(z-y) f_Y(y)\, dy$$

$$= \int\limits_{-\infty}^{\infty} \lambda e^{-\lambda(z-y)} \mathbf{1}_{(0,\infty)}(z-y) \lambda e^{-\lambda y} \mathbf{1}_{(0,\infty)}(y)\, dy$$

$$= \lambda^2 \int\limits_{-\infty}^{\infty} e^{-\lambda(z-y+y)} \underbrace{\mathbf{1}_{(0,\infty)}(z-y) \mathbf{1}_{(0,\infty)}(y)}\ dy$$

beide Indikatorfunktionen sind 1

$\Longleftrightarrow\quad 0 < z - y < \infty \quad\wedge\quad 0 < y < \infty$

$\Longleftrightarrow\quad -z < -y < \infty \quad\wedge\quad 0 < y < \infty$

$\Longleftrightarrow\quad -\infty < y < z \quad\wedge\quad 0 < y < \infty$

$\Longleftrightarrow\quad 0 < y < z \quad\wedge\quad 0 < z < \infty$

$$= \lambda^2 \int\limits_{-\infty}^{\infty} e^{-\lambda z} \mathbf{1}_{(0,\infty)}(z) \mathbf{1}_{(0,z)}(y)\, dy$$

$$= \lambda^2 e^{-\lambda z} \mathbf{1}_{(0,\infty)}(z) \int\limits_{0}^{z} dy = \lambda^2 e^{-\lambda z} \mathbf{1}_{(0,\infty)}(z) [y]_0^z = \lambda^2 z e^{-\lambda z} \mathbf{1}_{(0,\infty)}(z)$$

$$= \begin{cases} \lambda^2 z e^{-\lambda z} & z > 0 \\ 0 & \text{sonst} \end{cases}.$$

Diese Dichte entspricht der Dichte einer Erlangverteilung mit Parametern λ und $n = 2$. Allgemein ist die Summe von n unabhängig identisch verteilten Exp(λ)–verteilten Zufallsvariablen erlangverteilt mit Parametern n und λ.

Kapitel 6

Lösungen zu Kapitel 3

Lösung Aufgabe 3.1

a) Die Zufallsvariable X, die als Haarlänge beim Verlassen des Salons definiert ist, ist laut Aufgabenstellung normalverteilt mit $\mu = 1.2$ und $\sigma^2 = 0.3^2$ (oder kurz: $X \sim N(1.2, 0.3^2)$). Gesucht ist die Wahrscheinlichkeit $P(X > 1.5)$. Da eine $N(1.2, 0.3^2)$-Verteilung jedoch nicht tabelliert ist, muss man die Zufallsvariable X zunächst standardisieren:

$$
\begin{aligned}
P(X > 1.5) &= 1 - P(X \le 1.5) = 1 - P(X - 1.2 \le 1.5 - 1.2) \\
&= 1 - P\left(\frac{X - 1.2}{0.3} \le \frac{1.5 - 1.2}{0.3}\right) .
\end{aligned}
$$

Die Zufallsvariable $Z := \frac{X-1.2}{0.3}$ ist nun standardnormalverteilt (d.h. $Z \sim N(0,1)$); somit lässt sich diese Wahrscheinlichkeit mit Hilfe der Standardnormalverteilungstabelle 3 bestimmen:

$$
1 - P(X \le 1.5) = 1 - P\left(Z \le \frac{1.5 - 1.2}{0.3}\right) = 1 - \Phi(1) = 1 - 0.8413 = 0.1587.
$$

b) Seien die Zufallsvariablen $X_1, \ldots, X_n$ nun die identisch verteilten Haarlängen zufällig ausgewählter Kunden im Friseursalon mit $X_i \sim N(1.2, 0.3^2)$. Dann ist $\overline{X} = \frac{1}{n} \sum_{i=1}^{n} X_i$ ebenfalls normalverteilt mit

$$
\mathrm{E}\left(\overline{X}\right) = \mathrm{E}\left(\frac{1}{n} \sum_{i=1}^{n} X_i\right) = \frac{1}{n} \sum_{i=1}^{n} \mathrm{E}(X_i) = \frac{1}{n} \sum_{i=1}^{n} \mu = \mu = 1.2 ,
$$

$$\text{Var}\left(\overline{X}\right) \;=\; \text{Var}\left(\frac{1}{n}\sum_{i=1}^{n}X_i\right) = \frac{1}{n^2}\sum_{i=1}^{n}\text{Var}(X_i) = \frac{1}{n^2}\sum_{i=1}^{n}\sigma^2$$

$$= \frac{\sigma^2}{n} = \frac{0.3^2}{10}\;.$$

Siehe dazu auch Formel III 1.4a und III 1.4b[1].

Gesucht ist nun $P\left(\overline{X} > 1.5\right) = 1 - P\left(\overline{X} \le 1.5\right)$. Standardisieren liefert wieder:

$$1 - P\left(\overline{X} \le 1.5\right) \;=\; 1 - P\left(\frac{\overline{X}-1.2}{\frac{0.3}{\sqrt{10}}} \le \frac{1.5-1.2}{\frac{0.3}{\sqrt{10}}}\right)$$

$$= 1 - P\left(Z \le \frac{0.3\sqrt{10}}{0.3}\right)$$

(wobei wiederum $Z \sim N(0,1)$)

$$= 1 - P\left(Z \le \sqrt{10}\right) \approx 1 - P\left(Z \le 3.162\right)$$

$$= 1 - \Phi(3.162) = 1 - 0.9992 = 0.0008\;.$$

c) Die Zufallsvariablen X und $\overline{X}$ sind zwar beide normalverteilt mit $\mu = 1.2$, aber die Varianz von $\overline{X}$ nimmt mit steigendem n ab, denn $\text{Var}\left(\overline{X}\right) = \frac{\sigma^2}{n}$ (Wurzel–n–Gesetz). Damit sinkt auch die Wahrscheinlichkeit für eine fest vorgegebene Abweichung vom Erwartungswert.

d) Die Zufallsvariable Y, die die Haarlänge bei Ankunft im Friseursalon beschreibt, ist χ^2–verteilt, und zwar $Y \sim \chi_3^2$. Gesucht ist ein Wert c, für den gilt:

$$P(Y \le c) = 0.9\;,$$

oder in anderen Worten: gesucht ist das 0.9–Quantil von Y: $c = \chi_{3;0.9}^2$.

Tabelle 6 des Anhangs liefert:

$$c = \chi_{3;0.9}^2 = 6.251\;.$$

Entsprechend wird nun ein d benötigt, so dass für die Haarlänge X eines bedienten Kunden gilt:

$$P(X \le d) = 0.9\;.$$

---

[1]Für das Stichprobenmittel unabhängig identisch verteilter Zufallsvariablen ermittelt man stets die oben berechneten Momente. Die Tatsache, dass $\overline{X}$ wieder normalverteilt ist, lässt sich auf elegante Weise über charakteristische Funktionen zeigen, die aber nicht Bestandteil dieses Übungsbuches sind.

Da Quantile wie auch Verteilungsfunktion (siehe Aufgabenteil a)) nur für die Standardnormalverteilung tabelliert sind, muss X hier ebenfalls standardisiert werden:

$$P(X \leq d) = 0.9 \quad \Longleftrightarrow \quad P\left(\frac{X - 1.2}{0.3} \leq \frac{d - 1.2}{0.3}\right) = 0.9$$

$$\Longleftrightarrow \quad P\left(Z \leq \frac{d - 1.2}{0.3}\right) = 0.9$$

$$\Longleftrightarrow \quad \Phi\left(\frac{d - 1.2}{0.3}\right) = 0.9 \quad (\text{denn} \quad Z \sim N(0,1))$$

$$\Longleftrightarrow \quad \frac{d - 1.2}{0.3} = u_{0.9} \ .$$

Tabelle 4 liefert als 0.9–Quantil der Standardnormalverteilung $u_{0.9} = 1.2816$, so dass gilt:

$$\frac{d - 1.2}{0.3} = 1.2816 \quad \Longleftrightarrow \quad d = 1.584 \ .$$

e) i) Man betrachte nun erneut die Haarlänge von Kunden, die den Friseursalon verlassen: Es gilt:

$$
\begin{aligned}
P(|X - \mu| < k\sigma) &= P(-k\sigma < X - \mu < k\sigma) \\
&= P\left(-k < \frac{X - \mu}{\sigma} < k\right) \\
&= P(-k < Z < k) \quad (\text{wobei} \quad Z \sim N(0,1)) \\
&= \Phi(k) - \Phi(-k) \\
&= \Phi(k) - (1 - \Phi(k)) \\
&= 2\Phi(k) - 1 \ .
\end{aligned}
$$

Mit Hilfe der Standardnormalverteilungsfunktion (Tabelle 3) erhält man somit:

$$
P(|X - \mu| < k\sigma) = \begin{cases} 2 \cdot 0.8413 - 1 & \text{für} \quad k = 1 \\ 2 \cdot 0.9772 - 1 & \text{für} \quad k = 2 \\ 2 \cdot 0.9987 - 1 & \text{für} \quad k = 3 \end{cases}
$$

$$
= \begin{cases} 0.6826 & \text{für} \quad k = 1 \\ 0.9544 & \text{für} \quad k = 2 \\ 0.9974 & \text{für} \quad k = 3 \end{cases} \ .
$$

Den Bereich $[\mu - k\sigma \ ; \ \mu + k\sigma]$ nennt man auch k–Sigma–Bereich. Insbesondere assoziiert man mit dem Ein–, Zwei– und Drei–σ–Bereich bei Normalverteilungsannahmen die oben berechneten Überdeckungswahrscheinlichkeiten.

ii) Ist die zugrunde liegende Verteilung unbekannt, so liefert die Tschebyscheffsche
Ungleichung (vgl. Formel II 9.1) eine (wenn auch grobe) Abschätzung für dieses
Problem:

$$P(|X - \mu| \geq k\sigma) \leq \frac{1}{k^2}$$

$$\Longleftrightarrow \quad -P(|X - \mu| \geq k\sigma) \geq -\frac{1}{k^2}$$

$$\Longleftrightarrow \quad 1 - P(|X - \mu| \geq k\sigma) \geq 1 - \frac{1}{k^2}$$

$$\Longleftrightarrow \quad P(|X - \mu| < k\sigma) = 1 - P(|X - \mu| \geq k\sigma) \geq 1 - \frac{1}{k^2} \ ,$$

Damit gilt:

$$P(|X - \mu| < k\sigma) \geq \begin{cases} 0 & \text{für} \quad k = 1 \\ \frac{3}{4} & \text{für} \quad k = 2 \\ \frac{8}{9} & \text{für} \quad k = 3 \end{cases} \ .$$

Es wird deutlich, dass die Tschebyscheff–Ungleichung sehr grob sein kann, wenn
die tatsächliche Verteilung bekannt ist.

Kennt man die zugrunde liegende Verteilung jedoch nicht, so ist sie eine wichtige
Abschätzung in einigen Beweisen.

Lösung Aufgabe 3.2

a) Laut Aufgabenstellung sind die X_i Bernoulli–verteilt, d.h.

$$P(X_i = 1) = p \qquad \text{und} \qquad P(X_i = 0) = 1 - p.$$

In geschlossener Form lässt sich die Wahrscheinlichkeitsfunktion (diskrete Dichte)
daher schreiben als

$$P(X_i = x_i) = p^{x_i}(1 - p)^{1 - x_i}, \qquad x_i \in \{0, 1\} \ .$$

Die Likelihoodfunktion ist damit gegeben durch

$$L(p|x_1, \ldots, x_n) = \prod_{i=1}^{n} P(X_i = x_i) = \prod_{i=1}^{n} p^{x_i}(1 - p)^{1 - x_i} \ .$$

Unter Beachtung von

$$\prod_{i=1}^{n} a^{x_i} = a^{x_1} \cdot a^{x_2} \cdot \ldots \cdot a^{x_n} = a^{x_1 + x_2 + \ldots + x_n} = a^{\sum\limits_{i=1}^{n} x_i}$$

gilt:

$$\begin{aligned} L(p|x_1, \ldots, x_n) &= p^{\sum_{i=1}^{n} x_i}(1-p)^{n - \sum_{i=1}^{n} x_i} \\ &= p^{n\bar{x}}(1-p)^{n-n\bar{x}} \quad \left(\text{Beachte: } \frac{1}{n}\sum_{i=1}^{n} x_i = \bar{x} \right) . \end{aligned} \qquad (3.1)$$

Für diese Funktion ist eine Fallunterscheidung in $\bar{x} \in (0,1)$, $\bar{x} = 0$ und $\bar{x} = 1$ notwendig:

1. Fall: $\bar{x} \in (0,1)$

In diesem Fall erhält man die logarithmierte Likelihoodfunktion, die sog. Loglikelihoodfunktion als

$$\begin{aligned} L^*(p|x_1, \ldots, x_n) &= \ln\{L(p|x_1, \ldots, x_n)\} \\ &= n\bar{x} \ln p + (n - n\bar{x})\ln(1-p) \\ &= n\left[\bar{x}\ln p + (1-\bar{x})\ln(1-p)\right] . \end{aligned} \qquad (3.2)$$

Differenzieren von (3.2) liefert:

$$\frac{dL^*}{dp} = n\left[\frac{\bar{x}}{p} + (1-\bar{x})\frac{-1}{1-p}\right] .$$

Nullsetzen ergibt

$$\frac{\bar{x}}{p} = \frac{1-\bar{x}}{1-p}$$

$$\iff \bar{x}(1-p) = (1-\bar{x})p$$

$$\iff p = \bar{x} .$$

Die zweite Ableitung von L^* nach p ergibt:

$$\frac{d^2L^*(p)}{dp^2} = n\left[-\frac{\bar{x}}{p^2} - \frac{1}{(1-p)^2}(1-\bar{x})\right]$$

Speziell an der Stelle $p = \bar{x}$ ermittelt man:

$$\begin{aligned} \frac{d^2L^*(\bar{x})}{dp^2} &= n\left[-\frac{\bar{x}}{\bar{x}^2} - \frac{1}{(1-\bar{x})^2}(1-\bar{x})\right] = n\left[-\frac{1}{\bar{x}} - \frac{1}{1-\bar{x}}\right] \\ &= -n\left[\frac{1-\bar{x}+\bar{x}}{\bar{x}(1-\bar{x})}\right] = -\frac{n}{\bar{x}(1-\bar{x})} < 0 . \end{aligned}$$

D.h., $\hat{p}_{ML} = \bar{X}$ ist der ML–Schätzer für p .

2. Fall: $\overline{x} = 1$

Hier erhält man als Likelihoodfunktion (vgl. (3.1)):

$$L(p|x_1, \ldots, x_n) = p^n \ .$$

Differenzieren liefert:

$$\frac{dL}{dp} = n \, p^{n-1} \geq 0 \qquad \text{für} \quad p \in [0, 1] \ ,$$

d.h., L^* ist monoton wachsend in p, so dass man $p \in [0, 1]$ so groß wie möglich wählen sollte, also

$$\widehat{p}_{ML} = 1 \ .$$

3. Fall: $\overline{x} = 0$

Im vorliegenden Fall ist die Likelihoodfunktion (vgl. (3.1)) gegeben durch

$$L(p|x_1, \ldots, x_n) = (1 - p)^n \ .$$

Damit gilt:

$$\frac{dL}{dp} \ = \ n \, (1-p)^{n-1} \cdot (-1) \qquad \text{(Man beachte die innere Ableitung!)}$$
$$\leq \ 0 \qquad \text{für} \quad p \in [0, 1] \ ,$$

d.h., L ist monoton fallend, und man wird p so klein wie möglich wählen:

$$\widehat{p}_{ML} = 0.$$

Damit ist in allen drei Fällen der ML–Schätzer für p gegeben durch $\widehat{p}_{ML} = \overline{X}$.

b) Für bernoulliverteilte Zufallsvariablen X_i gilt

$$E(X_i) = p$$
$$\implies \quad E(\,\overline{X}\,) = E\left(\frac{1}{n}\sum_{i=1}^{n} X_i\right) = \frac{1}{n}\sum_{i=1}^{n} E(X_i) = \frac{1}{n} \cdot n \cdot p = p \ . \tag{3.3}$$

Damit ist der Momentenschätzer gegeben durch

$$\widehat{p}_M = \frac{1}{n}\sum_{i=1}^{n} X_i = \overline{X} \ .$$

D.h., Maximum–Likelihood–Schätzer und Momentenschätzer sind im vorliegenden Fall identisch.

c) Aufgrund der Beziehung (3.3) im Aufgabenteil b) sind Maximum–Likelihood– bzw. Momentenschätzer erwartungstreu.

d) Für die in der Aufgabenstellung vorgegebene Wahrscheinlichkeit gilt:

$$P\left(X_1 = x_1, X_2 = x_2, \ldots, X_n = x_n \middle| \sum_{i=1}^{n} X_i = t\right)$$

$$= \frac{P(X_1 = x_1, \ldots, X_n = x_n, \sum_{i=1}^{n} X_i = t)}{P(\sum_{i=1}^{n} X_i = t)}$$

$$= \begin{cases} \frac{P(X_1=x_1,\ldots,X_n=x_n)}{P(\sum_{i=1}^{n} X_i=t)} & \text{falls } \sum_{i=1}^{n} x_i = t \\ 0 & \text{sonst} \end{cases}$$

$$= \frac{\prod_{i=1}^{n} P(X_i = x_i)}{P(\sum_{i=1}^{n} X_i = t)} \cdot \mathbf{1}_{\{t\}}\left(\sum_{i=1}^{n} x_i\right)$$

$$= \frac{\prod_{i=1}^{n} p^{x_i}(1-p)^{1-x_i}}{\binom{n}{t} p^t (1-p)^{n-t}} \cdot \mathbf{1}_{\{t\}}\left(\sum_{i=1}^{n} x_i\right)$$

$$= \frac{p^{\sum_{i=1}^{n} x_i}(1-p)^{n-\sum_{i=1}^{n} x_i}}{\binom{n}{t} p^t (1-p)^{n-t}} \cdot \mathbf{1}_{\{t\}}\left(\sum_{i=1}^{n} x_i\right)$$

$$= \frac{p^t (1-p)^{n-t}}{\binom{n}{t} p^t (1-p)^{n-t}} \cdot \mathbf{1}_{\{t\}}\left(\sum_{i=1}^{n} x_i\right)$$

$$= \frac{1}{\binom{n}{t}} \cdot \mathbf{1}_{\{t\}}\left(\sum_{i=1}^{n} x_i\right)$$

Damit ist gezeigt, dass

$$P\left(X_1 = x_1, \ldots, X_n = x_n \middle| \sum_{i=1}^{n} X_i = t\right)$$

unabhängig von p ist.

Allgemein nennt man eine Statistik oder Stichprobenfunktion $T(X_1, \ldots, X_n)$, für die gilt, dass

$$P\left(X_1 = x_1, \ldots, X_n = x_n | T(X_1, \ldots, X_n) = t\right)$$

unabhängig von den der Verteilung der X_i zugrunde liegenden Parametern ist, eine **suffiziente** Statistik. Suffizient heißt soviel wie ausreichend, erschöpfend und besagt, dass bereits alle wichtigen statistischen Informationen bzgl. des zu schätzenden Parameters in dieser Stichprobenfunktion enthalten sind. D.h., im vorliegenden Fall ist entscheidend, **wieviele** Geschenke Gerhard bekommen hat, die Reihenfolge der Geschenke birgt **keine** weitere Information.

Lösung Aufgabe 3.3

Die Wahrscheinlichkeitsfunktion der geometrischen Verteilung ist gegeben durch

$$P(X_i = x_i) = (1-p)^{x_i-1}p$$

Damit ist die Likelihoodfunktion gegeben durch

$$
\begin{aligned}
L(p|x_1,\ldots,x_n) &= \prod_{i=1}^{n}(1-p)^{x_i-1}p \\
&= p^n \prod_{i=1}^{n}(1-p)^{x_i-1} \\
&= p^n(1-p)^{\sum_{i=1}^{n}(x_i-1)} \\
&= p^n(1-p)^{n(\bar{x}-1)} \ .
\end{aligned}
$$

Entsprechend gilt für die Loglikelihoodfunktion $L^*(p|x_1,\ldots,x_n) = \ln L(p|x_1,\ldots,x_n)$:

$$L^*(p|x_1,\ldots,x_n) = n \ln p + n(\bar{x}-1)\ln(1-p) \ .$$

Ableiten derselben nach p liefert:

$$\frac{dL^*}{dp} = \frac{n}{p} + n(\bar{x}-1)\frac{-1}{1-p} \ .$$

Nullsetzen der Ableitung ergibt:

$$
\begin{aligned}
\frac{n}{p} &= n(\bar{x}-1)\frac{1}{1-p} \\
\Longleftrightarrow \quad 1-p &= (\bar{x}-1)p \\
\Longleftrightarrow \quad 1 &= \bar{x}p \\
\Longleftrightarrow \quad p &= \frac{1}{\bar{x}} \ .
\end{aligned}
$$

Die zweite Ableitung von L^* liefert:

$$\frac{d^2L^*}{dp^2} = -\frac{n}{p^2} + n(\bar{x}-1)\frac{-1}{(1-p)^2} < 0 \ .$$

Da die 2. Abbleitung stets kleiner als 0 ist, ist

$$\hat{p}_{ML} = \frac{1}{\overline{X}}$$

der ML-Schätzer für p.

Lösung Aufgabe 3.4

a) Unterstellt man eine konstante Anzahl N von Amigos, so ist die Zufallsvariable X, die die Anzahl der Amigos aus Stichprobe 2 zählt, die bereits in der ersten Stichprobe vertreten waren, hypergeometrisch verteilt, und es gilt:

$$X \sim \mathcal{H}(T, n, N) \ .$$

Dabei sei T die Anzahl der Amigos in der ersten Stichprobe, n die Anzahl der Amigos in der zweiten Stichprobe und N die unbekannte Anzahl der Amigos überhaupt.

Die Likelihoodfunktion ist gegeben durch

$$L(N|x) = P(X = x; N) = \frac{\binom{T}{x}\binom{N-T}{n-x}}{\binom{N}{n}} \ .$$

Will man die Likelihoodfunktion in N maximieren, so ist leicht ersichtlich, dass Differenzieren im vorliegenden Fall nicht zum Erfolg führen wird und auch nicht sinnvoll wäre, da $N \in \mathbb{N}$ eine diskrete Größe darstellt.

Um das Monotonieverhalten von L zu analysieren, ist es deshalb nahe liegend zu prüfen, für welche N gilt, dass

$$L(N|x) \geq L(N-1|x) \quad \text{(d.h., } L \text{ ist monoton steigend)}$$
$$\text{bzw.} \quad L(N|x) \leq L(N-1|x) \quad \text{(d.h., } L \text{ ist monoton fallend)} \ .$$

Im vorliegenden Fall gilt:

$$L(N|x) \geq L(N-1|x)$$

$$\Longleftrightarrow \quad \frac{\binom{T}{x}\binom{N-T}{n-x}}{\binom{N}{n}} \geq \frac{\binom{T}{x}\binom{N-1-T}{n-x}}{\binom{N-1}{n}} \qquad \left| \cdot \binom{T}{x}^{-1} \cdot \binom{N}{n} \cdot \binom{N-1}{n}\right.$$

$$\Longleftrightarrow \quad \binom{N-T}{n-x} \cdot \binom{N-1}{n} \geq \binom{N-1-T}{n-x} \cdot \binom{N}{n}$$

$$\Longleftrightarrow \quad \frac{(N-T)!}{\left(N-T-(n-x)\right)! \cdot (n-x)!} \cdot \frac{(N-1)!}{(N-1-n)! \cdot n!}$$

$$\geq \frac{(N-1-T)!}{\left(N-1-T-(n-x)\right)! \cdot (n-x)!} \cdot \frac{N!}{(N-n)! \cdot n!}$$

Die Multiplikation der Ungleichung mit $(n-x)! \cdot n!$ liefert:

$$\frac{(N-T)! \cdot (N-1)!}{(N-T-n+x)! \cdot (N-1-n)!} \geq \frac{(N-1-T)! \cdot N!}{(N-1-n+x-T)! \cdot (N-n)!} \cdot \qquad (3.4)$$

Nun beachte man die Beziehung

$$m! = m \cdot (m-1)! \quad \Longleftrightarrow \quad \frac{m!}{(m-1)!} = \frac{m \cdot (m-1)!}{(m-1)!} = m \ .$$

Teilt man etwa die gesamte Gleichung (3.4) durch $(N-1)!$, so erhält man:

$$\frac{(N-T)!}{(N-T-n+x)! \cdot (N-1-n)!} \geq \frac{(N-1-T)!}{(N-T-n+x-1)! \cdot (N-n)!} \cdot \underbrace{\frac{N!}{(N-1)!}}_{=N} \cdot$$

Entsprechend liefert die Division durch $(N-1-T)!$ sowie die Multiplikation mit $(N-T-n+x)!$ und $(N-n)!$:

$$\underbrace{\frac{(N-T)!}{(N-T-1)!}}_{=N-T} \cdot \underbrace{\frac{(N-n)!}{(N-1-n)!}}_{=N-n} \geq \underbrace{\frac{(N-T-n+x)!}{(N-T-n+x-1)!}}_{=N-T-n+x} \cdot N$$

$\Longleftrightarrow \quad (N-T)(N-n) \geq (N-T-n+x)N$

$\Longleftrightarrow \quad (N-T)N - (N-T)n$

$\qquad \geq (N-T)N - (n-x)N \qquad \Big| -(N-T)N$

$\Longleftrightarrow \quad -Nn + Tn \geq -Nn + xN$

$\Longleftrightarrow \quad Tn \geq xN$

$\Longleftrightarrow \quad N \leq \dfrac{Tn}{x} \ .$

D.h., solange $N \leq \dfrac{Tn}{x}$ gilt, ist die Likelihoodfunktion monoton wachsend, vollkommen analog erhält man, dass L für $N \geq \dfrac{Tn}{x}$ monoton fallend ist.

Ist $\dfrac{Tn}{x} \in \mathbb{N}$, so ist der ML–Schätzer für N gegeben durch

$$\widehat{N}_{\mathrm{ML}} = \frac{Tn}{X} \ .$$

Im allgemeinen wird $\dfrac{Tn}{x}$ keine natürliche Zahl sein, so dass man die Likelihoodfunktion an den Stellen der nächstkleineren und nächstgrößeren Zahl vergleichen muss, um zu ermitteln, ob der ML–Schätzer gegeben ist durch

$$\left[\frac{Tn}{X}\right] \qquad \text{oder} \qquad \left[\frac{Tn}{X}\right] + 1 \ .$$

Ein solches zweistufiges Stichprobenverfahren zur Ermittlung der Größe einer Population nennt man Capture–Recapture–Verfahren.

b) Zur Berechnung eines Momentenschätzers verwendet man vorzugsweise die erste Momentengleichung:

$$X = \overline{X} = \mathrm{E}(X_i) = n\frac{T}{N} \ .$$

Auflösen nach N liefert für den Momentenschätzer ebenfalls:

$$\widehat{N}_M = \frac{Tn}{X} \ .$$

Lösung Aufgabe 3.5

Laut Aufgabenstellung gilt es folgende Schätzfunktionen zu vergleichen:

$$\widehat{\theta}_1 = \frac{1}{n}\sum_{i=1}^{n} X_i^2$$

$$\text{sowie} \qquad \widehat{\theta}_2 = \overline{X}^2 = \left(\frac{1}{n}\sum_{i=1}^{n} X_i\right)^2 \ .$$

Als Erwartungswert der ersten Schätzfunktion ermittelt man:

$$\mathrm{E}(\widehat{\theta}_1) = \mathrm{E}\left(\frac{1}{n}\sum_{i=1}^{n} X_i^2\right) = \frac{1}{n}\mathrm{E}\left(\sum_{i=1}^{n} X_i^2\right) = \frac{1}{n}\sum_{i=1}^{n} \mathrm{E}(X_i^2) \ .$$

Nun erhält man mit dem Verschiebungssatz von Steiner:

$$\text{Var}(X_i) = \text{E}(X_i^2) - [\text{E}(X_i)]^2$$
$$\Longleftrightarrow \quad \text{E}(X_i^2) = \text{Var}(X_i) + [\text{E}(X_i)]^2 \;, \tag{3.5}$$

so dass gilt:

$$\text{E}(\widehat{\theta}_1) = \frac{1}{n}\sum_{i=1}^{n}\Big[\underbrace{\text{Var}(X_i)}_{\sigma^2} + \underbrace{\text{E}(X_i)^2}_{=\mu^2}\Big]$$
$$= \frac{1}{n}\sum_{i=1}^{n}(\sigma^2 + \mu^2) = \frac{1}{n}\cdot n(\sigma^2 + \mu^2) = \sigma^2 + \mu^2 \;.$$

Da $\text{E}(\widehat{\theta}_1) = \sigma^2 + \mu^2 \neq \mu^2$, ist $\widehat{\theta}_1$ nicht erwartungstreu (d.h. verzerrt). Der Bias beträgt $\text{E}(\widehat{\theta}_1) - \mu^2 = \sigma^2$.

Für den zweiten Schätzer erhält man wiederum mit dem Verschiebungssatz von Steiner:

$$\text{E}(\widehat{\theta}_2) = \text{E}(\overline{X}^2) = \text{Var}(\overline{X}) + \big[\text{E}(\overline{X})\big]^2$$
$$= \frac{\sigma^2}{n} + \mu^2 \qquad \Big(\text{vgl. Formelsammlung III.1.4 a) und b)}\Big).$$

Damit ist auch $\widehat{\theta}_2$ ein verzerrter Schätzer für μ^2. Da gilt

$$\lim_{n\to\infty} \text{E}(\widehat{\theta}_2) = \lim_{n\to\infty}\left\{\frac{\sigma^2}{n} + \mu^2\right\} = \mu^2 \;,$$

ist $\widehat{\theta}_2$ ein asymptotisch erwartungstreuer Schätzer für μ^2. Hingegen ist $\widehat{\theta}_1$ nicht asymptotisch erwartungstreu, denn

$$\lim_{n\to\infty} \text{E}(\widehat{\theta}_1) = \lim_{n\to\infty}\left\{\sigma^2 + \mu^2\right\} = \sigma^2 + \mu^2 \neq \mu^2 \;.$$

Lösung Aufgabe 3.6

a) Obgleich es sich bei der Befragung der Wähler sicherlich um eine Stichprobe ohne Zurücklegen handelt, kann man vermuten, dass die Gesamtheit der wahlberechtigten Bürger der RDB (Republica de las Bananas) sehr viel größer sein wird als die Anzahl der befragten Bürger, und damit der Auswahlsatz $\frac{n}{N} \leq 0.05$ anzunehmen ist, so dass die Hypergeometrische Verteilung durch die Binomialverteilung approximiert werden kann (vgl. Formelsammlung II 11). Sei deshalb unterstellt, dass die Summe X der Stimmen für die Dieberalen in der Stichprobe Bin$(200, p)$ verteilt ist. Gemäß Formel (III 4.2) erhält man für p ein approximatives $(1-\alpha)$-Konfidenzintervall $[p_1, p_2]$ durch

$$p_1 = \frac{\overline{X} + \frac{u_{1-\alpha/2}^2}{2n} - u_{1-\alpha/2}\delta}{1 + \frac{u_{1-\alpha/2}^2}{n}} \ ,$$

und

$$p_2 = \frac{\overline{X} + \frac{u_{1-\alpha/2}^2}{2n} + u_{1-\alpha/2}\delta}{1 + \frac{u_{1-\alpha/2}^2}{n}} \ ,$$

wobei $\quad \delta = \sqrt{\dfrac{\overline{X}(1 - \overline{X})}{n} + \dfrac{u_{1-\alpha/2}^2}{4n^2}} \ .$

Im vorliegenden Fall sind $n = 200$, $\overline{x} = \frac{21}{200} = 0.105$ sowie $\alpha = 0.05$ und damit $u_{1-\alpha/2} = u_{0.975} = 1.96$. Man erhält somit:

$$\frac{u_{1-\alpha/2}^2}{2n} = 0.0096 \ ,$$
$$\delta = 0.0222 \ ,$$

und schließlich

$$[p_1, p_2] = [0.070 \ , \ 0.155] \ .$$

b) Natürlich lässt sich auch mit der in (III 4.2) angegebenen Formel der notwendige Stichprobenumfang ermitteln.
Man kann jedoch davon ausgehen, dass der Stichprobenumfang stark ansteigen wird, denn:

- Der Sicherheitsgrad soll erhöht werden.

- Die Breite des Konfidenzintervalls soll reduziert werden.

Für große n werden die Werte

$$\frac{u_{1-\alpha/2}^2}{4n^2}, \quad \frac{u_{1-\alpha/2}^2}{2n} \quad \text{und} \quad \frac{u_{1-\alpha/2}^2}{n}$$

daher sehr gering, so dass man das Konfidenzintervall $[p_1, p_2]$ wie folgt approximieren kann:

$$[p_1^*, p_2^*] = \left[\overline{X} - u_{1-\alpha/2}\sqrt{\frac{\overline{X}(1-\overline{X})}{n}} \; ; \; \overline{X} + u_{1-\alpha/2}\sqrt{\frac{\overline{X}(1-\overline{X})}{n}} \right] .$$

Damit der geschätzte Anteil mit einem Sicherheitsgrad von $1 - \alpha = 0.99$ nun nicht mehr als $\pm\Delta$ schwankt (hier: $\Delta = 0.01$), muss daher gelten, dass

$$u_{1-\frac{\alpha}{2}}\sqrt{\frac{\overline{X}(1-\overline{X})}{n}} \leq \Delta$$

$$\Longleftrightarrow \quad n \geq \frac{\overline{X}(1-\overline{X})}{\Delta^2}u_{1-\frac{\alpha}{2}}^2 .$$

Verwendet man $\overline{x} = 0.105$ aus der Vorstichprobe, so erhält man mit $u_{0.995} = 2.5758$:

$$n \geq \frac{0.105 \cdot 0.895}{0.01^2} \cdot 2.5758^2$$

$$\Longleftrightarrow \quad n \geq 6235.00 .$$

D.h., es müssen mindestens 6235 Personen befragt werden.

Lösung Aufgabe 3.7

a) Ein Konfidenzintervall für μ bei normalverteilter Grundgesamtheit zum Niveau $1 - \alpha$ ist (vgl. Formel III 4.1) gegeben durch

$$[\mu_1, \mu_2] = \left[\overline{X} - t_{n-1;1-\frac{\alpha}{2}}\frac{S}{\sqrt{n}} \; ; \; \overline{X} + t_{n-1;1-\frac{\alpha}{2}}\frac{S}{\sqrt{n}} \right] .$$

Im vorliegenden Fall sind

$$n = 5 ,$$

$$\sum_{i=1}^{5} x_i = 105 ,$$

$$\sum_{i=1}^{5} x_i^2 = 2605 .$$

Damit ergeben sich Stichprobenmittel und Stichprobenvarianz zu

$$\overline{x} = \frac{1}{5} \sum_{i=1}^{5} x_i = 21 ,$$

$$s^2 = \frac{1}{4} \sum_{i=1}^{5} (x_i - \overline{x})^2 = \frac{1}{4} \left(\sum_{i=1}^{5} x_i^2 - 5\overline{x}^2 \right)$$

$$= \frac{1}{4} (2605 - 2205) = 100 ,$$

$$\Longrightarrow \quad s = 10 ,$$

und mit $t_{4;0.975} = 2.776$ erhält man das 95%–Konfidenzintervall

$$[\mu_1; \mu_2] = \left[\overline{X} - t_{4;0.975} \frac{S}{\sqrt{n}} \ ; \ \overline{X} + t_{4;0.975} \frac{S}{\sqrt{n}} \right] = [8.59 \ ; \ 33.41] .$$

b) Ein Konfidenzintervall für μ zum Niveau $1 - \alpha$ bei bekannter Varianz ist (vgl. Formel III 4.1) gegeben durch

$$[\mu_1, \mu_2] = \left[\overline{X} - u_{1-\frac{\alpha}{2}} \frac{\sigma}{\sqrt{n}} \ ; \ \overline{X} + u_{1-\frac{\alpha}{2}} \frac{\sigma}{\sqrt{n}} \right] .$$

Mit $\sigma = 10$, $u_{1-\frac{\alpha}{2}} = u_{0.975} = 1.96$ und dem in a) ermittelten Stichprobenmittel erhält man:

$$[\mu_1; \mu_2] = [12.23 \ ; \ 29.77] .$$

c) Die Länge des ersten Konfidenzintervalles beträgt

$$33.41 - 8.59 = 24.82 ,$$

die des zweiten Konfidenzintervalles beträgt

$$29.77 - 12.23 = 17.54 \, ,$$

damit ist das Konfidenzintervall aus Aufgabenteil b) kürzer.

Allgemein erhält man als Länge für die beiden Konfidenzintervalle:

$$L_1 \;\; = \;\; \overline{X} + t_{n-1;1-\frac{\alpha}{2}}\tfrac{S}{\sqrt{n}} - \left(\overline{X} - t_{n-1;1-\frac{\alpha}{2}}\tfrac{S}{\sqrt{n}}\right) = 2t_{n-1;1-\frac{\alpha}{2}}\tfrac{S}{\sqrt{n}} \, ,$$

analog: $L_2 \;\; = \;\; 2u_{1-\frac{\alpha}{2}}\tfrac{\sigma}{\sqrt{n}} \, .$

Der entscheidende Unterschied zwischen beiden Konfidenzintervallen ist, dass die Länge des ersten zufällig ist, da die Zufallsvariable S enthalten ist, während die Länge des zweiten konstant ist. Damit kann das erste Konfidenzintervall länger oder auch kürzer sein.

d) Da die Varianz der normalverteilten Grundgesamtheit bekannt ist, handelt es sich bei beiden Tests um einen (einseitigen) doppelten Gauß–Test. Die Teststatistik für beide Tests lautet

$$Z \;\; = \;\; \frac{\overline{X} - \overline{Y}}{\sqrt{\frac{\sigma_1^2}{n_1} + \frac{\sigma_2^2}{n_2}}}$$

$$= \;\; \frac{\overline{X} - \overline{Y}}{\sigma\sqrt{\frac{2}{n}}} \, , \qquad \text{da} \;\; \sigma_1^2 = \sigma_2^2 = \sigma^2 \;\; \text{und} \;\; n_1 = n_2 = n \, .$$

Mit $n = 5$ und $\sigma = \sqrt{100} = 10$ sowie

$$\overline{x} \;\; = \;\; 21 \, ,$$
$$\overline{y} \;\; = \;\; \frac{132}{5} = 26.4$$

erhält man:

$$z = \frac{21 - 26.4}{10 \cdot \sqrt{\frac{2}{5}}} = -0.8538 \, .$$

Als kritischen Wert des Tests

$$H_0 : \quad \mu_1 \geq \mu_2 \quad \text{gegen} \quad H_1 : \quad \mu_1 < \mu_2$$

ermittelt man:

$$u_\alpha = -u_{1-\alpha} = -u_{0.95} = -1.6449 \; ,$$

so dass man wegen $z \not< u_\alpha$ H_0 nicht verwerfen kann.

Man beachte die Sprechweise! Dieses Ergebnis bedeutet nicht, dass man H_0 annehmen kann, denn als kritischen Wert des Tests

$$H_0 : \quad \mu_1 \le \mu_2 \quad \text{gegen} \quad H_1 : \quad \mu_1 > \mu_2$$

ermittelt man

$$u_{1-\alpha} = u_{0.95} = 1.6449 \; ,$$

und da $z \not> u_{1-\alpha}$, kann auch hier die Nullhypothese nicht abgelehnt werden.

Lösung Aufgabe 3.8

a) Der doppelte, einseitige Gauß–Test

$$H_0 : \mu_1 \le \mu_2 \quad \text{vs.} \quad H_1 : \mu_1 > \mu_2$$

lehnt die Nullhypothese zum Niveau α ab, falls gilt:

$$\frac{\overline{X} - \overline{Y}}{\sqrt{\dfrac{\sigma^2}{n_1} + \dfrac{\sigma^2}{n_2}}} > u_{1-\alpha} \; .$$

Für die erste Stichprobe (Schweiß-Girls) gilt:

$$\overline{x} = \frac{1}{n} \sum_{i=1}^{7} x_i = 148 \; , \; n_1 = 7 \; .$$

Für die zweite Stichprobe (Mega-Kerls) erhält man:

$$\overline{y} = \frac{1}{n} \sum_{i=1}^{8} y_i = 126.5 \; , \; n_2 = 8 \; .$$

Damit erhält man als Realisierung der Teststatistik:

$$\frac{\overline{x} - \overline{y}}{\sqrt{\dfrac{\sigma^2}{n_1} + \dfrac{\sigma^2}{n_2}}} = \frac{148 - 126.5}{\sqrt{\dfrac{120^2}{7} + \dfrac{120^2}{8}}} = 0.346 \, ,$$

so dass die Nullhypothese zum Niveau $\alpha = 0.05$ nicht verworfen werden kann, da

$$u_{0.95} = 1.6449 > 0.346 \, .$$

b) Der analoge doppelte, einseitige t-Test lehnt zum Niveau α ab, falls gilt:

$$\frac{\overline{X} - \overline{Y}}{\sqrt{\dfrac{(n_1 - 1)S_1^2 + (n_2 - 1)S_2^2}{n_1 + n_2 - 2}} \sqrt{\dfrac{n_1 + n_2}{n_1 \cdot n_2}}} > t_{n_1 + n_2 - 2; 1 - \alpha}$$

Es gilt:

$$(n_1 - 1)s_1^2 = \sum_{i=1}^{n_1} x_i^2 - n_1 \overline{x}^2 = 214\,952 - 7 \cdot 148^2 = 61\,624 \, ,$$

$$(n_2 - 1)s_2^2 = \sum_{i=1}^{n_2} y_i^2 - n_2 \overline{y}^2 = 235\,102 - 8 \cdot 126.5^2 = 107\,084 \, .$$

Damit erhält man als Realisation der t-Statistik:

$$\frac{\overline{x} - \overline{y}}{\sqrt{\dfrac{(n_1 - 1)s_1^2 + (n_2 - 1)s_2^2}{n_1 + n_2 - 2}} \sqrt{\dfrac{n_1 + n_2}{n_1 \cdot n_2}}} = \frac{148 - 126.5}{\sqrt{\dfrac{61\,624 + 107\,084}{7 + 8 - 2}} \sqrt{\dfrac{7 + 8}{7 \cdot 8}}} = 0.365 \, .$$

Da $t_{13;0.95} = 1.771$, lehnt auch der t-Test nicht ab.

Lösung Aufgabe 3.9

Zur Ermittlung des Konfidenzintervalls für ρ bei normalverteilten Grundgesamtheiten zum Niveau $1 - 0.05 = 0.95$ berechnet man zunächst die Realisation der Stichproben-korrelation R:

$$
\begin{aligned}
r_{xy} &= \frac{\sum\limits_{i=1}^{12} x_i y_i - 12\,\overline{x}\,\overline{y}}{\sqrt{\sum\limits_{i=1}^{12} x_i^2 - 12\,\overline{x}^2} \sqrt{\sum\limits_{i=1}^{12} y_i^2 - 12\,\overline{y}^2}} \\[2mm]
&= \frac{5615 - 12 \cdot 20 \cdot 18.33}{\sqrt{6044 - 12 \cdot 20^2} \sqrt{6288 - 12 \cdot 18.33^2}} \approx 0.73 \, .
\end{aligned}
$$

Statt direkt ein Konfidenzintervall für ρ zu berechnen, ermittelt man ein Konfidenzintervall für

$$Z_0 = \frac{1}{2} \ln \frac{1+\rho}{1-\rho} + \frac{\rho}{2(n-1)}$$

durch

$$\left[Z - \frac{u_{1-\frac{\alpha}{2}}}{\sqrt{n-3}} ; Z + \frac{u_{1-\frac{\alpha}{2}}}{\sqrt{n-3}} \right] ,$$

wobei

$$Z = \frac{1}{2} \ln \frac{1+R}{1-R}$$

die sogenannte Fischersche Z–Transformation darstellt. Als Realisation von Z erhält man mit Hilfe der Tabelle 12:

$$z = \frac{1}{2} \ln \frac{1+0.73}{1-0.73} = 0.9287 ,$$

so dass mit dem 0.975–Quantil der Normalverteilung (vgl. Tabelle 4) folgt:

$$z - \frac{u_{0.975}}{\sqrt{9}} \approx 0.275 ,$$
$$z + \frac{u_{0.975}}{\sqrt{9}} \approx 1.582 .$$

Die Rücktransformation durch die inverse Z–Transformation (vgl. Tabelle 13) liefert als Konfidenzintervall für ρ : $[0.2729 ; 0.9186]$. Man beachte jedoch, dass man dabei den Term $\rho/2(n-1)$ außer Acht gelassen hat. Genau genommen müsste man die Grenzen noch durch ein numerisches Verfahren interpolieren, darauf sei an dieser Stelle jedoch verzichtet. Stattdessen sollte man mindestens die dritte Nachkommastelle bei obigem Konfidenzintervall vernachlässigen.

Lösung Aufgabe 3.10

a) Sind $X_1, \ldots, X_{n_1} \sim N(\mu_1, \sigma^2)$ und $Y_1, \ldots, Y_{n_2} \sim N(\mu_2, \sigma^2)$ zwei voneinander unabhängige einfache Zufallsstichproben, so ist

$$\frac{\overline{X} - \overline{Y} - (\mu_1 - \mu_2)}{\sqrt{\frac{n_1 + n_2}{n_1 \cdot n_2}} \cdot S_0}$$

$t_{n_1+n_2-2}$ – verteilt, wobei

$$S_0^2 = \frac{(n_1 - 1)S_1^2 + (n_2 - 1)S_2^2}{n_1 + n_2 - 2} \qquad \text{(vgl. Formelsammlung III 5.2)}.$$

Ist nun speziell $\mu_1 = \mu_2$ und $Y = Y_1$ (d.h. $n_2 = 1$), so gilt $S_0^2 = S_1^2$ und

$$\frac{\overline{X} - Y}{\sqrt{\frac{n_1 + 1}{n_1}} S_1} \sim t_{n_1 - 1} \ .$$

Damit erhält man ein sogenanntes Prognoseintervall für einen zukünftigen Wert Y durch

$$\left[\overline{X} - t_{n_1-1;1-\frac{\alpha}{2}} \sqrt{\frac{n_1 + 1}{n_1}} S_1 \ ; \ \overline{X} + t_{n_1-1;1-\frac{\alpha}{2}} \sqrt{\frac{n_1 + 1}{n_1}} S_1 \right] \ .$$

Im vorliegenden Fall erhält man mit $n_1 = 8$ und $\alpha = 0.1$:

$$\overline{x} = \frac{1}{8} \sum_{i=1}^{8} x_i = 89.5 \ ,$$

$$s_1^2 = \frac{1}{7} \left(\sum_{i=1}^{8} x_i^2 - n\overline{x}^2 \right) = \frac{1}{7}(64\,316 - 8 \cdot 89.5^2) = 33.429 \ ,$$

$$t_{7;0.95} = 1.895 \ ,$$

$$\sqrt{\frac{n_1 + 1}{n_1}} = \sqrt{\frac{9}{8}} = 1.061 \ ,$$

so dass das Prognoseintervall gegeben ist durch

$$[77.875; 101.125] \ .$$

b) Der geeignete Test, ob sich die Erwartungswerte zweier unabhängig normalverteilter Stichproben mit gleicher aber unbekannter Varianz unterscheiden, ist der doppelte t–Test (vgl. Formelsammlung III 8.3).

Der kritische Bereich des einseitigen Tests

$$H_0 : \mu_1 \geq \mu_2 \qquad \text{vs.} \qquad H_1 : \mu_1 < \mu_2$$

ist gegeben durch

$$\frac{\overline{X} - \overline{Y}}{\delta \cdot S_0} < t_{n_1+n_2-2;\alpha} \; ,$$

wobei

$$\delta = \sqrt{\frac{n_1 + n_2}{n_1 \cdot n_2}}$$

und

$$S_0^2 = \frac{(n_1 - 1)S_1^2 + (n_2 - 1)S_2^2}{n_1 + n_2 - 2} \; .$$

Im vorliegenden Fall erhält man mit $n_1 = 8, n_2 = 6$ und $\alpha = 0.01$:

$$\begin{aligned}
\overline{x} &= 89.5 \qquad \text{(vgl. Aufgabenteil a))} \; , \\
s_1^2 &= 33.429 \qquad \text{(vgl. Aufgabenteil a))} \; , \\
\overline{y} &= \frac{1}{6}\sum_{i=1}^{6} y_i = 99 \; , \\
s_2^2 &= \frac{1}{5}\left(\sum_{i=1}^{6} y_i^2 - 6\overline{y}^2\right) = 45.2 \; , \\
s_0^2 &= \frac{7 \cdot s_1^2 + 5 \cdot s_2^2}{12} = \frac{460}{12} = 38.\overline{3} \; , \\
\delta &= \sqrt{\frac{8+6}{8 \cdot 6}} = 0.540 \; , \\
t_{12;0.01} &= -2.681 \; .
\end{aligned}$$

Damit erhält man als Wert der Teststatistik

$$\frac{\overline{x} - \overline{y}}{\delta s_0} = \frac{89.5 - 99}{0.540 \cdot 6.191} = -2.842 < -2.681 = t_{12;0.01} \; ,$$

so dass die Hypothese, der mittlere Konsum in der zweiten Stichprobe sei nicht größer als in der ersten, zum Niveau $\alpha = 0.01$ abgelehnt werden kann, d.h., zum Niveau $\alpha = 0.01$ hat sich der Verbrauch signifikant erhöht.

Lösung Aufgabe 3.11

a) Sei X die Anzahl der (nach Einwirkung des Wunderheilers) erfolgreichen Klausurteilnehmer. Testet man

$$H_0^1: \quad p = 0.8 \quad \text{versus} \quad H_1^1: \quad p = 0.5$$
$$\text{bzw.} \quad H_0^2: \quad p = 0.8 \quad \text{versus} \quad H_1^2: \quad p = 0.7 \,,$$

so wird man sich gegen H_0 entscheiden, falls X einen kritischen Wert $c \in \mathbb{N}$ annimmt oder unterschreitet. Demzufolge ist die Wahrscheinlichkeit für den Fehler
1. Art, die das Signifikanzniveau angibt, gegeben durch

$$P(H_0 \text{ ablehnen}|H_0 \text{ wahr}) \leq 0.01 \,,$$

so dass gilt:

$$
\begin{aligned}
0.01 \;\geq\; & P(X \leq c|p = 0.8) = \sum_{i=0}^{c} \binom{100}{i} 0.8^i 0.2^{100-i} \\
= \; & F_{p=0.8}(c) \,.
\end{aligned}
$$

Gesucht ist also ein c derart, dass die in Tab. 1 abgedruckte Verteilungsfunktion
den Wert 0.01 annimmt oder unterschreitet, für $c+1$ jedoch überschreitet:

$$F_{p=0.8}(c) \leq 0.01 \,,$$
$$\text{aber} \quad F_{p=0.8}(c+1) > 0.01 \,.$$

Beachtet man für die Tabellierung, dass

$$F_{p=0.8}(c) = 1 - F_{p=0.2}(99 - c)$$

gilt, so wird man fordern:

$$1 - F_{p=0.2}(99 - c) \leq 0.01 \quad \Longleftrightarrow \quad F_{p=0.2}(99 - c) \geq 0.99$$
$$\text{aber} \quad 1 - F_{p=0.2}(99 - (c+1)) > 0.01 \quad \Longleftrightarrow \quad F_{p=0.2}(98 - c) < 0.99 \,.$$

Aus Tabelle 1 liest man ab, dass

$$99 - c = 30$$

sein muss, d.h.,

$$c = 69 \ .$$

Das wahre Signifikanzniveau ist damit gegeben durch

$$\alpha = 1 - 0.99394 = 0.00606 \ .$$

b) Gesucht ist die Wahrscheinlichkeit für den Fehler 2. Art, d.h.

$$P(H_0 \text{ nicht ablehnen}|H_0 \text{ falsch}) \ .$$

Diese Wahrscheinlichkeit ist gegeben durch

$$
\begin{aligned}
P(X > 69|p_0 = 0.5) &= \sum_{i=70}^{100} \binom{100}{i} 0.5^{100} \\
&= 1 - F_{p=0.5}(69) \\
&= 1 - 0.99996 \quad \text{(vgl. Tabelle 1)} \\
&= 0.00004 \\
\text{bzw.} \quad P(X > 69|p_0 = 0.7) &= \sum_{i=70}^{100} \binom{100}{i} 0.7^i 0.3^{100-i} \\
&= 1 - F_{p=0.7}(69) \\
&= 1 - [1 - F_{p=0.3}(100 - 69 - 1)] \\
&= F_{p=0.3}(28) \\
&= 0.37678 \quad \text{(vgl. Tabelle 1)} \ .
\end{aligned}
$$

Lösung Aufgabe 3.12

a) Da die Varianz der normalverteilten Grundgesamtheit nicht bekannt ist, handelt es sich bei dem Tee–Test um einen (einfachen) t–Test. Der kritische Bereich des zweiseitigen Tests

$$H_0 : \mu = 100 \qquad \text{vs.} \qquad H_1 : \mu \neq 100$$

ist gegeben durch

$$|t| = \left| \sqrt{n} \, \frac{\overline{X} - \mu}{S} \right| > t_{n-1;1-\frac{\alpha}{2}} \ .$$

Mit

$$
\begin{aligned}
n &= 16\,, \\
\overline{x} &= \frac{1}{16}\sum_{i=1}^{n} x_i = 100.2\,, \\
s^2 &= \frac{1}{15}\left(\sum_{i=1}^{16} x_i^2 - 16\overline{x}^2\right) = \frac{1}{15}(160\ 671.26 - 160\ 640.64) \\
&= 2.04
\end{aligned}
$$

erhält man als Wert der Teststatistik:

$$
|t| = \left|4 \cdot \frac{100.2 - 100}{\sqrt{2.04}}\right| = 0.56\,.
$$

Da $t_{n-1;1-\frac{\alpha}{2}} = t_{15;0.975} = 2.131$ und somit $|t| \not> 2.131$, kann die Nullhypothese zum Niveau $\alpha = 0.05$ nicht verworfen werden.

b) Der kritische Bereich des Tests ist gegeben durch

$$
\frac{S_1^2}{S_2^2} > F_{n_1-1,n_2-1;1-\alpha}\,.
$$

Mit

$$
\begin{aligned}
n_1 &= 16\,, \qquad n_2 = 12\,, \\
s_1^2 &= 2.04 \qquad \text{(vgl. Teil a)),} \\
\overline{y} &= \frac{1}{12}\sum_{i=1}^{12} x_i = 100.15\,, \\
s_2^2 &= \frac{1}{11}\left(\sum_{i=1}^{12} y_i^2 - 12 \cdot \overline{y}^2\right) = \frac{1}{11}(120\ 362.22 - 120\ 360.27) \\
&= 0.18
\end{aligned}
$$

erhält man als Wert der Teststatistik

$$
\frac{s_1^2}{s_2^2} = \frac{2.04}{0.18} = 11.33\,.
$$

Als kritischen Wert ermittelt man aus Tabelle 7:

$$
F_{n_1-1,n_2-1;1-\alpha} = F_{15,11;0.95} = 2.179\,,
$$

und damit wird die Nullhypothese zum Niveau $\alpha = 0.05$ abgelehnt. D.h., die Varianz hat sich signifikant zum Niveau $\alpha = 0.05$ gegenüber der alten Abfüllmaschine verkleinert.

Lösung Aufgabe 3.13

a) Beim Test

$$H_0: \quad \rho = 0 \qquad \text{versus} \qquad H_1: \quad \rho \neq 0$$

über die Korrelation zweier normalverteilter Stichproben wird H_0 verworfen, falls

$$\left| \sqrt{n-2}\, \frac{R}{\sqrt{1-R^2}} \right| > t_{n-2;1-\frac{\alpha}{2}} \qquad \text{(vgl. Formel III 8.1)}.$$

Dabei bezeichnet R die Stichprobenkorrelation. Für r_{xy}, die Realisation von R, erhält man:

$$r_{xy} = \frac{\sum\limits_{i=1}^{10} x_i y_i - n\bar{x}\,\bar{y}}{\sqrt{\sum\limits_{i=1}^{10} x_i^2 - n\bar{x}^2}\sqrt{\sum\limits_{i=1}^{10} y_i^2 - n\bar{y}^2}}.$$

Im vorliegenden Fall gilt:

$$\sum_{i=1}^{10} x_i = 109.99\,, \quad \sum_{i=1}^{10} y_i = 2750\,, \quad \sum_{i=1}^{10} x_i^2 = 1209.91\,,$$
$$\sum_{i=1}^{10} y_i^2 = 962500\,, \quad \sum_{i=1}^{10} x_i y_i = 30113\,.$$

Damit folgt $r_{xy} = -0.8184 \approx -0.82$.

Aus Tabelle 5 liest man ab, dass $t_{n-2;1-\frac{\alpha}{2}} = t_{8;0.975} = 2.306$. Es ergibt sich also insgesamt

$$\left| \sqrt{n-2}\, \frac{r_{xy}}{\sqrt{1-r_{xy}^2}} \right| = \left| \sqrt{8}\, \frac{-0.82}{\sqrt{1-(-0.82)^2}} \right| = |4.052| = 4.052 > 2.306.$$

H_0 wird deshalb zum Niveau $\alpha = 0.05$ verworfen.

b) Beim Test

$$H_0: \quad \rho \geq \rho_0 = -0.6 \qquad \text{versus} \qquad H_1: \quad \rho < -0.6$$

wird die Nullhypothese verworfen (siehe Formelsammlung III 8.1), wenn gilt:

$$\sqrt{n-3}(Z - Z_0) < u_\alpha\,,$$

wobei

$$Z = \frac{1}{2} \ln \frac{1+R}{1-R}$$

die Z–Transformation nach Fisher beschreibt. Mit den Realisationen z von Z und z_0 von Z_0, also

$$
\begin{aligned}
z_0 &= \frac{1}{2} \ln \frac{1+\rho_0}{1-\rho_0} + \frac{\rho_0}{2(n-1)} = \frac{1}{2} \ln \frac{1-0.6}{1+0.6} + \frac{-0.6}{2\cdot 9} \\
&= -0.6931 - 0.0333 = -0.7264
\end{aligned}
$$

und

$$z = \frac{1}{2} \ln \frac{1+r_{xy}}{1-r_{xy}} = \frac{1}{2} \ln \frac{1-0.82}{1+0.82} = -1.1568 \; ,$$

wobei $r_{xy} = -0.82$ aus Aufgabenteil a) verwendet wurde, folgt also:

$$\sqrt{n-3}(z - z_0) = \sqrt{7}[-1.1568 - (-0.7264)] = -1.1387 \not< -1.6449 = u_{0.05} \; ,$$

so dass man H_0 hier zum Niveau $\alpha = 0.05$ nicht verwerfen kann.

Lösung Aufgabe 3.14

Seien

$\quad X_i$ die Anzahl der Stürze beim i-ten Skifahren ohne „Jagatee" $(i = 1, \ldots, 5)$

und

$\quad Y_j$ die Anzahl der Stürze beim j-ten Skifahren mit „Jagatee" $(j = 1, \ldots, 8)$.

a) Es wird unterstellt, dass $X_i \sim N(\mu_1, \sigma^2)$ und $Y_j \sim N(\mu_2, \sigma^2)$ mit σ^2 unbekannt. Für den Test

$$H_0 : \mu_1 = \mu_2 \qquad \text{versus} \qquad H_1 : \mu_1 \neq \mu_2$$

erhält man durch den (doppelten) t–Test den kritischen Bereich oder Ablehnbereich (vgl. Formel III 8.3):

$$|\overline{X} - \overline{Y}| > t_{n_1+n_2-2, 1-\frac{\alpha}{2}} S_0 \delta$$

$$\text{mit} \quad S_0^2 = \frac{(n_1-1)S_1^2 + (n_2-1)S_2^2}{n_1+n_2-2}, \qquad \delta = \sqrt{\frac{n_1+n_2}{n_1 \cdot n_2}} \; .$$

Im vorliegenden Fall sind

$$n_1 = 5 , \qquad n_2 = 8 ,$$

$$t_{n_1+n_2-2,1-\frac{\alpha}{2}} = t_{11;0.975} = 2.201 ,$$

$$\bar{x} = 11.6 , \qquad \bar{y} = 12.5 ,$$

$$(n_1 - 1)s_1^2 = \sum_{i=1}^{n_1} x_i^2 - n_1 \bar{x}^2 = 722 - 5 \cdot 11.6^2 = 49.2 ,$$

$$(n_2 - 1)s_2^2 = \sum_{j=1}^{n_2} y_j^2 - n_2 \bar{y}^2 = 1336 - 8 \cdot 12.5^2 = 86 ,$$

$$\implies \quad s_0^2 = \frac{(n_1 - 1)s_1^2 + (n_2 - 1)s_2^2}{n_1 + n_2 - 2} = \frac{49.2 + 86}{11} = 12.29 ,$$

$$\delta = \sqrt{\frac{13}{40}} = 0.57 ,$$

und damit

$$t_{n_1+n_2-2;1-\frac{\alpha}{2}} S_0 \delta = 2.201 \cdot 3.506 \cdot 0.57 = 4.40 .$$

Und da $|\bar{x} - \bar{y}| = |-0.9| = 0.9 \not> 4.40$, kann H_0 zum Niveau $\alpha = 0.05$ nicht verworfen werden.

b) Der Ablehnbereich des Wilcoxon–Rangsummen–Test ist gegeben durch

$$W_n \geq n_1(n_1 + n_2 + 1) - w_{n_1,n_2;\frac{\alpha}{2}} \quad \text{oder} \quad W_n \leq w_{n_1,n_2;\frac{\alpha}{2}}$$

wobei

$$W_n = \sum_{i=1}^{n_1} R(X_i)$$

und

$\quad R(X_i) \qquad$ Rang von X_i in gemeinsamer Stichprobe

$\qquad\qquad\qquad$ (vgl. Formelsammlung III 9.1).

Die Ränge in der gemeinsamen Stichprobe werden wie folgt vergeben (Beachten Sie, dass im Fall von Bindungen, also gleich großen Beobachtungen, midranks vergeben werden, also etwa für 9 zweimal der Rang $\frac{3+4}{2} = 3.5$ statt je einmal Rang 3 und 4 sowie für 14 dreimal Rang $\frac{8+9+10}{3} = 9$ statt je einmal Rang 8, 9 und 10):

Ohne Jagatee	7				10	11		14				16	
Mit Jagatee		8	9	9			13		14	14	15		18
Rang	1	2	3.5	3.5	5	6	7	9	9	9	11	12	13

Im vorliegenden Fall ermittelt man als Realisation der Zufallsvariablen W_n:

$$w_n = \sum_{i=1}^{n_1} R(x_i) = 1 + 5 + 6 + 9 + 12 = 33 \ ,$$

$$w_{5,8;0.025} = 21 \ ,$$

und $\quad n_1(n_1 + n_2 + 1) - w_{5,8;0.025} = 5 \cdot 14 - 21 = 49 \ .$

Da weder $w_n \geq 49$ noch $w_n \leq 21$, lehnt auch der Wilcoxon–Rangsummen–Test zum Niveau $\alpha = 0.05$ nicht ab.

Lösung Aufgabe 3.15

Der geeignete nichtparametrische Test auf Lage eines Symmetriezentrums ist der Wilcoxon–Vorzeichen–Rangtest. Der kritische Bereich des Tests

$$H_0 : \quad c = 100\,000 \quad \text{versus} \quad H_1 : \quad c \neq 100\,000$$

für das Symmetriezentrum c ist gegeben durch

$$W_n^+ \geq \frac{n(n+1)}{2} - w_{n;\frac{\alpha}{2}}^+ \quad \text{oder} \quad W_n^+ \leq w_{n;\frac{\alpha}{2}}^+ \ .$$

Die Teststatistik W^+ ermittelt sich dabei wie folgt:

$$W_n^+ = \sum_{i=1}^{n} R\left(|X_i - c|\right) \mathbf{1}_{(0,\infty)} \left(X_i - c\right) \ .$$

Zur Ermittlung der Teststatistik betrachte man die nachfolgende Arbeitstabelle. Bei dieser Gelegenheit werden die Beobachtungen der Größe nach geordnet, was die Berechnungen für die Teststatistik später erleichtert:

x_i	$\|x_i - 100\ 000\|$	$R(\|x_i - 100\ 000\|)$	$\mathbf{1}_{(0,\infty)}(x_i - 100\ 000)$
78 530	21 470	15	0
81 880	18 120	14	0
85 430	14 570	12	0
86 360	13 640	11	0
89 500	10 500	9	0
91 300	8 700	8	0
94 120	5 880	6	0
99 350	650	2	0
99 880	120	1	0
101 100	1 100	3	1
103 270	3 270	4	1
105 340	5 340	5	1
108 350	8 350	7	1
112 000	12 000	10	1
114 710	14 710	13	1
130 900	30 900	16	1

Nachdem man in der zweiten Spalte die Werte $\|x_i - 100\ 000\|$ berechnet hat, werden in der dritten Spalte diesen Werten die Ränge zugeordnet. Durch die sortierten Daten wird nun ausgehend von 120 der nächstgrößere Wert von $\|x_i - 100\ 000\|$ nach oben oder unten gesucht und der nächste Rang vergeben. Die Indikatorfunktion in der letzten Spalte gibt schließlich an, ob die ursprünglichen Beobachtungen entweder größer bzw. gleich oder kleiner 100 000 sind. Überall dort, wo die Indikatorfunktion den Wert 1 hat, werden die ermittelten Ränge aufsummiert, d.h., zur Berechnung von W_n^+ braucht man lediglich die Ränge der zweiten Hälfte addieren, so dass man als Realisation von W_n^+

$$w_n^+ = 3 + 4 + 5 + 7 + 10 + 13 + 16 = 58$$

erhält. Als kritische Werte für den Test erhält man (vgl. Tabelle 9):

$$w_{n;\frac{\alpha}{2}}^+ = w_{16;0.025}^+ = 29$$

und $\quad \dfrac{n(n+1)}{2} - w_{16;0.025}^+ = \dfrac{16 \cdot 17}{2} - 29 = 107\ .$

Da $58 \not\leq 29$ und $58 \not\geq 107$, kann H_0 zum Niveau $\alpha = 0.05$ nicht verworfen werden.

Lösung Aufgabe 3.16

Es gibt insgesamt

$$17 + 29 + 35 + 18 + 31 = 130$$

Gummibärchen. Wären die Gummibärchen über die verschiedenen Farben gleichverteilt, so würde man für jede Farbe

$$\frac{130}{5} = 26$$

Stück erwarten.

Das Testproblem lautet also:

$$H_0: \quad P(\text{weiß}) = P(\text{gelb}) = P(\text{orange}) = P(\text{rot}) = P(\text{grün}) = \frac{1}{5}$$

gegen die Alternative

$$H_1: \quad \text{Für mindestens eine Sorte } S \text{ gilt:} \quad P(S) \neq \frac{1}{5} \ .$$

Der χ^2-Anpassungstest misst die Abweichungen zwischen den beobachteten und den erwarteten Werten der einzelnen Klassen:

Farbe	n_i (beobachtet)	$n \cdot p_i$ (erwartet)	$n_i - n \cdot p_i$
weiß	17	26	−9
gelb	29	26	3
orange	35	26	9
rot	18	26	−8
grün	31	26	5

Für die Teststatistik des χ^2-Anpassungstests erhält man:

$$\chi^2 = \frac{(-9)^2}{26} + \frac{3^2}{26} + \frac{9^2}{26} + \frac{(-8)^2}{26} + \frac{5^2}{26} = \frac{260}{26} = 10 \ .$$

Da

$$\chi^2 > \chi^2_{4;0.95} = 9.488 \ ,$$

kann die Nullhypothese zum Niveau $\alpha = 0.05$ verworfen werden.

Lösung Aufgabe 3.17

a) Die Likelihoodfunktion ist gegeben durch

$$
\begin{aligned}
L(\lambda|x_1,\ldots,x_n) &= \prod_{i=1}^{n} f_{X_i}(x_i) = \prod_{i=1}^{n} f(x_i) \\
&= \prod_{i=1}^{n} \lambda e^{-\lambda x_i} = \lambda^n \prod_{i=1}^{n} e^{-\lambda x_i} \\
&= \lambda^n e^{-\lambda \sum_{i=1}^{n} x_i} \quad (\text{denn: } e^a \cdot e^b = e^{a+b}) \\
&= \lambda^n e^{-\lambda n \bar{x}} \quad (\text{da: } \frac{1}{n}\sum_{i=1}^{n} x_i = \bar{x}) \\
&= [\lambda e^{-\lambda \bar{x}}]^n .
\end{aligned}
$$

Die logarithmierte Likelihoodfunktion, die sog. Loglikelihoodfunktion, ist damit

$$
\begin{aligned}
L^*(\lambda|x_1,\ldots,x_n) &= \ln\left[L(\lambda,x_1,\ldots,x_n)\right] \\
&= \ln\left[\lambda e^{-\lambda \bar{x}}\right]^n \\
&= n(\ln \lambda - \lambda \bar{x}) .
\end{aligned}
$$

Ableiten der Likelihoodfunktion ergibt

$$
\frac{\partial L^*}{\partial \lambda} = n\left(\frac{1}{\lambda} - \bar{x}\right) .
$$

Nullsetzen liefert:

$$
\frac{1}{\lambda} - \bar{x} = 0 \qquad \Longleftrightarrow \qquad \lambda = \frac{1}{\bar{x}} .
$$

Als zweite Ableitung von L^* ermittelt man:

$$
\frac{\partial^2 L^*}{\partial \lambda^2} = n(-1)\lambda^{-2} = -\frac{n}{\lambda^2} .
$$

Damit gilt:

$$
\frac{\partial^2 L^* \left(\frac{1}{\bar{x}}\right)}{\partial \lambda^2} = -n\bar{x}^2 < 0
$$

und

$$
\widehat{\lambda}_{ML} = \frac{1}{\bar{X}}
$$

ist der Maximum–Likelihood–Schätzer für λ.

b) Sei zunächst mit Hilfe der Dichte die Verteilungsfunktion berechnet:

$$F(x) = \int_{-\infty}^{x} f(t)dt = \int_{-\infty}^{x} \lambda e^{-\lambda t} 1_{(0,\infty)}(t)dt = \int_{0}^{x} \lambda e^{-\lambda t}dt = -e^{-\lambda t}\Big|_{0}^{x}$$

$$= 1 - e^{-\lambda x} . \tag{3.6}$$

Will man testen, ob die zugrunde liegende Verteilung (irgendeine) Exponentialverteilung ist, so lautet die Nullhypothese:

$$H_0: \quad F_X(x) \in \mathcal{F} = \left\{ 1 - e^{-\lambda x} \mid \lambda > 0 \quad \text{unbekannt} \right\}$$

gegen die Alternative (Alternativhypothese)

$$H_1: \quad F_X(x) \notin \mathcal{F} .$$

Sollen die theoretischen Wahrscheinlichkeiten für die Klassen gleich sein, d.h. im vorliegenden Fall $p_i = P(X \in K_i | F_X(x) = 1 - e^{-\lambda x}) = 0.25$ für $i = 1, \ldots, 4$, so muss man als Klassengrenzen die Quartile wählen. Für das α-Quantil $\tilde{x}_\alpha$ muss gelten:

$$F(\tilde{x}_\alpha) = \alpha$$
$$\Longleftrightarrow \quad 1 - e^{-\lambda \tilde{x}_\alpha} = \alpha$$
$$\Longleftrightarrow \quad e^{-\lambda \tilde{x}_\alpha} = 1 - \alpha$$
$$\Longleftrightarrow \quad -\lambda \tilde{x}_\alpha = \ln(1 - \alpha)$$
$$\Longleftrightarrow \quad \tilde{x}_\alpha = -\frac{\ln(1 - \alpha)}{\lambda} .$$

Mit Hilfe des ML–Schätzers $\hat{\lambda}_{ML} = \frac{1}{105}$ aus Aufgabenteil a) erhält man für die theoretische Verteilung folgende Quartile:

$$\tilde{x}_{0.25} = -105 \cdot \ln(1 - 0.25) = 30.21 ,$$
$$\tilde{x}_{0.5} = -105 \cdot \ln(0.5) = 72.78 ,$$
$$\tilde{x}_{0.75} = -105 \cdot \ln 0.25 = 145.56 ,$$

so dass man zu folgender Klasseneinteilung gelangt:

$$(0,30.21); \; [30.21,72.78); \; [72.78,145.56); \; [145.56,\infty) .$$

In der nachfolgenden Tabelle sind die theoretisch zu erwartenden Beobachtungen („expected values") np_i sowie die tatsächlichen Beobachtungen („observed values") n_i dargestellt:

i	Klasse K_i	np_i	n_i
1	$(0 , 30.21)$	5	6
2	$(30.21 , 72.78)$	5	5
3	$(72.78 , 145.56)$	5	5
4	$(145.56 , \infty)$	5	4

Als Wert der Teststatistik des χ^2-Anpassungstestes ermittelt man daher:

$$\chi^2 = \sum_{i=1}^{4} \frac{(n_i - np_i)^2}{np_i} = \frac{(6-5)^2}{5} + \frac{(5-5)^2}{5} + \frac{(5-5)^2}{5} + \frac{(4-5)^2}{5}$$

$$= \frac{2}{5} = 0.4 \ .$$

Der kritische Wert des Tests ist mit $k = 4$, $r = 1$ und $\alpha = 0.05$ gegeben durch:

$$\chi^2_{k-r-1;1-\alpha} = \chi^2_{2;0.95} = 5.991 \qquad \text{(vgl. Tabelle 6)}.$$

D.h., zum Niveau $\alpha = 0.05$ kann die Hypothese auf Vorliegen einer Exponentialverteilung mittels eines χ^2-Anpassungstests nicht abgelehnt werden.

c) Bezeichne wiederum X die Gesprächsdauer (in Minuten) von G. Schwätzig. Dann möchte Herr Schwätzig wissen, wie groß die Wahrscheinlichkeit ist, dass das Gespräch in den nächsten x Minuten beendet ist unter der Voraussetzung, dass es bereits t Minuten andauert. D.h., gesucht ist

$$P(X \leq t + x | X > t) \ .$$

Nun ist

$$P(X \leq t + x | X > t) = \frac{P(X \leq t+x \text{ und } X > t)}{P(X > t)}$$

$$= \frac{P(t < X \leq t+x)}{P(X > t)}$$

$$= \frac{P(t < X \leq t+x)}{1 - P(X \leq t)}$$

$$= \frac{F(t+x) - F(t)}{1 - F(t)} \ .$$

Die Verteilungsfunktion der Exponentialverteilung wurde bereits in (3.6) berechnet:

$$F(x) = 1 - e^{-\lambda x} \; .$$

Damit gilt:

$$
\begin{aligned}
P(X \le t + x \,|\, X > t) &= \frac{1 - e^{-\lambda(t+x)} - (1 - e^{-\lambda t})}{1 - (1 - e^{-\lambda t})} \\
&= \frac{-e^{-\lambda(t+x)} + e^{-\lambda t}}{e^{-\lambda t}} = \frac{e^{-\lambda t}(1 - e^{-\lambda x})}{e^{-\lambda t}} \\
&= 1 - e^{-\lambda x} = F(x) = P(X \le x) \; .
\end{aligned}
$$

Dies ist wahrlich ein verblüffendes Ergebnis! Es besagt nämlich, dass die Wahrscheinlichkeit, dass wir noch x Minuten auf das Ende des Telefonats warten müssen, unabhängig von der Zeit ist, die wir ohnehin schon warten. Diese besondere Eigenschaft der Exponentialverteilung heißt auch „Gedächtnislosigkeit der Exponentialverteilung".

Lösung Aufgabe 3.18

Getestet wird:

$$H_0: \quad X_1, \ldots, X_n \sim N(100, 900) \qquad \text{vs.} \qquad H_1: \quad X_1, \ldots, X_N \nsim N(100, 900)$$

Die wahre Verteilungsfunktion unter H_0 ist gegeben durch:

$$
\begin{aligned}
F_0(x_i) &= F_{X_i}(x_i) = P(X_i \le x_i) = P\left(\frac{X_i - \mu}{\sigma} \le \frac{x_i - \mu}{\sigma}\right) \\
&= \Phi\left(\frac{x_i - \mu}{\sigma}\right) = \Phi\left(\frac{x_i - 100}{30}\right) \; .
\end{aligned}
$$

Für den ersten Stichprobenwert erhält man damit:

$$F_0(74.61) = \Phi\left(\frac{74.61 - 100}{30}\right) = \Phi\left(\frac{-25.39}{30}\right) = \Phi(-0.846) = 1 - \Phi(0.846)$$

$$= 1 - 0.8012 = 0.1988 \; .$$

Die weiteren Funktionswerte der theoretischen Verteilungsfunktion unter H_0 sowie die der empirischen Verteilungsfunktion $\widehat{F}_n$ sind der nachfolgenden Tabelle zu entnehmen:

i	x_i	$\widehat{F}_n(x_i)$	$F_0(x_i)$	$\widehat{F}_n(x_i) - F_0(x_i)$	$F_0(x_i) - \widehat{F}_n(x_{i-1})$
1	74.61	0.05	0.1988	-0.1488	0.1988
2	89.01	0.10	0.3571	-0.2571	0.3071
3	96.93	0.15	0.4594	-0.3094	0.3594
4	98.53	0.20	0.4804	-0.2804	0.3304
5	101.88	0.25	0.5251	-0.2751	0.3251
6	102.54	0.30	0.5339	-0.2339	0.2839
7	104.31	0.35	0.5573	-0.2073	0.2573
8	105.16	0.40	0.5683	-0.1683	0.2183
9	106.82	0.45	0.5898	-0.1398	0.1898
10	108.69	0.50	0.6141	-0.1141	0.1641
11	109.71	0.55	0.6270	-0.0770	0.1270
12	112.38	0.60	0.6602	-0.0602	0.1102
13	114.14	0.65	0.6812	-0.0312	0.0812
14	118.34	0.70	0.7294	-0.0294	0.0794
15	126.22	0.75	0.8089	-0.0589	0.1089
16	134.52	0.80	0.8751	-0.0751	0.1251
17	142.75	0.85	0.9229	-0.0729	0.1229
18	148.28	0.90	0.9461	-0.0461	0.0961
19	149.01	0.95	0.9488	0.0012	0.0488
20	151.83	1.00	0.9580	0.0420	0.0080

Damit erhält man für die Teststatistik des Kolmogoroff–Smirnoff–Anpassungstests

$$\Delta_n = \max\{\Delta_n^+ , \Delta_n^-\} = 0.3594 \ .$$

Da $\Delta_n > d_{20,0.95} = 0.294$ gilt (vgl. Tabelle 10), lehnt der Kolmogoroff–Smirnoff–An-passungstest die Nullhypothese zum Niveau $\alpha = 0.05$ ab.

Lösung Aufgabe 3.19

Die Einteilung in die Schlafkategorien $i = 1, \ldots, 5$ und Krimigruppen $j = 1, \ldots, 4$ mit den entsprechenden Randverteilungen seien in folgender Kontingenztafel wiedergegeben:

n_{ij}		j			$n_{i\bullet}$
	1	2	3	4	
1	3	4	0	0	7
2	5	2	1	0	8
i 3	1	3	2	3	9
4	0	1	2	2	5
5	1	0	1	4	6
$n_{\bullet j}$	10	10	6	9	35

Der kritische Bereich des χ^2-Unabhängigkeitstests

$$H_0: \quad F_{(X,Y)}(x,y) = F_X(x) \cdot F_Y(y) \qquad \text{versus} \qquad H_1: \quad F_{(X,Y)}(x,y) \neq F_X(x) \cdot F_Y(y)$$

ist gegeben durch

$$\chi^2 > \chi^2_{(k-1)(l-1);1-\alpha} \; .$$

Als Wert der Teststatistik erhält man:

$$
\begin{aligned}
\chi^2 &= \sum_{i=1}^{k} \sum_{j=1}^{\ell} \frac{\left(n_{ij} - \frac{n_{i\bullet}n_{\bullet j}}{n}\right)^2}{\frac{n_{i\bullet}n_{\bullet j}}{n}} \\
&= \frac{\left(3 - \frac{7\cdot10}{35}\right)^2}{\frac{7\cdot10}{35}} + \frac{\left(4 - \frac{7\cdot10}{35}\right)^2}{\frac{7\cdot10}{35}} + \frac{7\cdot6}{35} + \frac{7\cdot9}{35} \\
&\quad + \frac{\left(5 - \frac{8\cdot10}{35}\right)^2}{\frac{8\cdot10}{35}} + \frac{\left(2 - \frac{8\cdot10}{35}\right)^2}{\frac{8\cdot10}{35}} + \frac{\left(1 - \frac{8\cdot6}{35}\right)^2}{\frac{8\cdot6}{35}} + \frac{8\cdot9}{35} \\
&\quad + \frac{\left(1 - \frac{9\cdot10}{35}\right)^2}{\frac{9\cdot10}{35}} + \frac{\left(3 - \frac{9\cdot10}{35}\right)^2}{\frac{9\cdot10}{35}} + \frac{\left(2 - \frac{9\cdot6}{35}\right)^2}{\frac{9\cdot6}{35}} + \frac{\left(3 - \frac{9\cdot9}{35}\right)^2}{\frac{9\cdot9}{35}} \\
&\quad + \frac{5\cdot10}{35} + \frac{\left(1 - \frac{5\cdot10}{35}\right)^2}{\frac{5\cdot10}{35}} + \frac{\left(2 - \frac{5\cdot6}{35}\right)^2}{\frac{5\cdot6}{35}} + \frac{\left(2 - \frac{5\cdot9}{35}\right)^2}{\frac{5\cdot9}{35}} \\
&\quad + \frac{\left(1 - \frac{6\cdot10}{35}\right)^2}{\frac{6\cdot10}{35}} + \frac{6\cdot10}{35} + \frac{\left(1 - \frac{6\cdot6}{35}\right)^2}{\frac{6\cdot6}{35}} + \frac{\left(4 - \frac{6\cdot9}{35}\right)^2}{\frac{6\cdot9}{35}} \\
&= 21.69 \; .
\end{aligned}
$$

Der kritische Wert ist gegeben durch:

$$\chi^2_{(k-1)(l-1);1-\alpha} = \chi^2_{4\cdot3;0.95} = \chi^2_{12;0.95} = 21.03 \; .$$

Da $\chi^2 = 21.69 > 21.03 = \chi^2_{12;0.95}$, wird die Nullhypothese, dass die Schlafdauer unabhängig von der Anzahl der Morde sei, zum Niveau $\alpha = 0.05$ verworfen.

Lösung Aufgabe 3.20

Für die Anwendung des Kolmogoroff-Smirnoff-Homogenitätstests benötigt man die empirischen Verteilungsfunktionen der Schadenshöhen nach und vor der Maßnahme, erstere sei mit $\widehat{F}_1(x)$, letztere mit $\widehat{F}_2(x)$ bezeichnet.
Für die erste Verteilungsfunktion ermittelt man:

$$\widehat{F}_1(x) = \begin{cases} 0 & x < 9\,470 \\ \frac{1}{5} & 9\,470 \le x < 18\,347 \\ \frac{2}{5} & 18\,347 \le x < 25\,495 \\ \frac{3}{5} & 25\,495 \le x < 38\,857 \\ \frac{4}{5} & 38\,857 \le x < 47\,831 \\ 1 & 47\,831 \le x \end{cases} \; .$$

analog erhält man für $\widehat{F}_2(x)$:

$$\widehat{F}_2(x) = \begin{cases} 0 & x < 18\,853 \\ \frac{1}{8} & 18\,853 \le x < 32\,180 \\ \frac{2}{8} = \frac{1}{4} & 32\,180 \le x < 32\,675 \\ \frac{3}{8} & 32\,675 \le x < 36\,025 \\ \frac{4}{8} = \frac{1}{2} & 36\,025 \le x < 38\,947 \\ \frac{5}{8} & 38\,947 \le x < 42\,378 \\ \frac{6}{8} = \frac{3}{4} & 42\,378 \le x < 53\,664 \\ \frac{7}{8} & 53\,664 \le x < 65\,278 \\ 1 & 65\,278 \le x \end{cases} \; ,$$

Zur Berechnung der Teststatistik des Kolmogoroff-Smirnoff-Testes benötigt man die Funktionswerte beider Verteilungsfunktionen an allen Sprungstellen von $\widehat{F}_1$ oder $\widehat{F}_2$:

Sprungstelle x_i	$\widehat{F}_1(x_i)$	$\widehat{F}_2(x_i)$	$\left|\widehat{F}_1(x_i) - \widehat{F}_2(x_i)\right|$
9 470	0.2	0	0.2
18 347	0.4	0	0.4
18 853	0.4	0.125	0.275
25 495	0.6	0.125	**0.475**
32 180	0.6	0.250	0.350
32 675	0.6	0.375	0.225
36 025	0.6	0.500	0.100
38 857	0.8	0.500	0.300
38 947	0.8	0.625	0.175
42 378	0.8	0.750	0.050
47 831	1.0	0.750	0.250
53 664	1.0	0.875	0.125
65 278	1.0	1	0

Graphisch sehen die Verteilungsfunktionen wie folgt aus:

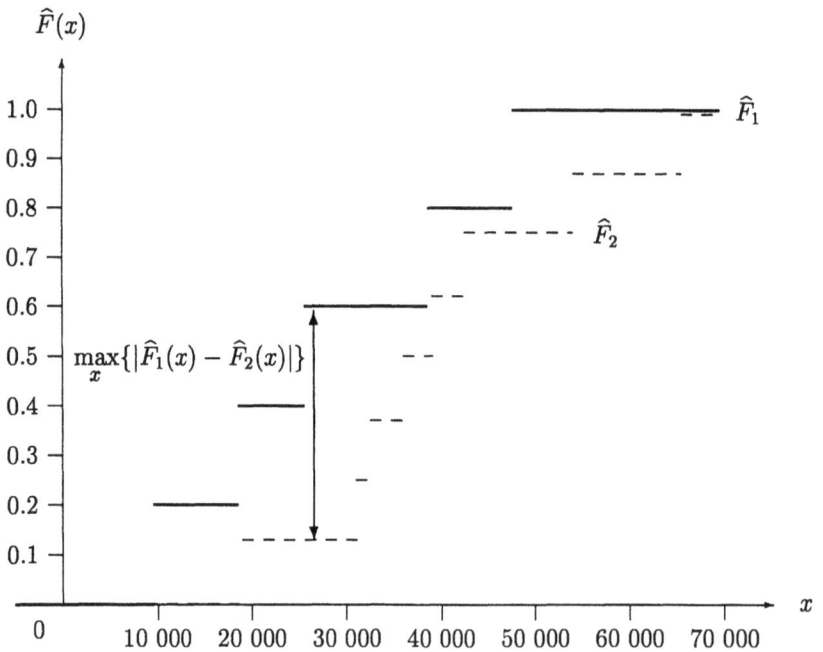

Testet man

$$H_0 : F_1(x) \geq F_2(x) \qquad \text{für alle} \quad x \in \mathbb{R}$$

gegen

$$H_1 : F_1(x) < F_2(x) \qquad \text{für mindestens ein} \quad x \in \mathbb{R},$$

so liest man aus der Tabelle (siehe fettgedruckten Wert) und/oder Graphik als Wert der Teststatistik ab:

$$\Delta_{n_1,n_2} = \max_{x_i} \left| \widehat{F}_1(x_i) - \widehat{F}_2(x_i) \right| = 0.475 .$$

Der kritische Wert für den einseitigen Kolmogoroff–Smirnoff–Homogenitätstest ist gegeben durch

$$d_{n_1,n_2;1-2\cdot\alpha} = d_{5,8;1-0.1} = \frac{27}{5 \cdot 8} = 0.675 \qquad \text{(vgl. Tabelle 11)} ,$$

so dass die Nullhypothese zum Niveau $\alpha = 0.05$ nicht verworfen werden kann.

Lösung Aufgabe 3.21

Für den χ^2-Homogenitätstest

$$H_0 : F_1(x) = F_2(x) \qquad \text{vs.} \qquad H_1 : F_1(x) \neq F_2(x)$$

betrachte man folgende Kontingenztafel:

j	n_{1j}	n_{2j}	$n_{1j} + n_{2j}$
1	3	5	8
2	9	7	16
3	0	4	4
4	2	0	2
5	10	12	22
Σ	$n_1 = 24$	$n_2 = 28$	$n_1 + n_2 = 52$

Erwartet würden im Fall der Homogenität:

j	$n_1 \cdot \frac{n_{1j}+n_{2j}}{n_1+n_2}$	$n_2 \cdot \frac{n_{1j}+n_{2j}}{n_1+n_2}$
1	$24 \cdot \frac{8}{52} = 3.69$	$28 \cdot \frac{8}{52} = 4.31$
2	$24 \cdot \frac{16}{52} = 7.38$	$28 \cdot \frac{16}{52} = 8.62$
3	$24 \cdot \frac{4}{52} = 1.85$	$28 \cdot \frac{4}{52} = 2.15$
4	$24 \cdot \frac{2}{52} = 0.92$	$28 \cdot \frac{2}{52} = 1.08$
5	$24 \cdot \frac{22}{52} = 10.15$	$28 \cdot \frac{22}{52} = 11.85$

Für die Teststatistik erhält man:

$$
\begin{aligned}
\chi^2 &= \frac{(3-3.69)^2}{3.69} + \frac{(9-7.38)^2}{7.38} + \frac{(0-1.85)^2}{1.85} + \frac{(2-0.92)^2}{0.92} + \frac{(10-10.15)^2}{10.15} \\
&\quad + \frac{(5-4.31)^2}{4.31} + \frac{(7-8.62)^2}{8.62} + \frac{(4-2.15)^2}{2.15} + \frac{(0-1.08)^2}{1.08} + \frac{(12-11.84)^2}{11.84} \\
&= 6.69 \ .
\end{aligned}
$$

Da

$$
\chi^2 \not> \chi^2_{4;0.95} = 9.488 \ ,
$$

kann die Nullhypothese zum Niveau $\alpha = 0.05$ nicht verworfen werden.

Statistik-Witz Nr. 22

Statistik ist wie ein Bikini – Sie gewährt reizende Einblicke, vermag aber auch wichtige
Details zu verhüllen.

Anhang A

Formelsammlung

I. Deskriptive Statistik und Explorative Datenanalyse

1. Charakterisierung von Merkmalen

1	**Quantitativ versus Qualitativ** Ausprägungen **quantitativer** Merkmale unterscheiden sich durch ihre Größe; Ausprägungen **qualitativer** Merkmale unterscheiden sich durch ihre Art.
2	**Stetig versus Diskret** Ein Merkmal, das endlich oder abzählbar unendlich viele Ausprägungen besitzt, heißt **diskretes** Merkmal. Ein Merkmal, das auf einem vorgegebenen Bereich jeden beliebigen Wert annehmen kann, heißt **stetiges** Merkmal.

3	**Skalenarten**
	
	Nominalskala: Ein Merkmal heißt nominal, falls seine möglichen Ausprägungen keiner Reihenfolge unterliegen und nicht vergleichbar sind.
	
	Ordinalskala: Ein Merkmal heißt ordinal, falls seine möglichen Ausprägungen einer Reihenfolge unterliegen, aber die Abstände zwischen den Ausprägungen nicht interpretierbar sind.
	
	Kardinalskala: (auch: metrische Skala) Ein Merkmal heißt kardinal (metrisch skaliert), falls seine möglichen Ausprägungen einer Reihenfolge unterliegen und zusätzlich die Abstände zwischen den Ausprägungen interpretierbar sind.
	
	Je nachdem, wie die Abstände interpretierbar sind, bzw. welche Transformationen zulässig sind, unterscheidet man die Kardinalskala weiterhin in
	a) Absolutskala:
	    erlaubt Transformationen der Art $y_i = x_i$.
	b) Verhältnisskala:
	    erlaubt Transformationen der Art $y_i = ax_i$.
	c) Intervallskala:
	    erlaubt Transformationen der Art $y_i = ax_i + b$.

2. Daten

1	Originaldaten	Originaldaten liegen vor in Einzelbeobachtungen $x_1, \ldots, x_n$.
2	gruppierte Daten	Gruppierte Daten liegen vor in Form einer Häufigkeitsverteilung mit absoluten Häufigkeiten n_i oder relativen Häufigkeiten $r_i = \dfrac{n_i}{n}$: $$(x_1, n_1), \ldots, (x_k, n_k) \quad \text{oder} \quad (x_1, r_1), \ldots, (x_k, r_k)$$
3	klassierte Daten	Klassierte Daten liegen vor in Form einer Häufigkeitsverteilung von halboffenen Intervallen $[u_{i-1}, u_i)$ und zugehörigen absoluten (oder relativen) Häufigkeiten n_i (oder r_i)
4	geordnete Stichprobe	Permutation (Vertauschen der Reihenfolge) der ursprünglichen Stichprobe $x_1, \ldots, x_n$ in $x_{(1)}, \ldots, x_{(n)}$, so dass gilt: $$x_{(1)} \leq x_{(2)} \leq \ldots \leq x_{(n)} .$$
5	Rang	Position einer Beobachtung in der geordneten Stichprobe $x_{(1)}, \ldots, x_{(n)}$: $$R(x_{(i)}) = i$$
6	Tiefe	nächste Position zum Rand: $x_{(1)}$ und $x_{(n)}$ haben Tiefe 1, $x_{(2)}$ und $x_{(n-1)}$ haben Tiefe 2, usw. allgemein: $x_{(k)}$ hat Tiefe $\min\{k, n+1-k\}$ bzw. x_k hat Tiefe $\min\{R(x_k), n+1-R(x_k)\}$
7	Bindung	Auftreten gleicher Merkmalsausprägungen

3. Einfache graphische Verfahren

1	**Blockdiagramm** n_i und/oder r_i	Über jeder Merkmalsausprägung x_i wird ein Block gleicher Breite mit Höhe proportional zur relativen Häufigkeit (r_i) und/oder absoluten Häufigkeit (n_i) abgetragen. (Handelt es sich um ein **nominales** Merkmal, so stellt man die Merkmalsausprägungen i.d.R. sortiert nach fallender (steigender) Häufigkeit dar.)
2	**Stabdiagramm** n_i und/oder r_i	Analog zum Blockdiagramm wird für jede Merkmalsausprägung statt eines Blockes ein Stab proportional zu den relativen Häufigkeiten (r_i) und/oder den absoluten Häufigkeiten (n_i) abgetragen. (Handelt es sich um ein **nominales** Merkmal, so stellt man die Merkmalsausprägungen i.d.R. sortiert nach fallender (steigender) Häufigkeit dar.)
3	**Häufigkeitspolygon** n_i und/oder r_i	Verbindung der Streckenendpunkte des Stabdiagramms durch einen Polygonzug.
4	**Kreisdiagramm**	Den Merkmalsausprägungen wird entsprechend ihrer relativen Häufigkeit ein Kreissektor („Tortenstück") zugeordnet, dessen Winkel gegeben ist durch: $$\alpha_i = \frac{n_i}{n} \cdot 360° = r_i \cdot 360°$$

3. Einfache graphische Verfahren (Forts.)

5	Empirische Verteilungsfunktion	
	$\widehat{F}(x)$ 1 x_1 x_2 x_3 x_4 x	Die relative Häufigkeit der Beobachtungen kleiner oder gleich x wird in der empirischen Verteilungsfunktion dargestellt: $$\widehat{F}(x) = \frac{1}{n} \sum_{i=1}^{n} \mathbf{1}_{(-\infty,x]}(x_i)$$

4. Klassenbildung

1	Klassenbildung (Klassierung)	Einteilung des Intervalls $[u_0, u_k)$ bzw. $[u_0, u_k]$ in die Klassen $[u_0, u_1), [u_1, u_2), \ldots, [u_{k-1}, u_k)$ bzw. $[u_0, u_1), [u_1, u_2), \ldots, [u_{k-1}, u_k]$
2	Klassenbreite	$b_i := u_i - u_{i-1}$ häufig: $b_i = b = $ konstant
3	Klassenmitte	$a_i = \dfrac{u_i + u_{i-1}}{2}$
4	absolute Klassenhäufigkeit	$n_i = \#\{x_i \in [u_{i-1}, u_i)\}$ $=$ Anzahl der Beobachtungen in der i-ten Klasse
5	relative Klassenhäufigkeit	$r_i = \dfrac{n_i}{n}$
6	Häufigkeitsdichte	$\dfrac{r_i}{b_i}$
7	Faustregeln zur Klassenbildung	$k = [2\sqrt{n}\,]$ (Vellemann) $k = [1 + \log_2 n]$ (Sturges) $k = [10 \log_{10} n]$ (Dixon / Kronmal)

4. Klassenbildung (Forts.)

8	Histogramm	bei stetigem Merkmal: $$\tilde{f}_n(x) \;=\; \begin{cases} \dfrac{r_i}{b_i} & x \in [u_{i-1}, u_i) \qquad i = 1, \dots, k \\ 0 & \text{sonst} \end{cases}$$ $$= \sum_{i=1}^{k} \frac{r_i}{b_i} \mathbf{1}_{[u_{i-1}, u_i)}(x)$$ Bei diskretem Merkmal teile man die Klassen derart ein, dass keine Beobachtung x_i auf den Klassengrenzen liegt. Im Fall ganzzahliger Merkmalsausprägungen etwa wählt man Klassengrenzen mit Nachkommastelle 5.
9	Summenpolygon	$$\tilde{F}_n(x) := \int_{-\infty}^{x} \tilde{f}_n(t)\,dt$$ $$= \begin{cases} 0 & x < u_0 \\ \sum_{j=1}^{i-1} r_j + r_i \dfrac{x - u_{i-1}}{b_i} & x \in [u_{i-1}, u_i)\,, i = 1, \dots, k \\ 1 & x \geq u_k \end{cases}$$

5. Lagemaße

	Begriff	Originaldaten	Klassierte Daten*
1	arithmetisches Mittel	$$\overline{x} = \frac{1}{n} \sum_{i=1}^{n} x_i$$	$$\overline{x} = \frac{1}{n} \sum_{i=1}^{k} n_i a_i$$
2	geometrisches Mittel	$$\overline{x}_g = \left(\prod_{i=1}^{n} x_i \right)^{\frac{1}{n}}$$	$$\overline{x}_g = \left(\prod_{i=1}^{k} a_i^{n_i} \right)^{\frac{1}{n}}$$
3	harmonisches Mittel	$$\overline{x}_h = \left(\frac{1}{n} \sum_{i=1}^{n} \frac{1}{x_i} \right)^{-1} = \frac{n}{\sum_{i=1}^{n} \frac{1}{x_i}}$$	$$\overline{x}_h = \left(\frac{1}{n} \sum_{i=1}^{k} \frac{n_i}{a_i} \right)^{-1} = \frac{n}{\sum_{i=1}^{n} \frac{n_i}{a_i}}$$

* Für gruppierte Daten ersetze man a_i durch x_i

5. Lagemaße (Forts.)

	Begriff	Originaldaten	Klassierte Daten
4	α–Quantil	$\tilde{x}_\alpha = \begin{cases} x_{([n\alpha]+1)} & \text{für} \quad n\alpha \notin \mathbb{N} \\ \dfrac{x_{(n\alpha)} + x_{(n\alpha+1)}}{2} & \text{für} \quad n\alpha \in \mathbb{N} \end{cases}$	$\tilde{x}_\alpha = u_{i-1} + \dfrac{\alpha - \sum\limits_{j=1}^{i-1} r_j}{r_i} \cdot b_i$ mit Einfallsklasse i derart, dass $\sum\limits_{j=1}^{i-1} r_j \le \alpha < \sum\limits_{j=1}^{i} r_j$
5	Median	$\tilde{x} = \underset{i}{\operatorname{med}}\{x_i\} := \tilde{x}_{0.5}$ $= \begin{cases} x_{(\frac{n+1}{2})} & n \quad \text{ungerade} \\ \frac{1}{2}\left(x_{(\frac{n}{2})} + x_{(\frac{n}{2}+1)}\right) & n \quad \text{gerade} \end{cases}$	
6	Modus (Modalwert)	$\bar{x}_M = x_i \quad \text{mit} \quad n_i = \max\limits_{j}\{n_j\}$ (soweit eindeutig)	$\bar{x}_M = \dfrac{u_{i-1} + u_i}{2}$ mit $\dfrac{r_i}{b_i} = \max\limits_{j}\left\{\dfrac{r_j}{b_j}\right\}$ (soweit eindeutig)
7	Lettervalues	M Median mit Tiefe $d(M) = \frac{n+1}{2}$ $H_u(H_o)$ unteres (oberes) Hinge mit Tiefe $d(H) = \frac{[d(M)]+1}{2}$ $E_u(E_o)$ unteres (oberes) Eighth mit Tiefe $d(E) = \frac{[d(H)]+1}{2}$ $D_u(D_o)$ unteres (oberes) Sixteenth mit Tiefe $d(D) = \frac{[d(E)]+1}{2}$ $C_u(C_o)$ unteres (oberes) Thirtysecond mit Tiefe $d(C) = \frac{[d(D)]+1}{2}$ usw. Für Lettervalues $Q \in \{H, E, D, C, \ldots\}$ definiert man: $Q_u := \begin{cases} x_{(d(Q))} & \text{falls} \quad d(Q) \in \mathbb{N} \\ \frac{1}{2}\left(x_{([d(Q)])} + x_{([d(Q)]+1)}\right) & \text{falls} \quad d(Q) \notin \mathbb{N} \end{cases}$ $Q_o := \begin{cases} x_{(n+1-d(Q))} & \text{falls} \quad d(Q) \in \mathbb{N} \\ \frac{1}{2}\left(x_{(n+1-[d(Q)])} + x_{(n-[d(Q)])}\right) & \text{falls} \quad d(Q) \notin \mathbb{N} \end{cases}$	
8	Midsummaries	$\operatorname{mid}(Q) = \dfrac{Q_u + Q_o}{2} \quad \text{für} \quad Q \in \{H, E, D, \ldots\}$	
9	α–getrimmtes Mittel	$\bar{x}_\alpha = \dfrac{1}{n-2q} \sum\limits_{j=q+1}^{n-q} x_{(j)} \quad \text{mit} \quad q = [n\alpha]$	
10	α–winsorisier- tes Mittel	$\bar{x}_{w,\alpha} = \dfrac{1}{n}\left\{\sum\limits_{j=q+1}^{n-q} x_{(j)} + q\left(x_{(q+1)} + x_{(n-q)}\right)\right\} \quad \text{mit } q = [n\alpha]$	
11	Trimean	$\bar{x}_T = \dfrac{1}{4}\tilde{x}_{0.25} + \dfrac{1}{2}\tilde{x}_{0.5} + \dfrac{1}{4}\tilde{x}_{0.75}$	

6. Streuungsmaße

	Begriff	Originaldaten	Klassierte Daten*
1	Kovarianz	$\sigma_{xy} = \frac{1}{n} \sum\limits_{i=1}^{n} (x_i - \overline{x})(y_i - \overline{y})$ $= \frac{1}{n} \sum\limits_{i=1}^{n} x_i y_i - \overline{x}\,\overline{y}$	$\sigma_{xy} = \frac{1}{n} \sum\limits_{i=1}^{k} \sum\limits_{j=1}^{m} (a_i - \overline{x})(c_j - \overline{y}) n_{ij}$ $= \frac{1}{n} \sum\limits_{i=1}^{k} \sum\limits_{j=1}^{m} a_i c_j n_{ij} - \overline{x}\,\overline{y}$
2	Varianz	$\sigma^2 = \sigma_x^2 = \frac{1}{n} \sum\limits_{i=1}^{n} (x_i - \overline{x})^2$ $= \frac{1}{n} \sum\limits_{i=1}^{n} x_i^2 - \overline{x}^2$	$\sigma^2 = \sigma_x^2 = \frac{1}{n} \sum\limits_{i=1}^{k} n_i (a_i - \overline{x})^2$ $= \frac{1}{n} \sum\limits_{i=1}^{k} n_i a_i^2 - \overline{x}^2$ **
3	Standardabweichung	$\sigma = \sqrt{\sigma^2}$	
4	Spannweite (Range)	$R := x_{(n)} - x_{(1)}$	unüblich
5	Quantilsabstand	$Q_\alpha := \tilde{x}_{1-\alpha} - \tilde{x}_\alpha\,,\qquad 0 < \alpha < 0.5$ speziell: $\quad Q_{0.25} = \tilde{x}_{0.75} - \tilde{x}_{0.25}\quad$ Quartilsabstand $\qquad\qquad Q_{0.2} = \tilde{x}_{0.8} - \tilde{x}_{0.2}\quad$ Quintilsabstand $\qquad\qquad Q_{0.1} = \tilde{x}_{0.9} - \tilde{x}_{0.1}\quad$ Zentilsabstand	
6	mittlerer Quantilsabstand	$\dfrac{Q_\alpha}{2}$	
7	MAD (Median Absolute Deviation)	$\mathrm{MAD} = \mathrm{med}_i\, \{|x_i - \tilde{x}|\}$	
8	Mittlere absolute Abweichung vom Median	$\mathrm{d} = \frac{1}{n} \sum\limits_{i=1}^{n} |x_i - \tilde{x}|$	$\mathrm{d} = \frac{1}{n} \sum\limits_{i=1}^{k} n_i |a_i - \tilde{x}|$
9	Variationskoeffizient	$V = \dfrac{\sigma}{\overline{x}}$	
10	Quartilsdispersions- koeffizient	$\mathrm{QD} = \dfrac{\tilde{x}_{0.75} - \tilde{x}_{0.25}}{\tilde{x}_{0.75} + \tilde{x}_{0.25}}$	
11	Spread	$d_Q = Q_o - Q_u \qquad$ für $\quad Q \in \{H, E, D, C, \dots\}$ speziell: $\quad d_H = H_o - H_u \quad$ H-Spread	

* Für gruppierte Daten ersetze man a_i durch x_i (c_j durch y_j)

** Bei äquidistanter Klassenbreite b sollte der sogenannte Sheppardsche Korrekturfaktor $\frac{b^2}{12}$ subtrahiert werden.

7. Schiefe und Wölbung

	Begriff	Originaldaten	Klassierte Daten*
1	Fechnersche Lageregel zur Schiefe	– bei symmetrischer Verteilung gilt: $\quad \overline{x} = \tilde{x} = \overline{x}_M$ – bei rechtsschiefer Verteilung gilt: $\quad \overline{x} > \tilde{x} > \overline{x}_M$ – bei linksschiefer Verteilung gilt: $\quad \overline{x} < \tilde{x} < \overline{x}_M$	
2	Beurteilung der Schiefe durch Midsummaries	– bei symmetrischer Verteilung gilt: $\qquad M = \mathrm{mid}(H) = \mathrm{mid}(E) \ (= \dots)$ – bei rechtsschiefer Verteilung gilt: $\qquad M < \mathrm{mid}(H) < \mathrm{mid}(E) \ (< \dots)$ – bei linksschiefer Verteilung gilt: $\qquad M > \mathrm{mid}(H) > \mathrm{mid}(E) \ (> \dots)$	
3	1. Pearsonscher Schiefekoeffizient 2. Pearsonscher Schiefekoeffizient	$\mathrm{SK}_1 = \dfrac{\overline{x} - \overline{x}_M}{\sigma}$ $\mathrm{SK}_2 = \dfrac{3(\overline{x} - \tilde{x})}{\sigma} \quad$ (falls $\ \overline{x}_M$ nicht verfügbar)	
4	r-tes Moment	$m_r = \frac{1}{n} \sum\limits_{i=1}^{n} x_i^r$	$m_r = \frac{1}{n} \sum\limits_{i=1}^{k} a_i^r n_i$
5	r-tes zentrales Moment	$\mu_r = \frac{1}{n} \sum\limits_{i=1}^{n} (x_i - \overline{x})^r$	$\mu_r = \frac{1}{n} \sum\limits_{i=1}^{k} (a_i - \overline{x})^r \cdot n_i$
6	Fisherscher Schiefekoeffizient	$\gamma_1 = \dfrac{\mu_3}{\sigma^3}$	
7	α-Quantilskoeffizient der Schiefe	$\mathrm{QS}_\alpha = \dfrac{(\tilde{x}_{1-\alpha} - \tilde{x}) - (\tilde{x} - \tilde{x}_\alpha)}{\tilde{x}_{1-\alpha} - \tilde{x}_\alpha} \qquad 0 < \alpha < 0.5 \,,$ $\qquad\qquad\qquad\qquad\qquad \tilde{x}_\alpha < \tilde{x}_{1-\alpha}$	
8	Beurteilung der Schiefe durch Schiefekoeffizienten	– bei symmetrischer Verteilung gilt: $\qquad \mathrm{SK}_1, \ \mathrm{SK}_2, \ \gamma_1, \ \mathrm{QS}_\alpha = 0$ – bei rechtsschiefer Verteilung gilt: $\qquad \mathrm{SK}_1, \ \mathrm{SK}_2, \ \gamma_1, \ \mathrm{QS}_\alpha > 0$ – bei linksschiefer Verteilung gilt: $\qquad \mathrm{SK}_1, \ \mathrm{SK}_2, \ \gamma_1, \ \mathrm{QS}_\alpha < 0$	
9	Fisherscher Koeffizient zur Wölbung	$\gamma_2 = \dfrac{\mu_4}{\sigma^4} - 3$ – bei mesokurtischer Verteilung gilt: $\quad \gamma_2 = 0$ – bei leptokurtischer (spitzer) Verteilung gilt: $\gamma_2 > 0$ – bei platykurtischer (abgeflachter) Verteilung gilt: $\gamma_2 < 0$	

* Für gruppierte Daten ersetze man a_i durch x_i

7. Schiefe und Wölbung (Forts.)

	Begriff	Originaldaten	Klassierte Daten
10	Quantilskoeffizient der Wölbung	$\mathrm{QW}_{\alpha,\beta} = 1 - \dfrac{\widetilde{x}_{1-\alpha} - \widetilde{x}_{\alpha}}{\widetilde{x}_{1-\beta} - \widetilde{x}_{\beta}}$ $\quad 0 < \beta < \alpha < 0.5\,,\quad \widetilde{x}_{\beta} < \widetilde{x}_{1-\beta}$ – bei mesokurtischer Verteilung gilt: $\mathrm{QW}_{\alpha,\beta} = 1 - \dfrac{u_{\alpha}}{u_{\beta}}$ – bei leptokurtischer Verteilung gilt: $\mathrm{QW}_{\alpha,\beta} > 1 - \dfrac{u_{\alpha}}{u_{\beta}}$ – bei platykurtischer Verteilung gilt: $\mathrm{QW}_{\alpha,\beta} < 1 - \dfrac{u_{\alpha}}{u_{\beta}}$ Dabei ist u_{α} das α–Quantil der Standardnormalverteilung.	

8. Stem–and–leaf–Diagramm

Erstellung eines Stem–and–leaf–Diagramms:

1. Bestimmung der Klassenbreite

   a) Berechne die Spannweite $R = x_{(n)} - x_{(1)}$ der Daten.

   b) Ermittle die Anzahl der Klassen k (vgl. Regeln zur Klassenbildung).

   c) Berechne die Klassenbreite b, indem der Wert $\dfrac{R}{k}$ auf einen der Werte 1, 0.5 oder 0.2 (bzw. eine vielfache Zehnerpotenz dieser Werte) aufgerundet wird:
   $$b = \widetilde{b} \cdot 10^{\ell} \text{ mit } \widetilde{b} \in \{1, 0.5, 0.2\},\ \ell \in \mathbb{Z}\,.$$

2. Sämtliche Beobachtungen werden durch $10^{\ell-1}$ dividiert, ggf. nachfolgende Kommastellen werden gerundet (in anderer Literatur auch einfach weggestrichen, d.h. zum Nullpunkt hin gerundet). Die so erhaltenen Daten werden zerlegt in die führende(n) Ziffer(n) (den „Stamm") sowie die letzte Ziffer (das „Blatt").

3. Erstellen des Stammes / Eintragen der Daten

   In einer Kopfzeile wird die Einheit $10^{\ell-1}$ vermerkt, anschließend geht man wie folgt vor:

   a) bei Klassenbreite $\widetilde{b} = 1$:

   Beginnend mit dem kleinsten Stamm werden mit Schrittweite 1 alle möglichen Stämme bis zum größten untereinander notiert und rechts durch einen senkrechten Strich begrenzt. Hinter diesem Strich werden die zu den jeweiligen Stämmen gehörenden Blätter eingetragen, z.B.
   $$63 \longrightarrow 6 \mid 3\,, \qquad 128 \longrightarrow 12 \mid 8\,.$$

8. Stem–and–leaf–Diagramm (Forts.)

b) bei Klassenbreite $\widetilde{b} = 0.5$:

Im Vergleich zu a) wird jeder Stamm in zwei Stämme unterteilt, je nachdem, ob die eingetragenen Blätter zwischen 0 und 4 oder zwischen 5 und 9 liegen. Für Blätter 0 – 4 wird am Stamm ein $*$ angehängt, für Blätter 5 – 9 wird am Stamm $\bullet$ hinzugefügt, z.B.:

$$34 \longrightarrow 3 * \mid 4 , \qquad 49 \longrightarrow 4 \bullet \mid 9 .$$

c) bei Klassenbreite $\widetilde{b} = 0.2$:

Analog zu b) wird jeder Stamm aus a) in fünf Stämme unterteilt, wobei ein $*$ am Stamm für nachfolgende Blätter 0 und 1 steht, ein t für Blätter 2 und 3 (two, three), f für 4 und 5 (four, five), s für 6 und 7 (six, seven) sowie $\bullet$ für 8 und 9. Beispiele sind:

$$20 \longrightarrow 2 * \mid 0 , \qquad 21 \longrightarrow 2 * \mid 1 ,$$
$$28 \longrightarrow 2 \bullet \mid 8 , \qquad 17 \longrightarrow 1 s \mid 7 .$$

4. Eintragen der Tiefe

Sind alle Beobachtungen der Größe nach geordnet in das Diagramm eingetragen, so wird in einer Spalte vor dem Stamm die maximale Tiefe einer Beobachtung einer Klasse eingetragen; bei unbesetzten Klassen wird kein Wert notiert.

Liegen bei geradem Stichprobenumfang die zur Medianbildung herangezogenen Beobachtungen in einer Klasse oder ist der Stichprobenumfang ungerade, so wird statt der Tiefe in der Medianklasse in Klammern die Anzahl der Beobachtungen dieser Klasse angegeben.

5. Nach Belieben wird zudem ein Ablesebeispiel in der Kopfzeile oder unter dem eigentlichen Diagramm angegeben.

9. Boxplot

Zwischen unterem und oberem Hinge wird eine „Box" gezeichnet, die in Höhe des Medians durch einen Strich unterteilt wird. Ausgehend vom H–spread berechnet man als innere Zäune die Werte, die um das 1.5–fache des H–spreads von der Box entfernt liegen, sowie diejenigen Werte, die um das 3–fache des H–spreads von der Box entfernt liegen, als äußere Zäune.

Als oberen (unteren) Anrainer erhält man die größte (kleinste) Beobachtung unterhalb (oberhalb) des oberen (unteren) inneren Zaunes.

Von den Seitenmitten der Box bis zu den Anrainern werden gestrichelte Linien gezogen. Beobachtungen, die zwischen inneren und äußeren Zäunen liegen, werden als Außenpunkte (○) gekennzeichnet; Punkte, die außerhalb der äußeren Zäune liegen, werden als Fernpunkte (●) ebenfalls gesondert gekennzeichnet.

10. Transformation zur Symmetrisierung eines Datensatzes

Man berechne für $Q = H, E, D, \ldots$ die unteren (oberen) Lettervalues Q_u (Q_o) sowie den Median M.

Die Werte

$$\xi = \frac{(Q_u - M)^2 + (Q_o - M)^2}{4M} \qquad \text{und} \qquad \eta = \frac{Q_u + Q_o}{2} - M$$

werden in einem sogenannten **Transformationsplot** abgetragen:

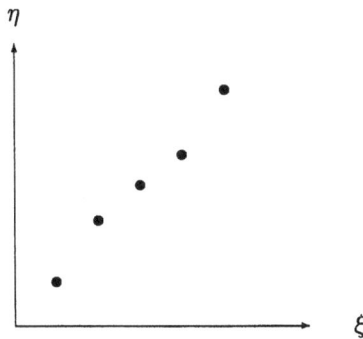

Anschließend berechnet man für jeden Punkt des Transformationsplots die Steigung des Fahrstrahls $(\frac{\eta}{\xi})$ und verwendet deren Median als Steigung b des Transformationsplots.

Eine **Potenztransformation** ist allgemein gegeben durch

$$T_p(x) = \begin{cases} (x + c)^p & p > 0 \\ \log(x + c) & p = 0 \\ -(x + c)^p & p < 0 \end{cases},$$

wobei c so zu wählen ist, dass $x_i + c > 0$ für alle $i = 1, \ldots, n$.

Eine Potenztransformation zur Symmetrisierung eines Datensatzes erhält man durch Wahl von

$$p = 1 - b .$$

Dabei wird man $p \in \{\ldots, -3, -2, -1, -\frac{1}{2}, 0, \frac{1}{2}, 1, 2, 3, \ldots\}$ (aus der sog. **Leiter der Potenzen**) wählen.

11. Konzentrationsmessung

	Begriff	Originaldaten (ohne Bindung)	Klassierte Daten*
1	Lorenz–kurve	$L_n(0) \quad = 0$ $L_n\left(\frac{i}{n}\right) = \dfrac{\sum\limits_{j=1}^{i} x_{(j)}}{\sum\limits_{j=1}^{n} x_{(j)}} = \dfrac{\sum\limits_{j=1}^{i} x_{(j)}}{n\overline{x}}$ für $\quad i = 1, \ldots, n.$	$L_n(0) \qquad = 0$ $L_n\left(\sum\limits_{j=1}^{i} r_j\right) = \dfrac{\sum\limits_{j=1}^{i} n_j a_{(j)}}{n\overline{x}}$ für $\quad i = 1, \ldots, n$
2	Gini–Maß (Gini–Koeffizient)	$G = \dfrac{\sum\limits_{i=1}^{n} \frac{2i-1}{n} x_{(i)}}{\sum\limits_{j=1}^{n} x_{(j)}} - 1$	$G = \dfrac{\sum\limits_{i=1}^{k} \left(\sum\limits_{j=1}^{i-1} r_j + \sum\limits_{j=1}^{i} r_j\right) a_{(i)} n_i}{\sum\limits_{j=1}^{k} n_j a_{(j)}} - 1$
3	Herfindahl–index	\multicolumn{2}{c}{$H = \dfrac{V^2 + 1}{n}$}	
		$= \sum\limits_{i=1}^{n} \left(\dfrac{x_i}{\sum\limits_{i=1}^{n} x_i}\right)^2 = \dfrac{\sum\limits_{i=1}^{n} x_i^2}{\left(\sum\limits_{i=1}^{n} x_i\right)^2}$	$= \sum\limits_{i=1}^{k} n_i \left(\dfrac{a_i}{\sum\limits_{i=1}^{k} n_i \cdot a_i}\right)^2 = \dfrac{\sum\limits_{i=1}^{k} n_i \cdot a_i^2}{\left(\sum\limits_{i=1}^{k} n_i \cdot a_i\right)^2}$

* Für gruppierte Daten ersetze man $a_{(i)}$ durch $x_{(i)}$

12. Indexzahlen

1	**Preisindex P und Mengenindex Q**

a) nach Laspeyres: $\quad P_{0,t}^L = \dfrac{\sum\limits_{i=1}^{n} p_{ti} q_{0i}}{\sum\limits_{i=1}^{n} p_{0i} q_{0i}} \qquad Q_{0,t}^L = \dfrac{\sum\limits_{i=1}^{n} p_{0i} q_{ti}}{\sum\limits_{i=1}^{n} p_{0i} q_{0i}}$

b) nach Paasche: $\quad P_{0,t}^P = \dfrac{\sum\limits_{i=1}^{n} p_{ti} q_{ti}}{\sum\limits_{i=1}^{n} p_{0i} q_{ti}} \qquad Q_{0,t}^P = \dfrac{\sum\limits_{i=1}^{n} p_{ti} q_{ti}}{\sum\limits_{i=1}^{n} p_{ti} q_{0i}}$

c) nach Lowe: $\quad P_{0,t} = \dfrac{\sum\limits_{i=1}^{n} p_{ti} q_{ki}}{\sum\limits_{i=1}^{n} p_{0i} q_{ki}} \qquad Q_{0t} = \dfrac{\sum\limits_{i=1}^{n} p_{ki} q_{ti}}{\sum\limits_{i=1}^{n} p_{ki} q_{0i}} \qquad$ für $\; k \in \{1, \ldots, t-1\}$

12. Indexzahlen (Forts.)

2	**Wertgewichtsmethode:**

$$P_{0t}^L = \sum_{i=1}^{n} \alpha_{0i} \frac{p_{ti}}{p_{0i}} \qquad \text{mit} \qquad \alpha_{0i} = \frac{p_{0i}q_{0i}}{\sum_{j=1}^{n} p_{0j}q_{0j}}$$

$$P_{0t}^P = \left(\sum_{i=1}^{n} \beta_{0i} \left(\frac{p_{ti}}{p_{0i}} \right)^{-1} \right)^{-1} \qquad \text{mit} \qquad \beta_{0i} = \frac{p_{ti}q_{ti}}{\sum_{j=1}^{n} p_{tj}q_{tj}}$$

3	**Zusammensetzung eines Gesamtindizes aus Subindizes:**

$$P_{0,t}^L = \sum_{i=1}^{k} \alpha_0^i P_{0,t}^{L,i}$$

wobei $\quad \alpha_0^i \quad$ Umsatzanteil der Warengruppe i am Gesamtumsatz bezogen auf die Basisperiode,

$\qquad P_{0,t}^{L,i} \quad$ Laspeyres-Preisindex für die Warengruppe i zum Zeitpunkt t bezogen auf die Basisperiode 0.

4	**Kaufkraftparität:**

a) nach Laspeyres: $\qquad$ b) nach Paasche:

$$KKP^L = \frac{\sum\limits_{i=1}^{n} p_{iA}q_{iI}}{\sum\limits_{i=1}^{n} p_{iI}q_{iI}} \qquad KKP^P = \frac{\sum\limits_{i=1}^{n} p_{iA}q_{iA}}{\sum\limits_{i=1}^{n} p_{iI}q_{iA}}$$

wobei $\quad p_{iI} \quad$ Preis des Produktes i im Inland

$\qquad p_{iA} \quad$ Preis des Produktes i im Ausland

$\qquad q_{iI} \quad$ Menge des konsumierten Produktes i im Inland

$\qquad q_{iA} \quad$ Menge des konsumierten Produktes i im Ausland

Ein Kaufkraftgewinn für die inländische Währung entsteht, wenn für den Wechselkurs (w) gilt: $\quad w > KKP$.

13. Kontingenzmaße

1	Assoziations-koeffizient nach Yule (bei Vierfeldertafel)	$Q = \dfrac{n_{11}n_{22} - n_{12}n_{21}}{n_{11}n_{22} + n_{12}n_{21}}$
2	Phi–Koeffizient	$\phi = \sqrt{\dfrac{\chi^2}{n}}$ wobei $\chi^2 = \displaystyle\sum_{i=1}^{k}\sum_{j=1}^{m} \dfrac{\left(n_{ij} - \frac{n_{i\bullet}n_{\bullet j}}{n}\right)^2}{\frac{n_{i\bullet}n_{\bullet j}}{n}}$
3	Kontingenzkoeffizient nach Pearson	$P_{xy} = \sqrt{\dfrac{\chi^2}{\chi^2 + n}}$ wobei χ^2 wie in 2. korrigiert: $P_{xy}^* = \sqrt{\dfrac{\min\{k,m\}}{\min\{k,m\} - 1}} \cdot P_{xy}$
4	Kontingenzkoeffizient nach Cramer	$V_{xy} = \sqrt{\dfrac{\chi^2}{n\,(\min\{k,m\} - 1)}}$ wobei χ^2 wie in 2.

14. Korrelationsmaße

	Begriff	Originaldaten	Klassierte Daten*
1	Korrelations-koeffizient nach Bravais–Pearson	$r_{xy} := \dfrac{\sigma_{xy}}{\sigma_x \sigma_y} =$ $\dfrac{\sum\limits_{i=1}^{n} x_i y_i - n\bar{x}\cdot\bar{y}}{\sqrt{\left[\sum\limits_{i=1}^{n} x_i^2 - n\bar{x}^2\right]\left[\sum\limits_{i=1}^{n} y_i^2 - n\bar{y}^2\right]}}$	$\dfrac{\sum\limits_{i=1}^{k}\sum\limits_{j=1}^{m} n_{ij}a_i b_j - n\bar{x}\cdot\bar{y}}{\sqrt{\left[\sum\limits_{i=1}^{k} n_{i\bullet}a_i^2 - n\bar{x}^2\right]\left[\sum\limits_{i=1}^{m} n_{\bullet j}b_i^2 - n\bar{y}^2\right]}}$
2	Fechnerscher Korrelations-koeffizient	$F := \dfrac{2\sum\limits_{i=1}^{n} v_i - n}{n}$, wobei $v_i = \begin{cases} 1 & x_i > \bar{x} \;\; \text{und} \;\; y_i > \bar{y} \\ 1 & x_i < \bar{x} \;\; \text{und} \;\; y_i < \bar{y} \\ 1 & x_i = \bar{x} \;\; \text{und} \;\; y_i = \bar{y} \\ \frac{1}{2} & \text{genau einer der Werte} \\ & x_i = \bar{x} \;\; \text{oder} \;\; y_i = \bar{y} \\ 0 & \text{sonst} \end{cases}$	unüblich

* Für gruppierte Daten ersetze man a_i durch x_i bzw. b_i durch y_i

14. Korrelationsmaße (Forts.)

	Begriff	Originaldaten	Klassierte Daten
3	Rangkorrelations- koeffizient nach Spearman	$R_{xy} := r_{R(x),R(y)}$ Falls keine Bindungen auftreten: $= 1 - 6\dfrac{\sum\limits_{i=1}^{n} d_i^2}{(n^2 - 1)n}$ wobei $d_i = R(x_i) - R(y_i)$	
4	Kendall's Tau	$\tau_{xy} = \dfrac{N_C - N_D}{\binom{n}{2}}$ Falls keine Bindungen vorliegen: $\tau_{xy} = \dfrac{4N_C}{n(n-1)} - 1$	$N_C =$ Anzahl konkordanter Paare $N_D =$ Anzahl diskordanter Paare Bei einer $(k \times m)$–Feldertafel gilt: $N_C = \sum\limits_{i=1}^{k} \sum\limits_{j=1}^{m} n_{ij} C_{ij}$ mit $C_{ij} = \sum\limits_{r>i} \sum\limits_{s>j} n_{rs}$ $N_D = \sum\limits_{i=1}^{k} \sum\limits_{j=1}^{m} n_{ij} D_{ij}$ mit $D_{ij} = \sum\limits_{r>i} \sum\limits_{s<j} n_{rs}$
5	Goodman–and Kruskal's Gamma	$\gamma_{xy} = \dfrac{N_C - N_D}{N_C + N_D}$ Berechnung von N_C, N_D wie in 4. **speziell:** für $k = m = 2$ gilt: $\gamma_{xy} = Q$	

15. Einfache Lineare Regression

1	**Einfache Lineare Regression:**
	Im einfachen linearen Regressionsmodell wird den Ausprägungen zweier kardinaler Merkmale X und Y ein linearer Zusammenhang der Form
	$$y = a + bx + u$$
	unterstellt. Dabei bezeichnet a den Achsenabschnittsparameter und b den Steigungsparameter, y heißt erklärte Variable (Regressand, abhängige Variable, endogene Variable), x heißt erklärende Variable (Regressor, unabhängige Variable, exogene Variable), und u bezeichnet die nicht beobachtbare Fehlervariable (Störgröße, Störglied, Restgröße).
	Werden aufgrund der vorliegenden Daten $(x_1, y_1), \ldots, (x_n, y_n)$ die Parameter a und b durch $\widehat{a}$ und $\widehat{b}$ geschätzt, so erhält man eine Regressionsgerade durch
	$$\widehat{y} = \widehat{a} + \widehat{b}x .$$

2	**Methode der Kleinsten Quadrate:**
	$\widehat{b} = \dfrac{\sigma_{xy}}{\sigma_x^2} \qquad \widehat{a} = \overline{y} - \widehat{b}\,\overline{x}$

3	**Weitere Verfahren der Linearen Regression:**
a)	Wald: $\qquad \widehat{b} = \dfrac{\overline{y}_R - \overline{y}_L}{\overline{x}_R - \overline{x}_L} , \qquad \widehat{a} = \overline{y} - \widehat{b}\,\overline{x}$
	Dabei wird der Datensatz nach der X-Variablen geordnet und in zwei gleichgroße Gruppen aufgeteilt.
	Bei ungeradem Stichprobenumfang oder im Falle von Bindungen zwischen linker und rechter Gruppe werden mittlere Beobachtungen gestrichen.
	Als Variante erhält man:
	$$\widehat{b} = \frac{\widetilde{y}_R - \widetilde{y}_L}{\widetilde{x}_R - \widetilde{x}_L} , \qquad \widehat{a} = \operatorname*{med}_i \{y_i - \widehat{b}x_i\}$$
b)	3–Schnitt–Mediangerade (Tukey):
	$$\widehat{b} = \frac{\widetilde{y}_R - \widetilde{y}_L}{\widetilde{x}_R - \widetilde{x}_L} , \qquad \widehat{a} = \frac{\widetilde{y}_L + \widetilde{y}_M + \widetilde{y}_R}{3} - \widehat{b}\,\frac{\widetilde{x}_L + \widetilde{x}_M + \widetilde{x}_R}{3}$$
	Hier wird der Datensatz nach der Ordnung in der X-Variablen in drei Gruppen eingeteilt. Bei $n = 3m$ Daten werden jeder Gruppe m Datenpunkte zugeordnet, beim Stichprobenumfang $n = 3m + 1$ erfolgt die Aufteilung $m : (m+1) : m$ zugunsten der mittleren Gruppe; bei $n = 3m + 2$ Beobachtungen erfolgt die Aufteilung zugunsten der rechten und linken Gruppe in $(m+1) : m : (m+1)$. Die Aufteilung sollte jedoch so erfolgen, dass keine Bindungen zwischen den Gruppen vorliegen.

15. Einfache Lineare Regression (Forts.)

3	**Weitere Verfahren der Linearen Regression (Forts.):**
c)	Nair/Srivastava: $$\widehat{b} = \frac{\overline{y}_R - \overline{y}_L}{\overline{x}_R - \overline{x}_L}\,, \qquad \widehat{a} = \overline{y}_L - \widehat{b}\,\overline{x}_L$$ (Aufteilung der Gruppen wie in b))
d)	Bartlett: $$\widehat{b} = \frac{\overline{y}_R - \overline{y}_L}{\overline{x}_R - \overline{x}_L}\,, \qquad \widehat{a} = \overline{y} - \widehat{b}\,\overline{x}$$ (Aufteilung der Gruppen wie in b))
e)	Theil: $\displaystyle \widehat{b} = \operatorname*{med}_{x_i \neq x_j}\left\{\frac{y_j - y_i}{x_j - x_i}\right\}\,,$ $\displaystyle \widehat{a} = \operatorname*{med}_{i \neq j}\left\{\frac{z_i + z_j}{2}\right\}$ mit $z_i = y_i - \widehat{b}x_i$
4	**Residuen:** $\widehat{r}_i = y_i - \widehat{y}_i \qquad i = 1,\ldots,n$.
5	**Bestimmtheitsmaß:** $r_{xy}^2 = \widehat{b}^2 \dfrac{\sigma_x^2}{\sigma_y^2}$
6	**Schärfe/Trash–Kurve:** Die k–Schärfe ist gegeben durch $R(k) = \frac{1}{n-k}\sum_{j=1}^{n-k} |r|_{(j)} \qquad k = 0,\ldots n-1$ wobei $|r|_{(1)} \leq \cdots \leq |r|_{(n)}$ die geordneten **absoluten** Residuen sind. Die Trash–Kurve (trimmed absolute sharpness) besteht aus den Paaren $(k, R(k)) \qquad k = 0,1,\ldots,n-1$.

16. Zeitreihenanalyse

1	**Einfacher gleitender Durchschnitt:**

mit $m = 2k + 1$ gilt:

$$y_t^* = \begin{cases} \sum\limits_{\ell=1}^{m} w_{t\ell}y_\ell & \text{für} \quad t = 1, \ldots, k \\[2mm] \sum\limits_{\ell=1}^{m} w_{k+1,\ell}y_{t-k-1+\ell} & \text{für} \quad t = k+1, \ldots, n-k \\[2mm] \sum\limits_{\ell=1}^{m} w_{t-n+m,\ell}y_{n-m+\ell} & \text{für} \quad t = n-k+1, \ldots, n \end{cases}$$

wobei

$$w_{ij} = \frac{1}{m} + \frac{3(i-k-1)(j-k-1)}{k(k+1)m} \qquad \text{für} \quad i,j \in \{1, \ldots, m\}$$

2	**Glättung bei Saisonkomponente (Periode P):**

mit $m = 2k + 1 = P + 1$ gilt:

$$y_t^* = \begin{cases} \sum\limits_{\ell=1}^{m} w_{t\ell}y_\ell & \text{für} \quad t = 1, \ldots, k \\[2mm] \sum\limits_{\ell=1}^{m} w_{k+1,\ell}y_{t-k-1+\ell} & \text{für} \quad t = k+1, \ldots, n-k \\[2mm] \sum\limits_{\ell=1}^{m} w_{t-n+m,\ell}y_{n-m+\ell} & \text{für} \quad t = n-k+1, \ldots, n \end{cases}$$

wobei

$$w_{ij} = \begin{cases} \frac{1}{2P} + \frac{k+1-i}{P} & \text{für} \quad j = 1 \\[2mm] \frac{1}{P} & \text{für} \quad j = 2, \ldots, P \\[2mm] \frac{1}{2P} + \frac{i-(k+1)}{P} & \text{für} \quad j = P+1 \end{cases} \qquad i \in \{1, 2, \ldots, m\}$$

speziell:

$P = 4$ gleitender Viererdurchschnitt (etwa bei Quartalsdaten)

$P = 12$ gleitender Zwölferdurchschnitt (etwa bei Monatsdaten)

II. Wahrscheinlichkeitsrechnung

1. Kombinatorik

		ohne Wiederholung	mit Wiederholung
1	**Permutationen**	$n!$	$\dfrac{n!}{q_1! \cdots q_k!}$
2	**Variationen**	$\dfrac{n!}{(n-p)!}$	n^p
3	**Kombinationen**	$\dbinom{n}{p} = \dfrac{n!}{p!(n-p)!}$	$\dbinom{n+p-1}{p} = \dfrac{(n+p-1)!}{(n-1)!p!}$

2. Elementare Wahrscheinlichkeitsrechnung

1	**Axiome von Kolmogoroff**
a)	$P(A) \geq 0$
b)	$P(\Omega) = 1$
c)	$P\left(\bigcup_{n \in \mathbb{N}} A_n\right) = \sum_{n \in \mathbb{N}} P(A_n)$ falls A_n paarweise disjunkt

2	**Gegenwahrscheinlichkeit**
	$P(\overline{A}) = 1 - P(A)$

3	**Additionssatz für Wahrscheinlichkeiten**
	$P(A \cup B) = P(A) + P(B) - P(A \cap B)$
	allgemein:

$$P\left(\bigcup_{i=1}^{n} A_i\right) = \sum_{i=1}^{n} P(A_i) - \sum_{i_1=1}^{n} \sum_{i_2=i_1+1}^{n} P(A_{i_1} \cap A_{i_2})$$
$$+ \sum_{i_1=1}^{n} \sum_{i_2=i_1+1}^{n} \sum_{i_3=i_2+1}^{n} P(A_{i_1} \cap A_{i_2} \cap A_{i_3}) \mp \ldots + (-1)^{n+1} P\left(\bigcap_{i=1}^{n} A_i\right)$$

4	**Regeln von de Morgan**

$$P\left(\bigcap_{i \in I} \overline{A_i}\right) = P\left(\overline{\bigcup_{i \in I} A_i}\right)$$
$$P\left(\bigcup_{i \in I} \overline{A_i}\right) = P\left(\overline{\bigcap_{i \in I} A_i}\right) \quad \text{wobei } I \text{ eine beliebige Indexmenge ist}$$

2. Elementare Wahrscheinlichkeitsrechnung (Forts.)

5	**Bonferroni–Ungleichung**
	$$\sum_{i=1}^{n} P(A_i) - \sum_{i=1}^{n} \sum_{j=i+1}^{n} P(A_i \cap A_j) \leq P\left(\bigcup_{i=1}^{n} A_i\right) \leq \sum_{i=1}^{n} P(A_i)$$
6	**Boolesche Ungleichung**
	$P(A \cap B) \geq 1 - P(\overline{A}) - P(\overline{B})$

3. Bedingte Wahrscheinlichkeiten, Unabhängigkeit

1	**Bedingte Wahrscheinlichkeit:**
	$$P(A|B) := \frac{P(A \cap B)}{P(B)} \qquad \text{falls} \qquad P(B) > 0$$
2	**Satz von der Totalen Wahrscheinlichkeit:**
	$$P(A) = \sum_{n \in \mathbb{N}} P(A|B_n)P(B_n) = \sum_{n \in \mathbb{N}} P(A \cap B_n),$$ mit $(B_n)_{n \in \mathbb{N}}$ Zerlegung von Ω
3	**Formel von Bayes:**
	$$P(B_m|A) = \frac{P(A|B_m) \cdot P(B_m)}{\sum\limits_{n \in \mathbb{N}} P(A|B_n) \cdot P(B_n)}$$ mit $(B_n)_{n \in \mathbb{N}}$ Zerlegung von Ω und $P(A) > 0$
4	**Unabhängigkeit:** Die Folge von Ereignissen $(A_n)_{n \in \mathbb{N}}$ heißt **unabhängig**, falls für **jede endliche Teilmenge** $\{i_1, \ldots, i_k\} \subset \mathbb{N}$ gilt: $$P(A_{i_1} \cap A_{i_2} \cap \ldots \cap A_{i_k}) = P(A_{i_1}) \cdot P(A_{i_2}) \cdot \ldots \cdot P(A_{i_k}).$$
5	**Multiplikationssatz für Wahrscheinlichkeiten:**
	Sei $P\left(\bigcap\limits_{i=1}^{n-1} A_i\right) > 0$. Dann gilt: $$P\left(\bigcap_{i=1}^{n} A_i\right) = P(A_1) \cdot P(A_2|A_1) \cdot P(A_3|A_1 \cap A_2) \cdot \ldots \cdot P\left(A_n \Big| \bigcap_{i=1}^{n-1} A_i\right)$$

4. Begriffe der Wahrscheinlichkeitsrechnung

	Begriff	Diskreter Fall	Stetiger Fall
1	Verteilungsfkt.	$\begin{aligned} F_X(x) = \ & F(x) := P(X \leq x) \\ = \ & \sum_{x_i \leq x} P(X = x_i) \end{aligned}$	$\begin{aligned} F_X(x) = \ & F(x) := P(X \leq x) \\ = \ & \int_{-\infty}^{x} f(t)dt \end{aligned}$
2		$\begin{aligned} P(a < X \leq b) = \ & F(b) - F(a) \\ = \ & \sum_{a < x_i \leq b} P(X = x_i) \end{aligned}$	$\begin{aligned} P(a < X \leq b) = \ & F(b) - F(a) \\ = \ & \int_{a}^{b} f(x)dx \end{aligned}$
3	α–Quantil	$\tilde{x}_\alpha$ mit $F(\tilde{x}_\alpha) \geq \alpha$ und $F(\tilde{x}_\alpha - \varepsilon) < \alpha$ für $\varepsilon > 0$	$\tilde{x}_\alpha$ mit $F(\tilde{x}_\alpha) = \alpha$
4	Median	$\tilde{x}_{0.5}$	
5	W'keitsfkt./ Dichte	$p(x) = P(X = x)$	$f_X(x) = f(x) = F'(x)$ falls F differenzierbar in x
6	Träger	$D_X = \{x \mid P(X = x) > 0\}$	$D_X = \{x \in \mathbb{R} \mid f(x) > 0\}$
7	Erwartungswert	$\begin{aligned} \mu = E(X) = \ & \sum_i x_i p(x_i) \\ = \ & \sum_i x_i P(X = x_i) \end{aligned}$	$\mu = E(X) = \int_{-\infty}^{\infty} x f(x)dx$
		falls $E(\lvert X \rvert) < \infty$	
8	$E[h(X)]$	$\begin{aligned} E[h(X)] = \ & \sum_i h(x_i) p(x_i) \\ = \ & \sum_i h(x_i) P(X = x_i) \end{aligned}$	$E[h(X)] = \int_{-\infty}^{\infty} h(x) f(x)dx$
		falls $E(\lvert h(X) \rvert) < \infty$	
9	Varianz	$\sigma^2 = \mathrm{Var}(X) := E\left[(X - E(X))^2\right]$	
10		$\begin{aligned} \mathrm{Var}(X) = \ & \sum_i (x_i - \mu)^2 p(x_i) \\ = \ & \sum_i (x_i - \mu)^2 P(X = x_i) \end{aligned}$	$\mathrm{Var}(X) = \int_{-\infty}^{\infty} (x - \mu)^2 f(x)dx$
11		$\mathrm{Var}(X) = E(X^2) - [E(X)]^2$ (Verschiebungssatz von Steiner)	
12	Rechenregeln	$E(aX + b) \quad = \quad aE(X) + b$	
13		$E(aX + bY) \quad = \quad aE(X) + bE(Y)$	
14		$\mathrm{Var}(aX + b) \quad = \quad a^2 \mathrm{Var}(X)$	
15		$\mathrm{Var}(aX + bY) \quad = \quad a^2 \mathrm{Var}(X) + b^2 \mathrm{Var}(Y) + 2ab\,\mathrm{Cov}(X, Y)$	
16	Momente	k-tes Moment: $\qquad m_k := E(X^k)$	
17		k-tes zentrales Moment: $\qquad \mu_k := E[(X - E(X))^k]$	
18		k-tes **faktorielles Moment**: $E[X \cdot (X - 1) \cdot \ldots \cdot (X - k + 1)]$	

5. Zweidimensionale Verteilungen

	Begriff	Diskreter Fall	Stetiger Fall
1	Zweidimensionale Verteilungsfkt.	$F_{(X,Y)}(x,y) := P(X \leq x, Y \leq y)$ $= \sum\limits_{x_i \leq x} \sum\limits_{y_j \leq y} P(X = x_i, Y = y_j)$	$F_{(X,Y)}(x,y) := P(X \leq x, Y \leq y)$ $= \int\limits_{-\infty}^{x} \int\limits_{-\infty}^{y} f_{(X,Y)}(s,t)dtds$
2	(gemeinsame) W'keitsfunktion/ (gemeins.) Dichte	$P_{X,Y}(x,y) = P(X = x, Y = y)$	$f_{X,Y}(x,y) = f(x,y)$ $= \frac{d}{dx}\frac{d}{dy}F_{X,Y}(x,y)$ falls F differenzierbar in x und y
3	Träger	$D_{X,Y} =$ $\{(x,y)\|P(X = x, Y = y) > 0\}$	$D_{X,Y} =$ $\left\{(x,y) \in \mathbb{R}^2 \| f_{X,Y}(x,y) > 0\right\}$
4	Randverteilungs- funktion	$F_X(x) := \lim\limits_{y \to \infty} F_{(X,Y)}(x,y)$ $F_Y(y) := \lim\limits_{x \to \infty} F_{(X,Y)}(x,y)$	
5	Randw'keit / Randdichte	$P(X = x_i) := \sum\limits_{j} P(X = x_i, Y = y_j)$ $P(Y = y_j) := \sum\limits_{i} P(X = x_i, Y = y_j)$	$f_X(x) := \int\limits_{-\infty}^{\infty} f_{(X,Y)}(x,y)dy$ $f_Y(y) := \int\limits_{-\infty}^{\infty} f_{(X,Y)}(x,y)dx$
6	Bedingte W'keit / Bedingte Dichte	$P(X = x_i\|Y = y_j) := \frac{P(X=x_i,Y=y_j)}{P(Y=y_j)}$ $P(Y = y_j\|X = x_i) := \frac{P(X=x_i,Y=y_j)}{P(X=x_i)}$	$f_{X\|Y=y}(x) := \frac{f_{(X,Y)}(x,y)}{f_Y(y)}$ $f_{Y\|X=x}(y) := \frac{f_{(X,Y)}(x,y)}{f_X(x)}$
7	Bedingter Erwartungswert	$E(Y\|X = x_i) = \sum\limits_{j} y_j \frac{P(X=x_i,Y=y_j)}{P(X=x_i)}$	$E(Y\|X = x) = \int\limits_{-\infty}^{\infty} y \frac{f_{(X,Y)}(x,y)}{f_X(x)}dy$
8	Unabhängigkeit von Zufalls- variablen	X und Y heißen **unabhängig**, wenn gilt: $F_{(X,Y)}(x,y) = F_X(x) \cdot F_Y(y)$ **oder:**	
		$P(X = x_i, Y = y_j)$ $= P(X = x_i) \cdot P(Y = y_j)$	$f_{(X,Y)}(x,y) = f_X(x) \cdot f_Y(y)$
9	Kovarianz	$\text{Cov}(X,Y) := E\left[(X - E(X)) \cdot (Y - E(Y))\right] = E(X \cdot Y) - E(X)E(Y)$	
10	Korrelations- koeffizient	$\text{Corr}(X,Y) = \rho(X,Y) := \dfrac{\text{Cov}(X,Y)}{\sqrt{\text{Var}(X) \cdot \text{Var}(Y)}}$	
11	Faltung	$P(X + Y = n)$ $= \sum\limits_{k \in D_X} P(X = k, Y = n - k)$	$f_{(X+Y)}(z) = \int\limits_{-\infty}^{\infty} f_{(X,Y)}(x, z - x)dx$
		bei Unabhängigkeit:	
		$= \sum\limits_{k \in D_X} P(X = k)P(Y = n - k)$	$= \int\limits_{-\infty}^{\infty} f_X(x)f_Y(z - x)dx$
		$P(X - Y = n)$ $= \sum\limits_{k \in D_X} P(X = n + k, Y = k)$	$f_{(X-Y)}(z) = \int\limits_{-\infty}^{\infty} f_{(X,Y)}(z + y, y)dy$
		bei Unabhängigkeit:	
		$= \sum\limits_{k \in D_X} P(X = n + k)P(Y = k)$	$= \int\limits_{-\infty}^{\infty} f_X(z + y)f_Y(y)dy$

6. Spezielle Diskrete Verteilungen

		Wahrscheinlichkeitsfunktion	Momente
1	Binomialverteilung **Bin (n,p)**	$P(X=x) = \binom{n}{x}p^x(1-p)^{n-x}$ $p \in [0,1]\,,\qquad x=0,1,\ldots,n$ speziell $n=1$: Bernoulli–Verteilung	$E(X) = np$ $Var(X) = np(1-p)$
2	Hypergeometrische Verteilung $\mathcal{H}(T,n,N)$	$P(X=x) = \dfrac{\binom{T}{x}\binom{N-T}{n-x}}{\binom{N}{n}}$ $x=\max\{0,T-N+n\},\ldots,\min\{T,n\}$	$E(X) = n\frac{T}{N}$ $Var(X) = n\frac{T}{N}\frac{N-T}{N}\frac{N-n}{N-1}$
3	Poissonverteilung **Poi (λ)**	$P(X=x) = \dfrac{\lambda^x}{x!}e^{-\lambda}\,,\quad \lambda>0$ $x=0,1,\ldots$	$E(X) = \lambda$ $Var(X) = \lambda$
4	(Diskrete) Gleich- verteilung	$P(X=x_i) = \dfrac{1}{n}\qquad i=1,\ldots,n$	$E(X) = \frac{1}{n}\sum\limits_{i=1}^{n} x_i = \overline{x}$ $Var(X) = \frac{1}{n}\sum\limits_{i=1}^{n}(x_i-\overline{x})^2$
5	Geometrische Verteilung	$P(X=x) = (1-p)^{x-1}p$ $p \in (0,1)\,,\qquad x=1,2,\ldots$	$E(X) = \frac{1}{p}$ $Var(X) = \frac{1-p}{p^2}$

7. Spezielle Stetige Verteilungen

		Dichtefunktion	Momente
1	Normalverteilung **$N(\mu,\sigma^2)$**	$f(x) = \dfrac{1}{\sigma\sqrt{2\pi}}e^{-\frac{(x-\mu)^2}{2\sigma^2}}\,,\qquad \mu \in \mathbb{R},\ \sigma^2 > 0,$ $x \in \mathbb{R},$ speziell: **$N(0,1)$** Standardnormalverteilung	$E(X) = \mu$ $Var(X) = \sigma^2$
2	Rechteckverteilung (stetige Gleichvtlg.) **$R[a,b]$**	$f(x) = \frac{1}{b-a}\mathbf{1}_{[a,b]}(x)\,,\qquad a<b$ $= \begin{cases} \frac{1}{b-a} & a \le x \le b \\ 0 & \text{sonst} \end{cases}$	$E(X) = \frac{a+b}{2}$ $Var(X) = \frac{(a-b)^2}{12}$
3	Dreiecksverteilung (Simpson–Verteilung) **$D(a,b)$**	$f(x) = \frac{2}{b-a}\left(1-\frac{2}{b-a}\left|x-\frac{a+b}{2}\right|\right)\mathbf{1}_{[a,b]}(x)$ $= \begin{cases} \frac{2}{b-a}\left(1-\frac{2}{b-a}\left|x-\frac{a+b}{2}\right|\right) & a \le x \le b \\ 0 & \text{sonst} \end{cases}$	$E(X) = \frac{a+b}{2}$ $Var(X) = \frac{(b-a)^2}{24}$
4	Exponential- verteilung **$Exp(\lambda)$**	$f(x) = \lambda e^{-\lambda x}\mathbf{1}_{(0,\infty)}(x)$ $= \begin{cases} \lambda e^{-\lambda x} & x>0 \\ 0 & \text{sonst} \end{cases}\ ,\ \lambda>0$	$E(X) = \frac{1}{\lambda}$ $Var(X) = \frac{1}{\lambda^2}$
5	Laplace–Verteilung (Doppelexponential– Verteilung)	$f(x) = \dfrac{1}{2\lambda}e^{-\frac{|x-\mu|}{\lambda}},\qquad x \in \mathbb{R},$ $\lambda>0,\ \mu \in \mathbb{R}$	$E(X) = \mu$ $Var(X) = 2\lambda^2$

7. Spezielle Stetige Verteilungen (Forts.)

		Dichtefunktion	Momente
6	Pareto–Verteilung	$f(x) = \frac{\alpha}{x_0}\left(\frac{x_0}{x}\right)^{\alpha+1} \mathbf{1}_{(x_0,\infty)}(x)$ $= \begin{cases} \frac{\alpha}{x_0}\left(\frac{x_0}{x}\right)^{\alpha+1} & x > x_0 \\ 0 & \text{sonst} \end{cases}$	$\begin{aligned} E(X) &= \frac{\alpha}{\alpha-1}x_0, \\ &\quad \alpha > 1 \\ Var(X) &= \frac{\alpha}{(\alpha-1)^2(\alpha-2)}x_0^2, \\ &\quad \alpha > 2 \end{aligned}$
7	t–Verteilung mit n Freiheitsgraden $\mathbf{t_n}$	$f(x) = \frac{1}{B(\frac{n}{2},\frac{1}{2})\sqrt{n}}\left(1 + \frac{x^2}{n}\right)^{-\frac{n+1}{2}},$ $x \in \mathbb{R},\ n \in \mathbb{N}$	$\begin{aligned} E(X) &= 0 \\ &\quad (n \geq 2) \\ Var(X) &= \frac{n}{n-2} \\ &\quad (n \geq 3) \end{aligned}$
8	Cauchy–Verteilung	$f(x) = \frac{1}{\pi}\frac{\lambda}{\lambda^2 + (x-\mu)^2},$ $x \in \mathbb{R},\ \lambda > 0,\ \mu \in \mathbb{R}$ speziell für $(\mu = 0,\ \lambda = 1)$: $\mathbf{t_1}$–Vtlg.	existieren nicht
9	F–Verteilung mit (n_1, n_2) Freiheitsgraden $\mathbf{F_{n_1,n_2}}$	$f(x) = \frac{\left(\frac{n_1}{n_2}\right)^{\frac{n_1}{2}} x^{\frac{n_1}{2}-1}}{B(\frac{n_1}{2},\frac{n_2}{2})} \bullet$ $\bullet \left(1 + \frac{n_1}{n_2}x\right)^{-\frac{n_1+n_2}{2}} \mathbf{1}_{(0,\infty)}(x)$ $n_1, n_2 \in \mathbb{N}$	$\begin{aligned} E(X) &= \frac{n_2}{n_2-2} \\ &\quad (n_2 \geq 3) \\ Var(X) &= \frac{2n_2^2(n_1+n_2-2)}{n_1(n_2-2)^2(n_2-4)} \\ &\quad (n_2 \geq 5) \end{aligned}$
10	χ^2–Verteilung $\mathbf{\chi_n^2}$	$f(x) = \frac{x^{\frac{n}{2}-1}}{\Gamma(\frac{n}{2})2^{\frac{n}{2}}}e^{-0.5x}\mathbf{1}_{(0,\infty)}(x)$ $= \begin{cases} \frac{x^{\frac{n}{2}-1}}{\Gamma(\frac{n}{2})2^{\frac{n}{2}}}e^{-0.5x} & x > 0 \\ 0 & \text{sonst} \end{cases}$ $n \in \mathbb{N}$	$\begin{aligned} E(X) &= n \\ Var(X) &= 2n \end{aligned}$
11	Gammaverteilung $\mathcal{G}_{\delta,\lambda}$	$f(x) = \frac{x^{\delta-1}\lambda^\delta}{\Gamma(\delta)}e^{-\lambda x}\mathbf{1}_{(0,\infty)}(x)$ $= \begin{cases} \frac{x^{\delta-1}\lambda^\delta}{\Gamma(\delta)}e^{-\lambda x} & x > 0 \\ 0 & \text{sonst} \end{cases}$ $\lambda, \delta > 0$ Spezialfälle: $\mathcal{G}_{1,\lambda} = \text{Exp}(\lambda)$ $\mathcal{G}_{n,\lambda} = \text{Erlangverteilung}$ $\mathcal{G}_{\frac{n}{2},\frac{1}{2}} = \chi_n^2$	$\begin{aligned} E(X) &= \frac{\delta}{\lambda} \\ Var(X) &= \frac{\delta}{\lambda^2} \end{aligned}$

Hinweis: *Gammafunktion* $\Gamma(p) := \int\limits_0^\infty x^{p-1}e^{-x}dx,\quad p > 0\ ;\quad \Gamma(p) := (p-1)\Gamma(p-1)$

$\qquad\qquad$ Speziell: $\Gamma(\frac{1}{2}) = \sqrt{\pi}$

$\qquad\qquad\qquad\qquad \Gamma(n) = (n-1)!\ $ für $n \in \mathbb{N}$

$\qquad$ *Betafunktion* $\qquad B(n,m) := \dfrac{\Gamma(n)\Gamma(m)}{\Gamma(n+m)}$

8. Konvergenzarten

1	**P–fast sichere Konvergenz**
	Eine Folge von Zufallsvariablen $(X_n)_{n\in\mathbb{N}}$ heißt konvergent **P–fast sicher** gegen die Zufallsvariable X , falls gilt:
	$$P(\lim_{n\to\infty} X_n = X) \; = \; 1 \,.$$
	Schreibweise: $\lim\limits_{n\to\infty} X_n = X \quad$ f.s.
2	**Stochastische Konvergenz**
	Eine Folge von Zufallsvariablen $(X_n)_{n\in\mathbb{N}}$ heißt **stochastisch konvergent** gegen die Zufallsvariable X , falls gilt:
	$$\lim_{n\to\infty} P(|X_n - X| > \varepsilon) \; = \; 0 \quad \text{für alle} \quad \varepsilon > 0 \,.$$
	Schreibweise: $\operatorname*{plim}\limits_{n\to\infty} X_n = X$
3	**Konvergenz im quadratischen Mittel**
	Eine Folge von Zufallsvariablen $(X_n)_{n\in\mathbb{N}}$ heißt **konvergent im quadratischen Mittel** gegen die Zufallsvariable X , falls gilt:
	$$\lim_{n\to\infty} \mathrm{E}[(X_n - X)^2] \; = \; 0 \,.$$
	Schreibweise: $\operatorname*{l.i.m.}\limits_{n\to\infty} X_n = X$
4	**Konvergenz von Verteilungsfunktionen**
	Eine Folge von Verteilungsfunktionen $(F_n)_{n\in\mathbb{N}} := (F_{X_n})_{n\in\mathbb{N}}$ heißt **konvergent** gegen eine Verteilungsfunktion F , wenn für jede Stetigkeitsstelle x von F gilt:
	$$\lim_{n\to\infty} F_n(x) \; = \; F(x) \,.$$

9. Ungleichungen

1	**Ungleichung von TSCHEBYSCHEFF:**
	$P(|X - \mu| \geq \lambda\sigma) \leq \dfrac{1}{\lambda^2} \qquad \text{bzw.} \qquad P(|X - \mu| \geq \varepsilon) \leq \dfrac{\sigma^2}{\varepsilon^2}.$
	wobei $\quad \mu = \mathrm{E}(X), \quad \sigma^2 = \mathrm{Var}(X)$
2	**Ungleichung von JENSEN:**
	Für **konvexe** Funktionen $h(\cdot)$ gilt: $\mathrm{E}[h(X)] \geq h[\mathrm{E}(X)]$.
	Für **konkave** Funktionen $h(\cdot)$ gilt: $\mathrm{E}[h(X)] \leq h[\mathrm{E}(X)]$

10. Grenzwertsätze

1	**Zentraler Grenzwertsatz** (für u.i.v. Zufallsvariablen)
	Sei $(X_n)_{n \in \mathbb{N}}$ eine Folge von unabhängig identisch verteilten Zufallsvariablen mit $E(X_n) = \mu$, $\mathrm{Var}(X_n) = \sigma^2 < \infty$ für $n \in \mathbb{N}$ und sei $$Z_n = \frac{\sum\limits_{i=1}^{n} X_i - n\mu}{\sqrt{n\sigma^2}} = \sqrt{n}\,\frac{\overline{X} - \mu}{\sigma}.$$ Dann gilt: $\lim\limits_{n \to \infty} F_{Z_n}(z) = \Phi(z)$.
2	**Schwaches Gesetz der Großen Zahlen** (für das Stichprobenmittel)
	Sei $(X_n)_{n \in \mathbb{N}}$ eine Folge von unabhängig identisch verteilten Zufallsvariablen mit $E(X_i) = \mu$ und $\mathrm{Var}(X_i) = \sigma^2$. Dann gilt: $$\plim_{n \to \infty} \overline{X}_n = \mu.$$

11. Approximationen

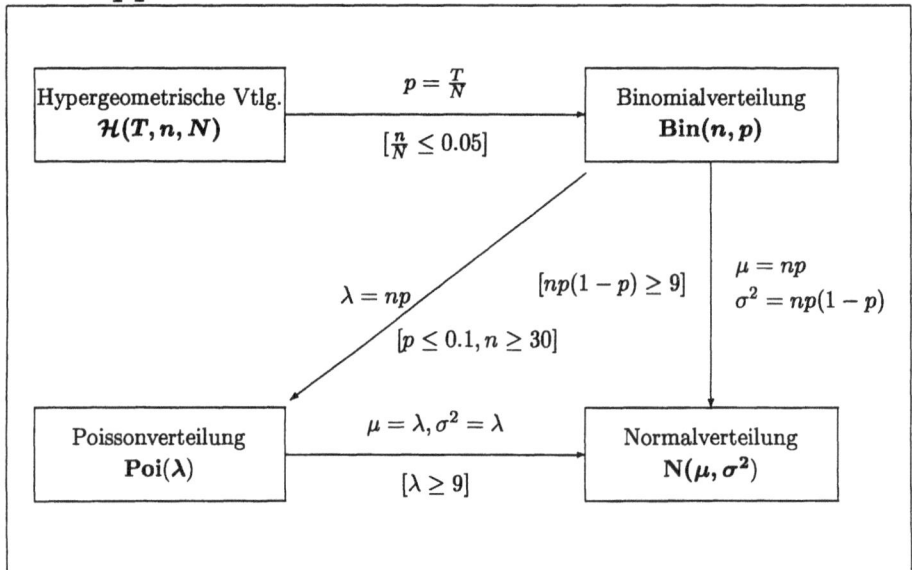

III. Mathematische Statistik

1. Wichtige Stichprobenfunktionen

1	Stichprobenmittel:	$\overline{X} = \dfrac{1}{n}\sum\limits_{i=1}^{n} X_i$
2	Stichprobenvarianz:	$S^2 = \dfrac{1}{n-1}\sum\limits_{i=1}^{n}(X_i - \overline{X})^2 = \dfrac{1}{n-1}\left(\sum\limits_{i=1}^{n} X_i^2 - n\overline{X}^2\right)$
3	Stichprobenkorrelation:	$R = \dfrac{\sum\limits_{i=1}^{n}(X_i - \overline{X})(Y_i - \overline{Y})}{\sqrt{\sum\limits_{i=1}^{n}(X_i - \overline{X})^2 \sum\limits_{i=1}^{n}(Y_i - \overline{Y})^2}}$

4	Parameter der Verteilungen von $\overline{X}$ und S^2	
	Ziehen mit Zurücklegen	Ziehen ohne Zurücklegen
a)	$\mathrm{E}(\overline{X}) = \mu$	$\mathrm{E}(\overline{X}) = \mu$
b)	$\mathrm{Var}(\overline{X}) = \dfrac{\sigma^2}{n}$	$\mathrm{Var}(\overline{X}) = \dfrac{\sigma^2}{n}\dfrac{N-n}{N-1}$
c)	$\mathrm{E}(S^2) = \sigma^2$	$\mathrm{E}(S^2) = \sigma^2\dfrac{N}{N-1}$
d)	$\mathrm{Var}(S^2) = \dfrac{1}{n}(\mu_4 - 3\sigma^4) + \dfrac{2}{n-1}\sigma^4$	$\mathrm{Var}(S^2) = \dfrac{N(N-n)}{(N-1)^2}\left[\dfrac{\mu_4}{n}\dfrac{(n-1)(N-1)^2 - 2(N-1)}{(n-1)(N-2)(N-3)}\right.$ $\left. - \dfrac{\sigma^4}{n}\dfrac{(n-3)(N-1)^2 + 2n(N-2)}{(n-1)(N-2)(N-3)}\right]$

2. Schätzverfahren

1	Momentenmethode:
	$X_1,\ldots,X_n$ u.i.v.
	Die Momentenschätzer $\widehat{\theta}_1,\cdots,\widehat{\theta}_k$ ergeben sich als Lösung aus den Gleichungen
	$$m_r(\theta_1,\cdots,\theta_k) = \frac{1}{n}\sum_{i=1}^{n} X_i^r, \qquad r = 1,\cdots,k$$
	wobei m_r das von den unbekannten Parametern $\theta_1,\ldots,\theta_k$ abhängige r-te Moment der zugrundeliegenden Verteilung ist und $\dfrac{1}{n}\sum\limits_{i=1}^{n} X_i^r$ das r-te Stichprobenmoment.

2. Schätzverfahren (Forts.)

2	**Maximum–Likelihood–Methode:**

Gegeben sei die Likelihoodfunktion

$$L(\theta|x_1,\ldots,x_n) = \begin{cases} f_{(X_1,\ldots,X_n)}(x_1,\ldots,x_n;\theta) & \text{falls} \quad X_1,\ldots,X_n \quad \text{stetig} \\ P(X_1 = x_1,\ldots,X_n = x_n;\theta) & \text{falls} \quad X_1,\ldots,X_n \quad \text{diskret} \end{cases}$$

und im Fall einer einfachen Stichprobe:

$$= \begin{cases} \prod_{i=1}^{n} f_{X_i}(x_i;\theta) & \text{falls} \quad X_1,\ldots,X_n \quad \text{stetig} \\ \prod_{i=1}^{n} P(X_i = x_i;\theta) & \text{falls} \quad X_1,\ldots,X_n \quad \text{diskret} \end{cases}$$

wobei $\theta = (\theta_1,\ldots,\theta_k) \in \Theta$ der variable Parametervektor und $(x_1,\ldots,x_n)$ die realisierte Stichprobe sind. Ein Schätzer $\widehat{\theta}(X_1,\ldots,X_n) = (\widehat{\theta}_1(X_1,\ldots,X_n),\ldots,\widehat{\theta}_k(X_1,\ldots,X_n))$ heißt **Maximum–Likelihood–Schätzer** (kurz: **ML–Schätzer**) für $\theta = (\theta_1,\ldots,\theta_k)$, falls gilt:

$$L(\widehat{\theta}|x_1,\ldots,x_n) = \max_{\theta\in\Theta} L(\theta|x_1,\ldots,x_n)$$

3. Eigenschaften von Schätzern

1	**Erwartungstreue (Unverzerrtheit)**

Ein Schätzer $\widehat{\theta}$ heißt **erwartungstreu** (oder **unverzerrt**) für θ, falls gilt:

$$E(\widehat{\theta}) = \theta \,.$$

Ein Schätzer $\widehat{\theta}$ heißt **verzerrt**, falls gilt:

$$E(\widehat{\theta}) \neq \theta \,.$$

Der Ausdruck $b(\widehat{\theta},\theta) = E(\widehat{\theta}) - \theta$ heißt Bias (oder auch Verzerrung) von $\widehat{\theta}$ bzgl. θ.

Gilt für einen Schätzer $\widehat{\theta}_n$

$$\lim_{n\to\infty} E(\widehat{\theta}_n) = \theta \,,$$

so nennt man $\widehat{\theta}_n$ **asymptotisch erwartungtreu** (asymptotisch unverzerrt) für θ .

2	**Konsistenz**

Ein Schätzer $\widehat{\theta}_n$ heißt **konsistent**, falls gilt:

$$\plim_{n\to\infty} \widehat{\theta}_n = \theta \,.$$

3	**Effizienz**

Sind $\widehat{\theta}_1$ und $\widehat{\theta}_2$ zwei erwartungstreue Schätzer für θ, so heißt $\widehat{\theta}_1$ **effizienter** (wirksamer) als $\widehat{\theta}_2$, falls gilt:

$$\text{Var}(\widehat{\theta}_1) < \text{Var}(\widehat{\theta}_2) \,.$$

4. Schätzer und Konfidenzintervalle (Einstichprobenfall)

1 $X_1, \ldots, X_n$ u.i.v. $N(\mu, \sigma^2)$

Parameter	Punktschätzer/Konfidenzintervall zum Niveau $1 - \alpha$	
μ	Schätzer: $\overline{X}$	
	$(1-\alpha)$-K.I.: $\left[\overline{X} - u_{1-\frac{\alpha}{2}} \cdot \dfrac{\sigma}{\sqrt{n}} \; ; \; \overline{X} + u_{1-\frac{\alpha}{2}} \cdot \dfrac{\sigma}{\sqrt{n}} \right]$	falls σ^2 **bekannt**
	$\left[\overline{X} - t_{n-1;1-\frac{\alpha}{2}} \cdot \dfrac{S}{\sqrt{n}} \; ; \; \overline{X} + t_{n-1;1-\frac{\alpha}{2}} \cdot \dfrac{S}{\sqrt{n}} \right]$	falls σ^2 **unbekannt**
σ^2	Schätzer: S^2	
	$(1-\alpha)$-K.I.: $\left[\dfrac{\sum (X_i - \mu)^2}{\chi^2_{n;1-\frac{\alpha}{2}}} \; ; \; \dfrac{\sum (X_i - \mu)^2}{\chi^2_{n;\frac{\alpha}{2}}} \right]$	falls μ **bekannt**
	$\left[\dfrac{(n-1)S^2}{\chi^2_{n-1;1-\frac{\alpha}{2}}} \; ; \; \dfrac{(n-1)S^2}{\chi^2_{n-1;\frac{\alpha}{2}}} \right]$	falls μ **unbekannt**

Anmerkung: Beim Ziehen ohne Zurücklegen aus einer endlichen Gesamtheit der Größe N sind die Quantile u und t jeweils zu ersetzen durch $u' = u\sqrt{\dfrac{N-n}{N-1}}$ bzw. $t' = t\sqrt{\dfrac{N-n}{N-1}}$.

2 $X_1, \ldots, X_n$ u.i.v. $\text{Bin}(1, p)$

Parameter	Punktschätzer/Konfidenzintervall zum Niveau $1 - \alpha$
p	Schätzer: $\overline{X}$
	$(1-\alpha)$-K.I.: $\left[\dfrac{n\overline{X}F_u}{n(1-\overline{X})+1+n\overline{X}F_u} \; ; \; \dfrac{n\overline{X}+1}{n\overline{X}+1+n(1-\overline{X})F_o} \right]$
	wobei $F_u = F_{2n\overline{X}, 2n(1-\overline{X})+2; \frac{\alpha}{2}}$, $F_o = F_{2n(1-\overline{X}), 2n\overline{X}+2; \frac{\alpha}{2}}$
	falls $n\overline{X}(1-\overline{X}) \geq 9$:
	$\left[\dfrac{\overline{X} + \frac{u^2}{2n} - u\delta}{1 + \frac{u^2}{n}} \; ; \; \dfrac{\overline{X} + \frac{u^2}{2n} + u\delta}{1 + \frac{u^2}{n}} \right]$
	wobei $\delta := \sqrt{\dfrac{\overline{X}(1-\overline{X})}{n} + \dfrac{u^2}{4n^2}}, \quad u := u_{1-\frac{\alpha}{2}}$

Anmerkung: Beim Ziehen ohne Zurücklegen aus einer endlichen Gesamtheit der Größe N ist das Quantil u jeweils zu ersetzen durch $u' = u\sqrt{\dfrac{N-n}{N-1}}$.

3 $X_1, \ldots, X_n$ u.i.v. $\text{Poi}(\lambda)$

Parameter	Punktschätzer/Konfidenzintervall zum Niveau $1 - \alpha$
λ	Schätzer: $\overline{X}$
	$(1-\alpha)$-K.I.: $\left[\dfrac{1}{2n}\chi^2_{2n\overline{X};1-\frac{\alpha}{2}} \; ; \; \dfrac{1}{2n}\chi^2_{2n\overline{X}+2;\frac{\alpha}{2}} \right]$
	falls $n\overline{X} \geq 9$:
	$\left[\overline{X} + \dfrac{u^2}{2n} - u\delta \; ; \; \overline{X} + \dfrac{u^2}{2n} + u\delta \right]$
	wobei $\delta := \sqrt{\dfrac{\overline{X}}{n} + \dfrac{u^2}{4n^2}}, \quad u := u_{1-\frac{\alpha}{2}}$

5. Schätzer und Konfidenzintervalle (Zweistichprobenfall)

1 $X_1, \ldots, X_{n_1},\ \ Y_1, \ldots, Y_{n_2}$ unabhängig

$X_1, \ldots, X_{n_1} \sim N(\mu_1, \sigma_1^2);\ \ \ Y_1, \ldots, Y_{n_2} \sim N(\mu_2, \sigma_2^2)$

Parameter	Punktschätzer/Konfidenzintervall zum Niveau $1 - \alpha$
$\mu_1 - \mu_2$	Schätzer: $\overline{X} - \overline{Y}$ $(1-\alpha)$-K.I.: $\left[\overline{X} - \overline{Y} - u_{1-\frac{\alpha}{2}}\delta\ ;\ \overline{X} - \overline{Y} + u_{1-\frac{\alpha}{2}}\delta\right]$ wobei $\delta := \sqrt{\dfrac{\sigma_1^2}{n_1} + \dfrac{\sigma_2^2}{n_2}}$
$\dfrac{\sigma_1^2}{\sigma_2^2}$	Schätzer: $\dfrac{S_1^2}{S_2^2}$ $(1-\alpha)$-K.I.: $\left[\dfrac{S_1^2}{S_2^2} \cdot F_{n_2-1,n_1-1;\frac{\alpha}{2}}\ ;\ \dfrac{S_1^2}{S_2^2} \cdot F_{n_2-1,n_1-1;1-\frac{\alpha}{2}}\right]$

2 $X_1, \ldots, X_{n_1},\ \ Y_1, \ldots, Y_{n_2}$ unabhängig

$X_1, \ldots, X_{n_1} \sim N(\mu_1, \sigma^2);\ \ \ Y_1, \ldots, Y_{n_2} \sim N(\mu_2, \sigma^2)$

Parameter	Punktschätzer/Konfidenzintervall zum Niveau $1 - \alpha$
$\mu_1 - \mu_2$	Schätzer: $\overline{X} - \overline{Y}$ $(1-\alpha)$-K.I.: $\left[\overline{X} - \overline{Y} - t_{n_1+n_2-2;1-\frac{\alpha}{2}}S_0\delta\ ;\ \overline{X} - \overline{Y} + t_{n_1+n_2-2;1-\frac{\alpha}{2}}S_0\delta\right]$ wobei $\delta := \sqrt{\dfrac{n_1 + n_2}{n_1 n_2}};$ $S_0^2 = \dfrac{(n_1-1)S_1^2 + (n_2-1)S_2^2}{n_1 + n_2 - 2}$

3 $X_1, \ldots, X_n$ u.i.v. $N(\mu_1, \sigma_1^2)$

$\qquad\qquad\qquad\qquad \rho = \text{Corr}(X_i, Y_i) \quad$ **unbekannt**

$Y_1, \ldots, Y_n$ u.i.v. $N(\mu_2, \sigma_2^2)$

Parameter	Punktschätzer/Konfidenzintervall zum Niveau $1 - \alpha$
ρ	Schätzer: R $(1-\alpha)$-K.I. für $Z_0 = \dfrac{1}{2}\ln\dfrac{1+\rho}{1-\rho} + \dfrac{\rho}{2(n-1)}$: $\left[Z - \dfrac{u_{1-\frac{\alpha}{2}}}{\sqrt{n-3}}\ ;\ Z + \dfrac{u_{1-\frac{\alpha}{2}}}{\sqrt{n-3}}\right]$ wobei $Z = \dfrac{1}{2}\ln\dfrac{1+R}{1-R}$ die Z-Transformation nach Fisher

6. Fehler erster Art, Fehler zweiter Art:

Zustand in	Testentscheidung:	
Grundgesamtheit	H_0 ablehnen	H_0 nicht ablehnen
H_0 ist wahr	Fehler 1. Art	richtige Entscheidung
H_0 ist falsch	richtige Entscheidung	Fehler 2. Art

$\alpha = P(\text{Fehler 1. Art}) = P(H_0 \text{ ablehnen} \,|\, H_0 \text{ wahr})$

$\beta = P(\text{Fehler 2. Art}) = P(H_0 \text{ nicht ablehnen} \,|\, H_0 \text{ falsch})$

7. Parametertests im Einstichprobenfall:

1 (Einfacher) Gauß–Test

$X_1, \ldots, X_n$ u.i.v. $N(\mu, \sigma^2)$, $\sigma^2 \geq 0$ **bekannt**

H_0	vs.	H_1	Kritischer Bereich (Ablehnbereich)
$\mu = \mu_0$		$\mu \neq \mu_0$	$|Z| > u_{1-\frac{\alpha}{2}}$
$\mu \geq \mu_0$		$\mu < \mu_0$	$Z < u_{\alpha}$
$\mu \leq \mu_0$		$\mu > \mu_0$	$Z > u_{1-\alpha}$

wobei $Z = \sqrt{n}\frac{\overline{X}-\mu_0}{\sigma}$ die sog. „Gauß-Statistik"

2 (Einfacher) t–Test

$X_1, \ldots, X_n$ u.i.v. $N(\mu, \sigma^2)$, $\sigma^2 \geq 0$ **unbekannt**

H_0	vs.	H_1	Kritischer Bereich (Ablehnbereich)
$\mu = \mu_0$		$\mu \neq \mu_0$	$|t| > t_{n-1;1-\frac{\alpha}{2}}$
$\mu \geq \mu_0$		$\mu < \mu_0$	$t < t_{n-1;\alpha}$
$\mu \leq \mu_0$		$\mu > \mu_0$	$t > t_{n-1;1-\alpha}$

wobei $t = \sqrt{n}\frac{\overline{X}-\mu_0}{S}$ die sog. „t-Statistik"

3 $X_1, \ldots, X_n$ u.i.v. $N(\mu, \sigma^2)$, $\mu \in \mathbb{R}$ **bekannt**

H_0	vs.	H_1	Kritischer Bereich (Ablehnbereich)
$\sigma^2 = \sigma_0^2$		$\sigma^2 \neq \sigma_0^2$	$\chi^{*2} > \chi^2_{n;1-\frac{\alpha}{2}}$ oder $\chi^{*2} < \chi^2_{n;\frac{\alpha}{2}}$
$\sigma^2 \geq \sigma_0^2$		$\sigma^2 < \sigma_0^2$	$\chi^{*2} < \chi^2_{n;\alpha}$
$\sigma^2 \leq \sigma_0^2$		$\sigma^2 > \sigma_0^2$	$\chi^{*2} > \chi^2_{n;1-\alpha}$

wobei $\chi^{*2} = \dfrac{\sum\limits_{i=1}^{n}(X_i - \mu)^2}{\sigma_0^2}$

7. Parametertests im Einstichprobenfall (Forts.):

4 $X_1, \ldots, X_n$ u.i.v. $N(\mu, \sigma^2)$, $\mu \in \mathbb{R}$ **unbekannt**

H_0	vs.	H_1	Kritischer Bereich (Ablehnbereich)
$\sigma^2 = \sigma_0^2$		$\sigma^2 \neq \sigma_0^2$	$\chi^2 > \chi^2_{n-1;1-\frac{\alpha}{2}}$ oder $\chi^2 < \chi^2_{n-1;\frac{\alpha}{2}}$
$\sigma^2 \geq \sigma_0^2$		$\sigma^2 < \sigma_0^2$	$\chi^2 < \chi^2_{n-1;\alpha}$
$\sigma^2 \leq \sigma_0^2$		$\sigma^2 > \sigma_0^2$	$\chi^2 > \chi^2_{n-1;1-\alpha}$

wobei $\chi^2 = \dfrac{(n-1)S^2}{\sigma_0^2}$

---

5 $X_1, \ldots, X_n$ u.i.v. $\mathrm{Bin}(1,p)$,   (d.h. $X = \sum\limits_{i=1}^{n} X_i \sim \mathrm{Bin}(n,p)$)

H_0	vs.	H_1	Kritischer Bereich (Ablehnbereich)
$p = p_0$		$p \neq p_0$	$\left\lvert \dfrac{X - np_0}{\sqrt{np_0(1-p_0)}} \right\rvert > u_{1-\frac{\alpha}{2}}$
$p \geq p_0$		$p < p_0$	$\dfrac{X - np_0}{\sqrt{np_0(1-p_0)}} < u_\alpha$
$p \leq p_0$		$p > p_0$	$\dfrac{X - np_0}{\sqrt{np_0(1-p_0)}} > u_{1-\alpha}$

---

6 $X \sim \mathrm{Poi}(\lambda)$

H_0	vs.	H_1	Kritischer Bereich (Ablehnbereich)
$\lambda = \lambda_0$		$\lambda \neq \lambda_0$	$\left\lvert \dfrac{X - \lambda_0}{\sqrt{\lambda_0}} \right\rvert > u_{1-\frac{\alpha}{2}}$
$\lambda \geq \lambda_0$		$\lambda < \lambda_0$	$\dfrac{X - \lambda_0}{\sqrt{\lambda_0}} < u_\alpha$
$\lambda \leq \lambda_0$		$\lambda > \lambda_0$	$\dfrac{X - \lambda_0}{\sqrt{\lambda_0}} > u_{1-\alpha}$

8. Parametertests im Zweistichprobenfall:

1 $X_1, \ldots, X_n$ u.i.v. $N(\mu_1, \sigma_1^2)$
    $Y_1, \ldots, Y_n$ u.i.v. $N(\mu_2, \sigma_2^2)$

H_0	vs.	H_1	Kritischer Bereich (Ablehnbereich)
$\rho = 0$		$\rho \neq 0$	$\left\lvert \sqrt{n-2}\,\dfrac{R}{\sqrt{1-R^2}} \right\rvert > t_{n-2;1-\frac{\alpha}{2}}$
$\rho \geq 0$		$\rho < 0$	$\sqrt{n-2}\,\dfrac{R}{\sqrt{1-R^2}} < t_{n-2;\alpha}$
$\rho \leq 0$		$\rho > 0$	$\sqrt{n-2}\,\dfrac{R}{\sqrt{1-R^2}} > t_{n-2;1-\alpha}$
$\rho = \rho_0$		$\rho \neq \rho_0$	$\left\lvert \sqrt{n-3}\,(Z - Z_0) \right\rvert > u_{1-\frac{\alpha}{2}}$
$\rho \geq \rho_0$		$\rho < \rho_0$	$\sqrt{n-3}\,(Z - Z_0) < u_\alpha$
$\rho \leq \rho_0$		$\rho > \rho_0$	$\sqrt{n-3}\,(Z - Z_0) > u_{1-\alpha}$

wobei $Z_0 = \frac{1}{2} \ln \frac{1+\rho_0}{1-\rho_0} + \frac{\rho_0}{2(n-1)}$,

        $Z = \frac{1}{2} \ln \frac{1+R}{1-R}$ die Z–Transformation nach Fisher

8. Parametertests im Zweistichprobenfall (Forts.):

2 (Doppelter) Gauß–Test

$X_1, \ldots, X_{n_1}, \quad Y_1, \ldots, Y_{n_2}$ unabhängig

$\quad X_1, \ldots, X_{n_1} \sim \mathrm{N}(\mu_1, \sigma_1^2) \qquad \sigma_1^2$ **bekannt**

$\quad Y_1, \ldots, Y_{n_2} \sim \mathrm{N}(\mu_2, \sigma_2^2) \qquad \sigma_2^2$ **bekannt**

H_0	vs.	H_1	Kritischer Bereich (Ablehnbereich)
$\mu_1 = \mu_2$		$\mu_1 \neq \mu_2$	$\left| \overline{X} - \overline{Y} \right| > u_{1-\frac{\alpha}{2}} \sqrt{\dfrac{\sigma_1^2}{n_1} + \dfrac{\sigma_2^2}{n_2}}$
$\mu_1 \geq \mu_2$		$\mu_1 < \mu_2$	$\dfrac{\overline{X} - \overline{Y}}{\sqrt{\dfrac{\sigma_1^2}{n_1} + \dfrac{\sigma_2^2}{n_2}}} < u_{\alpha}$
$\mu_1 \leq \mu_2$		$\mu_1 > \mu_2$	$\dfrac{\overline{X} - \overline{Y}}{\sqrt{\dfrac{\sigma_1^2}{n_1} + \dfrac{\sigma_2^2}{n_2}}} > u_{1-\alpha}$

3 (Doppelter) t–Test

$X_1, \ldots, X_{n_1}, \quad Y_1, \ldots, Y_{n_2}$ unabhängig

$\quad X_1, \ldots, X_{n_1} \sim \mathrm{N}(\mu_1, \sigma^2)$

$\quad Y_1, \ldots, Y_{n_2} \sim \mathrm{N}(\mu_2, \sigma^2)$ $\qquad \sigma^2$ **unbekannt**

H_0	vs.	H_1	Kritischer Bereich (Ablehnbereich)
$\mu_1 = \mu_2$		$\mu_1 \neq \mu_2$	$\dfrac{\left| \overline{X} - \overline{Y} \right|}{S_0 \delta} > t_{n_1+n_2-2;1-\frac{\alpha}{2}}$
$\mu_1 \geq \mu_2$		$\mu_1 < \mu_2$	$\dfrac{\overline{X} - \overline{Y}}{S_0 \delta} < t_{n_1+n_2-2;\alpha}$
$\mu_1 \leq \mu_2$		$\mu_1 > \mu_2$	$\dfrac{\overline{X} - \overline{Y}}{S_0 \delta} > t_{n_1+n_2-2;1-\alpha}$

wobei $S_0^2 = \dfrac{(n_1-1)S_1^2 + (n_2-1)S_2^2}{n_1+n_2-2}, \quad \delta = \sqrt{\dfrac{n_1+n_2}{n_1 \cdot n_2}}$

4 F–Test

$X_1, \ldots, X_{n_1}, \quad Y_1, \ldots, Y_{n_2}$ unabhängig

$\quad X_1, \ldots, X_{n_1} \sim \mathrm{N}(\mu_1, \sigma_1^2)$

$\quad Y_1, \ldots, Y_{n_2} \sim \mathrm{N}(\mu_2, \sigma_2^2)$

H_0	vs.	H_1	Kritischer Bereich (Ablehnbereich)
$\sigma_1^2 = \sigma_2^2$		$\sigma_1^2 \neq \sigma_2^2$	$\dfrac{S_1^2}{S_2^2} > F_{n_1-1, n_2-1; 1-\frac{\alpha}{2}}$ oder $\dfrac{S_1^2}{S_2^2} < F_{n_1-1, n_2-1; \frac{\alpha}{2}}$
$\sigma_1^2 \geq \sigma_2^2$		$\sigma_1^2 < \sigma_2^2$	$\dfrac{S_1^2}{S_2^2} < F_{n_1-1, n_2-1; \alpha}$
$\sigma_1^2 \leq \sigma_2^2$		$\sigma_1^2 > \sigma_2^2$	$\dfrac{S_1^2}{S_2^2} > F_{n_1-1, n_2-1; 1-\alpha}$

9. Wilcoxon Tests:

1 Wilcoxon–Rangsummen–Test (Test auf Lagealternative)

$X_1, \ldots, X_{n_1}, Y_1, \ldots, Y_{n_2}$ unabhängig,

$X_1, \ldots, X_{n_1}$ mit **stetiger** Verteilungsfunktion F,

$Y_1, \ldots, Y_{n_2}$ mit **stetiger** Verteilungsfunktion G,

$n_1 \leq n_2$ und $F(x) = G(x - c)$.

H_0	vs.	H_1	Kritischer Bereich (Ablehnbereich)
$c = 0$		$c \neq 0$	für $n_1, n_2 \leq 25$: $\quad W_n \geq n_1(n_1 + n_2 + 1) - w_{n_1, n_2; \frac{\alpha}{2}}$
			oder $\quad W_n \leq w_{n_1, n_2; \frac{\alpha}{2}}$
			sonst: $\quad \dfrac{\left| W_n - \dfrac{n_1(n_1 + n_2 + 1)}{2} \right|}{\sqrt{\dfrac{n_1 n_2 (n_1 + n_2 + 1)}{12}}} \geq u_{1 - \frac{\alpha}{2}}$
$c = 0$		$c > 0$	für $n_1, n_2 \leq 25$: $\quad W_n \geq n_1(n_1 + n_2 + 1) - w_{n_1, n_2; \alpha}$
			sonst: $\quad \dfrac{W_n - \dfrac{n_1(n_1 + n_2 + 1)}{2}}{\sqrt{\dfrac{n_1 n_2 (n_1 + n_2 + 1)}{12}}} \geq u_{1 - \alpha}$
$c = 0$		$c < 0$	für $n_1, n_2 \leq 25$: $\quad W_n \leq w_{n_1, n_2; \alpha}$
			sonst: $\quad \dfrac{W_n - \dfrac{n_1(n_1 + n_2 + 1)}{2}}{\sqrt{\dfrac{n_1 n_2 (n_1 + n_2 + 1)}{12}}} \leq u_{\alpha}$

wobei $\quad W_n = \sum_{i=1}^{n_1} R(X_i) \quad$ und $\quad R(X_i)$ Rang von X_i in **gemeinsamer** Stichprobe.

Vertafelung der kritischen Werte $w_{n_1, n_2; \alpha}$ in **Tabelle 8**.

2 Wilcoxon–Vorzeichen–Rangtest (Test auf Symmetriezentrum)

$X_1, \ldots, X_n$ unabhängig mit **stetiger** Verteilungsfunktion F,

$F(c - x) = 1 - F(c + x)$

H_0	vs.	H_1	Kritischer Bereich (Ablehnbereich)
$c = c_0$		$c \neq c_0$	für $n \leq 20$: $\quad W_n^+ \geq \dfrac{n(n + 1)}{2} - w_{n; \frac{\alpha}{2}}^+$ oder $W_n^+ \leq w_{n; \frac{\alpha}{2}}^+$
			sonst: $\quad \dfrac{\left| W_n^+ - \dfrac{n(n + 1)}{4} \right|}{\sqrt{\dfrac{n(n + 1)(2n + 1)}{24}}} \geq u_{1 - \frac{\alpha}{2}}$

$W_n^+ = \sum_{i=1}^{n} R(|X_i - c|) \mathbf{1}_{(0, \infty)}(X_i - c) \qquad$ d.h., in W_n^+ werden die Ränge der

positiven Differenzen aus den Rängen der Absolutabweichungen aufsummiert.

Vertafelung der kritischen Werte $w_{n; \alpha}^+$ in **Tabelle 9**

9. Wilcoxon Tests (Forts.):

2 **Wilcoxon–Vorzeichen–Rangtest** (Test auf Symmetriezentrum)

$X_1, \ldots, X_n$ unabhängig mit **stetiger** Verteilungsfunktion F,

$F(c - x) = 1 - F(c + x)$

H_0 vs. H_1		Kritischer Bereich (Ablehnbereich)
$c \leq c_0$	$c > c_0$ für $n \leq 20$:	$W_n^+ \geq \dfrac{n(n+1)}{2} - w_{n;\alpha}^+$
	sonst:	$\dfrac{W_n^+ - \dfrac{n(n+1)}{4}}{\sqrt{\dfrac{n(n+1)(2n+1)}{24}}} \geq u_{1-\alpha}$
$c \geq c_0$	$c < c_0$ für $n \leq 20$:	$W_n^+ \leq w_{n;\alpha}^+$
	sonst:	$\dfrac{W_n^+ - \dfrac{n(n+1)}{4}}{\sqrt{\dfrac{n(n+1)(2n+1)}{24}}} \leq u_\alpha$

$W_n^+ = \sum\limits_{i=1}^{n} R(|X_i - c|)\mathbf{1}_{(0,\infty)}(X_i - c)$ d.h., in W_n^+ werden die Ränge der

positiven Differenzen aus den Rängen der Absolutabweichungen aufsummiert.

Vertafelung der kritischen Werte $w_{n;\alpha}^+$ in **Tabelle 9**

10. χ^2–Tests:

1 **Anpassungstest**

$X_1, \ldots, X_{n_1}$ u.i.v. mit Verteilungsfunktion $F_X(x)$

$\mathcal{F} = \{F_{\theta_1,\ldots,\theta_r}(x|\vartheta_1,\ldots,\vartheta_s)\,|\,\vartheta_1,\ldots,\vartheta_s \text{ \textbf{bekannt}}, \theta_1,\ldots,\theta_r \text{ \textbf{unbekannt}}\}$

H_0 vs. H_1		Kritischer Bereich (Ablehnbereich)
$F_X(x) \in \mathcal{F}$	$F_X(x) \notin \mathcal{F}$	$\chi^2 > \chi^2_{k-r-1;1-\alpha}$

Zur Bestimmung der Testgröße χ^2 gehe man wie folgt vor:

1. Bilde k Klassen $K_1, \ldots, K_k$ (wobei $k > r + 1$).
2. Zähle n_i = Anzahl der Beobachtungen in der i-ten Klasse für $i = 1, \ldots, k$.
3. Schätze die unbekannten Parameter $\theta_1, \ldots, \theta_r$ durch $\widehat{\theta}_1, \ldots \widehat{\theta}_r$ (z.B. ML–Schätzer).
4. Berechne $p_i = P\left(X \in K_i \big| F_X(x) = F(x|\vartheta_1, \ldots \vartheta_s, \widehat{\theta}_1, \ldots \widehat{\theta}_r)\right)$ für $i = 1, \ldots, k$.
5. Berechne $\chi^2 = \sum\limits_{i=1}^{k} \dfrac{(n_i - np_i)^2}{np_i}$.

10. χ^2–Tests (Forts.):

2   Unabhängigkeitstest

$(X_1, Y_1), \ldots, (X_n, Y_n)$ einfache (verbundene) Stichprobe mit Verteilungsfunktion $F_{(X,Y)}(x,y)$

H_0	vs.	H_1	Kritischer Bereich
			(Ablehnbereich)
$F_{(X,Y)}(x,y) = F_X(x) \cdot F_Y(y)$		$F_{(X,Y)}(x,y) \neq F_X(x)F_Y(y)$	$\chi^2 > \chi^2_{(k-1)(\ell-1);1-\alpha}$

Zur Bestimmung der Testgröße χ^2 gehe man wie folgt vor:

1. Man unterteile den Wertebereich der Zufallsvariablen X in k disjunkte Klassen $A_1, \ldots, A_k$, den der Zufallsvariablen Y in ℓ disjunkte Klassen $B_1, \ldots, B_l$.

2. Berechne

   $n_{ij} = $ Anzahl der Beobachtungen, für die gilt, dass Merkmal X in Klasse A_i und Merkmal Y in Klasse B_j fällt.

   $n_{i\bullet} = \sum_{j=1}^{\ell} n_{ij} = $ Anzahl der Beobachtungen, für die Merkmal X in Klasse A_i fällt (Randhäufigkeit).

   $n_{\bullet j} = \sum_{i=1}^{k} n_{ij} = $ Anzahl der Beobachtungen, für die Merkmal Y in Klasse B_j fällt (Randhäufigkeit).

3. Berechne $p_{ij} = P(X \in A_i)P(Y \in B_j) = \frac{n_{i\bullet}}{n} \cdot \frac{n_{\bullet j}}{n}$.

4. Berechne $\chi^2 = \sum_{i=1}^{k} \sum_{j=1}^{\ell} \frac{(n_{ij} - np_{ij})^2}{np_{ij}} = \sum_{i=1}^{k} \sum_{j=1}^{\ell} \frac{\left(n_{ij} - \frac{n_{i\bullet}n_{\bullet j}}{n}\right)^2}{\frac{n_{i\bullet}n_{\bullet j}}{n}}$.

---

3   Homogenitätstest

$X_1, \ldots, X_{n_1}$ u.i.v. mit Verteilungsfunktion F_1 ,

$Y_1, \ldots, Y_{n_2}$ u.i.v. mit Verteilungsfunktion F_2 ,

$X_1, \ldots, X_{n_1}, Y_1, \ldots, Y_{n_2}$ unabhängig

H_0	vs.	H_1	Kritischer Bereich (Ablehnbereich)
$F_1(x) = F_2(x)$		$F_1(x) \neq F_2(x)$	$\chi^2 > \chi^2_{k-1;1-\alpha}$

Zur Berechnung der Teststatistik χ^2 gehe man wie folgt vor:

1. Der Wertebereich der Zufallsvariablen X wird in k disjunkte Klassen $K_1, \ldots, K_k$ eingeteilt.

2. Berechne

   $n_{1j} = $ Anzahl der Ausprägungen der Zufallsvariablen X in Klasse j $\quad j = 1, \ldots, k$,

   $n_{2j} = $ Anzahl der Ausprägungen der Zufallsvariablen Y in Klasse j $\quad j = 1, \ldots, k$,

   $p_j = \dfrac{n_{1j} + n_{2j}}{n_1 + n_2}$.

3. Berechne $\chi^2 = \sum_{i=1}^{2} \sum_{j=1}^{k} \frac{(n_{ij} - n_i p_j)^2}{n_i p_j}$.

11. Kolmogoroff–Smirnoff–Test

1 Anpassungstest

$X_1, \ldots, X_n$ u.i.v. mit **stetiger** Verteilungsfunktion F

H_0	vs.	H_1	Krit. Bereich (Ablehnbereich)
$F(x) = F_0(x)$ für alle $x \in \mathbb{R}$		$F(x) \neq F_0(x)$ für mind. ein $x \in \mathbb{R}$	$\Delta_n > d_{n;1-\alpha}$
$F(x) \leq F_0(x)$ für alle $x \in \mathbb{R}$		$F(x) > F_0(x)$ für mind. ein $x \in \mathbb{R}$	$\Delta_n^+ > d_{n;1-2\alpha}$
$F(x) \geq F_0(x)$ für alle $x \in \mathbb{R}$		$F(x) < F_0(x)$ für mind. ein $x \in \mathbb{R}$	$\Delta_n^- > d_{n;1-2\alpha}$

wobei $\quad \Delta_n = \sup_x \left| \widehat{F}_n(x) - F_0(x) \right| = \max \{ \Delta_n^+, \Delta_n^- \}$

mit $\quad \Delta_n^+ = \max_i \left\{ \widehat{F}_n(x_i) - F_0(x_i) \right\}$

$\qquad \Delta_n^- = \max_i \left\{ F_0(x_i) - \widehat{F}_n(x_{i-1}) \right\}$

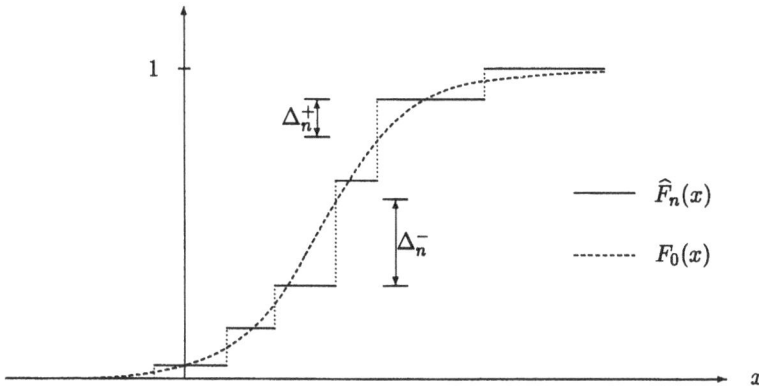

Vertafelung der kritischen Werte $d_{n;1-\alpha}$ in **Tabelle 10**

2 Homogenitätstest

$X_1, \ldots, X_{n_1}$ u.i.v. mit **stetiger** Verteilungsfunktion F_1,

$Y_1, \ldots, Y_{n_2}$ u.i.v. mit **stetiger** Verteilungsfunktion F_2, $\quad n_1 \leq n_2$,

$X_1, \ldots, X_{n_1}, Y_1, \ldots, Y_{n_2}$ unabhängig

H_0	vs.	H_1	Krit. Bereich (Ablehnbereich)
$F_1(x) = F_2(x)$ für alle $x \in \mathbb{R}$		$F_1(x) \neq F_2(x)$ für mind. ein $x \in \mathbb{R}$	$\Delta_{n_1,n_2} > d_{n_1,n_2;1-\alpha}$
$F_1(x) \leq F_2(x)$ für alle $x \in \mathbb{R}$		$F_1(x) > F_2(x)$ für mind. ein $x \in \mathbb{R}$	$\Delta_{n_1,n_2}^+ > d_{n_1,n_2;1-2\alpha}$
$F_1(x) \geq F_2(x)$ für alle $x \in \mathbb{R}$		$F_1(x) < F_2(x)$ für mind. ein $x \in \mathbb{R}$	$\Delta_{n_1,n_2}^- > d_{n_1,n_2;1-2\alpha}$

wobei $\quad \Delta_{n_1,n_2} = \max \left| \widehat{F}_1(x) - \widehat{F}_2(x) \right|$

$\qquad \Delta_{n_1,n_2}^+ = \max \{ \widehat{F}_1(x) - \widehat{F}_2(x) \}$

$\qquad \Delta_{n_1,n_2}^- = \max \{ \widehat{F}_2(x) - \widehat{F}_1(x) \}$

Vertafelung von $n_1 \cdot n_2 \cdot d_{n_1,n_2;1-\alpha}$ in **Tabelle 11**

Anhang B

Tabellen

Tabelle 1: Verteilungsfunktion $F(x) = \sum\limits_{i=0}^{x} \binom{n}{i} p^i (1-p)^{n-i}$ **der**
                   Binomialverteilung

n	x	p							$n-x-1$
		0.1	0.2	0.25	0.3	0.$\bar{3}$	0.4	0.5	
5	0	0.59049	0.32768	0.23730	0.16807	0.13169	0.07776	0.03125	4
	1	0.91854	0.73728	0.63281	0.52822	0.46091	0.33696	0.18750	3
	2	0.99144	0.94208	0.89648	0.83692	0.79012	0.68256	0.50000	2
	3	0.99954	0.99328	0.98437	0.96922	0.95473	0.91296	0.81250	1
	4	0.99999	0.99968	0.99902	0.99757	0.99588	0.98976	0.96875	0
	5	1.00000	1.00000	1.00000	1.00000	1.00000	1.00000	1.00000	
10	0	0.34868	0.10737	0.05631	0.02825	0.01734	0.00605	0.00098	9
	1	0.73610	0.37581	0.24403	0.14931	0.10405	0.04636	0.01074	8
	2	0.92981	0.67780	0.52559	0.38278	0.29914	0.16729	0.05469	7
	3	0.98720	0.87913	0.77588	0.64961	0.55926	0.38228	0.17187	6
	4	0.99837	0.96721	0.92187	0.84973	0.78687	0.63310	0.37695	5
	5	0.99985	0.99363	0.98027	0.95265	0.92344	0.83376	0.62305	4
	6	0.99999	0.99914	0.99649	0.98941	0.98034	0.94524	0.82812	3
	7	1.00000	0.99992	0.99958	0.99841	0.99660	0.98771	0.94531	2
	8		1.00000	0.99997	0.99986	0.99964	0.99832	0.98926	1
	9			1.00000	0.99999	0.99998	0.99990	0.99902	0
	10				1.00000	1.00000	1.00000	1.00000	
15	0	0.20589	0.03518	0.01336	0.00475	0.02284	0.00047	0.00003	14
	1	0.54904	0.16713	0.08018	0.03527	0.01941	0.00517	0.00049	13
	2	0.81594	0.39802	0.23609	0.12683	0.07936	0.02711	0.00369	12
	3	0.94444	0.64816	0.46129	0.29687	0.20924	0.09050	0.01758	11
	4	0.98728	0.83577	0.68649	0.51549	0.40406	0.21728	0.05928	10
	5	0.99775	0.93895	0.85163	0.72162	0.61837	0.40322	0.15088	9
	6	0.99969	0.98194	0.94338	0.86886	0.79696	0.60981	0.30362	8
	7	0.99997	0.99576	0.98270	0.94999	0.91177	0.78690	0.50000	7
	8	1.00000	0.99921	0.99581	0.98476	0.96917	0.90495	0.69638	6
	9		0.99989	0.99921	0.99635	0.99150	0.96617	0.84912	5
	10		0.99999	0.99988	0.99933	0.99819	0.99065	0.94077	4
	11		1.00000	0.99999	0.99991	0.99971	0.99807	0.98242	3
	12			1.00000	0.99999	0.99997	0.99972	0.99631	2
n		0.9	0.8	0.75	0.7	0.$\bar{6}$	0.6	0.5	$n-x-1$
		p							

Tabelle 1: Verteilungsfunktion $F(x) = \sum\limits_{i=0}^{x} \binom{n}{i} p^i (1-p)^{n-i}$ der Binomialverteilung (Forts.)

n	x	\multicolumn{7}{c}{p}	$n-x-1$
		0.1	0.2	0.25	0.3	0.$\bar{3}$	0.4	0.5	
15	13				1.00000	1.00000	0.99997	0.99951	1
	14						1.00000	0.99997	0
	15							1.00000	
20	0	0.12158	0.01153	0.00317	0.00080	0.00030	0.00004	0.00000	19
	1	0.39175	0.06918	0.02431	0.00764	0.00331	0.00052	0.00002	18
	2	0.67693	0.20608	0.09126	0.03548	0.01759	0.00361	0.00020	17
	3	0.86705	0.41145	0.22516	0.10709	0.06045	0.01596	0.00129	16
	4	0.95683	0.62965	0.41484	0.23751	0.15151	0.05095	0.00591	15
	5	0.98875	0.80421	0.61717	0.41637	0.29721	0.12560	0.02069	14
	6	0.99761	0.91331	0.78578	0.60801	0.47934	0.25001	0.05766	13
	7	0.99958	0.96786	0.89819	0.77227	0.66147	0.41589	0.13159	12
	8	0.99994	0.99002	0.95907	0.88667	0.80945	0.59560	0.25172	11
	9	0.99999	0.99741	0.98614	0.95204	0.90810	0.75534	0.41190	10
	10	1.00000	0.99944	0.99606	0.98286	0.96236	0.87248	0.58810	9
	11		0.99990	0.99906	0.99486	0.98703	0.94347	0.74828	8
	12		0.99998	0.99982	0.99872	0.99628	0.97897	0.86841	7
	13		1.00000	0.99997	0.99974	0.99912	0.99353	0.94234	6
	14			1.00000	0.99996	0.99983	0.99839	0.97931	5
	15				0.99999	0.99997	0.99968	0.99409	4
	16				1.00000	1.00000	0.99995	0.99871	3
	17						0.99999	0.99980	2
	18						1.00000	0.99998	1
	19							1.00000	0
25	0	0.07179	0.00378	0.00075	0.00013	0.00004	0.00000	0.00000	24
	1	0.27121	0.02739	0.00702	0.00157	0.00053	0.00005	0.00000	23
	2	0.53709	0.09823	0.03211	0.00896	0.00350	0.00043	0.00001	22
	3	0.76359	0.23399	0.09621	0.03324	0.01489	0.00237	0.00008	21
	4	0.90201	0.42067	0.21374	0.09047	0.04620	0.00947	0.00046	20
	5	0.96660	0.61669	0.37828	0.19349	0.11195	0.02936	0.00204	19
	6	0.99052	0.78004	0.56110	0.34065	0.22154	0.07357	0.00732	18
n		0.9	0.8	0.75	0.7	0.$\bar{6}$	0.6	0.5	$n-x-1$
		\multicolumn{7}{c}{p}	

Tabelle 1: Verteilungsfunktion $F(x) = \sum_{i=0}^{x} \binom{n}{i} p^i (1-p)^{n-i}$ **der Binomialverteilung (Forts.)**

n	x	\multicolumn{7}{c}{p}	$n-x-1$
		0.1	0.2	0.25	0.3	0.$\bar{3}$	0.4	0.5	
25	7	0.99774	0.89088	0.72651	0.51185	0.37026	0.15355	0.02164	17
	8	0.99954	0.95323	0.85056	0.67693	0.53758	0.27353	0.05388	16
	9	0.99992	0.98267	0.92867	0.81056	0.69560	0.42462	0.11476	15
	10	0.99999	0.99445	0.97033	0.90220	0.82201	0.58577	0.21218	14
	11	1.00000	0.99846	0.98027	0.95575	0.90821	0.73228	0.34502	13
	12		0.99963	0.99663	0.98253	0.95849	0.84623	0.50000	12
	13		0.99992	0.99908	0.99401	0.98363	0.92220	0.65498	11
	14		0.99999	0.99979	0.99822	0.99440	0.96561	0.78782	10
	15		1.00000	0.99996	0.99955	0.99835	0.98683	0.88524	9
	16			0.99999	0.99990	0.99958	0.99567	0.94612	8
	17			1.00000	0.99998	0.99991	0.99879	0.97836	7
	18				1.00000	0.99998	0.99972	0.99268	6
	19					1.00000	0.99995	0.99796	5
	20						0.99999	0.99954	4
	21						1.00000	0.99992	3
	22							0.99999	2
	23							1.00000	1
50	0	0.00515	0.00001	0.00000					49
	1	0.03379	0.00019	0.00001					48
	2	0.11173	0.00129	0.00009	0.00000				47
	3	0.25029	0.00566	0.00050	0.00003	0.00000			46
	4	0.43120	0.01850	0.00211	0.00017	0.00003			45
	5	0.61612	0.04803	0.00705	0.00072	0.00013	0.00000		44
	6	0.77023	0.10340	0.01939	0.00249	0.00052	0.00001		43
	7	0.87785	0.19041	0.04526	0.00726	0.00174	0.00006		42
	8	0.94213	0.30733	0.09160	0.01825	0.00503	0.00023		41
	9	0.97546	0.44374	0.16368	0.04023	0.01271	0.00076	0.00000	40
	10	0.99065	0.58356	0.26220	0.07885	0.02844	0.00220	0.00001	39
	11	0.99678	0.71067	0.38162	0.13904	0.05705	0.00569	0.00005	38
	12	0.99900	0.81394	0.51099	0.22287	0.10353	0.01325	0.00015	37
n		0.9	0.8	0.75	0.7	0.$\bar{6}$	0.6	0.5	$n-x-1$
		\multicolumn{7}{c}{p}	

Tabelle 1: Verteilungsfunktion $F(x) = \sum_{i=0}^{x} \binom{n}{i} p^i (1-p)^{n-i}$ **der**
Binomialverteilung (Forts.)

n	x	\multicolumn{7}{c}{p}	$n-x-1$
		0.1	0.2	0.25	0.3	0.$\bar{3}$	0.4	0.5	
50	13	0.99971	0.88941	0.63704	0.32788	0.17147	0.02799	0.00047	36
	14	0.99993	0.93928	0.74808	0.44683	0.26124	0.05396	0.00130	35
	15	0.99998	0.96920	0.83692	0.56918	0.36897	0.09550	0.00330	34
	16	1.00000	0.98556	0.90169	0.68388	0.48679	0.15609	0.00767	33
	17		0.99374	0.94488	0.78219	0.60462	0.23688	0.01642	32
	18		0.99749	0.97127	0.85944	0.71263	0.33561	0.03245	31
	19		0.99907	0.98608	0.91520	0.80359	0.44648	0.05946	30
	20		0.99968	0.99374	0.95224	0.87408	0.56103	0.10132	29
	21		0.99990	0.99738	0.97491	0.92443	0.67014	0.16112	28
	22		0.99997	0.99898	0.98772	0.95761	0.76602	0.23994	27
	23		0.99999	0.99963	0.99441	0.97781	0.84383	0.33591	26
	24		1.00000	0.99988	0.99763	0.98917	0.90219	0.44386	25
	25			0.99996	0.99907	0.99508	0.94266	0.55614	24
	26			0.99999	0.99966	0.99792	0.96859	0.66409	23
	27			1.00000	0.99988	0.99918	0.98397	0.76006	22
	28				0.99996	0.99970	0.99238	0.83888	21
	29				0.99999	0.99990	0.99664	0.89868	20
	30				1.00000	0.99997	0.99863	0.94054	19
	31					0.99999	0.99948	0.96755	18
	32					1.00000	0.99982	0.98358	17
	33						0.99994	0.99233	16
	34						0.99998	0.99670	15
	35						1.00000	0.99870	14
	36							0.99953	13
	37							0.99985	12
	38							0.99995	11
	39							0.99999	10
	40							1.00000	9
100	0	0.00003							99
	1	0.00032							98
n		0.9	0.8	0.75	0.7	0.$\bar{6}$	0.6	0.5	$n-x-1$
		\multicolumn{7}{c}{p}	

Tabelle 1: Verteilungsfunktion $F(x) = \sum\limits_{i=0}^{x} \binom{n}{i} p^i(1-p)^{n-i}$ **der Binomialverteilung (Forts.)**

n	x	\multicolumn{7}{c}{p}	$n-x-1$
		0.1	0.2	0.25	0.3	$0.\bar{3}$	0.4	0.5	
100	2	0.00194							97
	3	0.00784							96
	4	0.02371	0.00000						95
	5	0.05758	0.00002						94
	6	0.11716	0.00008						93
	7	0.20605	0.00028	0.00000					92
	8	0.32087	0.00086	0.00001					91
	9	0.45129	0.00233	0.00004					90
	10	0.58316	0.00570	0.00014	0.00000				89
	11	0.70303	0.01257	0.00039	0.00001				88
	12	0.80182	0.02533	0.00103	0.00002				87
	13	0.87612	0.04691	0.00246	0.00006	0.00000			86
	14	0.92743	0.08044	0.00542	0.00016	0.00001			85
	15	0.96011	0.12851	0.01108	0.00040	0.00003			84
	16	0.97940	0.19234	0.02111	0.00097	0.00008			83
	17	0.98999	0.27119	0.03763	0.00216	0.00020			82
	18	0.99542	0.36209	0.06301	0.00452	0.00049	0.00000		81
	19	0.99802	0.46016	0.09953	0.00889	0.00111	0.00001		80
	20	0.99919	0.55946	0.14883	0.01646	0.00237	0.00002		79
	21	0.99969	0.65403	0.21144	0.02883	0.00476	0.00004		78
	22	0.99989	0.73893	0.28637	0.04787	0.00906	0.00011		77
	23	0.99996	0.81091	0.37018	0.07553	0.01636	0.00025		76
	24	0.99999	0.86865	0.46167	0.11357	0.02805	0.00056		75
	25	1.00000	0.91252	0.55347	0.16313	0.04583	0.00119		74
	26		0.94417	0.64174	0.22440	0.07147	0.00240		73
	27		0.96585	0.72238	0.29637	0.10661	0.00460	0.00000	72
	28		0.97998	0.79246	0.37678	0.15241	0.00843	0.00001	71
	29		0.98875	0.85046	0.46234	0.20927	0.01478	0.00002	70
	30		0.99394	0.89621	0.54912	0.27655	0.02478	0.00004	69
	31		0.99687	0.93065	0.63311	0.35252	0.03985	0.00009	68
n		0.9	0.8	0.75	0.7	$0.\bar{6}$	0.6	0.5	$n-x-1$
		\multicolumn{7}{c}{p}	

Tabelle 1: Verteilungsfunktion $F(x) = \sum_{i=0}^{x} \binom{n}{i} p^i (1-p)^{n-i}$ **der**
Binomialverteilung (Forts.)

n	x	p							$n-x-1$
		0.1	0.2	0.25	0.3	0.$\bar{3}$	0.4	0.5	
100	32		0.99845	0.95540	0.71072	0.43442	0.06150	0.00020	67
	33		0.99926	0.97241	0.77926	0.51880	0.09125	0.00044	66
	34		0.99966	0.98357	0.83714	0.60195	0.13034	0.00089	65
	35		0.99985	0.99050	0.88392	0.68034	0.17947	0.00176	64
	36		0.99994	0.99482	0.92012	0.75111	0.23861	0.00332	63
	37		0.99998	0.99725	0.94695	0.81231	0.30681	0.00602	62
	38		0.99999	0.99860	0.96602	0.86305	0.38219	0.01049	61
	39		1.00000	0.99931	0.97901	0.90338	0.46208	0.01760	60
	40			0.99968	0.98750	0.93413	0.54329	0.02844	59
	41			0.99985	0.99283	0.95663	0.62253	0.04431	58
	42			0.99994	0.99603	0.97243	0.69674	0.06661	57
	43			0.99997	0.99789	0.98309	0.76347	0.09667	56
	44			0.99999	0.99891	0.98999	0.82110	0.13563	55
	45			1.00000	0.99946	0.99429	0.86891	0.18410	54
	46				0.99974	0.99686	0.90702	0.24206	53
	47				0.99988	0.99833	0.93621	0.30865	52
	48				0.99995	0.99915	0.95770	0.38218	51
	49				0.99998	0.99958	0.97290	0.46021	50
	50				0.99999	0.99980	0.98324	0.53979	49
	51				1.00000	0.99991	0.98999	0.61782	48
	52					0.99996	0.99424	0.69135	47
	53					0.99998	0.99680	0.75794	46
	54					0.99999	0.99829	0.81590	45
	55					1.00000	0.99912	0.86437	44
	56						0.99956	0.90333	43
	57						0.99979	0.93339	42
	58						0.99990	0.95569	41
	59						0.99996	0.97156	40
	60						0.99998	0.98240	39
	61						0.99999	0.98951	38
n		0.9	0.8	0.75	0.7	0.$\bar{6}$	0.6	0.5	$n-x-1$
					p				

Tabelle 1: **Verteilungsfunktion** $F(x) = \sum\limits_{i=0}^{x} \binom{n}{i} p^i(1-p)^{n-i}$ **der**
Binomialverteilung (Forts.)

n	x					p			$n-x-1$
		0.1	0.2	0.25	0.3	$0.\overline{3}$	0.4	0.5	
100	62						1.00000	0.99398	37
	63							0.99668	36
	64							0.99824	35
	65							0.99911	34
	66							0.99956	33
	67							0.99980	32
	68							0.99991	31
	69							0.99996	30
	70							0.99998	29
	71							0.99999	28
	72							1.00000	27
n		0.9	0.8	0.75	0.7	$0.\overline{6}$	0.6	0.5	$n-x-1$
						p			

Zum Ablesen von Wahrscheinlichkeiten für $q = 1 - p > 0.5$ beachte man:

$$\boxed{F_Y(k) = 1 - F_X(n - k - 1)}$$ wobei $X \sim \text{Bin}(n, p)$ und $Y \sim \text{Bin}(n, q)$.

Ablesebeispiele: $X \sim \text{Bin}(100, 0.1)$ $F_X(15) = 0.96011$

$Y \sim \text{Bin}(10, 0.6)$ $F_Y(4) = 1 - F_X(10 - 4 - 1) = 1 - F_X(5)$,

$= 1 - 0.83376 = 0.16624$

wobei $X \sim \text{Bin}(10, 0.4)$.

Tabelle 2: Verteilungsfunktion der Poisson–Verteilung

$$F(x) = \sum_{i=0}^{x} e^{-\lambda}\frac{\lambda^i}{i!}$$

n	λ 0.02	0.04	0.06	0.08	0.10	0.15	0.20	0.25	0.30	0.35	0.40	0.45
0	0.9802	0.9608	0.9418	0.9231	0.9048	0.8607	0.8187	0.7788	0.7408	0.7047	0.6703	0.6376
1	0.9998	0.9992	0.9983	0.9970	0.9953	0.9898	0.9825	0.9735	0.9631	0.9513	0.9384	0.9246
2	1.0000	1.0000	1.0000	0.9999	0.9998	0.9995	0.9989	0.9978	0.9964	0.9945	0.9921	0.9891
3				1.0000	1.0000	1.0000	0.9999	0.9999	0.9997	0.9995	0.9992	0.9988
4							1.0000	1.0000	1.0000	1.0000	0.9999	0.9999
5											1.0000	1.0000

n	λ 0.50	0.55	0.60	0.65	0.70	0.75	0.80	0.85	0.90	0.95	1.0	1.1
0	0.6065	0.5769	0.5488	0.5220	0.4966	0.4724	0.4493	0.4274	0.4066	0.3867	0.3679	0.3329
1	0.9098	0.8943	0.8781	0.8614	0.8442	0.8266	0.8088	0.7907	0.7725	0.7541	0.7358	0.6990
2	0.9856	0.9815	0.9769	0.9717	0.9659	0.9595	0.9526	0.9451	0.9371	0.9287	0.9197	0.9004
3	0.9982	0.9975	0.9966	0.9956	0.9942	0.9927	0.9909	0.9889	0.9865	0.9839	0.9810	0.9743
4	0.9998	0.9997	0.9996	0.9994	0.9992	0.9989	0.9986	0.9982	0.9977	0.9971	0.9963	0.9946
5	1.0000	1.0000	1.0000	0.9999	0.9999	0.9999	0.9998	0.9997	0.9997	0.9995	0.9994	0.9990
6				1.0000	1.0000	1.0000	1.0000	1.0000	1.0000	0.9999	0.9999	0.9999
7										1.0000	1.0000	1.0000

Tabelle 2: Verteilungsfunktion der Poisson–Verteilung
$$F(x) = \sum_{i=0}^{x} e^{-\lambda}\frac{\lambda^i}{i!} \text{ (Forts.)}$$

n	λ									
	1.2	1.3	1.4	1.5	1.6	1.7	1.8	1.9	2.0	2.2
0	0.3012	0.2725	0.2466	0.2231	0.2019	0.1827	0.1653	0.1496	0.1353	0.1108
1	0.6626	0.6268	0.5918	0.5578	0.5249	0.4932	0.4628	0.4337	0.4060	0.3546
2	0.8795	0.8571	0.8335	0.8088	0.7834	0.7572	0.7306	0.7037	0.6767	0.6227
3	0.9662	0.9569	0.9463	0.9344	0.9212	0.9068	0.8913	0.8747	0.8571	0.8194
4	0.9923	0.9893	0.9857	0.9814	0.9763	0.9704	0.9636	0.9559	0.9473	0.9275
5	0.9985	0.9978	0.9968	0.9955	0.9940	0.9920	0.9896	0.9868	0.9834	0.9751
6	0.9997	0.9996	0.9994	0.9991	0.9987	0.9981	0.9974	0.9966	0.9955	0.9925
7	1.0000	0.9999	0.9999	0.9998	0.9997	0.9996	0.9994	0.9992	0.9989	0.9980
8		1.0000	1.0000	1.0000	1.0000	0.9999	0.9999	0.9998	0.9998	0.9995
9						1.0000	1.0000	1.0000	1.0000	0.9999
10										1.0000

n	λ									
	2.4	2.6	2.8	3.0	3.2	3.4	3.6	3.8	4.0	4.2
0	0.0907	0.0743	0.0608	0.0498	0.0408	0.0334	0.0273	0.0224	0.0183	0.0150
1	0.3084	0.2674	0.2311	0.1991	0.1712	0.1468	0.1257	0.1074	0.0916	0.0780
2	0.5697	0.5184	0.4695	0.4232	0.3799	0.3397	0.3027	0.2689	0.2381	0.2102
3	0.7787	0.7360	0.6919	0.6472	0.6025	0.5584	0.5152	0.4735	0.4335	0.3954
4	0.9041	0.8774	0.8477	0.8153	0.7806	0.7442	0.7064	0.6678	0.6288	0.5898
5	0.9643	0.9510	0.9349	0.9161	0.8946	0.8705	0.8441	0.8156	0.7851	0.7531
6	0.9884	0.9828	0.9756	0.9665	0.9554	0.9421	0.9267	0.9091	0.8893	0.8675
7	0.9967	0.9947	0.9919	0.9881	0.9832	0.9769	0.9692	0.9599	0.9489	0.9361
8	0.9991	0.9985	0.9976	0.9962	0.9943	0.9917	0.9883	0.9840	0.9786	0.9721
9	0.9998	0.9996	0.9993	0.9989	0.9982	0.9973	0.9960	0.9942	0.9919	0.9889
10	1.0000	0.9999	0.9998	0.9997	0.9995	0.9992	0.9987	0.9981	0.9972	0.9959
11		1.0000	1.0000	0.9999	0.9999	0.9998	0.9996	0.9994	0.9991	0.9986
12				1.0000	1.0000	0.9999	0.9999	0.9998	0.9997	0.9996
13						1.0000	1.0000	1.0000	0.9999	0.9999
14									1.0000	1.0000

Tabelle 2: Verteilungsfunktion der Poisson–Verteilung

$$F(x) = \sum_{i=0}^{x} e^{-\lambda}\frac{\lambda^i}{i!} \quad \text{(Forts.)}$$

n	λ 4.4	4.6	4.8	5.0	5.2	5.4	5.6	5.8	6.0	6.2	6.4	6.6
0	0.0123	0.0101	0.0082	0.0067	0.0055	0.0045	0.0037	0.0030	0.0025	0.0020	0.0017	0.0014
1	0.0663	0.0563	0.0477	0.0404	0.0342	0.0289	0.0244	0.0206	0.0174	0.0146	0.0123	0.0103
2	0.1851	0.1626	0.1425	0.1247	0.1088	0.0948	0.0824	0.0715	0.0620	0.0536	0.0463	0.0400
3	0.3594	0.3257	0.2942	0.2650	0.2381	0.2133	0.1906	0.1700	0.1512	0.1342	0.1189	0.1052
4	0.5512	0.5132	0.4763	0.4405	0.4061	0.3733	0.3422	0.3127	0.2851	0.2592	0.2351	0.2127
5	0.7199	0.6858	0.6510	0.6160	0.5809	0.5461	0.5119	0.4783	0.4457	0.4141	0.3837	0.3547
6	0.8436	0.8180	0.7908	0.7622	0.7324	0.7017	0.6703	0.6384	0.6063	0.5742	0.5423	0.5108
7	0.9214	0.9049	0.8867	0.8666	0.8449	0.8217	0.7970	0.7710	0.7440	0.7160	0.6873	0.6581
8	0.9642	0.9549	0.9442	0.9319	0.9181	0.9027	0.8857	0.8672	0.8472	0.8259	0.8033	0.7796
9	0.9851	0.9805	0.9749	0.9682	0.9603	0.9512	0.9409	0.9292	0.9161	0.9016	0.8858	0.8686
10	0.9943	0.9922	0.9896	0.9863	0.9823	0.9775	0.9718	0.9651	0.9574	0.9486	0.9386	0.9274
11	0.9980	0.9971	0.9960	0.9945	0.9927	0.9904	0.9875	0.9841	0.9799	0.9750	0.9693	0.9627
12	0.9993	0.9990	0.9986	0.9980	0.9972	0.9962	0.9949	0.9932	0.9912	0.9887	0.9857	0.9821
13	0.9998	0.9997	0.9995	0.9993	0.9990	0.9986	0.9980	0.9973	0.9964	0.9952	0.9937	0.9920
14	0.9999	0.9999	0.9999	0.9998	0.9997	0.9995	0.9993	0.9990	0.9986	0.9981	0.9974	0.9966
15	1.0000	1.0000	1.0000	0.9999	0.9999	0.9998	0.9998	0.9996	0.9995	0.9993	0.9990	0.9986
16				1.0000	0.9999	0.9999	0.9999	0.9999	0.9998	0.9997	0.9996	0.9995
17					1.0000	1.0000	1.0000	0.9999	0.9999	0.9999	0.9999	0.9998
18								1.0000	1.0000	0.9999	0.9999	0.9999
19										1.0000	1.0000	1.0000

Tabelle 2: Verteilungsfunktion der Poisson–Verteilung
$$F(x) = \sum_{i=0}^{x} e^{-\lambda}\frac{\lambda^i}{i!} \text{ (Forts.)}$$

n	λ 6.8	7.0	7.2	7.4	7.6	7.8	8.0	8.5	9.0
0	0.0011	0.0009	0.0007	0.0006	0.0005	0.0004	0.0003	0.0002	0.0001
1	0.0087	0.0073	0.0061	0.0051	0.0043	0.0036	0.0030	0.0019	0.0012
2	0.0344	0.0296	0.0255	0.0219	0.0188	0.0161	0.0138	0.0093	0.0062
3	0.0928	0.0818	0.0719	0.0632	0.0554	0.0485	0.0424	0.0301	0.0212
4	0.1920	0.1730	0.1555	0.1395	0.1249	0.1117	0.0996	0.0744	0.0550
5	0.3270	0.3007	0.2759	0.2526	0.2307	0.2103	0.1912	0.1496	0.1157
6	0.4799	0.4497	0.4204	0.3920	0.3646	0.3384	0.3134	0.2562	0.2068
7	0.6285	0.5987	0.5689	0.5393	0.5100	0.4812	0.4530	0.3856	0.3239
8	0.7548	0.7291	0.7027	0.6757	0.6482	0.6204	0.5925	0.5231	0.4557
9	0.8502	0.8305	0.8096	0.7877	0.7649	0.7411	0.7166	0.6530	0.5874
10	0.9151	0.9015	0.8867	0.8707	0.8535	0.8352	0.8159	0.7634	0.7060
11	0.9552	0.9467	0.9371	0.9265	0.9148	0.9020	0.8881	0.8487	0.8030
12	0.9779	0.9730	0.9673	0.9609	0.9536	0.9454	0.9362	0.9091	0.8758
13	0.9898	0.9872	0.9841	0.9805	0.9762	0.9714	0.9658	0.9486	0.9261
14	0.9956	0.9943	0.9927	0.9908	0.9886	0.9859	0.9827	0.9726	0.9585
15	0.9982	0.9976	0.9969	0.9959	0.9948	0.9934	0.9918	0.9862	0.9780
16	0.9993	0.9990	0.9987	0.9983	0.9978	0.9971	0.9963	0.9934	0.9889
17	0.9997	0.9996	0.9995	0.9993	0.9991	0.9988	0.9984	0.9970	0.9947
18	0.9999	0.9999	0.9998	0.9997	0.9996	0.9995	0.9993	0.9987	0.9976
19	1.0000	1.0000	0.9999	0.9999	0.9999	0.9998	0.9997	0.9995	0.9989
20			1.0000	1.0000	1.0000	0.9999	0.9999	0.9998	0.9996
21						1.0000	1.0000	0.9999	0.9998
22								1.0000	0.9999
23									1.0000

Ablesebeispiel: Für $\lambda = 0.2$ gilt: $F(2) = 0.9989$

Tabelle 3: Verteilungsfunktion $\Phi(x) = \int\limits_{-\infty}^{x} \frac{1}{\sqrt{2\pi}} e^{-\frac{t^2}{2}} dt$ **der Standard-normalverteilung N(0,1)**

x	0	1	2	3	4	5	6	7	8	9	1	2	3	4	5	6	7	8	9
0.0	0.5000	0.5040	0.5080	0.5120	0.5160	0.5199	0.5239	0.5279	0.5319	0.5359	4	8	12	16	20	24	28	32	36
0.1	0.5398	0.5438	0.5478	0.5517	0.5557	0.5596	0.5636	0.5675	0.5714	0.5753	4	8	12	16	20	24	28	32	35
0.2	0.5793	0.5832	0.5871	0.5910	0.5948	0.5987	0.6026	0.6064	0.6103	0.6141	4	8	12	15	19	23	27	31	35
0.3	0.6179	0.6217	0.6255	0.6293	0.6331	0.6368	0.6406	0.6443	0.6480	0.6517	4	8	11	15	19	23	26	30	34
0.4	0.6554	0.6591	0.6628	0.6664	0.6700	0.6736	0.6772	0.6808	0.6844	0.6879	4	7	11	14	18	22	25	29	32
0.5	0.6915	0.6950	0.6985	0.7019	0.7054	0.7088	0.7123	0.7157	0.7190	0.7224	3	7	10	14	17	21	24	27	31
0.6	0.7257	0.7291	0.7324	0.7357	0.7389	0.7422	0.7454	0.7486	0.7517	0.7549	3	6	10	13	16	19	23	26	29
0.7	0.7580	0.7611	0.7642	0.7673	0.7704	0.7734	0.7764	0.7794	0.7823	0.7852	3	6	9	12	15	18	21	24	27
0.8	0.7881	0.7910	0.7939	0.7967	0.7995	0.8023	0.8051	0.8078	0.8106	0.8133	3	6	8	11	14	17	19	22	25
0.9	0.8159	0.8186	0.8212	0.8238	0.8264	0.8289	0.8315	0.8340	0.8365	0.8389	3	5	8	10	13	15	18	20	23
1.0	0.8413	0.8438	0.8461	0.8485	0.8508	0.8531	0.8554	0.8577	0.8599	0.8621	2	5	7	9	12	14	16	18	21
1.1	0.8643	0.8665	0.8686	0.8708	0.8729	0.8749	0.8770	0.8790	0.8810	0.8830	2	4	6	8	10	12	14	16	19
1.2	0.8849	0.8869	0.8888	0.8907	0.8925	0.8944	0.8962	0.8980	0.8997	0.9015	2	4	6	7	9	11	13	15	16
1.3	0.9032	0.9049	0.9066	0.9082	0.9099	0.9115	0.9131	0.9147	0.9162	0.9177	2	3	5	6	8	10	11	13	14
1.4	0.9192	0.9207	0.9222	0.9236	0.9251	0.9265	0.9279	0.9292	0.9306	0.9319	1	3	4	6	7	8	10	11	13
1.5	0.9332	0.9345	0.9357	0.9370	0.9382	0.9394	0.9406	0.9418	0.9429	0.9441	1	2	4	5	6	7	8	10	11
1.6	0.9452	0.9463	0.9474	0.9484	0.9495	0.9505	0.9515	0.9525	0.9539	0.9545	1	2	3	4	5	6	7	8	9
1.7	0.9554	0.9564	0.9573	0.9582	0.9591	0.9599	0.9608	0.9616	0.9625	0.9633	1	2	3	3	4	5	6	7	8
1.8	0.9641	0.9649	0.9656	0.9664	0.9671	0.9678	0.9686	0.9693	0.9699	0.9706	1	1	2	3	4	4	5	6	6
1.9	0.9713	0.9719	0.9726	0.9732	0.9738	0.9744	0.9750	0.9756	0.9761	0.9767	1	1	2	2	3	4	4	5	5

Tabelle 3: Verteilungsfunktion $\Phi(x) = \int_{-\infty}^{x} \frac{1}{\sqrt{2\pi}} e^{-\frac{t^2}{2}} dt$ der Standard-normalverteilung N(0,1) (Forts.)

x	0	1	2	3	4	5	6	7	8	9	1	2	3	4	5	6	7	8	9
2.0	0.9772	0.9778	0.9783	0.9788	0.9793	0.9798	0.9803	0.9808	0.9812	0.9817	0	1	1	2	2	3	3	4	4
2.1	0.9821	0.9826	0.9830	0.9834	0.9838	0.9842	0.9846	0.9850	0.9854	0.9857	0	1	1	2	2	2	3	3	4
2.2	0.9861	0.9864	0.9868	0.9871	0.9875	0.9878	0.9881	0.9884	0.9887	0.9890	0	1	1	1	2	2	2	3	3
2.3	0.9893	0.9896	0.9898	0.9901	0.9904	0.9906	0.9909	0.9911	0.9913	0.9916	0	1	1	1	1	2	2	2	2
2.4	0.9918	0.9920	0.9922	0.9925	0.9927	0.9929	0.9931	0.9932	0.9934	0.9936	0	0	1	1	1	1	2	2	2
2.5	0.9938	0.9940	0.9941	0.9943	0.9945	0.9946	0.9948	0.9949	0.9951	0.9952	0	0	0	1	1	1	1	1	1
2.6	0.9953	0.9955	0.9956	0.9957	0.9959	0.9960	0.9961	0.9962	0.9963	0.9964	0	0	0	0	1	1	1	1	1
2.7	0.9965	0.9966	0.9967	0.9968	0.9969	0.9970	0.9971	0.9972	0.9973	0.9974	0	0	0	0	0	1	1	1	1
2.8	0.9974	0.9975	0.9976	0.9977	0.9977	0.9978	0.9979	0.9979	0.9980	0.9981	0	0	0	0	0	0	0	1	1
2.9	0.9981	0.9982	0.9982	0.9983	0.9984	0.9984	0.9985	0.9985	0.9986	0.9986	0	0	0	0	0	0	0	0	0
3.0	0.9987	0.9987	0.9987	0.9988	0.9988	0.9989	0.9989	0.9989	0.9990	0.9990	0	0	0	0	0	0	0	0	0
3.1	0.9990	0.9991	0.9991	0.9991	0.9992	0.9992	0.9992	0.9992	0.9993	0.9993	0	0	0	0	0	0	0	0	0
3.2	0.9993	0.9993	0.9994	0.9994	0.9994	0.9994	0.9995	0.9995	0.9995	0.9995	0	0	0	0	0	0	0	0	0
3.3	0.9995	0.9995	0.9995	0.9996	0.9996	0.9996	0.9996	0.9996	0.9996	0.9997	0	0	0	0	0	0	0	0	0
3.4	0.9997	0.9997	0.9997	0.9997	0.9997	0.9997	0.9997	0.9997	0.9997	0.9998	0	0	0	0	0	0	0	0	0
3.5	0.9998	0.9998	0.9998	0.9998	0.9998	0.9998	0.9998	0.9998	0.9998	0.9998	0	0	0	0	0	0	0	0	0
3.6	0.9998	0.9998	0.9999	0.9999	0.9999	0.9999	0.9999	0.9999	0.9999	0.9999	0	0	0	0	0	0	0	0	0
3.7	0.9999	0.9999	0.9999	0.9999	0.9999	0.9999	0.9999	0.9999	0.9999	0.9999	0	0	0	0	0	0	0	0	0
3.8	0.9999	0.9999	0.9999	0.9999	0.9999	0.9999	0.9999	0.9999	0.9999	1.0000	0	0	0	0	0	0	0	0	0

Erweiterung der Tabelle durch $\boxed{\Phi(-x) = 1 - \Phi(x)}$

Ablesebeispiel: $\Phi(1.235) = 0.8907 + 0.0009 = 0.8916$

Tabelle 4: Quantile der Standardnormalverteilung u_α

α	0.5000	0.7500	0.8000	0.9000	0.9500	0.9750	0.9900	0.9950	0.9990	0.9995
u_α	0.0000	0.6745	0.8416	1.2816	1.6449	1.9600	2.3263	2.5758	3.0902	3.2905

Erweiterung der Tabelle durch $\boxed{u_{1-\alpha} = -u_\alpha}$

Tabelle 5: Quantile der t–Verteilung mit n Freiheitsgraden $t_{n;\alpha}$

n	\multicolumn{7}{c}{α}
	0.900	0.950	0.975	0.990	0.995	0.999	0.9995
---	---	---	---	---	---	---	---
1	3.078	6.314	12.706	31.821	63.657	318.309	636.619
2	1.886	2.920	4.303	6.965	9.925	22.33	31.60
3	1.638	2.353	3.182	4.541	5.841	10.21	12.941
4	1.533	2.132	2.776	3.747	4.604	7.173	8.610
5	1.476	2.015	2.571	3.365	4.032	5.893	6.859
6	1.440	1.943	2.447	3.143	3.707	5.208	5.959
7	1.415	1.895	2.365	2.998	3.499	4.785	5.405
8	1.397	1.860	2.306	2.896	3.355	4.501	5.041
9	1.383	1.833	2.262	2.821	3.250	4.297	4.781
10	1.372	1.812	2.228	2.764	3.169	4.144	4.587
11	1.363	1.796	2.201	2.718	3.106	4.025	4.437
12	1.356	1.782	2.179	2.681	3.055	3.930	4.318
13	1.350	1.771	2.160	2.650	3.012	3.852	4.221
14	1.345	1.761	2.145	2.624	2.977	3.787	4.140
15	1.341	1.753	2.131	2.602	2.947	3.733	4.073
16	1.337	1.746	2.120	2.583	2.921	3.686	4.015
17	1.333	1.740	2.110	2.567	2.898	3.646	3.965
18	1.330	1.734	2.101	2.552	2.878	3.610	3.922
19	1.328	1.729	2.093	2.539	2.861	3.579	3.883
20	1.325	1.725	2.086	2.528	2.845	3.552	3.850

Tabelle 5: Quantile der t–Verteilung mit n Freiheitsgraden $t_{n;\alpha}$ (Forts.)

n	α						
	0.900	0.950	0.975	0.990	0.995	0.999	0.9995
21	1.323	1.721	2.080	2.518	2.831	3.527	3.819
22	1.321	1.717	2.074	2.508	2.819	3.505	3.792
23	1.319	1.714	2.069	2.500	2.807	3.485	3.768
24	1.318	1.711	2.064	2.492	2.797	3.467	3.745
25	1.316	1.708	2.060	2.485	2.787	3.450	3.725
26	1.315	1.706	2.056	2.479	2.779	3.435	3.707
27	1.314	1.703	2.052	2.473	2.771	3.421	3.690
28	1.313	1.701	2.048	2.467	2.763	3.408	3.674
29	1.311	1.699	2.045	2.462	2.756	3.396	3.659
30	1.310	1.697	2.042	2.457	2.750	3.385	3.646
31	1.309	1.696	2.040	2.453	2.744	3.375	3.633
32	1.309	1.694	2.037	2.449	2.738	3.365	3.622
33	1.308	1.692	2.035	2.445	2.733	3.356	3.611
34	1.307	1.691	2.032	2.441	2.728	3.348	3.601
35	1.306	1.690	2.030	2.438	2.724	3.340	3.591
36	1.306	1.688	2.028	2.434	2.719	3.333	3.582
37	1.305	1.687	2.026	2.431	2.715	3.326	3.574
38	1.304	1.686	2.024	2.429	2.712	3.319	3.566
39	1.304	1.685	2.023	2.426	2.708	3.313	3.558
40	1.303	1.684	2.021	2.423	2.704	3.307	3.551
45	1.301	1.679	2.014	2.412	2.690	3.281	3.520
50	1.299	1.676	2.009	2.403	2.678	3.261	3.496
60	1.296	1.671	2.000	2.390	2.660	3.232	3.460
70	1.294	1.667	1.994	2.381	2.648	3.211	3.435
80	1.292	1.664	1.990	2.374	2.639	3.195	3.416
90	1.291	1.662	1.987	2.368	2.632	3.183	3.402
100	1.290	1.660	1.984	2.364	2.626	3.174	3.390
120	1.289	1.658	1.980	2.358	2.617	3.160	3.373
150	1.287	1.655	1.976	2.351	2.609	3.145	3.357
∞	1.282	1.645	1.960	2.326	2.576	3.090	3.291

Erweiterung der
Tabelle durch

$$\boxed{t_{n;1-\alpha} = -t_{n;\alpha}}$$

speziell: $t_{\infty;1-\alpha} = u_{1-\alpha}$

Ablesebeispiel:
$t_{12;0.01} = -2.681$

Tabelle 6: Quantile der χ^2–Verteilung mit n Freiheitsgraden $\chi^2_{n;\alpha}$

n	α													
	0.0005	0.001	0.005	0.010	0.025	0.050	0.100	0.900	0.950	0.975	0.990	0.995	0.999	0.9995
1	$^{-7}3.93$	$^{-6}1.57$	$^{-5}3.93$	$^{-4}1.57$	$^{-4}9.82$	$^{-3}3.93$	$^{-2}1.58$	2.706	3.841	5.024	6.635	7.879	10.83	12.12
2	.0010	.0020	.0100	.0201	.0506	0.103	0.211	4.605	5.991	7.378	9.210	10.60	13.82	15.20
3	.0153	.0243	.0717	0.115	0.216	0.352	0.584	6.251	7.815	9.348	11.34	12.84	16.27	17.73
4	.0639	.0908	0.207	0.297	0.484	0.711	1.064	7.779	9.488	11.14	13.28	14.86	18.47	20.00
5	0.158	0.210	0.412	0.554	0.831	1.145	1.610	9.236	11.07	12.83	15.09	16.75	20.52	22.11
6	0.299	0.381	0.676	0.872	1.237	1.635	2.204	10.64	12.59	14.45	16.81	18.55	22.46	24.10
7	0.485	0.598	0.989	1.239	1.690	2.167	2.833	12.02	14.07	16.01	18.48	20.28	24.32	26.02
8	0.710	0.857	1.344	1.647	2.180	2.733	3.490	13.36	15.51	17.53	20.09	21.95	26.12	27.87
9	0.972	1.152	1.735	2.088	2.700	3.325	4.168	14.68	16.92	19.02	21.67	23.59	27.88	29.67
10	1.265	1.479	2.156	2.558	3.247	3.940	4.865	15.99	18.31	20.48	23.21	25.19	29.59	31.42
11	1.587	1.834	2.603	3.053	3.816	4.575	5.578	17.28	19.68	21.92	24.72	26.76	31.26	33.14
12	1.934	2.214	3.074	3.571	4.404	5.226	6.304	18.55	21.03	23.34	26.22	28.30	32.91	34.82
13	2.305	2.617	3.565	4.107	5.009	5.892	7.042	19.81	22.36	24.74	27.69	29.82	34.53	36.48
14	2.697	3.041	4.075	4.660	5.629	6.571	7.790	21.06	23.68	26.12	29.14	31.32	36.12	38.11
15	3.108	3.483	4.601	5.229	6.262	7.261	8.547	22.31	25.00	27.49	30.58	32.80	37.70	39.72
16	3.536	3.942	5.142	5.812	6.908	7.962	9.312	23.54	26.30	28.85	32.00	34.27	39.25	41.31
17	3.980	4.416	5.697	6.408	7.564	8.672	10.09	24.77	27.59	30.19	33.41	35.72	40.79	42.88
18	4.439	4.905	6.265	7.015	8.231	9.390	10.86	25.99	28.87	31.53	34.81	37.16	42.31	44.43
19	4.912	5.407	6.844	7.633	8.907	10.12	11.65	27.20	30.14	32.85	36.19	38.58	43.82	45.97
20	5.398	5.921	7.434	8.260	9.591	10.85	12.44	28.41	31.41	34.17	37.57	40.00	45.31	47.50

Tabelle 6: Quantile der χ^2–Verteilung mit n Freiheitsgraden $\chi^2_{n;\alpha}$ (Forts.)

n	.0005	0.001	0.005	0.010	0.025	0.050	0.100	0.900	0.950	0.975	0.990	0.995	0.999	0.9995
21	5.896	6.447	8.034	8.897	10.28	11.59	13.24	29.62	32.67	35.48	38.93	41.40	46.80	49.01
22	6.404	6.983	8.643	9.542	10.98	12.34	14.04	30.81	33.92	36.78	40.29	42.80	48.27	50.51
23	6.924	7.529	9.260	10.20	11.69	13.09	14.85	32.01	35.17	38.08	41.64	44.18	49.73	52.00
24	7.453	8.085	9.886	10.86	12.40	13.85	15.66	33.20	36.42	39.36	42.98	45.56	51.18	53.48
25	7.991	8.649	10.52	11.52	13.12	14.61	16.47	34.38	37.65	40.65	44.31	46.93	52.62	54.95
26	8.538	9.222	11.16	12.20	13.84	15.38	17.29	35.56	38.89	41.92	45.64	48.29	54.05	56.41
27	9.093	9.803	11.81	12.88	14.57	16.15	18.11	36.74	40.11	43.19	46.96	49.64	55.48	57.86
28	9.656	10.39	12.46	13.56	15.31	16.93	18.94	37.92	41.34	44.46	48.28	50.99	56.89	59.30
29	10.23	10.99	13.12	14.26	16.05	17.71	19.77	39.09	42.56	45.72	49.59	52.34	58.30	60.73
30	10.80	11.59	13.79	14.95	16.79	18.49	20.60	40.26	43.77	46.98	50.89	53.67	59.70	62.16
31	11.39	12.20	14.46	15.66	17.54	19.28	21.43	41.42	44.99	48.23	52.19	55.00	61.10	63.58
32	11.98	12.81	15.13	16.36	18.29	20.07	22.27	42.58	46.19	49.48	53.49	56.33	62.49	65.00
33	12.58	13.43	15.82	17.07	19.05	20.87	23.11	43.75	47.40	50.73	54.78	57.65	63.87	66.40
34	13.18	14.06	16.50	17.79	19.81	21.66	23.95	44.90	48.60	51.97	56.06	58.96	65.25	67.80
35	13.79	14.69	17.19	18.51	20.57	22.47	24.80	46.06	49.80	53.20	57.34	60.27	66.62	69.20
36	14.40	15.32	17.89	19.23	21.34	23.27	25.64	47.21	51.00	54.44	58.62	61.58	67.99	70.59
37	15.02	15.97	18.59	19.96	22.11	24.07	26.49	48.36	52.19	55.67	59.89	62.88	69.35	71.97
38	15.64	16.61	19.29	20.69	22.88	24.88	27.34	49.51	53.38	56.90	61.16	64.18	70.70	73.35
39	16.27	17.26	20.00	21.43	23.65	25.70	28.20	50.66	54.57	58.12	62.43	65.48	72.05	74.73
40	16.91	17.92	20.71	22.16	24.43	26.51	29.05	51.81	55.76	59.34	63.69	66.77	73.40	76.09

Spaltenkopf α

Tabelle 6: Quantile der χ^2–Verteilung mit n Freiheitsgraden $\chi^2_{n;\alpha}$ (Forts.)

n	.0005	0.001	0.005	0.010	0.025	0.050	0.100	0.900	0.950	0.975	0.990	0.995	0.999	0.9995
45	20.14	21.25	24.31	25.90	28.37	30.61	33.35	57.51	61.66	65.41	69.96	73.17	80.08	82.88
50	23.46	24.67	27.99	29.71	32.36	34.76	37.69	63.17	67.50	71.42	76.15	79.49	86.66	89.56
60	30.34	31.74	35.53	37.48	40.48	43.19	46.46	74.40	79.08	83.30	88.38	91.95	99.61	102.7
70	37.47	39.04	43.28	45.44	48.76	51.74	55.33	85.53	90.53	95.02	100.4	104.2	112.3	115.6
80	44.79	46.52	51.17	53.54	57.15	60.39	64.28	96.58	101.9	106.6	112.3	116.3	124.8	128.3
90	52.28	54.16	59.20	61.75	65.65	69.13	73.29	107.6	113.1	118.1	124.1	128.3	137.2	140.8
100	59.90	61.92	67.33	70.06	74.22	77.93	82.36	118.5	124.3	129.6	135.8	140.2	149.4	153.2
120	75.47	77.76	83.85	86.92	91.57	95.70	100.6	140.2	146.6	152.2	159.0	163.6	173.6	177.6
150	99.46	102.1	109.1	112.7	118.0	122.7	128.3	172.6	179.6	185.8	193.2	198.4	209.3	213.6
200	140.7	143.8	152.2	156.4	162.7	168.3	174.8	226.0	234.0	241.1	249.4	255.3	267.5	272.4

α

Approximation durch die Normalverteilung: $\chi^2_{n;\alpha} \approx n \left[1 - \frac{2}{9n} + u_\alpha \sqrt{\frac{2}{9n}} \right]^3$ fÄr $n \geq 30$

Ablesebeispiel: $\chi^2_{2;0.95} = 5.991$

Tabelle 7: Quantile der F–Verteilung mit (n_1, n_2) Freiheitsgraden $F_{n_1,n_2;\alpha}$

n_2	α	n_1									
		1	2	3	4	5	6	7	8	9	10
1	0.990	4052	4999	5403	5625	5764	5859	5928	5981	6022	6056
	0.975	647.8	799.5	864.2	899.6	921.8	937.1	948.2	956.7	963.3	968.6
	0.950	161.4	199.5	215.7	224.6	230.2	234.0	236.8	238.9	240.5	241.9
	0.900	39.86	49.50	53.59	55.83	57.24	58.20	58.91	59.44	59.86	60.20
2	0.990	98.50	99.00	99.17	99.25	99.30	99.33	99.36	99.37	99.39	99.40
	0.975	38.51	39.00	39.17	39.25	39.30	39.33	39.36	39.37	39.39	39.40
	0.950	18.51	19.00	19.16	19.25	19.30	19.33	19.35	19.37	19.38	19.40
	0.900	8.256	9.000	9.162	9.243	9.293	9.326	9.349	9.367	9.381	9.392
3	0.990	34.12	30.82	29.46	28.71	28.24	27.91	27.67	27.49	27.35	27.23
	0.975	17.44	16.04	15.44	15.10	14.88	14.73	14.62	14.54	14.47	14.42
	0.950	10.13	9.552	9.277	9.117	9.013	8.941	8.887	8.845	8.812	8.786
	0.900	5.538	5.462	5.391	5.343	5.309	5.285	5.266	5.252	5.240	5.230
4	0.990	21.20	18.00	16.69	15.98	15.52	15.21	14.98	14.80	14.66	14.55
	0.975	12.22	10.65	9.979	9.605	9.364	9.197	9.074	8.980	8.905	8.844
	0.950	7.709	6.944	6.591	6.388	6.256	6.163	6.094	6.041	5.999	5.964
	0.900	4.545	4.325	4.191	4.107	4.051	4.010	3.979	3.955	3.936	3.920
5	0.990	16.26	13.27	12.06	11.39	10.97	10.67	10.46	10.29	10.16	10.05
	0.975	10.01	8.434	7.764	7.388	7.416	6.978	6.853	6.757	6.681	6.619
	0.950	6.608	5.786	5.409	5.192	5.050	4.950	4.876	4.818	4.772	4.735
	0.900	4.060	3.780	3.619	3.520	3.453	3.405	3.368	3.339	3.316	3.297
6	0.990	13.75	10.92	9.780	9.148	8.746	8.466	8.260	8.102	7.976	7.874
	0.975	8.813	7.260	6.599	6.227	5.988	5.820	5.695	5.600	5.523	5.461
	0.950	5.987	5.143	4.757	4.534	4.387	4.284	4.207	4.147	4.099	4.060
	0.990	3.776	3.463	3.289	3.181	3.108	3.055	3.014	2.983	2.958	2.937
7	0.990	12.25	9.547	8.451	7.847	7.460	7.191	6.993	6.840	6.719	6.620
	0.975	8.073	6.542	5.890	5.523	5.285	5.119	4.995	4.899	4.823	4.761
	0.950	5.591	4.737	4.347	4.120	3.972	3.866	3.787	3.726	3.677	3.637
	0.990	3.589	3.257	3.074	2.961	2.883	2.827	2.785	2.752	2.725	2.703
8	0.990	11.26	8.649	7.591	7.006	6.632	6.371	6.178	6.029	5.911	5.814
	0.975	7.571	6.059	5.416	5.053	4.817	4.652	4.529	4.433	4.357	4.295
	0.950	5.318	4.459	4.066	3.838	3.687	3.581	3.500	3.438	3.388	3.347
	0.900	3.458	3.113	2.924	2.806	2.726	2.668	2.624	2.589	2.561	2.538

Tabelle 7: Quantile der F–Verteilung mit (n_1, n_2) Freiheitsgraden $F_{n_1,n_2;\alpha}$ (Forts.)

n_2	α	n_1									
		1	2	3	4	5	6	7	8	9	10
9	0.990	10.56	8.022	6.992	6.422	6.057	5.802	5.613	5.467	5.351	5.257
	0.975	7.209	5.715	5.078	4.718	4.484	4.320	4.197	4.102	4.026	3.964
	0.950	5.117	4.256	3.863	3.633	3.482	3.374	3.293	3.230	3.179	3.137
	0.900	3.360	3.006	2.813	2.693	2.611	2.551	2.505	2.469	2.440	2.146
10	0.990	10.04	7.559	6.552	5.994	5.636	5.386	5.200	5.057	4.942	4.849
	0.975	6.937	5.456	4.826	4.468	4.236	4.072	3.950	3.855	3.779	3.717
	0.950	4.965	4.103	3.708	3.478	3.326	3.217	3.135	3.072	3.020	2.978
	0.900	3.285	2.924	2.728	2.605	2.522	2.461	2.414	2.377	2.347	2.323
11	0.990	9.646	7.206	6.217	5.668	5.316	5.069	4.886	4.744	4.632	4.539
	0.975	6.724	5.256	4.630	4.257	4.044	3.881	3.759	3.664	3.588	3.526
	0.950	4.844	3.982	3.587	3.357	3.204	3.095	3.012	2.948	2.896	2.854
	0.900	3.225	2.860	2.660	2.536	2.451	2.389	2.342	2.304	2.274	2.248
12	0.990	9.330	6.927	5.953	5.412	5.064	4.821	4.640	4.499	4.388	4.296
	0.975	6.554	5.096	4.474	4.121	3.891	3.728	3.607	3.512	3.436	3.374
	0.950	4.747	3.885	3.490	3.259	3.106	2.996	2.913	2.849	2.796	2.753
	0.900	3.177	2.807	2.606	2.480	2.394	2.331	2.283	2.245	2.214	2.188
13	0.990	9.074	6.701	5.739	5.205	4.862	4.620	4.441	4.302	4.191	4.100
	0.975	6.414	4.965	4.347	3.996	3.767	3.604	3.483	3.388	3.312	3.250
	0.950	4.667	3.806	3.411	3.179	3.025	2.915	2.832	2.767	2.714	2.671
	0.900	3.136	2.763	2.560	2.434	2.347	2.283	2.234	2.195	2.164	2.138
14	0.990	8.862	6.515	5.564	5.035	4.695	4.456	4.278	4.140	4.030	3.939
	0.975	6.298	4.857	4.242	3.892	3.663	3.501	3.380	3.285	3.209	3.147
	0.950	4.600	3.739	3.344	3.112	2.958	2.848	2.764	2.699	2.646	2.602
	0.900	3.102	2.726	2.522	2.395	2.307	2.243	2.193	2.154	2.122	2.095
15	0.990	8.683	6.359	5.417	4.893	4.556	4.318	4.142	4.004	3.895	3.805
	0.975	6.200	4.765	4.153	3.804	3.576	3.415	3.293	3.199	3.123	3.060
	0.950	4.543	3.682	3.287	3.056	2.901	2.790	2.707	2.641	2.588	2.544
	0.900	3.073	2.965	2.490	2.361	2.273	2.208	2.158	2.119	2.086	2.059
16	0.990	8.531	6.226	5.292	4.773	4.437	4.202	4.026	3.890	3.780	3.691
	0.975	6.115	4.687	4.077	3.729	3.502	3.341	3.219	3.125	3.049	2.986
	0.950	4.494	3.634	3.239	3.007	2.852	2.741	2.657	2.591	2.538	2.494
	0.990	3.048	2.668	2.462	2.333	2.244	2.178	2.128	2.088	2.055	2.028

Tabelle 7: Quantile der F–Verteilung mit (n_1, n_2) Freiheitsgraden $F_{n_1, n_2; \alpha}$ (Forts.)

n_2	α	n_1									
		1	2	3	4	5	6	7	8	9	10
17	0.990	8.400	6.112	5.185	4.669	4.336	4.102	3.927	3.791	3.682	3.593
	0.975	6.042	4.619	4.011	3.665	4.438	3.277	3.156	3.061	2.985	2.922
	0.950	4.451	3.592	3.197	2.965	2.810	2.699	2.614	2.548	2.494	2.450
	0.900	3.026	2.645	2.437	2.308	2.218	2.152	2.102	2.061	2.028	2.001
18	0.990	8.285	6.013	5.092	4.579	4.248	4.015	3.841	3.705	3.597	3.508
	0.975	5.978	4.560	3.954	3.608	3.382	3.221	3.100	3.005	2.929	2.866
	0.950	4.414	3.555	3.160	2.928	2.773	2.661	2.577	2.510	2.456	2.412
	0.900	3.007	2.624	2.146	2.286	2.196	2.130	2.079	2.038	2.005	1.977
19	0.990	8.185	5.926	5.010	4.500	4.171	3.939	3.765	3.631	3.523	3.434
	0.975	5.922	4.508	3.903	3.559	3.333	3.172	3.051	2.956	2.880	2.817
	0.950	4.381	3.522	3.127	2.895	2.740	2.628	2.544	2.477	2.423	2.378
	0.900	2.990	2.606	2.397	2.266	2.176	2.109	2.058	2.017	1.984	1.956
20	0.990	8.096	5.849	4.938	4.431	4.103	3.871	3.699	3.564	3.457	3.368
	0.975	5.871	4.461	3.859	3.515	3.289	3.128	3.007	2.913	2.837	2.774
	0.950	4.351	3.493	3.098	2.866	2.711	2.599	2.514	2.477	2.393	2.348
	0.900	2.975	2.589	2.380	2.249	2.158	2.091	2.040	1.999	1.965	1.937
25	0.990	7.770	5.568	4.675	4.177	3.855	3.627	3.457	3.324	3.217	3.129
	0.975	5.686	4.291	3.694	3.353	3.129	2.969	2.848	2.753	2.677	2.613
	0.950	4.242	3.385	2.991	2.759	2.603	2.490	2.405	2.337	2.282	2.236
	0.900	2.918	2.528	2.317	2.184	2.092	2.024	1.971	1.929	1.895	1.866
30	0.990	7.562	5.390	4.510	4.018	3.699	3.473	3.304	3.173	3.067	2.979
	0.975	5.568	4.182	3.589	3.250	3.026	2.867	2.746	2.651	2.275	2.511
	0.950	4.171	3.316	2.922	2.690	2.534	2.421	2.334	2.266	2.211	2.165
	0.900	2.881	2.489	2.276	2.142	2.049	1.980	1.927	1.884	1.849	1.819
40	0.990	7.314	5.179	4.313	3.828	3.514	3.291	3.124	2.993	2.888	2.801
	0.975	5.424	4.051	3.463	3.126	2.904	2.744	2.624	2.529	2.452	2.388
	0.950	4.085	3.232	2.839	2.606	2.449	2.336	2.249	2.180	2.124	2.077
	0.900	2.835	2.440	2.226	2.091	1.997	1.927	1.873	1.829	1.793	1.763
50	0.990	7.171	5.057	4.199	3.720	3.048	3.186	3.020	2.890	2.785	2.698
	0.975	5.340	3.975	3.390	3.054	2.833	2.674	2.553	2.458	2.381	2.317
	0.950	4.034	3.183	2.790	2.557	2.400	2.286	2.199	2.130	2.073	2.026
	0.900	2.809	2.412	2.197	2.061	1.966	1.895	1.840	1.796	1.760	1.729

Tabelle 7: Quantile der F–Verteilung mit (n_1, n_2) Freiheitsgraden $F_{n_1,n_2;\alpha}$ (Forts.)

n_2	α	n_1 1	2	3	4	5	6	7	8	9	10
75	0.990	6.985	4.900	4.054	3.580	3.272	3.052	2.887	2.758	2.653	2.567
	0.975	5.232	3.876	3.296	2.962	2.741	2.582	2.461	2.366	2.289	2.224
	0.950	3.969	3.119	2.727	2.494	2.337	2.222	2.134	2.064	2.007	1.959
	0.900	2.774	2.375	2.158	2.021	1.926	1.854	1.799	1.754	1.716	1.685
100	0.990	6.895	4.824	3.984	3.513	3.206	2.988	2.823	2.694	2.590	2.503
	0.975	5.179	3.828	2.250	2.917	2.696	2.537	2.417	2.321	2.244	2.179
	0.950	3.936	3.087	2.696	2.463	2.305	2.191	2.103	2.032	1.975	1.927
	0.900	2.756	2.356	2.139	2.002	1.906	1.834	1.778	1.732	1.695	1.663
150	0.990	6.807	4.750	3.915	3.447	3.142	2.924	2.761	2.632	2.528	2.441
	0.975	5.126	3.781	3.204	2.872	2.652	2.494	2.373	2.278	2.200	2.135
	0.950	3.904	3.056	2.665	2.432	2.275	2.160	2.071	2.001	1.943	1.894
	0.900	2.739	2.338	2.121	1.983	1.886	1.814	1.757	1.712	1.674	1.642
200	0.990	6.763	4.713	3.881	3.414	3.110	2.893	2.730	2.601	2.497	2.411
	0.975	5.100	3.758	3.182	2.850	2.630	2.472	2.351	2.256	2.178	2.113
	0.950	3.888	3.041	2.650	2.417	2.259	2.144	2.056	1.985	1.927	1.878
	0.900	2.731	2.329	2.111	1.973	1.876	1.804	1.747	1.701	1.663	1.631
500	0.990	6.686	4.648	3.821	3.357	3.054	2.838	2.675	2.547	2.443	2.357
	0.975	5.054	3.716	3.142	2.811	2.592	2.434	2.313	2.217	2.139	2.074
	0.950	3.860	3.014	2.623	2.390	2.232	2.117	2.028	1.957	1.899	1.850
	0.900	2.716	2.313	2.095	1.956	1.859	1.786	1.729	1.683	1.644	1.612
∞	0.990	6.635	4.605	3.782	3.319	3.017	2.802	2.639	2.511	2.407	2.321
	0.975	5.024	3.689	3.116	2.786	2.567	2.408	2.288	2.192	2.114	2.048
	0.950	3.841	2.996	2.605	2.372	2.214	2.099	2.010	1.938	1.880	1.831
	0.900	2.706	2.303	2.084	1.945	1.847	1.774	1.717	1.670	1.632	1.599

Tabelle 7: Quantile der F–Verteilung mit (n_1, n_2) Freiheitsgraden $F_{n_1,n_2;\alpha}$ (Forts.)

n_2	α	n_1									
		11	12	13	14	15	16	17	18	19	20
1	0.990	6083	6106	6126	6143	6157	6170	6181	6192	6201	6209
	0.975	973.0	976.7	979.8	982.5	984.9	986.9	988.7	990.3	991.8	993.1
	0.950	243.0	243.9	244.7	245.4	245.9	246.5	246.9	247.3	247.7	248.0
	0.900	60.47	60.71	60.90	61.07	61.22	61.35	61.46	61.57	61.66	61.74
2	0.990	90.41	99.42	99.42	99.43	99.43	99.44	99.44	99.44	99.45	99.45
	0.975	39.41	39.41	39.42	39.43	39.43	39.44	39.44	39.44	39.45	39.45
	0.950	19.40	19.41	19.42	19.42	19.43	19.43	19.44	19.44	19.44	19.45
	0.900	9.401	9.408	9.415	9.420	9.425	9.429	9.433	9.436	9.439	9.441
3	0.990	27.13	27.05	26.98	26.92	26.87	26.83	26.79	26.75	26.72	26.69
	0.975	14.37	14.34	14.30	14.28	14.25	14.23	14.21	14.20	14.18	14.17
	0.950	8.763	8.745	8.729	8.715	8.703	8.692	8.683	8.675	8.667	8.660
	0.900	5.222	5.216	5.210	5.205	5.200	5.196	5.193	5.190	5.187	5.184
4	0.990	14.45	14.37	14.31	14.25	14.20	14.15	14.11	14.08	14.05	14.02
	0.975	8.794	8.751	8.715	8.684	8.657	8.633	8.611	8.592	8.575	8.560
	0.950	5.936	5.912	5.891	5.873	5.858	5.844	5.832	5.821	5.811	5.803
	0.900	3.907	3.896	3.886	3.878	3.870	3.864	3.858	3.853	3.849	3.844
5	0.990	9.263	9.888	9.825	9.770	9.722	9.680	9.643	9.610	9.580	9.553
	0.975	6.568	6.525	6.488	6.456	6.428	6.403	6.381	6.362	6.344	6.329
	0.950	4.704	4.678	4.655	4.636	4.619	4.604	4.590	4.578	4.568	4.558
	0.900	3.282	3.268	3.257	3.247	3.238	3.230	3.223	3.217	3.212	3.207
6	0.990	7.790	7.718	7.658	7.605	7.559	7.519	7.843	7.451	7.422	7.396
	0.975	5.410	5.366	5.329	5.297	5.269	5.244	5.222	5.202	5.184	5.168
	0.950	4.027	4.000	3.976	3.956	3.938	3.922	3.908	3.896	3.884	3.874
	0.900	2.919	2.905	2.892	2.881	2.871	2.863	2.855	2.848	2.842	2.836
7	0.990	6.538	6.469	6.410	6.359	6.314	6.275	6.240	6.209	6.181	6.155
	0.975	4.709	4.666	4.628	4.596	4.568	4.543	4.521	4.501	4.483	4.467
	0.950	3.603	3.575	3.550	3.529	3.511	3.494	3.480	3.467	3.455	3.445
	0.900	2.684	2.668	2.654	2.643	2.632	2.623	2.615	2.607	2.601	2.595
8	0.990	5.734	5.667	5.609	5.559	5.515	5.477	5.442	5.412	5.384	5.359
	0.975	4.243	4.200	4.162	4.130	4.101	4.076	4.054	4.034	4.016	3.999
	0.950	3.313	3.284	3.259	3.237	3.218	3.202	3.187	3.173	3.161	3.150
	0.900	2.519	2.502	2.488	2.475	2.464	2.455	2.446	2.438	2.431	2.425

Tabelle 7: Quantile der F–Verteilung mit (n_1, n_2) Freiheitsgraden
$F_{n_1,n_2;\alpha}$ **(Forts.)**

n_2	α	n_1									
		11	12	13	14	15	16	17	18	19	20
9	0.990	5.178	5.111	5.055	5.005	4.962	4.924	4.890	4.860	4.833	4.808
	0.975	3.912	3.868	3.831	3.798	3.769	3.744	3.722	3.701	3.683	3.667
	0.950	3.102	3.073	3.048	3.025	3.006	2.989	2.974	2.960	2.648	2.936
	0.900	2.396	2.379	2.364	2.351	2.340	2.329	2.320	2.312	2.305	2.298
10	0.990	4.772	4.706	4.650	4.601	4.558	4.520	4.487	4.457	4.430	4.405
	0.975	3.665	3.621	3.583	3.550	3.522	3.496	3.474	3.453	3.435	3.419
	0.950	2.943	2.913	2.887	2.865	2.845	2.828	2.812	2.798	2.785	2.774
	0.900	2.302	2.284	2.269	2.255	2.244	2.233	2.224	2.215	2.208	2.201
11	0.990	4.462	4.397	4.342	4.293	4.251	4.213	4.180	4.150	4.123	4.099
	0.975	3.474	3.430	3.392	3.359	3.330	3.304	3.282	3.261	3.243	3.226
	0.950	2.818	2.788	2.761	2.739	2.179	2.701	2.685	2.671	2.658	2.646
	0.900	2.227	2.209	2.193	2.179	2.167	2.156	2.147	2.138	2.130	2.123
12	0.990	4.220	4.155	4.100	4.052	4.010	3.972	3.939	3.909	3.883	3.858
	0.975	3.321	3.277	3.239	3.206	3.177	3.152	3.129	3.108	3.090	3.073
	0.950	2.717	2.687	2.660	2.637	2.617	2.599	2.583	2.568	2.555	2.544
	0.900	2.166	2.147	2.131	2.117	2.105	2.094	2.084	2.075	2.067	2.060
13	0.990	4.025	3.960	3.905	3.857	3.815	3.778	3.745	3.716	3.689	3.665
	0.975	3.197	3.153	3.115	3.082	3.053	3.027	3.004	2.983	2.965	2.948
	0.950	2.635	2.604	2.577	2.533	2.533	2.515	2.499	2.484	2.471	2.459
	0.900	2.116	2.097	2.080	2.066	2.053	2.042	2.032	2.023	2.014	2.007
14	0.990	3.864	3.800	3.745	3.697	3.656	3.619	3.586	3.556	3.529	3.505
	0.975	3.095	3.050	3.012	2.978	2.949	2.923	2.900	2.879	2.861	2.844
	0.950	2.565	2.534	2.507	2.484	2.463	2.445	2.428	2.413	2.400	2.388
	0.900	2.073	2.054	2.037	2.022	2.010	1.998	1.988	1.978	1.970	1.962
15	0.990	3.730	3.666	3.612	3.564	3.522	3.485	3.452	3.423	3.396	3.372
	0.975	3.008	2.963	2.925	2.891	2.862	2.836	2.813	2.792	2.773	2.756
	0.950	2.507	2.475	2.448	2.424	2.403	2.385	2.368	2.353	2.340	2.328
	0.900	2.037	2.017	2.000	1.985	1.972	1.961	1.950	1.941	1.932	1.924
16	0.990	3.616	3.553	3.498	3.450	3.409	3.372	3.339	3.310	3.283	3.259
	0.975	2.934	2.889	2.851	2.817	2.788	2.761	2.738	2.717	2.698	2.681
	0.950	2.456	2.425	2.397	2.373	2.352	2.333	2.317	2.302	2.288	2.276
	0.900	2.005	1.985	1.968	1.953	1.940	1.928	1.917	1.908	1.899	1.891

Tabelle 7: Quantile der F–Verteilung mit (n_1, n_2) Freiheitsgraden $F_{n_1,n_2;\alpha}$ (Forts.)

n_2	α	n_1									
		11	12	13	14	15	16	17	18	19	20
17	0.990	3.519	3.455	3.401	3.353	3.312	3.275	3.242	3.212	3.186	3.162
	0.975	2.870	2.825	2.786	2.753	2.723	2.697	2.673	2.652	2.633	2.616
	0.950	2.413	2.381	2.353	2.329	2.308	2.289	2.272	2.257	2.243	2.230
	0.900	1.978	1.958	1.940	1.925	1.912	1.900	1.889	1.879	1.870	1.862
18	0.990	3.434	3.371	3.316	3.269	3.227	3.190	3.158	3.128	3.101	3.077
	0.975	2.814	2.769	2.730	2.696	2.667	2.640	2.617	2.596	2.576	2.559
	0.950	2.374	2.342	2.314	2.290	2.269	2.250	2.233	2.217	2.203	2.191
	0.900	1.954	1.933	1.916	1.900	1.887	1.875	1.864	1.854	1.845	1.837
19	0.990	3.360	3.297	3.242	3.195	3.153	3.116	3.084	3.054	3.027	3.003
	0.975	2.765	2.720	2.681	2.647	2.617	2.591	2.567	2.546	2.526	2.509
	0.950	2.340	2.308	2.280	2.256	2.234	2.215	2.198	2.182	2.168	2.155
	0.900	1.932	1.912	1.894	1.878	1.865	1.852	1.841	1.831	1.822	1.814
20	0.990	3.294	3.231	3.177	3.130	3.088	3.051	3.018	2.989	2.962	2.938
	0.975	2.721	2.676	2.637	2.603	2.573	2.547	2.523	2.501	2.482	2.464
	0.950	2.310	2.278	2.250	2.225	2.203	2.184	2.167	2.151	2.137	2.124
	0.900	1.913	1.892	1.875	1.859	1.845	1.833	1.821	1.811	1.802	1.794
25	0.990	3.056	2.993	2.939	2.892	2.850	2.813	2.780	2.751	2.724	2.699
	0.975	2.560	2.515	2.476	2.441	2.411	2.384	2.360	2.338	2.318	2.300
	0.950	2.198	2.165	2.136	2.111	2.089	2.069	2.051	2.035	2.021	2.007
	0.900	1.841	1.820	1.802	1.785	1.771	1.758	1.746	1.736	1.726	1.718
30	0.990	2.905	2.843	2.789	2.742	2.700	2.663	2.630	2.600	2.573	2.549
	0.975	2.458	2.412	2.372	2.338	2.307	2.280	2.255	2.233	2.213	2.195
	0.950	2.126	2.092	2.063	2.037	2.015	1.995	1.976	1.960	1.945	1.932
	0.900	1.794	1.773	1.754	1.737	1.722	1.709	1.697	1.686	1.676	1.667
40	0.990	2.727	2.665	2.611	2.563	2.522	2.484	2.451	2.421	2.394	2.369
	0.975	2.334	2.288	2.248	2.213	2.182	2.154	2.129	2.107	2.086	2.068
	0.950	2.038	2.003	1.974	1.947	1.924	1.904	1.885	1.868	1.853	1.839
	0.900	1.737	1.715	1.695	1.678	1.662	1.649	1.636	1.625	1.615	1.605
50	0.990	2.625	2.562	2.508	2.461	2.419	2.382	2.348	2.318	2.290	2.265
	0.975	2.263	2.216	2.176	2.140	2.109	2.081	2.056	2.033	2.012	1.993
	0.950	1.986	1.952	1.921	1.895	1.871	1.850	1.831	1.814	1.798	1.784
	0.900	1.703	1.680	1.660	1.643	1.627	1.613	1.600	1.588	1.578	1.568

Tabelle 7: Quantile der F–Verteilung mit (n_1, n_2) Freiheitsgraden $F_{n_1,n_2;\alpha}$ (Forts.)

n_2	α	n_1									
		11	12	13	14	15	16	17	18	19	20
75	0.990	2.494	2.431	2.377	2.329	2.287	2.249	2.216	2.185	2.157	2.132
	0.975	2.170	2.123	2.082	2.046	2.014	1.986	1.960	1.937	1.916	1.896
	0.950	1.919	1.887	1.853	1.826	1.802	1.780	1.761	1.743	1.727	1.712
	0.900	1.658	1.635	1.614	1.596	1.580	1.565	1.552	1.540	1.529	1.519
100	0.990	2.430	2.367	2.313	2.265	2.223	2.185	2.151	2.120	2.092	2.067
	0.975	2.124	2.077	2.036	2.000	1.968	1.939	1.913	1.890	1.868	1.849
	0.950	1.886	1.850	1.819	1.792	1.768	1.746	1.726	1.708	1.691	1.676
	0.900	1.636	1.612	1.592	1.573	1.557	1.542	1.528	1.516	1.505	1.494
150	0.990	2.368	2.305	2.251	2.203	2.160	2.122	2.088	2.057	2.029	2.003
	0.975	2.080	2.033	1.991	1.955	1.922	1.893	1.867	1.843	1.821	1.801
	0.950	1.853	1.817	1.786	1.758	1.734	1.711	1.691	1.673	1.656	1.641
	0.900	1.614	1.590	1.569	1.550	1.533	1.518	1.505	1.492	1.480	1.470
200	0.990	2.338	2.275	2.220	2.172	2.129	2.091	2.057	2.026	1.997	1.971
	0.975	2.058	2.010	1.969	1.932	1.900	1.870	1.844	1.820	1.798	1.778
	0.950	1.837	1.801	1.769	1.742	1.717	1.694	1.674	1.656	1.639	1.623
	0.900	1.603	1.579	1.558	1.539	1.522	1.507	1.493	1.480	1.468	1.458
500	0.990	2.283	2.220	2.166	2.117	2.075	2.036	2.002	1.970	1.942	1.915
	0.975	2.019	1.971	1.929	1.892	1.859	1.830	1.803	1.779	1.757	1.736
	0.950	1.808	1.772	1.740	1.712	1.686	1.664	1.643	1.625	1.607	1.592
	0.900	1.584	1.559	1.537	1.518	1.501	1.485	1.471	1.458	1.446	1.435
∞	0.990	2.248	2.185	2.130	2.081	2.039	2.000	1.965	1.934	1.905	1.878
	0.975	1.993	1.945	1.903	1.866	1.833	1.803	1.776	1.752	1.729	1.708
	0.950	1.789	1.752	1.720	1.692	1.666	1.644	1.623	1.604	1.587	1.751
	0.900	1.571	1.546	1.524	1.505	1.487	1.471	1.457	1.444	1.432	1.421

Tabelle 7: Quantile der F–Verteilung mit (n_1, n_2) Freiheitsgraden $F_{n_1,n_2;\alpha}$ (Forts.)

n_2	α	n_1 25	30	40	50	75	100	150	200	500	∞
1	0.990	6340	6261	6287	6303	6324	6334	6345	6350	6359	6366
	0.975	998.1	1001	1006	1008	1011	1013	1015	1016	1017	1018
	0.950	249.3	250.1	251.1	251.8	252.6	253.0	253.5	253.7	254.1	254.3
	0.900	62.06	62.26	62.53	62.69	62.69	63.01	63.12	63.17	63.26	63.33
2	0.990	99.46	99.47	99.47	99.48	99.48	99.49	99.49	99.49	99.50	99.50
	0.975	39.46	39.46	39.47	39.48	39.49	39.49	39.49	39.49	39.50	39.50
	0.950	19.46	19.46	19.47	19.48	19.48	19.49	19.49	19.49	19.49	19.50
	0.900	9.451	9.458	9.466	9.471	9.478	9.481	9.485	9.486	9.489	9.491
3	0.990	26.58	26.50	26.41	26.35	26.28	26.24	26.20	26.18	26.15	26.13
	0.975	14.12	14.08	14.04	14.01	13.97	13.96	13.94	13.93	13.91	13.90
	0.950	8.634	8.617	8.594	8.581	8.563	8.554	8.545	8.540	8.832	8.526
	0.900	5.175	5.168	5.160	5.155	5.148	5.144	5.141	5.139	5.136	5.134
4	0.990	13.91	13.84	13.75	13.69	13.62	13.58	13.54	13.52	13.49	13.46
	0.975	8.501	8.461	8.411	8.381	8.340	8.319	8.299	8.289	8.270	8.257
	0.950	5.769	5.746	5.717	5.699	5.676	5.664	5.652	5.646	5.635	5.628
	0.900	3.828	3.817	3.804	3.795	3.784	3.778	3.772	3.769	3.764	3.761
5	0.990	9.449	9.379	9.291	9.238	9.166	9.130	9.094	9.075	9.042	9.020
	0.975	6.268	6.227	6.175	6.144	6.101	6.080	6.059	6.048	6.028	6.015
	0.950	4.521	4.496	4.464	4.444	4.418	4.405	4.392	4.385	4.373	4.365
	0.900	3.187	3.174	3.157	3.147	3.133	3.126	3.119	3.116	3.109	3.105
6	0.990	7.296	7.229	7.143	7.091	7.022	6.987	6.951	6.934	6.902	6.880
	0.975	5.107	5.065	5.012	4.980	4.937	4.915	4.894	4.882	4.863	4.849
	0.950	3.774	3.808	3.774	3.754	3.726	3.712	3.698	3.690	3.677	3.669
	0.900	2.815	2.800	2.781	2.770	2.754	2.746	2.738	2.734	2.727	2.722
7	0.990	6.058	5.992	5.908	5.858	5.789	5.755	5.720	5.702	5.671	5.650
	0.975	4.405	4.362	4.309	4.276	4.232	4.210	4.188	4.176	4.156	4.142
	0.950	3.404	3.376	3.340	3.319	3.290	3.275	3.260	3.252	3.239	3.230
	0.900	2.571	2.555	2.535	2.523	2.506	2.497	2.489	2.484	2.476	2.471
8	0.990	5.263	5.198	5.116	5.065	4.998	4.963	4.929	4.911	4.880	4.859
	0.975	3.937	3.894	3.840	3.807	3.762	3.739	3.717	3.705	3.684	3.670
	0.950	3.108	3.079	3.043	3.020	2.990	2.975	2.959	2.951	2.937	2.928
	0.900	2.400	2.383	2.361	2.348	2.330	2.321	2.312	2.307	2.298	2.293

Tabelle 7: Quantile der F–Verteilung mit (n_1, n_2) Freiheitsgraden $F_{n_1,n_2;\alpha}$ (Forts.)

n_2	α	n_1									
		25	30	40	50	75	100	150	200	500	∞
9	0.990	4.713	4.649	4.567	4.517	4.449	4.415	4.381	4.363	4.332	4.311
	0.975	3.604	3.560	3.505	3.472	3.427	3.403	3.380	3.368	3.347	3.333
	0.950	2.826	2.864	2.826	2.803	2.772	2.576	2.739	2.731	2.717	2.707
	0.900	2.272	2.255	2.232	2.218	2.199	2.189	2.179	2.174	2.165	2.159
10	0.990	4.311	4.247	4.165	4.155	4.048	4.014	3.979	3.962	3.930	3.909
	0.975	3.355	3.311	3.255	3.221	3.175	3.152	3.128	3.116	3.094	3.080
	0.950	2.730	2.700	2.661	2.637	2.605	2.588	2.572	2.563	2.548	2.538
	0.900	2.174	2.155	2.132	2.117	2.097	2.087	2.077	2.071	2.062	2.055
11	0.990	4.005	3.941	3.860	3.810	3.742	3.708	3.673	3.656	3.624	3.602
	0.975	3.162	3.118	3.061	3.027	2.980	2.956	2.932	2.920	2.898	2.883
	0.950	2.601	2.570	2.531	2.507	2.474	2.457	2.439	2.431	2.415	2.404
	0.900	2.095	2.076	2.052	2.036	2.016	2.005	1.994	1.989	1.983	1.972
12	0.990	3.765	3.701	3.619	3.569	3.501	3.467	3.432	3.414	3.382	3.361
	0.975	3.008	2.963	2.906	2.871	2.824	2.800	2.775	2.763	2.740	2.725
	0.950	2.498	2.466	2.426	2.401	2.367	2.350	2.332	2.323	2.307	2.296
	0.900	2.031	2.011	1.986	1.970	1.949	1.938	1.927	1.921	1.911	1.904
13	0.990	3.571	3.507	3.425	3.375	3.307	3.272	3.237	3.219	3.187	3.165
	0.975	2.882	2.837	2.780	2.744	2.696	2.671	2.647	2.634	2.611	2.595
	0.950	2.412	2.380	2.339	2.314	2.279	2.261	2.243	2.234	2.218	2.206
	0.900	1.978	1.958	1.931	1.915	1.893	1.882	1.870	1.864	1.854	1.846
14	0.990	3.412	3.348	3.266	3.215	3.147	3.112	3.076	3.059	3.026	3.004
	0.975	2.778	2.732	2.674	2.638	2.590	2.565	2.539	2.526	2.503	2.487
	0.950	2.341	2.308	2.266	2.241	2.205	2.187	2.169	2.159	2.142	2.131
	0.900	1.933	1.912	1.885	1.869	1.846	1.834	1.822	1.816	1.805	1.797
15	0.990	3.278	3.214	3.132	3.081	3.013	2.977	2.942	2.923	2.891	2.868
	0.975	2.689	2.644	2.585	2.549	2.499	2.474	2.448	2.435	2.411	2.395
	0.950	2.280	2.247	2.204	2.178	2.142	2.123	2.105	2.095	2.078	2.066
	0.900	1.894	1.873	1.845	1.828	1.805	1.793	1.781	1.774	1.763	1.755
16	0.990	3.165	3.101	3.018	2.967	2.898	2.863	2.827	2.808	2.775	2.753
	0.975	2.614	2.568	2.509	2.472	2.422	2.396	2.370	2.357	2.333	2.316
	0.950	2.227	2.194	2.151	2.124	2.087	2.068	2.049	2.039	2.022	2.010
	0.900	1.860	1.839	1.811	1.793	1.769	1.757	1.744	1.738	1.726	1.718

Tabelle 7: Quantile der F–Verteilung mit (n_1, n_2) Freiheitsgraden $F_{n_1,n_2;\alpha}$ (Forts.)

n_2	α	n_1 25	30	40	50	75	100	150	200	500	∞
17	0.990	3.068	3.003	2.920	2.869	2.800	2.764	2.728	2.709	2.676	2.653
	0.975	2.548	2.502	2.442	2.405	2.355	2.329	2.302	2.289	2.264	2.247
	0.950	2.181	2.148	2.104	2.077	2.040	2.020	2.001	1.991	1.973	1.960
	0.900	1.831	1.809	1.781	1.763	1.738	1.726	1.713	1.706	1.694	1.686
18	0.990	2.983	2.919	2.835	2.784	2.714	2.678	2.641	2.623	2.589	2.566
	0.975	2.491	2.444	2.384	2.347	2.296	2.269	2.242	2.229	2.204	2.187
	0.950	2.141	2.107	2.063	2.035	1.998	1.978	1.958	1.948	1.929	1.917
	0.900	1.805	1.783	1.754	1.736	1.711	1.698	1.684	1.678	1.665	1.657
19	0.990	2.909	2.844	2.761	2.709	2.639	2.602	2.565	2.547	2.512	2.489
	0.975	2.441	2.394	2.333	2.295	2.243	2.217	2.190	2.176	2.150	2.133
	0.950	2.106	2.071	2.026	1.999	1.960	1.940	1.920	1.910	1.891	1.878
	0.900	1.782	1.759	1.730	1.711	1.686	1.673	1.659	1.652	1.639	1.631
20	0.990	2.843	2.778	2.695	2.643	2.572	2.535	2.498	2.479	2.445	2.421
	0.975	2.396	2.349	2.287	2.249	2.197	2.170	2.142	2.128	2.103	2.085
	0.950	2.074	2.039	1.994	1.966	1.927	1.907	1.886	1.875	1.856	1.843
	0.900	1.761	1.738	1.708	1.690	1.664	1.650	1.636	1.629	1.616	1.607
25	0.990	2.604	2.583	2.453	2.400	2.327	2.289	2.250	2.230	2.200	2.176
	0.975	2.230	2.182	2.118	2.079	2.024	1.996	1.966	1.952	1.926	1.908
	0.950	1.955	1.919	1.872	1.842	1.801	1.779	1.757	1.746	1.726	1.712
	0.900	1.683	1.659	1.627	1.607	1.579	1.565	1.549	1.542	1.527	1.517
30	0.990	2.453	2.386	2.299	2.245	2.170	2.131	2.091	2.070	2.032	2.006
	0.975	2.124	2.074	2.009	1.968	1.911	1.882	1.851	1.835	1.807	1.787
	0.950	1.878	1.841	1.792	1.761	1.718	1.695	1.672	1.660	1.638	1.622
	0.900	1.632	1.606	1.573	1.552	1.523	1.507	1.491	1.482	1.467	1.456
40	0.990	2.271	2.203	2.114	2.058	1.980	1.938	1.896	1.874	1.833	1.805
	0.975	1.994	1.943	1.875	1.832	1.772	1.741	1.708	1.691	1.659	1.637
	0.950	1.783	1.744	1.693	1.660	1.614	1.589	1.564	1.551	1.526	1.509
	0.900	1.568	1.541	1.506	1.483	1.451	1.434	1.416	1.406	1.389	1.377
50	0.990	2.167	2.098	2.007	1.949	1.868	1.825	1.780	1.757	1.713	1.683
	0.975	1.919	1.866	1.796	1.752	1.689	1.656	1.621	1.603	1.569	1.545
	0.950	1.727	1.687	1.634	1.599	1.551	1.525	1.498	1.484	1.457	1.438
	0.900	1.529	1.502	1.465	1.441	1.407	1.388	1.369	1.359	1.340	1.327

Tabelle 7: Quantile der F–Verteilung mit (n_1, n_2) Freiheitsgraden $F_{n_1,n_2;\alpha}$ (Forts.)

n_2	α	25	30	40	50	75	100	150	200	500	∞
75	0.990	2.031	1.960	1.866	1.806	1.720	1.674	1.625	1.599	1.551	1.419
	0.975	1.819	1.765	1.692	1.645	1.578	1.542	1.503	1.483	1.444	1.345
	0.950	1.653	1.611	1.555	1.518	1.466	1.437	1.407	1.391	1.360	1.283
	0.900	1.478	1.449	1.410	1.384	1.347	1.326	1.304	1.293	1.270	1.214
100	0.990	1.965	1.893	1.797	1.735	1.646	1.598	1.546	1.518	1.466	1.427
	0.975	1.770	1.715	1.640	1.592	1.522	1.483	1.442	1.420	1.378	1.347
	0.950	1.616	1.573	1.515	1.477	1.422	1.392	1.359	1.342	1.308	1.283
	0.900	1.453	1.423	1.382	1.355	1.315	1.293	1.270	1.257	1.232	1.214
150	0.990	1.900	1.827	1.729	1.665	1.572	1.520	1.465	1.435	1.376	1.331
	0.975	1.722	1.665	1.588	1.538	1.464	1.423	1.379	1.355	1.307	1.271
	0.950	1.580	1.535	1.475	1.436	1.377	1.345	1.309	1.290	1.252	1.222
	0.900	1.427	1.396	1.353	1.325	1.283	1.260	1.234	1.219	1.191	1.169
200	0.990	1.868	1.794	1.694	1.629	1.534	1.481	1.423	1.391	1.328	1.279
	0.975	1.698	1.640	1.562	1.511	1.435	1.393	1.346	1.320	1.269	1.229
	0.950	1.561	1.516	1.455	1.415	1.354	1.321	1.283	1.263	1.221	1.189
	0.900	1.414	1.383	1.339	1.310	1.267	1.242	1.214	1.199	1.168	1.144
500	0.990	1.812	1.735	1.633	1.566	1.465	1.408	1.344	1.308	1.232	1.164
	0.975	1.655	1.596	1.515	1.462	1.381	1.336	1.284	1.254	1.192	1.137
	0.950	1.528	1.482	1.419	1.376	1.312	1.275	1.233	1.210	1.159	1.113
	0.900	1.391	1.358	1.313	1.282	1.236	1.209	1.178	1.160	1.122	1.087
∞	0.990	1.774	1.696	1.592	1.523	1.413	1.358	1.288	1.247	1.153	1.000
	0.975	1.626	1.588	1.484	1.428	1.340	1.296	1.239	1.205	1.128	1.000
	0.950	1.506	1.476	1.394	1.350	1.279	1.243	1.197	1.170	1.106	1.000
	0.900	1.375	1.342	1.295	1.263	1.214	1.185	1.151	1.130	1.082	1.000

Ablesebeispiel: $F_{15,11;0.95} = 2.179$

Erweiterung der Tabelle durch $\boxed{F_{n_1,n_2;1-\alpha} = (F_{n_2,n_1;\alpha})^{-1}}$

Speziell:

$$F_{1,n_2;\alpha} = \left(t_{n_2;\frac{1+\alpha}{2}}\right)^2$$

$$F_{1,\infty;\alpha} = \left(u_{\frac{1+\alpha}{2}}\right)^2$$

$$F_{n_1,\infty;\alpha} = \frac{1}{n_1}\chi^2_{n_1;\alpha}$$

$$F_{\infty,\infty;\alpha} = 1$$

Interpolation nach Laubscher:

Sind $F_{n_1',n_2';\alpha}$, $F_{n_1',n_2'';\alpha'}$, $F_{n_1'',n_2';\alpha}$ und $F_{n_1'',n_2'';\alpha}$ gegeben, wobei $n_1' \leq n_1 < n_1''$ und $n_2' \leq n_2 < n_2''$, so läßt sich $F_{n_1,n_2;\alpha}$ approximieren durch

$$F_{n_1,n_2;\alpha} \approx (1-c_1)(1-c_2)F_{n_1',n_2';\alpha} + (1-c_1)c_2 F_{n_1',n_2'';\alpha}$$
$$+c_1(1-c_2)F_{n_1'',n_2';\alpha} + c_1 c_2 F_{n_1'',n_2'';\alpha}$$

$$\text{wobei} \quad c_1 \ = \ \frac{n_1''(n_1 - n_1')}{n_1(n_1'' - n_1')}$$

$$\text{und} \quad c_2 \ = \ \frac{n_2''(n_2 - n_2')}{n_2(n_2'' - n_2')}$$

Tabelle 8: Kritische Werte $w_{n_1,n_2;\alpha}$ des Wilcoxon–Rangsummen–Tests

$\alpha = 0.005$

n_1 \ n_2	7	8	9	10	11	12	13	14	15	16	17	18	19	20	21	22	23	24	25
2	–	–	–	–	–	–	–	–	–	–	–	–	3	3	3	3	3	3	3
3	–	–	6	6	6	7	7	7	8	8	8	8	9	9	9	10	10	10	11
4	10	11	11	12	12	13	13	14	15	15	16	16	17	18	18	19	19	20	20
5	16	17	18	19	20	21	22	22	23	24	25	26	27	28	29	29	30	31	32
6	24	25	26	27	28	30	31	32	33	34	36	37	38	39	40	42	43	44	45
7	32	34	35	37	38	40	41	43	44	46	47	49	50	52	53	55	57	58	60
8		43	45	47	49	51	53	54	56	58	60	62	64	66	68	70	71	73	75
9			56	58	61	63	65	67	69	72	74	76	78	81	83	85	88	90	92
10				71	73	76	79	81	84	86	89	92	94	97	99	102	105	107	110
11					87	90	93	96	99	102	105	108	111	114	117	120	123	126	129
12						105	109	112	115	119	122	125	129	132	136	139	142	146	149
13							125	129	133	136	140	144	148	151	155	159	163	166	170
14								147	151	155	159	163	168	172	176	180	184	188	192
15									171	175	180	184	189	193	198	202	207	211	216
16										196	201	206	210	215	220	225	230	235	240
17											223	228	234	239	244	249	255	260	265
18												252	258	263	269	275	280	286	292
19													283	289	295	301	307	313	319
20														315	322	328	335	341	348
21															349	356	363	370	377
22																386	393	400	408
23																	424	431	439
24																		464	472
25																			505

$\alpha = 0.005$

n_2 \ n_1	2	3	4	5	6
2	–				
3	–	–			
4	–	–	–		
5	–	–	–	15	
6	–	–	10	16	23

Tabelle 8: Kritische Werte $w_{n_1,n_2;\alpha}$ des Wilcoxon–Rangsummen–Tests (Forts.)

$\alpha = 0.010$

$n_1 \backslash n_2$	25	24	23	22	21	20	19	18	17	16	15	14	13	12	11	10	9	8	7
2	4	4	4	4	4	4	4	3	3	3	3	3	3	–	–	–	–	–	–
3	13	12	12	12	11	11	10	10	10	9	9	8	8	8	7	7	7	6	6
4	23	23	22	21	21	20	19	19	18	17	17	16	15	15	14	13	13	12	11
5	36	35	34	33	32	31	30	29	28	27	26	25	24	23	22	21	20	19	18
6	50	48	47	45	44	43	41	40	39	37	36	34	33	32	30	29	28	27	25
7	64	63	61	59	58	56	54	52	51	49	47	45	44	42	40	39	37	35	34
8	81	78	76	74	72	70	68	66	64	62	60	58	56	53	51	49	47	45	
9	98	95	93	90	88	85	83	81	78	76	73	71	68	66	63	61	59		
10	116	113	110	108	105	102	99	96	93	91	88	85	82	79	77	74			
11	136	132	129	126	123	119	116	113	110	107	103	100	97	94	91				
12	156	153	149	145	142	138	134	131	127	124	120	116	113	109					
13	178	174	170	166	162	158	154	150	146	142	138	134	130						
14	200	196	192	187	183	178	174	170	165	161	156	152							
15	224	219	214	210	205	200	195	190	186	181	176								
16	249	244	238	233	228	223	218	212	207	202									
17	275	269	263	258	252	246	241	235	230										
18	301	295	289	283	277	271	265	259											
19	329	323	316	310	303	297	291												
20	358	351	344	337	331	324													
21	388	381	373	366	359														
22	419	411	403	396															
23	451	443	434																
24	484	475																	
25	517																		

$\alpha = 0.010$

$n_1 \backslash n_2$	6	5	4	3	2
2	–	–	–	–	–
3	–	–	–	–	
4	11	10	–		
5	17	16			
6	24				

Tabelle 8: Kritische Werte $w_{n_1,n_2;\alpha}$ des Wilcoxon–Rangsummen–Tests (Forts.)

$\alpha = 0.025$

$n_1 \backslash n_2$	7	8	9	10	11	12	13	14	15	16	17	18	19	20	21	22	23	24	25
2	–	3	3	3	3	4	4	4	4	4	5	5	5	5	6	6	6	6	6
3	7	8	8	9	9	10	10	11	11	12	12	13	13	14	14	15	15	16	16
4	13	14	14	15	16	17	18	19	20	21	21	22	23	24	25	26	27	27	28
5	20	21	22	23	24	26	27	28	29	30	32	33	34	35	37	38	39	40	42
6	27	29	31	32	34	35	37	38	40	42	43	45	46	48	50	51	53	54	56
7	36	38	40	42	44	46	48	50	52	54	56	58	60	62	64	66	68	70	72
8		49	51	53	55	58	60	62	65	67	70	72	74	77	79	81	84	86	89
9			62	65	68	71	73	76	79	82	84	87	90	93	95	98	101	104	107
10				78	81	84	88	91	94	97	100	103	107	110	113	116	119	122	126
11					96	99	103	106	110	113	117	121	124	128	131	135	139	142	146
12						115	119	123	127	131	135	139	143	147	151	155	159	163	167
13							136	141	145	150	154	158	163	167	171	176	180	185	189
14								160	164	169	174	179	183	188	193	198	203	207	212
15									184	190	195	200	205	210	216	221	226	231	237
16										211	217	222	228	234	239	245	251	256	262
17											240	246	252	258	264	270	276	282	288
18												270	277	283	290	296	303	309	316
19													303	309	316	323	330	337	344
20														337	344	351	359	366	373
21															373	381	388	396	404
22																411	419	427	435
23																	451	459	468
24																		492	501
25																			536

$\alpha = 0.025$

$n_2 \backslash n_1$	2	3	4	5	6
2	–				
3	–	–			
4	–	–	10		
5	–	6	11	17	
6	–	7	12	18	26

Tabelle 8: Kritische Werte $w_{n_1,n_2;\alpha}$ des Wilcoxon–Rangsummen–Tests (Forts.)

$\alpha = 0.05$

n_1 \ n_2	7	8	9	10	11	12	13	14	15	16	17	18	19	20	21	22	23	24	25
2	3	4	4	4	4	5	5	6	6	6	6	7	7	7	8	8	8	9	9
3	8	9	10	10	11	11	12	13	13	14	15	15	16	17	17	18	19	19	20
4	14	15	16	17	18	19	20	21	22	24	25	26	27	28	29	30	31	32	33
5	21	23	24	26	27	28	30	31	33	34	35	37	38	40	41	43	44	45	47
6	29	31	33	35	37	38	40	42	44	46	47	49	51	53	55	57	58	60	62
7	39	41	43	45	47	49	52	54	56	58	61	63	65	67	69	72	74	76	78
8		51	54	56	59	62	64	67	69	72	75	77	80	83	85	88	90	93	96
9			66	69	72	75	78	81	84	87	90	93	96	99	102	105	108	111	114
10				82	86	89	92	96	99	103	106	110	113	117	120	123	127	130	134
11					100	104	108	112	116	120	123	127	131	135	139	143	147	151	155
12						120	125	129	133	138	142	146	150	155	159	163	168	172	176
13							142	147	152	156	161	166	171	175	180	185	189	194	199
14								166	171	176	182	187	192	197	202	207	212	218	223
15									192	197	203	208	214	220	225	231	236	242	248
16										219	225	231	237	243	249	255	261	267	273
17											249	255	262	268	274	281	287	294	300
18												280	287	294	301	307	314	321	328
19													313	320	328	335	342	350	357
20														348	356	364	381	379	387
21															385	393	401	410	418
22																424	432	441	450
23																	465	474	483
24																		507	517
25																			552

$\alpha = 0.05$

n_1 \ n_2	2	3	4	5	6
2					–
3				–	6
4			–	6	11
5		–	6	12	19
6	–	6	11	20	28

n_2 \ n_1	2	3	4	5	6
6	3	8	13	20	28
5	3	7	12	19	
4	–	6	11		
3	–	6			
2	–				

Tabelle 8: Kritische Werte $w_{n_1,n_2;\alpha}$ des Wilcoxon–Rangsummen–Tests (Forts.)

$\alpha = 0.10$

Spalten: n_2; Zeilen: n_1

$n_1 \backslash n_2$	7	8	9	10	11	12	13	14	15	16	17	18	19	20	21	22	23	24	25
2	4	5	5	6	6	7	7	8	8	8	9	9	10	10	11	11	12	12	12
3	10	11	11	12	13	14	15	16	16	17	18	19	20	21	21	22	23	24	25
4	16	17	19	20	21	22	23	25	26	27	28	30	31	32	33	35	36	38	38
5	23	25	27	28	30	32	33	35	37	38	40	42	43	45	47	48	50	51	53
6	32	34	36	38	40	42	44	46	48	50	52	55	57	59	61	63	65	67	69
7	41	44	46	49	51	54	56	59	61	64	66	69	71	74	76	79	81	84	86
8		55	58	60	63	66	69	72	75	78	81	84	87	90	92	95	98	101	104
9			70	73	76	80	83	86	90	93	97	100	103	107	110	113	117	120	123
10				87	91	94	98	102	106	109	113	117	121	125	128	132	136	140	144
11					106	110	114	118	123	127	131	135	139	144	148	152	156	161	165
12						127	131	136	141	145	150	155	159	164	169	173	178	183	187
13							149	154	159	165	170	175	180	185	190	195	200	205	211
14								174	179	185	190	196	202	207	213	218	224	229	235
15									200	206	212	218	224	230	236	242	248	254	260
16										229	235	242	248	255	261	267	274	280	287
17											259	266	273	280	287	294	300	307	314
18												291	299	306	313	321	328	335	343
19													325	333	341	349	357	364	372
20														361	370	378	386	394	403
21															399	408	417	425	434
22																439	448	457	467
23																	481	491	500
24																		525	535
25																			570

$\alpha = 0.10$

Spalten: n_1; Zeilen: n_2

$n_2 \backslash n_1$	2	3	4	5	6
2	–				
3	3	7			
4	3	7	13		
5	4	8	14	20	
6	4	9	15	22	30

Ablesebeispiel: $\quad w_{5,8;0.025} = 21$

Tabelle 9: Kritische Werte $w_{n;\alpha}^+$ des Wilcoxon–Vorzeichen–Rangtests

n	α					
	0.005	0.010	0.025	0.050	0.10	0.20
4					0	2
5				0	2	3
6			0	2	3	5
7		0	2	3	5	8
8	0	1	3	5	8	11
9	1	3	5	8	10	14
10	3	5	8	10	14	18
11	5	7	10	13	17	22
12	7	9	13	17	21	27
13	9	12	17	21	26	32
14	12	15	21	25	31	38
15	15	19	25	30	36	44
16	19	23	29	35	42	50
17	23	27	34	41	48	57
18	27	32	40	47	55	65
19	32	37	46	53	62	73
20	37	43	52	60	69	81

Ablesebeispiel: $w_{16;0.025} = 29$

Tabelle 10: Kritische Grenzen $d_{n,1-\alpha}$ des Kolmogoroff-Smirnoff-Anpassungstests

n	α					n	α				
	0.01	0.02	0.05	0.1	0.2		0.01	0.02	0.05	0.1	0.2
1	0.995	0.990	0.975	0.950	0.900	21	0.344	0.321	0.287	0.259	0.226
2	0.929	0.900	0.842	0.776	0.684	22	0.337	0.314	0.281	0.253	0.221
2	0.829	0.785	0.708	0.636	0.565	23	0.330	0.307	0.275	0.247	0.216
4	0.734	0.689	0.624	0.565	0.493	24	0.323	0.301	0.269	0.242	0.212
5	0.669	0.627	0.563	0.509	0.447	25	0.317	0.295	0.264	0.238	0.208
6	0.617	0.577	0.519	0.468	0.410	26	0.311	0.290	0.259	0.233	0.204
7	0.576	0.538	0.483	0.436	0.381	27	0.305	0.284	0.254	0.229	0.200
8	0.542	0.507	0.454	0.410	0.358	28	0.300	0.279	0.250	0.225	0.197
9	0.513	0.480	0.430	0.387	0.339	29	0.295	0.275	0.246	0.221	0.193
10	0.489	0.457	0.409	0.369	0.323	30	0.290	0.270	0.242	0.218	0.190
11	0.468	0.437	0.391	0.352	0.308	31	0.285	0.266	0.238	0.214	0.187
12	0.449	0.419	0.375	0.338	0.296	32	0.281	0.262	0.234	0.211	0.184
13	0.432	0.404	0.361	0.325	0.285	33	0.277	0.258	0.231	0.208	0.182
14	0.418	0.390	0.349	0.314	0.275	34	0.273	0.254	0.227	0.205	0.179
15	0.404	0.377	0.338	0.304	0.266	35	0.269	0.251	0.224	0.202	0.177
16	0.392	0.366	0.327	0.295	0.258	36	0.265	0.247	0.221	0.199	0.174
17	0.381	0.355	0.318	0.286	0.250	37	0.262	0.244	0.218	0.196	0.172
18	0.371	0.346	0.309	0.279	0.244	38	0.258	0.241	0.215	0.194	0.170
19	0.361	0.337	0.301	0.271	0.237	39	0.255	0.238	0.213	0.191	0.168
20	0.352	0.329	0.294	0.265	0.232	40	0.252	0.235	0.210	0.189	0.165
						$n > 40$	$\frac{1.6276}{\sqrt{n}}$	$\frac{1.5174}{\sqrt{n}}$	$\frac{1.3581}{\sqrt{n}}$	$\frac{1.2239}{\sqrt{n}}$	$\frac{1.0730}{\sqrt{n}}$

Ablesebeispiel: $d_{20,0.95} = 0.294$

Tabelle 11: Kritische Werte $d_{n_1,n_2;1-\alpha}$ des Kolmogoroff–Smirnoff–Homogenitätstests (vertafelt sind $n_1 \cdot n_2 \cdot d_{n_1,n_2;1-\alpha}$)

$\alpha = 0.01$

$n_2 \backslash n_1$	2	3	4	5	6	7	8	9	10	11	12	13	14	15	16	17	18	19	20	21	22	23	24	25
25	50	69	84	95	107	115	125	135	150	154	165	172	182	195	199	207	216	224	235	244	250	262	262	300
24	48	66	80	90	102	112	128	132	140	150	168	166	176	186	200	203	216	218	228	237	242	249	288	
23	46	63	76	87	97	108	115	126	137	142	149	161	170	179	187	196	204	209	219	227	237	253		
22	44	60	72	83	92	103	112	122	130	143	148	156	164	173	180	187	196	204	212	223	242			
21	42	57	72	80	90	105	107	117	126	134	141	150	161	168	173	180	189	199	199	231				
20	40	57	68	80	88	93	104	111	130	127	140	143	152	160	168	175	182	187	220					
19	38	54	64	71	83	91	98	107	113	122	130	138	148	152	160	166	176	190						
18	–	51	60	70	84	87	94	108	108	118	126	131	140	147	154	164	180							
17	–	48	60	68	73	84	88	99	106	110	119	127	134	142	143	170								
16	–	45	56	64	72	77	88	94	100	106	116	121	126	133	160									
15	–	42	52	60	69	75	81	90	100	102	108	115	123	135										
14	–	42	48	56	64	77	76	84	90	96	104	104	126											
13	–	39	48	52	60	65	72	78	84	91	95	117												
12	–	36	44	50	60	60	68	75	80	86	96													
11	–	33	40	45	54	59	64	70	77	88														
10	–	30	36	45	48	53	60	63	80															
9	–	27	36	40	45	49	55	63																
8	–	–	32	35	40	48	56																	
7	–	–	28	35	36	42																		

$\alpha = 0.01$

$n_2 \backslash n_1$	2	3	4	5	6
6	–	–	24	30	36
5	–	–	–	25	
4	–	–	–		
3	–	–			
2	–				

Tabelle 11: Kritische Werte $d_{n_1,n_2;1-\alpha}$ des Kolmogoroff–Smirnoff–Homogenitätstests (vertafelt sind $n_1{\cdot}n_2{\cdot}d_{n_1,n_2;1-\alpha}$)(Forts.)

$\alpha = 0.02$

n_1 \ n_2	7	8	9	10	11	12	13	14	15	16	17	18	19	20	21	22	23	24	25
2	–	–	–	–	–	–	26	28	30	32	34	36	38	40	42	44	44	46	48
3	21	24	27	30	33	33	36	39	42	45	45	48	51	54	54	57	60	63	66
4	28	32	32	36	40	40	44	48	48	52	56	56	57	64	64	66	69	76	75
5	30	35	36	40	44	48	50	51	60	59	63	65	70	75	75	78	82	85	90
6	35	40	42	44	49	54	54	60	63	66	68	78	77	80	84	88	91	96	89
7	42	42	47	50	55	58	63	70	70	73	77	83	86	91	98	97	101	105	108
8		48	54	56	61	64	67	72	75	88	85	88	93	100	102	106	107	120	118
9			63	61	63	69	73	80	84	87	92	99	99	104	111	113	117	123	125
10				70	69	74	78	84	90	94	99	104	104	120	118	120	127	130	140
11					88	77	86	90	95	100	104	108	114	118	124	143	132	139	143
12						96	92	94	102	108	112	120	121	128	132	138	138	156	153
13							104	102	107	112	118	123	130	135	140	143	152	155	160
14								112	111	120	125	130	135	142	154	152	159	164	169
15									135	120	131	138	142	150	156	160	165	174	180
16										144	139	142	151	156	162	168	175	184	186
17											153	150	158	163	168	176	181	187	196
18												180	160	170	177	184	189	198	202
19													190	171	184	190	197	204	211
20														200	193	196	205	212	220
21															210	205	213	222	225
22																242	217	228	234
23																	253	228	243
24																		264	254
25																			275

$\alpha = 0.02$

n_1 \ n_2	2	3	4	5	6
2	–				
3	–	–			
4	–	–	20		
5	–	–	20	25	
6	–	–	24	30	36

Tabelle 11: Kritische Werte $d_{n_1,n_2;1-\alpha}$ des Kolmogoroff–Smirnoff–Homogenitätstests (vertafelt sind $n_1{\cdot}n_2{\cdot}d_{n_1,n_2;1-\alpha}$)(Forts.)

$\alpha = 0.05$

n_2 \ n_1	2	3	4	5	6	7	8	9	10	11	12	13	14	15	16	17	18	19	20	21	22	23	24	25
25	46	60	68	80	88	97	104	114	125	129	138	145	150	160	167	173	180	187	200	202	209	216	225	250
24	44	57	68	76	90	92	104	111	118	124	144	140	146	156	168	168	180	183	192	198	204	205	240	
23	42	54	64	72	80	89	98	106	114	119	125	135	142	149	157	163	170	177	184	189	194	230		
22	40	51	62	70	78	84	94	101	108	121	124	130	138	144	150	157	164	169	176	183	198			
21	38	51	59	69	75	91	89	99	105	112	120	126	140	138	145	151	159	163	173	189				
20	38	48	60	65	72	79	88	93	110	107	116	120	126	135	140	146	152	160	180					
19	36	45	53	61	70	76	82	89	94	102	108	114	121	127	133	141	142	171						
18	34	45	50	60	72	72	80	90	92	97	108	110	116	123	128	133	162							
17	32	42	48	55	62	68	77	82	89	93	100	105	111	116	124	136								
16	30	39	48	54	60	64	80	78	84	89	96	101	106	114	128									
15	28	36	44	55	57	62	67	75	80	84	93	96	98	120										
14	26	36	42	46	54	63	64	70	74	82	86	89	112											
13	26	33	39	45	52	56	62	65	70	75	81	91												
12	24	30	36	43	48	53	60	633	66	72	83													
11	22	30	33	39	43	48	53	59	60	77														
10	20	27	30	40	40	46	48	53	70															
9	18	24	28	35	39	42	46	54																
8	16	21	28	30	34	40	48																	
7	–	21	24	28	30	42																		

$\alpha = 0.05$

n_2 \ n_1	2	3	4	5	6
6	–	18	20	24	30
5	–	15	20	25	
4	–	–	16		
3	–	–			
2	–				

Tabelle 11: Kritische Werte $d_{n_1,n_2;1-\alpha}$ des Kolmogoroff–Smirnoff–Homogenitätstests (vertafelt sind $n_1 \cdot n_2 \cdot d_{n_1,n_2;1-\alpha}$)(Forts.)

$\alpha = 0.1$

$n_1 \backslash n_2$	25	24	23	22	21	20	19	18	17	16	15	14	13	12	11	10	9	8	7
2	42	40	38	38	36	34	32	32	30	28	26	24	24	22	20	18	18	16	14
3	54	51	48	48	45	42	42	39	36	36	33	33	30	27	27	24	21	21	18
4	63	60	57	56	52	52	49	46	44	44	40	38	35	36	29	28	27	24	21
5	75	67	65	63	60	60	56	52	50	48	50	42	40	36	35	35	30	27	25
6	78	78	73	70	69	66	64	66	56	54	51	48	46	48	38	36	33	30	28
7	86	84	80	77	77	72	69	65	61	59	56	56	50	46	44	40	36	34	35
8	95	96	89	84	81	80	74	72	68	72	60	58	54	52	48	44	40	40	
9	101	99	94	91	90	84	80	81	74	69	69	63	59	57	52	50	54		
10	110	106	101	98	95	100	85	82	79	76	75	68	64	60	57	60			
11	117	111	108	110	101	96	92	88	85	80	76	73	67	64	66				
12	120	132	113	110	108	104	99	96	90	88	84	78	71	72					
13	131	125	120	117	113	108	104	99	96	91	87	78	91						
14	136	132	127	124	126	114	110	104	100	96	92	98							
15	145	141	134	130	126	125	114	111	105	101	105								
16	149	152	141	136	130	128	120	116	109	112									
17	156	151	146	142	136	130	126	118	136										
18	162	162	152	148	144	136	133	144											
19	168	164	159	152	147	144	152												
20	180	172	164	160	165	160													
21	182	177	171	163	168														
22	189	182	173	198															
23	195	183	207																
24	204	216																	
25	225																		

Ablesebeispiel:

$\alpha = 0.1$

$n_2 \backslash n_1$	2	3	4	5	6
6	12	15	18	24	30
5	10	15	16	20	
4	–	12	16		
3	–	9			
2	–				

$$d_{5,8;0.9} = \frac{27}{5 \cdot 8} = 0.675$$

Tabelle 12: Fishersche Z–Transformation $z(\rho) = \frac{1}{2}\ln(\frac{1+\rho}{1-\rho})$

ρ	0	1	2	3	4	5	6	7	8	9
0.0	0.0000	0.0100	0.0200	0.0300	0.0400	0.0500	0.0601	0.0701	0.0802	0.0902
0.1	0.1003	0.1104	0.1206	0.1307	0.1409	0.1511	0.1614	0.1717	0.1820	0.1923
0.2	0.2027	0.2132	0.2237	0.2342	0.2448	0.2554	0.2661	0.2769	0.2877	0.2986
0.3	0.3095	0.3205	0.3316	0.3428	0.3541	0.3654	0.3769	0.3884	0.4001	0.4118
0.4	0.4236	0.4356	0.4477	0.4599	0.4722	0.4847	0.4973	0.5101	0.5230	0.5361
0.5	0.5493	0.5627	0.5763	0.5901	0.6042	0.6184	0.6328	0.6475	0.6625	0.6777
0.6	0.6931	0.7089	0.7250	0.7414	0.7582	0.7753	0.7928	0.8107	0.8291	0.8480
0.7	0.8673	0.8872	0.9076	0.9287	0.9505	0.9730	0.9962	1.0203	1.0454	1.0714
0.8	1.0986	1.1270	1.1568	1.1881	1.2212	1.2562	1.2933	1.3331	1.3758	1.4219
0.90	1.4722	1.4775	1.4828	1.4882	1.4937	1.4992	1.5047	1.5103	1.5160	1.5217
0.91	1.5275	1.5334	1.5393	1.5453	1.5513	1.5574	1.5636	1.5698	1.5762	1.5826
0.92	1.5890	1.5956	1.6022	1.6089	1.6157	1.6226	1.6296	1.6366	1.6438	1.6510
0.93	1.6584	1.6658	1.6734	1.6811	1.6888	1.6967	1.7047	1.7129	1.7211	1.7295
0.94	1.7380	1.7467	1.7555	1.7645	1.7736	1.7828	1.7923	1.8019	1.8117	1.8216
0.95	1.8318	1.8421	1.8527	1.8635	1.8745	1.8857	1.8972	1.9090	1.9210	1.9333
0.96	1.9459	1.9588	1.9721	1.9857	1.9996	2.0139	2.0287	2.0439	2.0595	2.0756
0.97	2.0923	2.1095	2.1273	2.1457	2.1649	2.1847	2.2054	2.2269	2.2494	2.2729
0.98	2.2976	2.3235	2.3507	2.3796	2.4101	2.4427	2.4774	2.5147	2.5550	2.5987
0.99	2.6467	2.6996	2.7587	2.8257	2.9031	2.9945	3.1063	3.2504	3.4534	3.8002

Ablesebeispiel: $z(0.73) = 0.9287$

Erweiterung der Tabelle durch $\boxed{z(-\varrho) = -z(\varrho)}$

Tabelle 13: Inverse Fisher–Transformation

z	0	1	2	3	4	5	6	7	8	9
0.0	0.0000	0.0100	0.0200	0.0300	0.0400	0.0500	0.0599	0.0699	0.0798	0.0898
0.1	0.0997	0.1096	0.1194	0.1293	0.1391	0.1489	0.1586	0.1684	0.1781	0.1877
0.2	0.1974	0.2070	0.2165	0.2260	0.2355	0.2449	0.2543	0.2636	0.2729	0.2821
0.3	0.2913	0.3004	0.3095	0.3185	0.3275	0.3364	0.3452	0.3540	0.3627	0.3714
0.4	0.3799	0.3885	0.3969	0.4053	0.4136	0.4219	0.4301	0.4382	0.4462	0.4542
0.5	0.4621	0.4699	0.4777	0.4854	0.4930	0.5005	0.5080	0.5154	0.5227	0.5299
0.6	0.5370	0.5441	0.5511	0.5581	0.5649	0.5717	0.5784	0.5850	0.5915	0.5980
0.7	0.6044	0.6107	0.6169	0.6231	0.6291	0.6351	0.6411	0.6469	0.6527	0.6584
0.8	0.6640	0.6696	0.6751	0.6805	0.6858	0.6911	0.6963	0.7014	0.7064	0.7114
0.9	0.7163	0.7211	0.7259	0.7306	0.7352	0.7398	0.7443	0.7487	0.7531	0.7574
1.0	0.7616	0.7658	0.7699	0.7739	0.7779	0.7818	0.7857	0.7895	0.7932	0.7969
1.1	0.8005	0.8041	0.8076	0.8110	0.8144	0.8178	0.8210	0.8243	0.8275	0.8306
1.2	0.8337	0.8367	0.8397	0.8426	0.8455	0.8483	0.8511	0.8538	0.8565	0.8591
1.3	0.8617	0.8643	0.8668	0.8692	0.8717	0.8741	0.8764	0.8787	0.8810	0.8832
1.4	0.8854	0.8875	0.8896	0.8917	0.8937	0.8957	0.8977	0.8996	0.9015	0.9033
1.5	0.9051	0.9069	0.9087	0.9104	0.9121	0.9138	0.9154	0.9170	0.9186	0.9201
1.6	0.9217	0.9232	0.9246	0.9261	0.9275	0.9289	0.9302	0.9316	0.9329	0.9341
1.7	0.9354	0.9366	0.9379	0.9391	0.9402	0.9414	0.9425	0.9436	0.9447	0.9458
1.8	0.9468	0.9478	0.9488	0.9498	0.9508	0.9517	0.9527	0.9536	0.9545	0.9554
1.9	0.9562	0.9571	0.9579	0.9587	0.9595	0.9603	0.9611	0.9618	0.9626	0.9633
2.0	0.9640	0.9647	0.9654	0.9661	0.9667	0.9674	0.9680	0.9687	0.9693	0.9699
2.1	0.9705	0.9710	0.9716	0.9721	0.9727	0.9732	0.9737	0.9743	0.9748	0.9753
2.2	0.9757	0.9762	0.9767	0.9771	0.9776	0.9780	0.9785	0.9789	0.9793	0.9797
2.3	0.9801	0.9805	0.9809	0.9812	0.9816	0.9820	0.9823	0.9827	0.9830	0.9833
2.4	0.9837	0.9840	0.9843	0.9846	0.9849	0.9852	0.9855	0.9858	0.9861	0.9863
2.5	0.9866	0.9869	0.9871	0.9874	0.9876	0.9879	0.9881	0.9884	0.9886	0.9888
2.6	0.9890	0.9892	0.9895	0.9897	0.9899	0.9901	0.9903	0.9905	0.9906	0.9908
2.7	0.9910	0.9912	0.9914	0.9915	0.9917	0.9919	0.9920	0.9922	0.9923	0.9925
2.8	0.9926	0.9928	0.9929	0.9931	0.9932	0.9933	0.9935	0.9936	0.9937	0.9938
2.9	0.9940	0.9941	0.9942	0.9943	0.9944	0.9945	0.9946	0.9947	0.9949	0.9950
3.0	0.9951	0.9959	0.9967	0.9973	0.9978	0.9982	0.9985	0.9988	0.9990	0.9992

Tabelle 14: Binomialkoeffizienten $\binom{n}{k}$

n	0	1	2	3	4	5	6	7	8	9
1	1	1								
2	1	2	1							
3	1	3	3	1						
4	1	4	6	4	1					
5	1	5	10	10	5	1				
6	1	6	15	20	15	6	1			
7	1	7	21	35	35	21	7	1		
8	1	8	28	56	70	56	28	8	1	
9	1	9	36	84	126	126	84	36	9	1
10	1	10	45	120	210	252	210	120	45	10
11	1	11	55	165	330	462	462	330	165	55
12	1	12	66	220	495	792	924	792	495	220
13	1	13	78	286	715	1287	1716	1716	1287	715
14	1	14	91	364	1001	2002	3003	3432	3003	2002
15	1	15	105	455	1365	3003	5005	6435	6435	5005
16	1	16	120	560	1820	4368	8008	11440	12870	11440
17	1	17	136	680	2380	6188	12376	19448	24310	24310
18	1	18	153	816	3060	8568	18564	31824	43758	92378
19	1	19	171	969	3876	11628	27132	50388	75582	92378
20	1	20	190	1140	4845	15504	38760	77520	125970	167960
21	1	21	210	1330	5985	20349	54264	116280	203490	293930
22	1	22	231	1540	7315	26334	74613	170544	319770	497420
23	1	23	253	1771	8855	33649	100947	245157	490314	817190
24	1	24	276	2024	10626	42504	134596	346104	735471	1307504
25	1	25	300	2300	12650	53130	177100	480700	1081575	2042975
26	1	26	325	2600	14950	65780	230230	657800	1562275	3124550
27	1	27	351	2925	17550	80730	296010	888030	2220075	4686825
28	1	28	378	3276	20475	98280	376740	1184040	3108105	6906900
29	1	29	406	3654	23751	118755	475020	1560780	4292145	10015005
30	1	30	435	4060	27405	142506	593775	2035800	5852925	14307150

Tabelle 14: Binomialkoeffizienten $\binom{n}{k}$ (Forts.)

n	k					
	10	11	12	13	14	15
1						
2						
3						
4						
5						
6						
7						
8						
9						
10	1					
11	11	1				
12	66	12	1			
13	286	78	13	1		
14	1001	364	91	14	1	
15	3003	1365	455	105	15	1
16	8008	4368	1820	560	120	16
17	19448	12376	6188	2380	680	136
18	43758	31824	18561	8568	3060	816
19	92378	75582	50388	27132	11628	3876
20	184756	167960	125970	77520	38760	15504
21	352716	352716	293930	203490	116280	54264
22	646646	705432	646646	497420	319770	170544
23	1144066	1352078	1352078	1144066	817190	490314
24	1961256	2496144	2704156	2496144	1961256	1307504
25	3268760	4457400	5200300	5200300	4457400	3268760
26	5311735	7726160	9657700	10400600	9657700	7726160
27	8436285	13037895	17383860	20058300	20058300	17383860
28	13123110	21474180	30421755	37442160	40116600	37442160
29	20030010	34597290	51895935	67863915	77558760	77558760
30	30045015	54627300	86493225	119759850	145422675	155117520

Tab. 15: Griechisches Alphabet und seine Verwendung im Buch

Buchstabe	Symbol	Verwendung
Alpha	α A	α Signifikanzniveau bei Tests; Wahrscheinlichkeit für den **Fehler 1. Art**, $1-\alpha$ Vertrauenswahrscheinlichkeit bei Konfidenzintervallen
Beta	β B	β Wahrscheinlichkeit für **Fehler 2. Art**, B **Betafunktion**
Gamma	γ Γ	γ **Goodman–and–Kruskal's Gamma**, Γ **Gammafunktion**
Delta	δ Δ	
Epsilon	ε E	
Zeta	ζ Z	
Eta	η H	
Theta	ϑ, θ Θ	ϑ, θ **Parameter**; Θ Parameterraum
Iota	ι I	
Kappa	κ K	
Lambda	λ Λ	λ Parameter von **Exponential-** bzw. **Poissonverteilung**
My	μ M	μ **Erwartungswert**, insbes. Parameter einer **Normalverteilung**
Ny	ν N	
Xi	ξ Ξ	
Omikron	o O	
Pi	π Π	$\pi = 3.1416$; Π **Produktzeichen**
Rho	ρ P	ρ **Korrelationskoeffizient**
Sigma	σ Σ	σ **Standardabweichung**, σ^2 **Varianz** (insbes. Parameter einer **Normalverteilung**) Σ **Summenzeichen**
Tau	τ T	τ **Kendall's Tau**
Ypsilon	υ Υ	
Phi	φ, ϕ Φ	Φ Verteilungsfunktion der **Standardnormalverteilung**
Chi	χ X	χ^2-(Chiquadrat-)**Verteilung**, χ^2-(Chiquadrat-)**Test**
Psi	ψ Ψ	
Omega	ω Ω	ω **Elementarereignis**; Ω **Ereignisraum**

Tab. 16: Ausgewählte mathematische und statistische Symbole

$\mathbb{N}$	Menge der natürlichen Zahlen $\mathbb{N} = \{1, 2, 3, \ldots\}$
$\mathbb{Z}$	Menge der ganzen Zahlen $\mathbb{Z} = \{\ldots, -2, -1, 0, 1, 2, \ldots\}$
$\mathbb{R}$	Menge der reellen Zahlen
$[a, b]$	abgeschlossenes Intervall von a bis b ($= \{x \in \mathbb{R} \| a \leq x \leq b\}$)
$[a, b)$	halboffenes Intervall von a bis b ($= \{x \in \mathbb{R} \| a \leq x < b\}$)
$(a, b]$	halboffenes Intervall von a bis b ($= \{x \in \mathbb{R} \| a < x \leq b\}$)
(a, b)	offenes Intervall von a bis b ($= \{x \in \mathbb{R} \| a < x < b\}$)
$=, \neq$	gleich, ungleich
$>, \geq, \ngtr, \ngeq$	größer als, größer (oder) gleich, nicht größer als, nicht größer gleich
$<, \leq, \nless, \nleq$	kleiner als, kleiner (oder) gleich, nicht kleiner als, nicht kleiner gleich
$\approx$	ungefähr
$\Longleftrightarrow$	Äquivalenzzeichen
$\Longrightarrow$	Implikation („daraus folgt")
$\in, \notin$	ist Element von, ist nicht Element von
$\emptyset$	leere Menge
$\subset$	ist Teilmenge von
$\cup, \cap$	vereinigt mit, geschnitten mit
$\wedge, \vee$	logisches und, logisches oder
∞	unendlich
$\log_b x$	Logarithmus von x zur Basis b
$\ln x$	natürlicher Logarithmus von x (Logarithmus zur Basis $e = 2.7182$)
$\exp\{x\} = e^x$	Exponentialfunktion ($e = 2.7182\ldots$)
$\|x\|$	Absolutbetrag von x (z.B. $\|-3.5\| = 3.5$)
$[x]$	Gauß–Klammer von x ($=$ größte ganze Zahl kleiner gleich x; z.B. $[\pi] = [3.1416] = 3$)
$\mathbf{1}_A(x)$	Indikatorfunktion $\mathbf{1}_A(x) = 1$ falls $x \in A$, $\mathbf{1}_A(x) = 0$ falls $x \notin A$
$\lim\limits_{n \to \infty}(x_n)$	Limes von x_n
$\dfrac{d\,f(x)}{dx} = f'(x)$	Ableitung der Funktion $f(x)$ nach x
$\int\limits_a^b f(x)dx$	Integral über $f(x)$ in den Grenzen von a bis b
$n!$	Fakultät $n! = n \cdot (n-1) \cdot (n-2) \cdot \ldots \cdot 2 \cdot 1$
$\binom{n}{k}$	Binomialkoeffizient („n über k"): $\binom{n}{k} = \dfrac{n!}{k!(n-k)!}$
$\overline{A}$	Gegenereignis zu A
$\sim$	verteilt gemäß (z.B. $X \sim \text{Bin}(n, p)$)
u.i.v.	unabhängig identisch verteilt (engl.: i.i.d.)

Zu guter Letzt sei noch auf einige Notationen und Rechenregeln verwiesen, die dem einen oder anderen nicht mehr geläufig sind:

| **Summenzeichen** |
| $\sum_{i=1}^{n} x_i = x_1 + x_2 + \ldots + x_n$ |
| **Produktzeichen** |
| $\prod_{i=1}^{n} x_i = x_1 \cdot x_2 \cdot \ldots \cdot x_n$ |
| **Partielle Integration** |
| $\int_a^b u(x)v'(x)\,dx = u(x)v(x)\big|_a^b - \int_a^b u'(x)v(x)\,dx$ |
| **Substitutionsregel** |
| $\int_a^b g'(x)h[g(x)]\,dx = \int_{g(a)}^{g(b)} h(z)\,dz$ |
| **Regel von de l'Hospital** |
| Sind f und g in einer Umgebung von x_0 differenzierbare Funktionen mit $\lim_{x \to x_0} f(x) = \lim_{x \to x_0} g(x) = 0$ oder $\lim_{x \to x_0} f(x) = \lim_{x \to x_0} g(x) = \infty$, und gilt $g'(x) \neq 0$ in einer Umgebung von x_0 , so gilt: $$\lim_{x \to x_0} \frac{f(x)}{g(x)} = \lim_{x \to x_0} \frac{f'(x)}{g'(x)},$$ falls $\lim_{x \to x_0} \frac{f'(x)}{g'(x)}$ existiert. |
| **Hinreichende Bedingung für Extremstellen** |
| Sei f eine auf (a,b) zweimal stetig differenzierbare Funktion. Eine **hinreichende** Bedingung für das Vorliegen eines Maximums (bzw. Minimums) an der Stelle $c \in (a,b)$ lautet dann: $$f'(c) = 0 \quad \text{und} \quad f''(c) < 0$$ $$(\text{bzw.} \quad f'(c) = 0 \quad \text{und} \quad f''(c) > 0\,).$$ |

Literaturverzeichnis

[1] **Bamberg, G. und Baur, F. (2002):** *Statistik.* 12. Auflage, Oldenbourg, München.

[2] **Bol, G. (1999):** *Induktive Statistik.* 2. Auflage, Oldenbourg, München.

[3] **Bol, G. (2001):** *Wahrscheinlichkeitstheorie.* 4. Auflage Oldenbourg, München.

[4] **Bosch, K. (1998):** *Statistik–Taschenbuch.* 3. Auflage, Oldenbourg, München.

[5] **Esenwein–Rothe, I. (1976):** *Die Methoden der Wirtschaftsstatistik, Bd. 1 und 2.* Vandenhoeck & Ruprecht, Göttingen.

[6] **Fahrmeir, L., Künstler, R., Pigeot, I. und G. Tutz (2003):** *Statistik.* 4. Auflage, Springer, Berlin.

[7] **Fisz, M. (1988):** *Wahrscheinlichkeitsrechnung und mathematische Statistik.* 11. Auflage, Berlin.

[8] **Hartung, J., Elpelt, B. und Klösener, K.–H. (2002):** *Statistik.* 13. Auflage, Oldenbourg, München.

[9] **Heiler, S. und Michels, P. (1994):** *Deskriptive und Explorative Datenanalyse.* Oldenbourg, München.

[10] **Hoaglin, D. C., Mosteller, F. und Tukey, J. W. (1983):** *Understanding robust and exploratory data analysis.* Wiley, New York.

[11] **Irle, A. (2001):** *Wahrscheinlichkeitstheorie und Statistik.* Teubner, Stuttgart.

[12] **Jambu, M. (1992):** *Explorative Datenanalyse.* Stuttgart.

[13] **Kendall, M., Stuart, A., Ord, J. K. (1987/1991/1976):** *Kendall's advanced theory of statistics, vol. 1–3.* 5.Auflage/5.Auflage/3.Auflage, Charles Griffin & Company, London.

[14] **Lippe, von der, P. (1993)**: *Deskriptive Statistik.* Gustav Fischer, Stuttgart.

[15] **Mood, A. M., Graybill, F. A. und D. C. Boes (1995)**: *Introduction to the theory of statistics.* 3. Auflage, Mc Graw.

[16] **Mosteller, F., Fienberg, S. E., Rourke, R. E. K. (1983)**: *Beginning Statistics with Data Analysis.* Addison–Wesley, Reading Mass.

[17] **Mosteller, F., Tukey, J. W. (1977)**: *Data Analysis und Regression.* Addison–Wesley, Reading Mass.

[18] **Oberhofer, W. (1993)**: *Wahrscheinlichkeitstheorie.* 3. Auflage, Oldenbourg, München.

[19] **Pfanzagl, J. (1983/1978)**: *Allgemeine Methodenlehre der Statistik I.* 6. Auflage, Sammlung Göschen, Bd. 1 und 2, Berlin.

[20] **Polasek, W. (1988)**: *Explorative Datenanalyse.* Springer, Berlin.

[21] **Rohatgi, V. K., Saleh, A. K. Md. E. und A. K. Ehsanes Saleh (2000)**: *An Indroduction to Probability and Statstics.* 2. Auflage, Wiley.

[22] **Rüger, B. (1996)**: *Induktive Statistik.* 3. Auflage, Oldenbourg, München

[23] **Schneider, W., Kornrumpf, J. und Mohr, W. (1995)**: *Statistische Methodenlehre.* 2. Auflage, Oldenbourg, München.

[24] **Schwarze, J. (2001)**: *Grundlagen der Statistik I.* 9. Auflage, Verlag Neue Wirtschaftsbriefe, Herne, Berlin.

[25] **Schwarze, J. (2001)**: *Grundlagen der Statistik II.* 7. Auflage, Verlag Neue Wirtschaftsbriefe, Herne, Berlin.

[26] **Tukey, J.W. (1977)**: *Exploratory Data Analysis.* Addison – Wesley, Reading Mass.

[27] **Velleman, P. F. (1981)**: *Applications, Basics and Computing of Exploratory Data Analysis.* Duxburg Press, Boston Mass.

Das nachfolgende Index enthält Einträge, die auf die Stellen verweisen, an denen der gesuchte Begriff innerhalb der Lösungen besprochen wird. **Fettgedruckte Einträge** verweisen auf den Anhang, also insbesondere auf die Formelsammlung.

Index

www.ingramcontent.com/pod-product-compliance
Lightning Source LLC
Chambersburg PA
CBHW081038220326
41598CB00038B/6921